高等学校交通运输与工程类专业规划教材

公路工程经济与管理

张　擎　姚玉玲　主　编
王朝辉　刘红瑛　史小丽　副主编

人民交通出版社股份有限公司
China Communications Press Co.,Ltd.

内 容 提 要

本书全面系统地阐述了公路工程经济与公路工程建设管理方面的知识。全书共分 14 章，包括：绪论、工程经济评价基础、工程项目经济评价指标、工程项目方案的比较和选择、不确定性分析、价值工程、公路建设项目经济评价、公路工程项目组织与人力资源管理、招投标与合同管理、公路工程质量管理、公路工程（项目）费用管理、公路工程项目进度管理、公路工程建设项目风险管理、公路工程安全与环境管理。

本书可作为高等院校公路工程管理专业本科及研究生专业课程教学用书，也可根据教学需要选取重点章节作为土木工程专业（道路方向）、道路桥梁与渡河工程专业选修课教学用书，还可供工程建设单位、咨询单位及承包单位管理人员学习参考。

本书配套多媒体课件，需要的教师可通过加入道路工程课群教学研讨 QQ 群（328662128）索取。

图书在版编目（CIP）数据

公路工程经济与管理 / 张擎，姚玉玲主编. — 北京：人民交通出版社股份有限公司，2017.1

ISBN 978-7-114-13535-4

Ⅰ. ①公… Ⅱ. ①张… ②姚… Ⅲ. ①道路工程—工程经济学 ②道路工程—施工管理 Ⅳ. ①F540.3 ②U415.1

中国版本图书馆 CIP 数据核字（2017）第 012335 号

高等学校交通运输与工程类专业规划教材

书　　名：公路工程经济与管理
著 作 者：张　擎　姚玉玲
责任编辑：郑蕉林　李学会
出版发行：人民交通出版社股份有限公司
地　　址：（100011）北京市朝阳区安定门外外馆斜街 3 号
网　　址：http://www.ccpress.com.cn
销售电话：（010）59757973
总 经 销：人民交通出版社股份有限公司发行部
经　　销：各地新华书店
印　　刷：北京虎彩文化传播有限公司
开　　本：787 × 1092　1/16
印　　张：26
字　　数：639 千
版　　次：2017 年 1 月　第 1 版
印　　次：2023 年 7 月　第 1 版 第 4 次印刷
书　　号：ISBN 978-7-114-13535-4
定　　价：48.00 元

前言
FOREWORD

复合型公路建设管理人才是我国公路交通领域人才培养的重要方向。设立公路工程管理交叉学科,培养面向公路交通建设及管理未来发展,具备公路工程建造知识背景,熟悉工程经济与管理理论的高层次复合型管理人员具有迫切现实意义。本书的编写依据公路工程管理复合型专业培养目标,结合我国公路交通建设与管理的工程实践,充分考虑土木工程、管理科学与工程的交叉学科的课程体系特点,坚持"理论教学与实践学习相结合""工程实践指导理论教学"的理念,深入浅出,培养学生运用理论知识分析问题、解决问题的实践动手能力。

本书分为公路工程经济与公路工程建设管理两个部分。第一章概述了公路工程项目的基本类型及特点、工程经济基本概念、公路项目管理基本理论与方法。第二章介绍了工程经济评价的基础理论及方法。第三章介绍了工程项目经济评价指标的概念、计算方法和评价准则。第四章介绍了工程项目建设方案及设备更新方案的比选方法。第五章介绍了工程项目不确定性分析的三种方法。第六章介绍了价值工程原理、评价方法及其在公路工程中的应用。第七章介绍了公路建设项目经济费用效益分析、财务分析及评价案例。第八章介绍了公路工程项目建设管理组织的构成、管理模式及项目人力资源管理。第九章介绍了公路工程分类招投标的特点、流程及评标,工程合同的类型、管理内容及变更、索赔等。第十章介绍了公路工程质量管理基本原理、公路勘察设计质量管理、公路施工质量管理、公路质量验收以及工程质量事故管理。第十一章介绍了公路工程项目投资管理、造价管理和成本管理。第十二章介绍了公路工程项目进度计划编制与进度管理的相关内容。第十三章介绍了公路工程建设风险管理相关理论及实践。第十四章介绍了公路工程安全管理的工作内容、安全技术措施，公路建设环境保护的内容、政策。

本书由张擎老师负责第一、九、十三章编写，姚玉玲老师负责第八、十二章编写，刘红瑛老师负责第三、四、五章编写，王朝辉老师负责第二、六、十章编写，史小丽老师负责第七章编写，陕西交通职业技术学院刘婷负责第十一章编写，陈传德老师负责第十四章编写。

由于编者水平有限，书中难免有不当及错误之处，恳请读者批评指正。

作　者

2016 年 6 月

目录
CONTENTS

第一章
绪论

【学习目的与要求】

本章介绍了公路工程项目基本概念、公路工程经济概念及公路工程项目管理的主要内容，通过本章学习应了解公路工程项目的类型、特点及基本建设程序，熟悉公路工程项目经济属性及经济分析的基本方法，掌握公路工程管理相关理论、管理内容及管理模式、管理制度。

第一节　公路工程项目概述

公路基础设施在推动区域经济发展、改善居住出行环境、促进社会全面进步方面发挥了巨大作用，公路基础设施建设成为当前我国社会经济发展的重要领域。为统一有效组织、管理公路建设与运营，我国公路采用技术分级和行政分级。公路按技术等级分为五级，即高速公路、一级公路、二级公路、三级公路、四级公路；公路按行政等级可分为五个等级，即国家公路、省级公路、县级公路和乡公路（简称为国、省、县、乡道）以及专用公路，国道和省道称为干线公路，县道和乡道称为支线公路。

一、公路工程项目类型

公路作为公益性基础设施，本质上具有公共产品的属性，是公益性的，传统上主要由政府投资、建设和管理。随着社会经济的快速发展，公路基础设施与交通需求矛盾增大，政府投资不足以支撑公路基础设施建设的快速发展，出现了吸收各类社会资本投资公路建设、经营、管理的需求。社会资本在投资时要求具有营利性，客观上推动了收费公路的出现。因此，公路项目可分为公益性公路项目和收费公路项目。

公益性公路项目的建设投资及运营养护费用都是来源于各级政府的财政投入，因而公益性公路不收取道路通行费。当前我国公路的绝大多数路段二级及二级以下等级的公路都是公益性公路，建设及养护费用主要由各级地方政府财政资金承担。

收费公路依据公路项目投资的属性又可分为收费还贷公路和经营性公路。收费还贷公路是指按照《收费公路管理条例》的规定，由国内外经济组织投资建设，经批准依法收取车辆通行费的公路（含桥梁和隧道）。经营性公路是指国内外经济组织依法投资建设或者依法受让政府还贷公路收费权的收费公路。

收费还贷公路源于20世纪80年代广东省实行的“贷款修路、收费还贷”政策。收费还贷公路不以营利为目的，贷款偿还后立即取消收费。我国一些经济发达省份建设了大量的收费还贷公路，但各地出于拉动地方经济发展，降低公路运输成本，提高公路运输效率的目的，目前已逐步开始取消一级公路收费。

经营性公路指公路经营权有偿转让的公路项目，实施公路企业资本化（股份制等）经营的公路和实施公路特许经营权转让的公路项目。经营性公路主要类型包括BOT、BT、TOT、PPP等项目。

公路工程项目类型见表1-1。

公路工程项目类型　　表1-1

<table>
<tr><th>分类</th><th colspan="2">特　　点</th></tr>
<tr><td>公益性公路</td><td>不收费公路</td><td>社会公益性投资项目</td></tr>
<tr><td rowspan="3">收费公路</td><td>政府收费还贷公路</td><td>基础性投资项目</td></tr>
<tr><td>BOT、PPP 特许经营权有偿转让公路项目</td><td rowspan="2">竞争性投资项目</td></tr>
<tr><td>TOT 收费经营权有偿转让公路项目</td></tr>
</table>

二、公路工程项目特征

公路工程项目除了具有一般工程建设项目的整体性、一次性、目标性、生命周期性、资源约束性等特性，又具有自身的特征。

1. 投资的计划性

公路工程项目投资额一般都较大，尤其是高速公路项目，投资额动辄几十亿元，作为国家基本建设的重要组成部分，其建设计划要经过国家有关管理部门批准。执行计划的单位和个人必须保证完成计划，同时又不能随意突破计划。在高速公路建设项目建设过程中，必须依据国家批准的投资计划和计划任务书等文件，维护国家基本建设计划的严肃性，任何单位和个人不得随意扩大投资额和基本建设规模，确保国家建设计划的实现。

2. 资格的准入性

公路工程项目涉及建设、勘察、设计、施工、监理等众多单位，勘察、设计、施工和监理单位

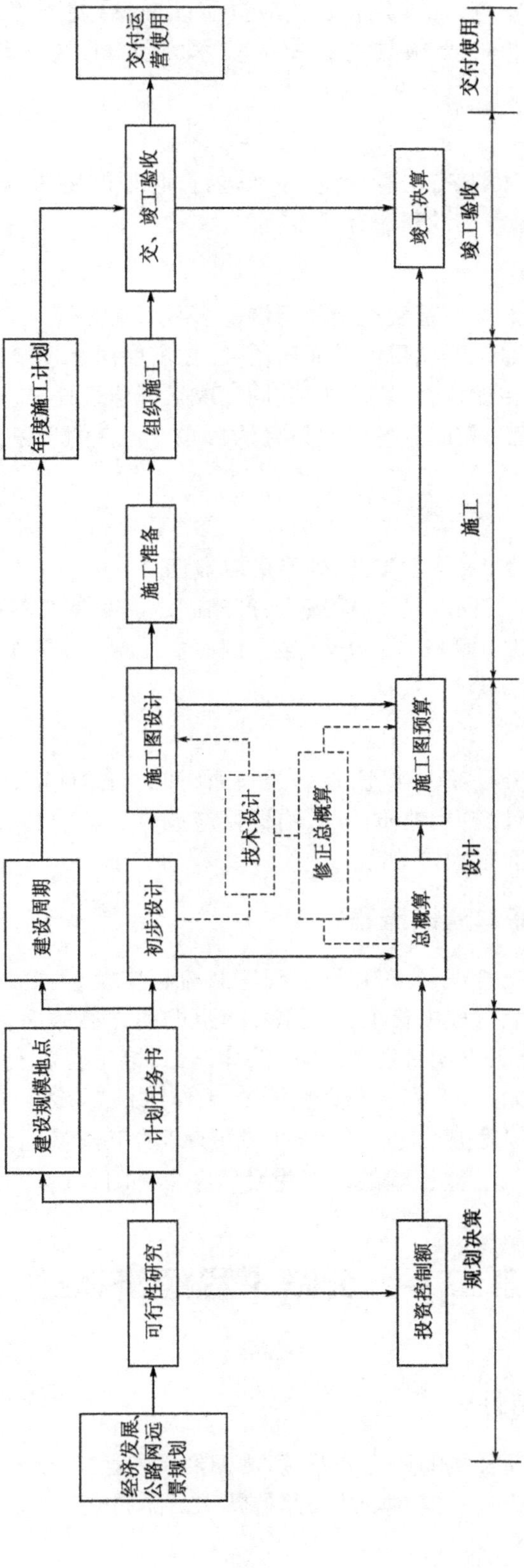

图1-1 公路工程基本建设程序简图

必须是经过国家主管部门审查、批准并颁发相应资质证书,通过工商部门登记并领有营业执照的基本建设专业组织,同时必须具备必要的技术力量、机械设备以及一定的流动资金等条件。

3. 管理的程序性

公路工程项目必须有计划、有步骤、有秩序地进行,必须严格执行国家有关基本建设程序的规定,项目管理也要按基本建设程序有序进行。

4. 严密的协作性

公路工程项目是为建设交通基础设施而开展的多项任务的集合,参与项目建设的各主体间具有严密的协作性。公路工程项目涉及面广泛,往往需要由建设单位会同勘察、设计、施工、监理及地质水文等部门互相配合,密切协作,共同完成工程建设任务。无论哪个部门和环节出现问题,都有可能影响工程的完成。各单位只有认真履行各自的义务,才能保证建设项目的顺利完成。

5. 建设周期长

由于公路工程项目规模大,技术复杂,涉及的专业面广,包括路基、路面、桥梁、涵洞、隧道、交通工程设施、绿化环保等工程,产品规模庞大,产品固定而又具有不可分割性,施工周期长,需要在较长时间内大量占用和耗费人力、物力和财力,直到整个施工周期完结才能出产品。

6. 外界干扰大

公路工程施工绝大部分是露天作业,点多线长面广,受当地地形、地质、气候、洪水、雨雪等自然条件的影响很大。设计变更、地质情况、物资供应条件、人文风俗、征地拆迁、环境因素等对工程质量、进度、成本都有很大影响。

三、公路工程建设基本建设流程

我国公路建设实行审批管理,公路建设的程序及流程应符合国家建设基本程序。公路建设基本程序是指基本建设全过程中各项目工作必须遵循的先后顺序,它是基本建设过程及其客观规律的反映,涵盖公路工程项目规划决策、设计施工,竣工验收及交付使用。建设过程的每一阶段(或程序),都是以前一个阶段(或程序)的工作成果为依据,同时又为后一阶段(或程序)创造条件。前一阶段(或程序)是后一阶段(或程序)的工作基础,其工作的优劣必定在后阶段(或程序)中反映出来。公路工程的基本建设程序参见图1-1。

第二节　公路工程经济概述

一、公路工程经济特性

公路工程经济特性包括公路的社会公益性、规模经济特性、外部经济特性、自然垄断性、地域性特性、需求高峰特性、资金密集性以及公路的特殊商品属性。公路的经济特性是由其技术特点和自然特性决定的。

1. 社会公益性

公路不同于一般的工业产品，它在消费和使用上具有非独占性和非排他性的特点，在投资上主要依靠税收和规费，在消费上存在利益的溢出性（即公路的使用次数与交费比例不完全相当）。它是一种为全社会服务的公益设施，是不能直接用来交换的建筑产品。公路的这一特点使得它很难通过市场来供给，无法通过市场来形成价格，并由此形成了在营运过程中与一般工业产品不同的定价方式。

2. 规模经济特性

公路具有明显的规模经济特性，表1-2为高速公路车道数与通行能力表。

高速公路车道数与通行能力表　　表1-2

高速公路车道数	通行能力（标准车数/昼夜）	高速公路车道数	通行能力（标准车数/昼夜）
四车道	25 000	八车道	100 000
六车道	50 000		

相关调查表明，高速公路从四车道上升到六车道，投资规模将增加1.5倍，通行能力却可以增加2倍；高速公路从四车道上升到八车道，投资规模将增加2倍，通行能力可增加4倍，因而具有明显的规模收益递增特性。根据规模收益变化规律，任何产品的生产，在一定的技术经济条件下都有一个适度规模的问题，超过该规模，将出现规模收益不变进而出现规模收益递减的现象。

3. 外部经济特性

公路的外部经济特性表现为正的外部性和负的外部性两个方面。正的外部性表现为新建公路不仅能给行驶在本公路上的消费者带来效益，而且还能给其他消费者带来效益，如促进当地工农业生产发展和国民经济增长的效益，减少其他相关公路的交通拥挤和交通事故等。负的外部性表现为公路使用者对其他用户或道路系统以外的消费者所产生的外部费用，如交通拥挤、路面损坏、环境污染、交通噪声和交通事故等。公路工程在获得正的外部效益的同时，也会产生负的外部成本，即无法满足帕累托（Pareto）效率的资源配置条件。

4. 自然垄断性

公路自然垄断性是指由于存在资源稀缺性和规模经济性而使得提供单一物品或服务的企业形成独家垄断或寡头垄断的概率很高的特性。公路的自然垄断性会使得该公路没有或少有与之竞争的其他公路或其他运输方式存在，公路营运市场由一个或几个卖者垄断。在这种情况下，强大的市场控制力会有产生与形成竞争性均衡价格相背离的垄断价格的可能性，从而破坏帕累托效率的资源配置。

5. 地域性特性

公路的需求市场与供给市场被地区所分割，在公路营运过程中，会出现一些地区公路上交通量不足，而另一些地区公路上交通拥挤的现象。公路的地域性使得无法将一地区剩余的公路供给用于满足另一地区过量的交通需求，即公路需求与供给的平衡会因地域性而被打破。

6. 需求高峰特性

公路的需求在时间上是不均衡的，每天出现早高峰与晚高峰两次高峰需求，在每星期的不同时段里也存在着有规律的交通需求高峰现象。这使得公路需求出现一时过剩又一时不足的现象，公路在每年的不同月份也呈现出有规律的高峰需求，其峰值发生在每年的 9 ~ 11 月份。需求高峰特性详见图 1-2 ~ 图 1-4。

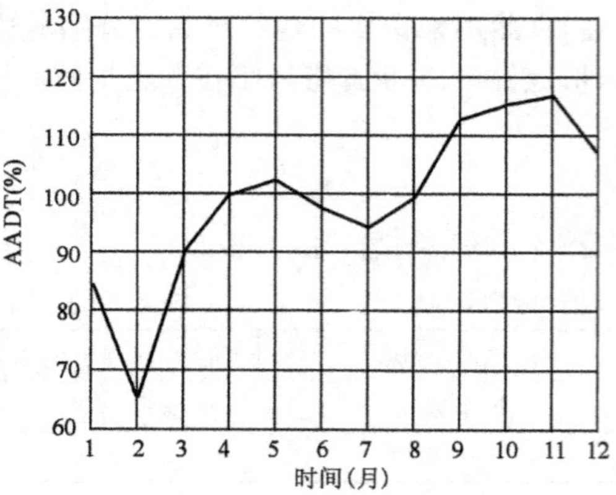

图 1-2　月交通量变化图

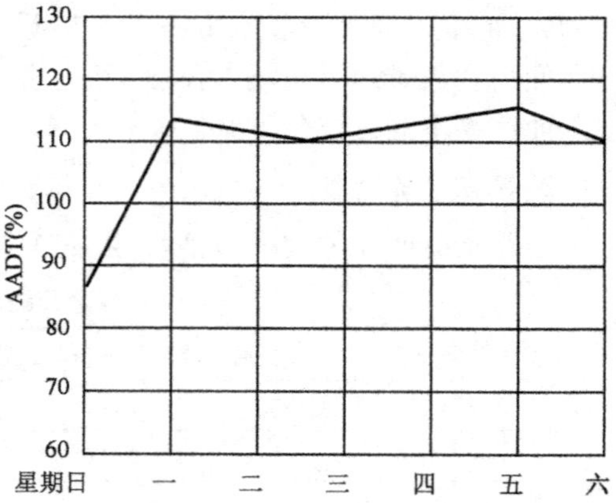

图 1-3　周交通量变化图

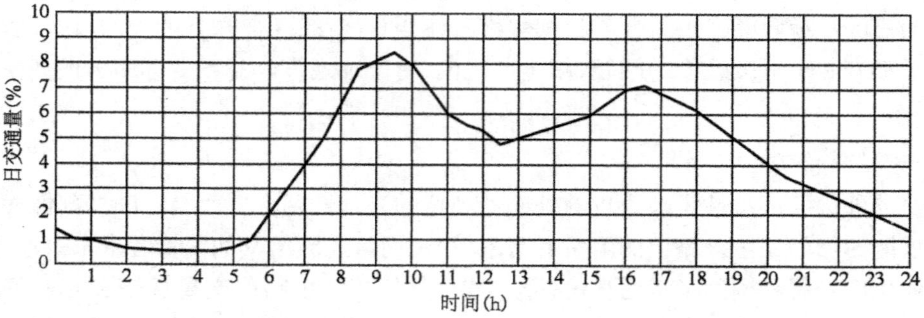

图 1-4　交通量小时变化曲线

7. 资金密集性

公路与铁路、航空等运输产业一样，属于资金密集型产业。据统计，20 世纪 70 年代和 80 年代日本公路设施投资占其国民生产总值的 2.4%，澳大利亚为 2.2%，瑞士为 2.1%，美国为 1.7%。由于这些国家国民生产总值很高，因此，对公路设施投资的资金总数目是很庞大的。1978 年，我国当年公路建设投资总额只有 5.76 亿元，2014 年全年完成公路建设投资 15 460.94亿元，相当于 1978 年投资的 2 600 余倍。其中，高速公路建设完成投资 7 818.12 亿元，普通国省道建设完成投资 4 611.82 亿元，农村公路建设完成投资 3 030.99 亿元。图 1-5 为截至 2014 年年底，我国公路建设投资额及增长速度示意图。2015 年，在博鳌亚洲论坛上，我国发布了"一带一路"路线图，根据公布的相关信息显示，我国"一带一路"基础设施投资规模已达到 1.04 万亿人民币，其中铁路投资额近 5 000 亿人民币，公路投资额 1 235 亿人民币。我国目前每公里高速公路的平均造价已超过 1 000 万人民币，南方沿海省份少数路段每公里造价接近 1 亿元。有的公路工程项目，需要几亿元甚至几十亿元才能建成。所以公路是典型的资金密集型产业。

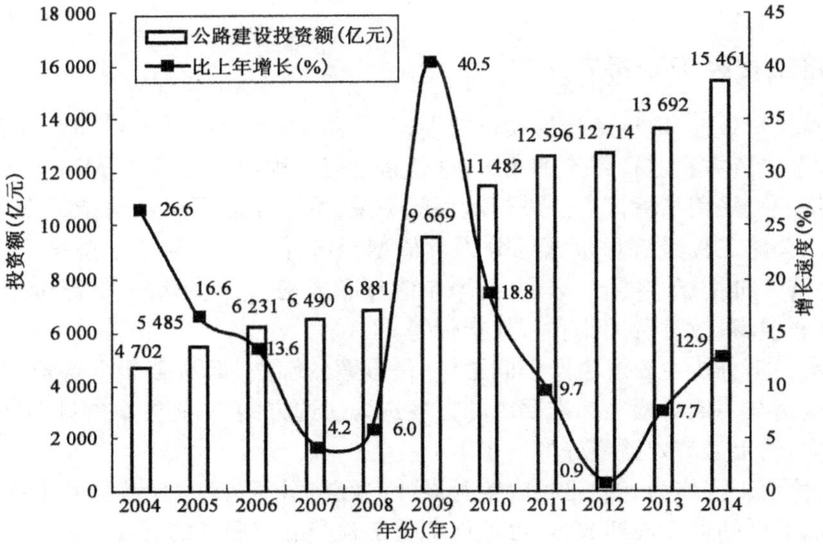

图 1-5　2004—2014 年我国公路建设投资额及增长速度示意图

8. 公路的商品属性

公路是使用价值和价值的统一体。公路的使用价值表现在它能满足人们生产、生活过程中的交通需求,提供通行服务,实现货畅其流、人便于行以及客、货的空间位移效用和客、货及时、迅速到达出行目的地的时间效用。在这个过程中,它不仅转移了原来的价值,还创造了新的价值。公路的价值反映在它凝结了商品的一般人类劳动,公路的价值由建设公路的社会必要劳动时间(及资源消耗量)所决定,公路的价格是公路价值的反映。所以说,公路具有商品的属性,这种属性随着社会主义市场经济体制改革的深入而表现得越来越明显。当前社会上出现的公路产权转让真实地体现了公路的商品属性。收费公路是公路商品化的重要体现,是商品的组成部分。公路的商品属性要求公路在建设和运营过程中必须遵循价值规律、服从供求规律。

二、公路工程经济学理论

经济学理论在公路建设管理中的应用可以追溯到 19 世纪中叶。1844 年,法国人杜比(Dupuit)首次将支付意愿及消费者剩余理论运用于一座大桥投资的决策工作中,解决了公路建设项目国民经济效益计算的理论和方法问题,并为收费标准的制定方法提供了理论支持。

工程经济学理论的研究和发展及可行性研究工作在公路建设管理中的普及是经济学理论在公路建设管理中广泛应用的标志。其中,资金的时间价值的确定方法来自于经济学中资本的价格理论,方案比较中的增量分析法来自于经济学中规模经济学理论,影子价格的计算得益于完全竞争市场理论和机会成本理论。另外,经济学的基本理论有效地解决了公路建设项目国民经济评价中效益与费用的计算问题。

近年来,经济学理论已被有效地应用于公路建设与管理的其他各项工作中,如指导招标、投标工作,指导公路收费标准的制定,为法律法规和政府政策的制定提供理论上的保障等。可以预见,随着公路经济学理论研究工作的深入,经济学理论在公路建设管理中的应用将越来越宽广。

三、公路工程经济分析方法

为了提高投资效益，取得最佳的投资效果，在公路工程项目投资决策时，就需要从经济角度出发，对多个投资方案进行评价和比选，这就是公路工程项目的经济分析。

经济分析一般采用指标计算法进行。也就是说，可以用若干个经济指标来反映投资方案的经济效益。公路工程经济评价指标分为价值型经济评价指标和效率型经济评价指标。其中，价值型经济评价指标主要有：净现值、净年值和净未来值；效率型经济评价指标主要有：净现值率、内部收益率、效益费用比和其他指标等。

投资方案经济分析主要解决两个问题：一是方案的筛选，即从若干个备选方案中，将那些经济指标值满足某一绝对检验标准要求的方案选为初选方案；二是方案的排序和优选，即从多个初选方案中，选出经济效益最好的一个。

近年来，价值工程作为一种工程决策及设计的经济分析方法，日益受到重视，价值工程通过研究如何以最低的寿命周期成本，可靠地实现工程产品或服务的必要功能，从而为工程决策及设计提供技术、经济评价方案。

第三节　公路工程项目管理概述

一、公路工程项目管理理论

目前，公路工程项目管理理论主要有系统控制理论、组织行为理论、项目管理理论和项目治理理论。

1. 系统控制理论

(1)系统论的基本思想

系统论的基本思想主要体现在整体性、相关性、有序性和动态性四个方面。工程项目作为一个大系统，包括规划设计、征地拆迁、材料采购、招投标、工程建设、投入使用等活动。运用系统论的思想，把工程项目的全过程看作一个有机的整体进行统一的管理，形成一整套管理思路，以保证工程项目目标的顺利实现。基于系统论有必要在公路工程项目管理中采用集成化管理。集成化管理不但是工作过程与工作内容的集成，而且是先进项目管理方法与关键技术的集成。作为项目集成管理技术体系的一员，企业资源计划 ERP(Enterprise Resource Planning)技术的运用将成为工程项目管理的发展趋势。

(2)控制论的基本思想

20 世纪 40 年代末，美国数学家、电气学家维纳创立了控制论。控制论的出现打破了自然科学与社会科学、工程技术与生物技术的界限，并在 60 年代后被广泛运用于管理学。

“控制论是实现系统有目的的变化的活动，即保持事物的规定性或使事物由一种状态向另一种状态转换的过程。”在任何管理系统中，控制的目的始终是设法保证目标和计划的顺利实现。具体地，管理控制过程包括以下三个步骤：

①确定标准

要控制，首先要有目标。因此，控制过程的第一步就是确定标准。目标和计划是控制的总标准。为了对各项活动实施控制，还必须对总目标进行分解，以进行直接控制。涉及工程项目方面的具体控制标准包括劳动定额、消耗定额、施工进度以及有关的质量标准。

②衡量成效

衡量成效就是衡量工程项目建设中各项工作实际达到标准的程度。

③纠偏

对计划执行过程中出现的偏差及时纠正，以保证计划的顺利实施。

公路工程项目管理实质上是一个控制过程，是以计划所确定的标准来衡量计划的完成情况，识别并纠正执行计划过程中所出现的偏差，最终保证计划目标的顺利实施。

2. 组织行为理论

组织行为学是行为科学在管理领域的应用，是综合运用各种与人的行为有关的知识，研究一定组织中人的心理和行为规律的科学。

(1)目标设置理论

目标设置理论(Got Setting Theory)产生于20世纪60年代，是由美国马里兰大学管理学兼心理学教授洛克(E. A. . Locke)在《走向工作激励和刺激的理论》中首次提出来的。

洛克提出，为了发挥目标的激励作用，设置目标时必须注意以下几点：

①设置的目标要具体，便于测定，因为目标越具体，实现的可能性就越大。

②设置的目标必须有一定的难度，必须是经过努力才能够达到的，具有挑战性的，但也不能太难，必须是可以接受的。

③对先前设置的目标的实行情况要有反馈，因为这会影响后继的绩效。

后来，洛克又发展了目标设置理论的基本模式，形成了目标设置理论的扩充模式，该扩充模式由实现目标所做的努力，实际工作绩效和最后的满足感三部分组成。

(2)强化理论

强化理论是以斯金纳的操作性条件反射理论为基础发展起来的一种激励理论。这个理论的主要特点是，从人的行为与客观环境刺激的相互关系中，去寻求改造人的行为的方法，而不重视人的心理活动的作用。它有两个条件：一是人的行为的外在目标；二是对行为结果的奖惩影响和改变人的行为。

在管理中，运用强化理论改造行为一般有四种类型。这四种类型可以单独使用，也可以结合使用。正强化是运用刺激因素，使人的某种行为得到巩固和加强，使之再发生的可能性增大的一种行为改造方式；负强化指的是预先告知某种不符合要求的行为或不良绩效可能引起的后果，允许职工通过按所要求的方式行事或避免不符合要求的行为来回避一种令人不愉快的处境；惩罚指的是某种带有强制性、威胁性的结果；衰减是指撤销对人的某些行为的强化，使这种行为出现的频率逐步减少、衰弱。强化方式是指根据职工行为的情况不同采用的各种奖惩方式，它主要分为连续的和间歇的两种。连续强化就是指每次发生的行为都受到强化。间歇强化就是在经过不变的或固定的一段时间以后才给予强化。

公路工程项目组织行为是以提高组织整体效益为基点，主要研究项目组织的结构、职能、设计、运行以及组织中群体和个人行为的一般规律，侧重于对项目组织的主要构成要素、整体行为的协调等方面进行理性和系统的分析。

3. 项目管理理论

(1)项目管理的定义

项目管理就是项目管理单位运用知识、工具、技能和技术实现生产资源的优化配置来满足项目利益相关者的需求和期望。在工期、成本和质量之间寻求最佳平衡点，使业主实现效益最大化的目标。公路工程项目管理主要包括以下九个方面：项目组织管理、招投标管理、合同管理、质量管理、费用管理、进度管理、风险管理、安全管理、环境管理。其中，“质量、费用和进度”是公路工程项目管理的三大目标，三者之间是对立统一的有机整体，如图1-6所示。这九个方面相互联系，互为补充，相互促进，融为一个整体。

(2)项目管理的特征

①目标性

每一个具体项目都有一个明确界定的目标，由项目总目标和各部门、各阶段的子目标组成。通常依照其工作范围、进度、成本和质量计划来定义。

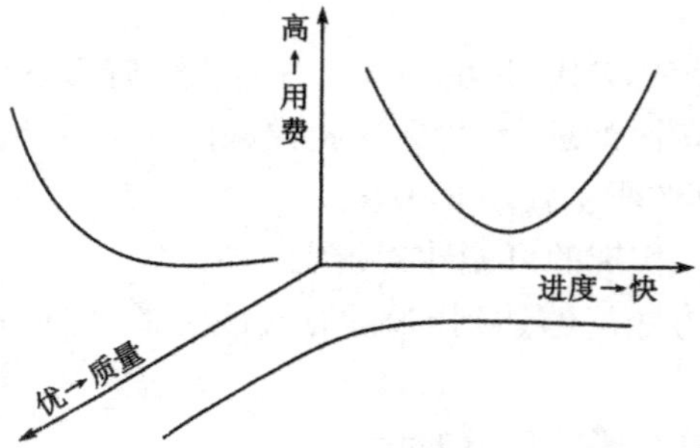

图1-6 公路工程项目管理目标关系图

②专门性

专门性是指每个项目的内涵是唯一的或者说是专门的。它具有区别于其他任何项目的特征，并具有排他性，即独特的产品、服务或结果。

③一次性

一次性特征是指项目具有明确的开始时间和明确的结束时间。一次性还表明项目的任务完成(或因项目目标不能实现而项目被中止)，项目即告结束，没有重复。

④整体性

项目是一个整体。在按其需要配置生产要素时，必须追求高的费用效益，达到数量、质量、结构的总体优化。

⑤生命周期性

每个具体的项目都有时间周期或有限的寿命，它有明确的开始时间和结束时间，项目目标应该在这有限的时间段内实现。在项目生命周期的各阶段，项目管理的方式和侧重点也会有所不同。

4. 项目治理理论

(1)项目治理的内涵

项目治理是围绕具体项目展开的，以保证项目顺利完成为目标，平衡和调节项目参与各方和其他利益相关者之间权、责、利关系，为项目利益相关者提供可靠、满意的管理环境。

(2)项目治理的特点

①项目治理结构具有动态性

由于项目管理具有一次性和多样性的特征，导致在项目生命周期的不同阶段，会有不同的相关方介入，因此项目治理结构应该是动态治理角色网络。

②项目治理结构是对项目利益相关者的权利和责任的平衡

项目治理的核心问题是权利关系。在项目治理的生命周期内，项目利益相关者的权利将决定于他们在此时期内的治理责任大小及责任的完成程度，权利是对其所承诺责任的补偿。投资的收益不仅依据投资额的大小，还依赖于其扮演的治理角色责任大小和成效如何。

③项目治理结构能降低项目利益相关者承担的风险

对于具体的工程项目而言，一些利益相关者只是部分介入项目，不是完全的附属于该项目，具有临时性，这给项目管理带来一定的风险。项目治理的一个重点就是化解这些风险。项目利益相关者之间的治理角色关系主要是建立在治理角色承担的风险得以控制这个基础上的。

(3)项目治理的功能和模式

①项目治理的功能

项目治理制度安排是为了连接并规范不同利益主体之间的责、权、利关系，主旨是恰当地处理不同利益主体之间的监督、激励、风险分配等问题，这是项目治理功能的本质功能。项目治理的功能见表1-3。

项目治理的功能 表1-3

项目治理	治理目标	平衡项目利益相关者主体权利、利益
	治理功能	战略方向的设定
		设定绩效标准并监督
		控制资金流
		提供技术支持
		提供审计功能
		风险控制

②项目治理模式

项目治理模式一般包括内部治理和外部治理两大部分。内部治理是体现投资主体与其他工程项目直接利益群体之间的内部决策过程和各利益相关者参与项目治理的方法和途径。外部治理则是以项目其他利益相关者所构成的外部市场环境来约束和规范工程项目直接利益主体。

二、公路工程项目管理内容

1.项目组织管理

公路工程项目管理组织是指为进行工程项目管理、实现组织职能而进行的组织系统的设计与建立、组织运行和组织调整等三个方面工作的总称。组织系统的设计与建立，是指经过筹划、设计、建成一个可以完成施工项目管理任务的组织机构，建立必要的规章制度，划分并明确岗位、层次、部门的责任和权力，建立和形成管理信息流通，实现组织目标。组织运行是指在组织系统形成后，按照组织要求，由各岗位和部门实施组织行为的过程。组织调整是指在组织运行过程中，对照组织目标，检验组织目标，检验组织系统的各个环节，并对不适应组织运行和发展的方面进行改进和完善。

组织功能是项目管理基本职能之一。公路工程项目管理组织管理职能主要包括以下几个方面：组织设计、组织联系、组织运行、组织行为和组织调整。

2. 招投标管理

招标(Invite to Tender 或 Call for Bid)、投标(Tender 或 Bid),是市场经济中的一种竞争方式,是在买卖双方同意基础之上的交易行为。在市场经济中,如果某商品(劳务)供小于求,为了使产品卖个好价钱,常常采用拍卖的方式竞价出售;而对于供大于求的商品(劳务),为了择优选择质优价廉的供给者,则常常采用投标的方式购买所需商品。

公路工程项目招投标是指公路建设业主单位,就拟建的公路项目提出招标条件,在媒体公开发布招标通告或信函,邀请投标企业通过实地勘察、填写标书等一系列程序,提出自己完成公路工程项目的报价与保证,再通过开标、评标等规范程序,从中选择条件最优的投标企业完成工程建设任务。公路工程招标可分为全过程招标、勘察设计招标、监理咨询招标、材料及设备招标、施工招标等几种。在国际上,公路工程项目招投标已成为惯常做法。我国自改革开放以来,随着经济体制改革的不断深入,公路建筑市场也普遍采用了招投标,政府为此制定了一系列法规规范,以确保这一竞争方式的有效实施。招投标制度的全面实施,有效地防止了垄断及地方保护主义,体现了公平竞争,在降低工程造价、提高质量、保证工程进度方面发挥了巨大的作用。

3. 合同管理

公路工程项目合同管理是指对项目合同的签订、履行、变更和解除进行监督检查,对合同履行过程中发生的争议或纠纷进行处理,以确保合同的依法订立和全面履行。这种管理贯穿于合同签订、履行、终结直至归档的全过程。

在公路工程项目的管理过程中,由于合同具有法律行为,在管理中有十分重要的地位,主要表现在以下几个方面:

(1)在公路工程项目中合同越来越复杂。随着公路建设投资的增大和经验的增多,对公路工程项目合同要求也越来越高。主要表现在:工程中相关的合同有几十份、几百份,甚至几千份,它包括的内容越来越广泛,合同之间有复杂的关系;合同的文件多,如包括合同条件、协议书、投标书、施工图纸、技术规范、施工组织设计、工程量表等;合同生命周期长,实施过程比较复杂,受外部影响的因素比较多;在合同执行过程中,不确定因素多、争执多、索赔多。所以,公路工程施工必须具有专业化的建设工程项目合同管理。

(2)在公路工程项目的合同中,往往将进度、费用、质量目标统一起来,并划分各方面的责任和权力,所以在工程项目管理中合同管理居于核心地位。没有工程合同管理,项目管理目标不明,自然也不会形成系统,进度、费用和质量管理也缺乏约束力。

(3)严格的合同管理是国际工程管理的惯例。主要体现在:严格的符合国际惯例的招标投标制度、公路工程实行的监理制度、国际通用的 FIDIC 合同条件等,这些都与工程合同管理有关。

4. 质量管理

质量管理是指确定质量方针、目标和职责,并在质量体系中通过诸如质量策划、质量控制、质量保证和质量改进使其实施的全部管理职能的所有活动。质量管理的目标是总目标的重要内容,质量目标和责任应按级分解落实,各级管理者对目标的实现负有责任。虽然质量管理是各级管理者的职责,但必须由最高管理者领导,质量管理需要全员参与并承担相应的义务和责任。

质量管理是公路工程项目管理的核心,贯穿于项目实施的全过程,是决定工程项目成败的关键;没有质量,就没有投资效益。质量管理的目标是按照合同规定的质量要求实现业主单位的建设意图,取得良好的投资效益。质量管理的依据除满足国家制定的法律法规外,主要是合同文件和设计图纸。

公路工程项目质量管理应遵循以下原则:坚持质量第一的原则;坚持以人为本的原则;坚持以预防为主的原则;坚持质量标准的原则。

5. 费用管理

工程费用一般是指通过施工生产活动的兴工动料而形成的建筑安装工程所具备的价值或工程价值的货币表现。公路工程是一种特殊的商品,通过期货方式进行交换,由于受时间、空间的影响,其造价在形成过程受商品经济规律与工程特点的影响,使得工程费用具有阶段性。为了便于费用管理,一般需在施工前预算、施工过程中结算,其费用组成及额度与公路工程的特点密切相关。

公路工程项目费用的多少,直接取决于施工生产的成本高低。因此,施工是直接影响工程费用的关键因素。它包括施工管理、施工技术、施工方法三方面的内容。施工管理不善、技术陈旧、施工方法落后等都将直接增加承包人的实际成本,承包人为确保实现利润目标,必然采取额外补偿措施和方法,如变更、索赔等,增加工程实际的费用。

公路工程项目费用管理应包括项目前期工作阶段和项目实施阶段,费用管理的目的是尽可能合理减少工程量清单中所列费用以外的附加支出,以达到费用管理的最佳效果。

6. 进度管理

项目进度管理实际上是对项目建设时间的管理,关键在于对项目进度进行有效的控制,一个合理的项目进度计划可以使项目建设活动有序,并能够降低建设工期延长的风险。

公路建设项目进度管理是一个动态循环的过程,包含了进度计划、进度计划实施、进度监测和进度调整四个进度控制要素。

公路工程项目进度管理是在项目实施过程中对各种可能的进度影响因素进行预测分析后,对进度目标进行分析和论证;通过采用科学的进度控制方法(如网络计划技术)和先进的进度控制手段(如计算机辅助控制)来对工程项目的建设进度进行管理;通过各层次的计划控制系统及时反馈实际进度信息,并将实际进度信息与计划进度对比,分析两者的偏差;采取措施调整优化原计划,最终使项目按计划顺利完成。公路工程项目进度管理的最终目标是确保公路工程项目按预定的时间投入使用,及时发挥投资效益。

7. 风险管理

公路工程项目风险是指在项目实施过程中,对潜在的意外损失进行辨识、评估、预防和控制的过程。由于公路工程项目与其他项目相比,具有规模大、周期长、生产的独立性和复杂性等特点,在项目实施过程中存在着许多不确定的因素,比一般项目具有更大的风险。因此,在公路工程项目建设过程中加强风险管理,建立有效的风险管理制度尤为重要。

公路建设项目风险管理的全过程可以划分为风险识别、风险评估、风险响应和风险控制四个阶段。

目前,公路工程项目风险管理还只侧重于项目后期,在项目前期之所以没有进行风险管理,一方面是由于项目管理程序中没有风险分析这部分,另一方面就是业主不重视,没有意识到风险分析能够克服片面性,有利于项目科学决策。公路工程项目从立项到运营都存在着风险,对项目全过程实行风险管理,可为项目创造平静、和谐的工作环境。

8. 安全管理

公路工程施工安全管理是指为预防公路工程施工中发生人身伤害、设备损毁等事故,保护劳动者在生产中的安全和健康而采取的各种措施和活动。

公路工程的施工具有劳动者密集、施工机械多、高空作业多、露天作业多、现场环境复杂、劳动条件差、劳动强度大等特点,公路工程施工现场是多单位、多工种、多机具、多人员集中在一起的场所,在施工过程中出现不安全事故频率高。因此,在组织公路工程施工时,要加强对施工项目的安全管理,认真从技术上、组织上采取一系列措施,防患于未然。

9. 环境管理

环境管理就是运用经济、法律、技术、行政和教育手段,限制人类损害环境质量的行为,通过全面规划使经济发展与环境相协调,达到既能发展社会经济,以满足人类日益增长的物质、文化生活的需求,又不超过环境的允许极限。环境保护关键在于管理,只有加强环境管理,才能更有效地利用人力、物力、时间,解决好环境问题。

对于公路工程项目,环境保护主要是指保护和改善施工现场的环境。公路施工企业应遵照国家和地方的法律法规以及公路行业要求,采取有效措施控制施工现场的粉尘、废气、固体废弃物以及噪声、振动等对环境的污染和危害。

三、公路项目建设管理模式

目前,我国公路项目建设管理模式主要有三种,即改进的传统模式、自管模式和代建模式。同时,交通运输部正在全国范围内逐步推行设计施工总承包方式,鼓励各地进一步探索政府和社会资本合作(PPP)模式等新的融资模式下的其他有效建设管理模式。

1. 改进的传统模式

改进的传统模式是由项目建设管理法人通过招标等方式,选择符合相应资质要求的监理单位对项目实行监理。按照监理制度改革的新要求,在监理合同中应明确项目建设管理法人与监理单位的职责界面,项目建设管理法人对项目建设管理负总责,监理单位受其委托,按照合同约定和授权依法履行相应的职责。

改进的传统模式应依法实行社会监理,监理单位依照合同约定进行监理,对项目建设管理法人负责。在监理合同中必须明确规定项目建设管理和监理的职责和权限。监理主要通过巡视和评定等手段对工程质量、安全等进行监督管理,从而充分发挥监理应有的作用。经项目建设管理法人规定并授权,监理可对施工质量的抽检结果实行一票否决。

2. 自管模式

所谓自管模式,就是项目建设管理法人自己负责建设管理和监理工作,取消强制社会监理。这个模式的优势在于,责任明晰,管理环节少,管理成本低,管理效率高。

项目建设管理法人必须具备相应的管理能力和技术能力,并配备具有相应执业资格的专业人员,能够完成项目管理全部工作,包括《公路工程施工监理规范》(JTG G10—2016)规定的相关工作,对项目质量、安全、进度、投资、环保等负总责。根据建设项目的规模和技术复杂程度,项目建设管理法人应依据自身监管能力从具有相应资质等级的监理单位聘请有相应资格的监理人员负责监理工作。

加强项目法人责任制后，整个项目建设管理的责任主体已经明确为项目建设管理法人，质量安全的第一责任主体也明确为施工和设计单位，因此，社会监理单位没有必要作为独立一方承担责任，从国外惯例做法看，都没有要求工程建设项目必须设置监理，一般是由业主根据实际需要决定是否要加强监督工作。

在自管模式下，由项目建设管理法人根据具体情况和监管要求，对必须加强工程质量、安全、环保等管理和控制的内容，采取如下方式落实相关责任：

(1)当项目建设管理法人具有规定数量的持证监理工程师，并能完成监理规范要求的全部工作时，可实行建设管理和监理一体化，由项目建设管理法人依法实施工程监理(称内部监理)，承担监理责任。

(2)当项目建设管理法人不具有规定数量的持证监理工程师，或不能完成监理规范要求的全部工作时，可通过向社会监理单位购买技术服务等方式实行建设管理和监理一体化。

自管模式下工程质量试验检测应选择具有专业能力的试验检测单位承担。

3. 代建模式

交通运输部2015年发布的《公路建设项目代建管理办法》第二条中将“代建”定义为：代建是指受公路建设项目的项目法人委托，由专业化的项目管理单位承担项目建设管理及相关工作的建设管理模式。

代建模式由出资人或项目建设管理法人通过招标等方式选择符合项目建设管理要求的代建单位承担项目建设管理工作。代建单位依据代建合同开展工作，履行合同规定的职权，承担相应的责任。代建单位可以统一负责建设管理工作和监理工作。

该模式适用于因建设管理能力不足等原因而采用代建的项目建设管理法人。代建单位受项目建设管理法人的委托，按照代建合同开展工作，履行合同规定的职权，承担合同规定的责任。

在代建模式下，对项目建设管理法人的具体实施管理能力可以不提出过高要求，但其必须具备统筹管理和资金管理能力，同时由于参建单位均与项目建设管理法人签订相关合同，因此项目建设管理法人应能承担与其履行职责相关的法律责任。

在代建模式下，对于依法必须实行监理的公路建设项目，可采取如下监理方式：

(1)当代建单位与项目建设管理法人签订的合同包括监理工作，且代建单位具有规定数量的持证监理工程师，并能完成监理规范中要求的全部工作时，可实行建设管理和监理一体化，由代建单位依法实施工程监理，承担监理责任。

当由代建单位实行建设管理和监理一体化管理时，工程质量试验检测应通过招标等方式选择具有专业能力的试验检测单位承担。

(2)当代建单位不具有规定数量的持证监理工程师或不能完成监理规范规定的全部工作时，项目建设管理法人应依法通过招标等方式选定监理单位和试验检测单位承担工程监理工作。

除了以上三种建设管理模式外，还有设计施工总承包模式。

交通运输部2015年发布的《公路工程设计施工总承包管理办法》第二条中将“设计施工总承包”定义为：设计施工总承包指将公路工程的施工图勘察设计、工程施工等工程内容由总承包单位统一实施的承发包方式。

设计施工总承包单位应按有关规定通过招标等方式确定，由其负责施工图勘察设计、工程施工和缺陷责任期修复等工作。要通过合同明确项目建设管理法人与总承包单位的职责分工和风险划分。设计施工总承包可以实行项目整体总承包，也可以分路段实行总承包，或者对机电、房建、绿化工程等实行专业总承包。

设计施工总承包模式下，项目建设管理法人应在与总承包单位的合同中，明确各自的职责分工和责任界面。一般情况下，项目建设管理法人重点负责征地拆迁等协调工作和资金管理工作，而工程质量、安全、进度、环境保护等应由总承包单位负责。

采用设计施工总承包的项目，初步设计阶段应当加强地质勘察，保证设计周期，明确重大技术方案，严格核定工程量和概算。政府批准的可行性研究报告和初步设计文件的深度，以及项目建设管理法人和总承包单位的责任界面划分是否清楚，是项目成功的关键。

设计施工总承包模式下，对于依法必须实行监理的公路工程项目，可采取如下监理方式：

(1)建设管理法人如果具备相应监理能力及有资格的监理人员，可自行负责监理工作。

(2)建设管理法人不具备条件时，可通过与相关监理单位合作，开展内部监理；或招标选择社会监理单位承担监理工作。此种情况下，被选择的监理单位主要应为项目建设管理法人提供高端的工程咨询监理服务。

设计施工总承包模式下，工程质量试验检测工作应加强，应通过招标等方式选择具有专业能力的试验检测单位承担，为项目建设管理法人把好关，实行质量、安全等一票否决制。

四、公路工程项目法人责任制

1. 项目法人的基本概念

根据《中华人民共和国民法通则》第36条规定“法人是具有民事权利能力和民事行为能力，依法独立享有民事权利和承担民事义务的组织。”法人具有以下本质特征：

(1)法人是社会组织。

(2)法人是具有民事权利能力和民事行为能力的社会组织。

(3)法人是依法独立享有民事权利和承担民事义务的组织。这是法人区别于非法人组织的根本所在。具体表现为：

①独立的组织。法人为独立的社会组织的具体含义在于：法人的民事主体资格与组成法人的自然人的民事主体资格是彼此独立的，某个或某些法人成员的死亡或退出法人组织，不影响法人的存续，法人的组织无须依靠其他组织或单位而独立存在，机关的科室不能成为法人。

②独立的财产。

③独立的责任。

法人具有独立的组织和独立财产，就可以以自己的名义进行民事活动。独立承担民事责任是法人具有独立组织和财产的必然结果。独立责任是法人制度的突出优点。

法人是具有民事权利能力和民事行为能力，依法独立享有民事权利和承担民事义务的组织，分为机关法人、事业单位法人、企业法人和社会团体法人四种类型。法人必须具备的条件是：依法注册成立；有必要的财产或经费；有自己的名称、组织机构和场所；能够独立承担民事责任。

项目法人不是一种新的法人类型，是工程建设领域的一个专用名词，是对项目负责的法人的简称，系指具有法人资格和地位，依照有关法律法规要求设立或认定，对工程建设项目负有法定责任的企、事业等单位。项目法人的关键内涵是：具有合法注册的法人资格并能承担与其职责相关的法律责任。

2. 项目法人的分类

项目法人的分类是进一步理解项目法人形式、认定程序的基础。有一个普遍的观点“一个公路建设项目应该只有一个项目法人，而且这个项目法人能对项目全过程负责”。这个观点对于经营性项目是合理的，但是对于非经营性政府投资项目，找一个对项目全过程负责的法人有时是比较困难的，因此，提出了项目法人分类的概念，其实质是分阶段落实责任主体的概念。

公路建设项目实施过程可分为投融资、建设、运营三个阶段。各阶段工作由一个法人负责时，可称其为项目法人；当由不同法人负责时，负责项目投融资的法人称为出资人；负责建设实施管理的法人称为项目建设管理法人；负责运营管理的法人称为项目运营管理法人。

其中，项目出资人依法履行出资人职责；项目建设管理法人是经依法设立或认定，具有注册法人资格的企、事业单位，负责公路项目的建设管理，承担工程质量、安全、进度、投资控制等法定责任；项目运营管理法人负责项目的后期运营和养护等法定责任。

按照项目投资性质，政府作为出资人的，应依法确定企业或事业单位作为建设管理法人；企业作为出资人的，应组建项目建设管理法人。项目建设管理法人应具备与项目建设管理相适应的管理能力，并承担项目建设管理职能及相应的法律责任。当项目建设管理法人不具备相应的项目建设管理能力时，应委托符合项目建设管理要求的代建单位进行建设管理，并依法承担各自相应的法律责任。项目法人在报送项目设计文件时，应将项目建设管理法人相关资料作为文件的组成内容一并上报。交通运输主管部门在设计审批时，应对项目建设管理法人的管理能力情况进行审核。对不满足项目建设管理要求的，应按规定要求其补充完善或委托代建。

将公路建设项目法人进行分类，其好处在于：

(1)有助于理解谁是项目法人

将项目法人分类后，有助于将负责投融资的法人主体和负责建设管理的法人主体区分，这样有助于将研究重点放在项目建设管理法人的制度设计上。

(2)有助于对代建制的理解和执行

代建可分为“大代建”和“小代建”。2004 年颁发的《国务院关于投资体制改革的决定》中规定，对非经营性政府投资项目加快推行“代建制”，即通过招标等方式选择专业化的项目管理单位负责建设实施。这就是大代建，是指出资人直接委托项目管理单位负责项目的建设管理的模式。对于政府投资项目，目前各省成立的高建局、交建局等就是代政府进行建设管理，这些代建单位就是项目建设管理法人。小代建是项目管理层面的概念，由项目建设管理法人通过在市场上购买服务的方式，找成建制的代建单位协助其进行项目建设管理，这个代建单位不是项目建设管理法人，只能在代建合同授权范围内开展指挥、协调、管理等工作。

(3)有助于推进项目管理专业化

项目管理专业化的资格标准是针对项目建设管理设置的。将项目法人分类后，就可以对项目建设管理法人有针对性地在建设管理方面提出专业化管理的要求，有利于推进专业化管理。

3. 公路工程项目法人资格标准

为加强对公路建设项目法人的资格管理，规范项目管理行为，提高项目管理水平，交通运输部在 2001 年 9 月 30 日发布了《公路建设项目法人资格标准（试行）》文件，其中对公路工程项目法人的资格标准做了明确规定。

公路建设项目法人分甲级公路建设项目法人和乙级公路建设项目法人。

甲级公路建设项目法人能承担各级公路（含各类桥梁和隧道）工程的项目管理，负责项目筹划、资金筹措和建设实施。对经营性公路，项目法人还应负责项目的运营管理、债务偿还和资产管理。资格标准如下。

（1）具有项目法人成立的批准文件，法定代表人的任职文件。

（2）具有拟建工程项目的工程可行性研究报告的批复文件。

（3）对经营性公路，项目法人应具有工商行政管理部门颁发的《企业法人营业执照》；对公益性公路，项目法人应具有事业单位登记管理机关颁发的《事业单位法人证书》。

（4）公路建设项目资金来源已经落实。

（5）负责项目管理的机构和人员必须具备以下条件：

①机构内设有计划、工程、财务等主要职能管理部门，部门职责分工明确，管理制度完善。

②项目负责人具有高级职称，熟悉国家有关工程建设的法律法规，政治素质好，业务水平高，具有丰富的工程管理经验，担任过 1 项以上一级以上公路或特大桥工程项目或 2 项以上二级以上公路工程项目的负责人。

③技术负责人具有公路工程专业高级职称，担任过 1 项以上一级以上公路或特大桥工程项目或 2 项以上二级以上公路工程项目的技术负责人；财务负责人具有中级以上会计职称。对经营性公路，项目法人还应具有中级以上职称的工程经济负责人。

④具有公路工程专业中级以上职称的工程技术人员 10 人以上，初级以上会计职称的财务管理人员 3 人以上。对经营性公路，项目法人还应具有初级以上职称的工程经济管理人员 2 人以上。

乙级公路建设项目法人能承担二级及以下公路（含大桥和长隧道）工程的项目管理，负责项目筹划、资金筹措和建设实施。对经营性公路，项目法人还应负责项目的运营管理、债务偿还和资产管理。资格标准如下。

（1）具有项目法人成立的批准文件，法定代表人的任职文件。

（2）具有拟建工程项目的工程可行性研究报告的批复文件。

（3）对经营性公路，项目法人应具有工商行政管理部门颁发的《企业法人营业执照》；对公益性公路，项目法人应具有事业单位登记管理机关颁发的《事业单位法人证书》。

（4）公路建设项目资金来源已经落实。

（5）负责项目管理的机构和人员必须具备以下条件：

①机构内设有计划、工程、财务等主要职能管理部门，部门职责分工明确，管理制度完善。

②项目负责人具有中级以上职称，熟悉国家有关工程建设的法律法规，政治素质好，业务水平高，具有较丰富的工程管理经验，担任过 1 项以上公路工程项目的负责人。

③技术负责人具有公路工程专业中级以上职称，担任过 1 项以上公路工程项目的技术负责人；财务负责人具有中级以上会计职称。对经营性公路，项目法人还应具有中级以上职称的

工程经济负责人。

④具有公路工程专业中级以上职称的工程技术人员 5 人以上，初级以上会计职称的财务管理人员 2 人以上。对经营性公路，项目法人还应具有初级以上职称的工程经济管理人员 1 人以上。

4. 公路工程项目法人责任制

公路工程项目应实行项目法人责任制，项目法人责任制明确了项目法人的管理主体责任，规范了项目法人主体行为，明确了项目相关各方的责权利关系，提升了公路建设项目管理的水平，提高了投资效益和社会效益。

项目法人责任制的实施，就是要求项目法人承担筹措资金、组织建设、运营管理及清债保值等任务，对项目建设的全过程负责。公路建设项目法人应当依法选择勘察、设计、施工、咨询、监理单位，采购与工程建设有关的重要设备、材料，办理施工许可，组织项目实施，组织项目交工验收，准备项目竣工验收和后评价。建立健全项目法人责任约束机制，规范其行为，以提高公路建设项目的社会效益、投资效益和环境效益。此外，从响应提高国家治理能力的要求出发，项目法人在公路建设项目中的应用，体现了提高项目治理能力的需求。

有一种观点是“国外没有项目法人责任制，公路建设管理水平也很高，为什么我们要坚持项目法人责任制”。国外虽然没有项目法人责任制，但是建设责任主体也是通过一定的程序或方式明确的，我国的项目法人责任制根本目的也是明确责任主体，所以两者出发点相同。

项目法人责任制的提出初衷就是隔离投资风险、保证投资效益、转变政府职能、落实主体责任。放眼未来，从执行情况来看，这些目标仍是要努力达到的，所以应该继续坚持这项制度。

从执行效果看，项目法人责任制符合我国的国情，特别是适应了我国从计划经济向市场经济转变的过程中，公路建设由政府组织向市场主体组织的转变。从长远来看，以市场机制配置建设管理资源是一个趋势，而项目法人责任制的核心就是能独立承担民事责任的法人负责项目管理，这正是未来以市场机制配置建设管理资源时，建设管理的责任主体必须具备的条件。

对于普通公路和中小型项目是否也要实行项目法人责任制，目前这些项目主要是由地方交通部门来组织建设的，从项目法人必须具备专业管理能力，以及从政企、政事分开、加强政府监管的要求看，交通运输厅(局)不适宜直接作为项目法人，而应采用让公路管理机构代建或在市场上购买专业管理团队的服务来负责公路建设。

2011 年 11 月 30 日，交通运输部颁布了《公路建设市场管理办法》，其中，第十一条指出“公路建设项目依法实行项目法人责任制。项目法人可自行管理公路建设项目，也可委托具备法人资格的项目建设管理单位进行项目管理。项目法人或者其委托的项目建设管理单位的组织机构、主要负责人的技术和管理能力应当满足拟建项目的管理需要，符合国务院交通运输主管部门有关规定的要求。”

第十二条指出“收费公路建设项目法人和项目建设管理单位的有关情况报交通运输主管部门备案。收费公路建设项目可行性研究报告批准或依法核准后，项目投资主体应当成立或者明确项目法人。项目法人应当按照项目管理的隶属关系将其或者其委托的项目建设管理单位的有关情况报交通运输主管部门备案。对不符合规定要求的项目法人或者项目建设管理单位，交通运输主管部门应当提出整改要求。”

对于目前由地方政府或交通运输主管部门直接负责建设管理的国省干线公路、农村公路项目，应按照政企分开、政事分开、监管与执行分开的原则，逐步过渡到由公路管理机构履行项目建设管理法人职责，或通过代建方式由专业化的项目管理单位负责建设。

地方交通运输主管部门应按照交通运输部《关于进一步加强公路项目建设单位管理的若干意见》(交公路发〔2011〕438 号)，结合本地区实际及具体项目情况，制定针对项目的建设管理能力要求，主要包括项目管理机构组成、职责分工、项目负责人等关键岗位人员的配置及资格、工程建设管理经验等方面内容。

交通运输主管部门要以项目为单位对项目建设管理法人和法人代表及项目管理主要人员开展考核和信用评价，不断完善对项目建设管理法人的监督约束机制和责任追究机制。考核内容涵盖项目建设管理法人和主要负责人的管理行为和项目建设的质量、安全、进度、造价等控制情况。通过考核激励和责任追究，强化项目建设管理法人的主体意识和责任意识，提高项目管理专业化水平。

【复习思考题】

1. 简述我国公路工程项目的类型及其特点。
2. 试分析公路工程项目的经济特性。
3. 公路工程经济评价指标有哪些?
4. 简述公路工程项目管理的内容。
5. 目前，我国公路工程项目建设管理模式主要有哪些?
6. 结合我国公路实践情况，谈谈对项目法人责任制的认识。

第二章
工程经济评价基础

【学习目的与要求】

本章主要讲述了资金时间价值基本概念及其衡量尺度、资金的等值计算公式和名义利率与实际利率的含义及其计算方法。通过本章的学习，应熟悉现金流量的概念，熟悉资金时间价值的概念，掌握资金时间价值计算所涉及的基本概念和计算公式，掌握名义利率和实际利率的计算，掌握资金等值计算及其应用。

第一节　资金的时间价值

一、基本概念

资金在生产和流通过程中，即产品价值形成的过程中，随着时间的推移而产生的资金增值，称为资金的时间价值。资金的时间价值可以看成使用稀缺资源——资金的一种机会成本，是使用货币的一种租金，是占用资金所付的代价；或者是让渡资金使用权所得的报偿，是放弃近期消费所得的补偿。其实质是资金作为生产要素，在生产、交换、流通和分配的过程中，随时间的变化而产生的增值。资金时间价值具有两种表现形式：

（1）从投资者角度看，是资金在生产与交换活动中给投资者带来的利润。

（2）从消费者角度看，是消费者放弃现时消费所获得的补偿。

资金的时间价值是工程经济分析中重要的基本原理之一，是用动态分析法对项目投资方案进行对比、选择的依据和出发点。资金的时间价值是客观存在的，是商品生产条件下的普遍规律，只要商品生产存在，资金就具有时间价值。

在项目经济分析中，考虑资金时间价值的影响，称为动态经济分析法；不考虑资金时间价值的影响，则称为静态经济分析法。

二、资金时间价值的计算

1. 衡量资金时间价值的尺度

衡量资金时间价值大小的绝对尺度是资金在周转使用过程中随着时间的推移而发生增值的绝对数额，即增值额。在实际工作和生活中，增值额的表现形式多种多样，可以具体化为利润、利息等。所谓利润是资金投入生产过程而产生的增值；所谓利息就是资金所有者放弃资金使用权所得的报酬或占用资金所付出的代价，是利润的一部分。利润和利息都是资金随着时间的推移而产生增值的具体表现，可以作为衡量资金时间价值的绝对尺度。

衡量资金时间价值大小的相对尺度是资金在周转使用过程中随着时间的推移而发生增值的相对数，即资金在单位时间内的增值率。在实际工作和生活中，增值率的表现形式可具体化为利率、利润率（利税率）等。通常利率是指单位本金在单位时间（一个计息周期）产生的利息，其计算公式为：

$$\text{利率}(i) = \frac{\text{每单位时间增加的利息}}{\text{本金}} \times 100\% \tag{2-1}$$

利润率（利税率）是指单位时间内获得的收益与所投入资金总额的比值。利率、利润率反映了资金随时间变化而增值的速度快慢，是具体衡量资金时间价值的相对尺度。

2. 计算资金时间价值的方法

利息是借贷货币所付出的代价，其计算方法有单利法和复利法两种。

（1）单利法

单利计息只对本金计息，利息到期不付不再生息，即利息不再计息。因此，每期的利息是固定不变的。其总利息与利息的期数成正比。其计算公式为：

$$F = P + n \cdot I = P + n \cdot Pi = P(1 + ni) \tag{2-2}$$

式中：F——第 n 期期末的本利和（本金与全部利息之总和）；

P——本金；

n——计息期数（资金占用期内计算利息的次数）；

i——利率；

I——利息，$I = P \cdot i$。

【例 2-1】 以年利率 6% 借入资金 1 000 元，共借 4 年，若按单利法计算，其偿还的情况如表 2-1 所示。

单利法每期偿还借款计算　　表 2-1

年	年初欠款(元)	年末应付利息(元)	年末欠款(元)	年末偿还(元)
1	1 000	1 000 × 0.06 = 60	1 060	0
2	1 060	1 000 × 0.06 = 60	1 120	0
3	1 120	1 000 × 0.06 = 60	1 180	0
4	1 180	1 000 × 0.06 = 60	1 240	1 240

【例 2-2】 借款 10 000 元，按 8% 的年利率单利计息。求第四年末的本金与全部利息之和(即所欠的总金额)。

解： $F = P(1 + i \cdot n) = 10\,000 \times (1 + 8\% \times 4) = 13\,200$(元)

即到期后应归还的本息和为 13 200 元。

单利法虽然考虑了资金的时间价值，但仅是对本金而言，而没有考虑每期所得利息再进入社会再生产过程从而实现增值的可能性，这不符合资金运动的实际情况。因此单利法未能完全反映资金的时间价值，在应用上有局限性，通常仅适用于短期投资及期限不超过一年的借款项目。

(2)复利法

复利法就是不仅本金计息，利息到期不付也要生息，即由本金加上先前周期中累计利息总额进行计息，也就是利上加利。其计算公式为：

$$F = P(1 + i)^n \tag{2-3}$$

式中符号意义同单利计算公式。

复利公式的推导过程如表 2-2 所示。

复利法计算本利和计算公式推导过程　　表 2-2

计息期数	期初本金	期末利息	期末本利和
1	P	$P \cdot i$	$F_1 = P + P \cdot i = P(1+i)$
2	$P(1+i)$	$P(1+i) \cdot i$	$F_2 = P(1+i) + P(1+i) \cdot i = P(1+i)^2$
3	$P(1+i)^2$	$P(1+i)^2 \cdot i$	$F_3 = P(1+i)^2 + P(1+i)^2 \cdot i = P(1+i)^3$
…	…	…	…
$n-1$	$P(1+i)^{n-2}$	$P(1+i)^{n-2} \cdot i$	$F_{n-1} = P(1+i)^{n-2} + P(1+i)^{n-2} \cdot i = P(1+i)^{n-1}$
n	$P(1+i)^{n-1}$	$P(1+i)^{n-1} \cdot i$	$F_n = P(1+i)^{n-1} + P(1+i)^{n-1} \cdot i = P(1+i)^n$

【例 2-3】 以年利率 6% 借入资金 1000 元，共借 4 年，若按复利法计算，其偿还借款情况如表 2-3 所示。

每期偿还借款计算　　表 2-3

年	年初欠款(元)	年末应付利息(元)	年末欠款(元)	年末偿还(元)
1	1 000	1 000 × 0.06 = 60	1 060	0
2	1 060	1 060 × 0.06 = 63.60	1 123.60	0
3	1 123.60	1 123.60 × 0.06 = 67.42	1 191.02	0
4	1 191.02	1 191.02 × 0.06 = 71.46	1 262.48	1 262.48

【例 2-4】 例 2-2 中，若按复利计息，四年来的本利和为多少？

解： $F = P(1+i)^n = 10\,000 \times (1+8\%)^4 = 13\,605$（元）

与单利法计算的结果相比增加了 405 元，差额所反映的就是利息的资金时间价值。本金越大，利率越高，计息周期越多，两者的差额就越大。

单利计息贷款与资金占用时间之间呈直线变化关系，利息额与时间按等差级数增值；而复利计息贷款与资金占用时间之间则是指数变化关系，利息额与时间按等比级数增值。当利率较高、资金占用时间较长时，复利所需支付的利息额比单利大得多。所以，复利计息方法符合社会再生产过程中资金运动的规律，充分体现了资金的时间价值，对资金占用的数量和时间有较好的约束力。目前，在工程经济分析中一般都采用复利法。

三、现金流量图（现金流量概念及现金流量图概念与画法）

一项特定的经济系统在一定时期内（年、半年、季等）现金流入或现金流出或流入与流出数量的代数和称为现金流量。流入系统的称现金流入（CI），流出系统的称现金流出（CO），同一时点上现金流入与流出之差称净现金流量（$CI-CO$）。确定现金流量时应注意：

（1）明确现金流入或流出时间点（如 20 世纪 90 年代的 100 元和现在的购买力不同）。

（2）现金实际发生（现金流量只计算现金收支，包括现钞、转账支票等凭证，不计算项目内部的现金转移，如折旧、应收及预付等）。

（3）分析角度（如税收，从企业角度是现金流出，从国家角度不是）。

在工程经济中，为便于分析资金的收支和变化，并避免计算时发生错误，经常采用现金流量图。

现金流量图是描述现金流量作为时间函数的图形，它能表示资金在不同时间点流入与流出的情况，是资金时间价值计算中常用的工具。现金流量图中，横轴为时间轴，向右延伸，每一刻度表示一时间单位；垂直于时间轴的箭线表示不同时点的现金流量的大小和方向；箭线上方（下方）标注现金流量的数值；箭线与时间轴的交点为现金流量发生的时点，如图 2-1 所示。

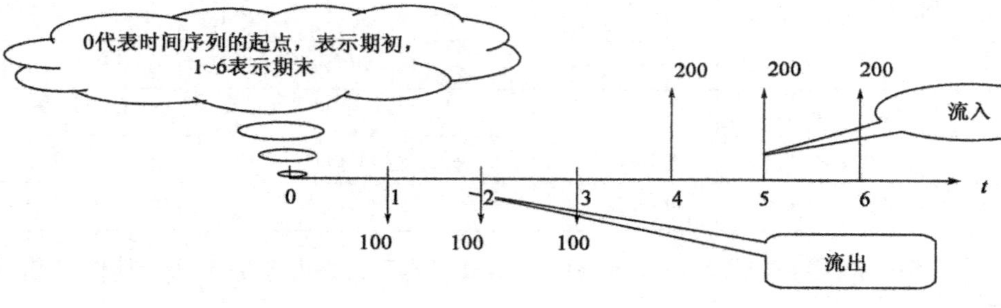

图 2-1 现金流量图

图 2-1 中横线表示年数或期数，以 n 表示。每一个系数的分析期假定从 $n=0$ 年开始。实际上，$n=0$ 为 0 年之末，第一年之初。$n=1$ 时，可以理解为第一年的年末，第二年的年初，即图中每一点表示该年的年末，下一年的年初。垂直的实线表示系统的收支金额。收支为正，箭头向上；支出为负，箭头向下。箭线段的长度与流入或流出的金额成正比，金额越大，其相应的箭线长度就越长，并要标上数值。另外，为了推导公式方便还假定现金的支付都发生在每期的期末（或一年之末），这是工程经济分析中的基本假定之一，即期末假定。每期的期末并不一定

都是每年的年末，比如投资的时间发生在2005年10月1日，则期末也定在以后各年的10月1日。

【例2-5】 某一年的投资按月支付，每月支付100万元，现金流量图如图2-2～图2-5所示。

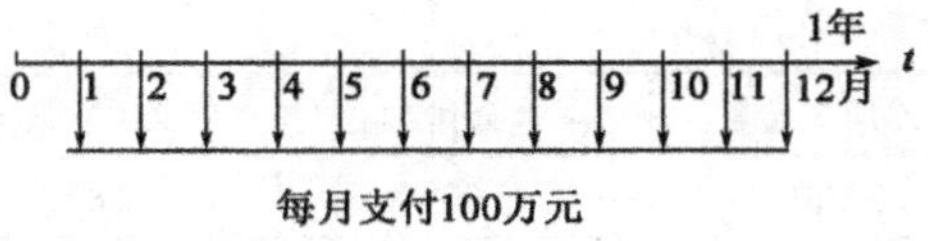

图2-2 现金流量图

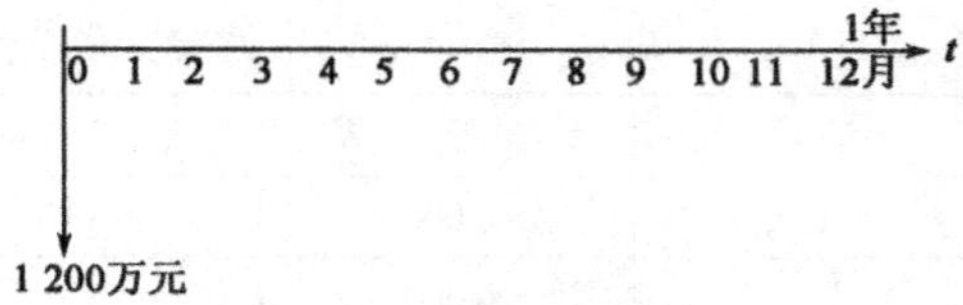

图2-3 年初法现金流量图

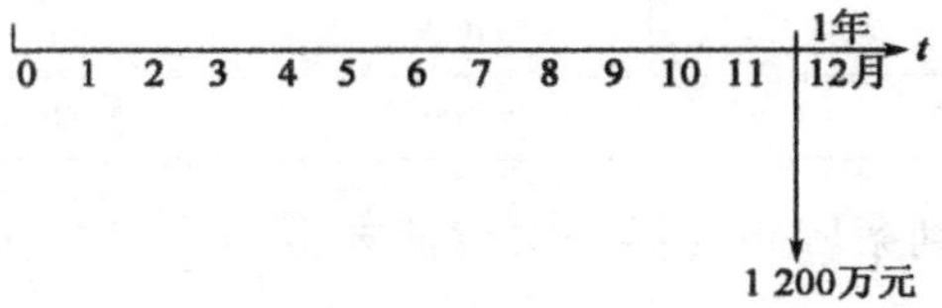

图2-4 年末法现金流量图

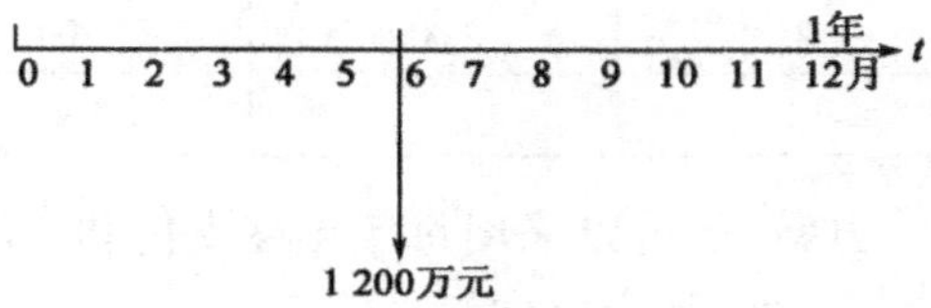

图2-5 均匀分布现金流量图

年初法：假定现金收取和支付都集中在每期期初。

年末法：假定现金收取和支付都集中在每期期末。

均匀分布法：假定现金收取和支付都集中在每期期中。

由图2-2～图2-5可知，正确标定现金流量收支的时间很重要，位置不同，其含义不同，计算结果也将不同，因此，在进行经济分析时，应首先绘制正确的现金流量图，然后再进行计算。

第二节 等值计算

一、等值的概念

资金具有时间价值，相同金额资金，在不同时期，其价值不同。反之，不同时点绝对值不等的资金在时间价值的作用下可能具有相等的价值。因此，资金等值是指在考虑时间因素的情况下，不同时点的绝对值不等的资金具有相等的价值。

影响资金等值的因素有三个：利率的大小、本金的多少和计息周期的长短。其中，利率的大小是关键因素，等值计算中一般是以同一利率（或折现率，即计算中使用的反映资金时间价值的参数；折现，即将将来某一时点的资金换算成现在时点的等值金额）为依据的。

二、资金的等值

如果按复利公式计算，年利率 $i=5\%$，则今天的100元到一年以后就是105元，反之，一年后的100元，按贴现公式计算，采用贴现率 $i=5\%$，则贴现计算到现在就等于今天的95.24元。虽然两者数值不同，但它们是等值的。我们可以通过采用一定贷款的不同偿还方案来看等值的意义，见【例2-6】。

【例2-6】 假若我们借了8 000元，年利率10%，准备在四年内本利一起还清。在这一情况下，可能有若干种偿还方案，请列出三种偿还方案以示比较。

解：方案一：在第四年末一次本利还清，$F=P\cdot(1+10\%)^4=11\ 713$（元）。

方案二：在每年年末偿还本金2 000元，再加所欠利息，即第一年偿还2 800元，第二年偿还2 600元，第三年偿还2 400元，第四年偿还2 200元，共偿还10 000元，如表2-4所示。

方案二贷款偿还方案计算（单位：元）　　表2-4

年份	年初所欠金额	该年所欠利息	年终所欠金额	本金付款	年终付总款额
1	8 000	800	8 800	2 000	2 800
2	6 000	600	6 600	2 000	2 600
3	4 000	400	4 400	2 000	2 400
4	2 000	200	2 200	2 000	2 200
共计		2 000		8 000	10 000

方案三：可以采用每年年终支付利息的办法，到第四年末再一次付清本金和该年的利息，如表2-5所示。

方案二贷款偿还方案计算（单位：元）　　表2-5

年份	年初所欠金额	该年所欠利息	年终所欠金额	本金付款	年终付总款额
1	8 000	800	8 800	0	800
2	8 000	800	8 800	0	800
3	8 000	800	8 800	0	800
4	8 000	800	8 800	8 000	8 800
共计		3 200		8 000	11 200

从以上三个还款方案可以看出，虽然每年的支付额及其支付总额都不相同，但这三种付款方案与原来的8 000元本金价值是相等的。

从以上计算可以看出，等值取决于金额、金额发生的时间及利率三个因素，任何一个因素的改变将会破坏原有的等值关系。

三、资金等值计算

把在一个（一系列）时间点发生的资金额转换成另一个（一系列）时间点的等值的资金额，这样的一个转换过程就称为资金的等值计算，又可称为资金的时间价值计算。在进行资金时间价值的计算之前，首先明确几个相关的参数符号的概念和含义。

P——现值，指发生或折现在一个特定时间序列起点时的价值。

F——终值，指发生或折现在一个特定时间序列终点时的价值。

A——等额年金，指发生或折现在一个特定时间序列各计息期末时的价值。

i——利率、折现率、贴现率、收益率、资本化率，一般指年利率或年折现率。

n——计息期数，指资金项目从开始投入资金到项目的寿命周期终结为止的整个期限内，计算利息的次数。

根据支付方式和等值换算点的不同，资金等值计算公式可分为三类：一次支付类型、等额支付类型、变额支付类型。

1. 一次性支付类型

一次性支付是指所分析系统的现金流量，无论是流入还是流出，均在某一时点上一次发生，类似银行的整存整取。包括两个计算公式：

(1)一次支付终值公式——已知 P、i、n，求 F

如果有一项资金 P，按年利率 i 进行投资，n 年后本利和是多少？即为已知 P、i、n，求终值 F，其计算公式与按复利法计算本利和的公式是相同的，即：

$$F = P(1 + i)^n \tag{2-4}$$

上式表示在利率为 i，计息期为 n 的条件下，终值 F 和现值 P 之间的等值关系。式中 $(1 + i)^n$ 称为“一次支付终值系数”，一般以规范化的符号来代替，即 $(x/y,i,n)$。

因此，上式可转化为：

$$F = P(F/P,i,n) \tag{2-5}$$

其中 F/P 表示已知 P 求 F。在实际应用中，为了计算方便，按照不同的利率 i 和计息期 n，分别计算出 $(1 + i)n$ 的值，排列成一表，称为复利系数表，在计算时，根据 i 和 n 的值，查表得出终值系数，然后与 P 相乘即可求出 F 的值。

【例 2-7】 借款 100 000 元，年利率 6%，借期 5 年，问 5 年后的本利和是多少？

解：已知 P、i、n，则有：

$$F = P(1 + i)^n = 100\ 000 \times (1 + 6\%)^5 = 133\ 823$$

或查复利表 $(F/P,6\%,5)$ 为 1.338 2(内插法)，故：

$$F = P(F/P,i,n) = 100\ 000 \times 1.338\ 2 = 133\ 820$$

(2)一次支付现值公式——已知 F、i、n，求 P

如果在 n 年后得到一笔资金 F，在年利率为 i 的情况下，现在应该投资多少？即为已知 F、i、n，求现值 P。其公式为：

$$P = F(1 + i)^{-n} \tag{2-6}$$

式中 $(1 + i)^{-n}$ 称为现值系数，记为 $(P/F,i,n)$，与终值系数 $(F/P,i,n)$ 互为倒数，上式又可写为：

$$P = F(P/F,i,n) \tag{2-7}$$

【例 2-8】 某人希望 5 年末得到 100 000 元，年利率 6%，按复利计算，现在须一次性存款多少元？

解：已知 F、i、n，则有：

$$P = F(1 + i)^{-n} = 100\ 000 \times (1 + 6\%)^{-5} = 74\ 726$$

或查复利表 $(P/F,6\%,5)$ 为 0.747 3，故：

$$P = F(P/F,i,n) = 100\ 000 \times 0.747\ 3 = 74\ 730$$

2. 等额支付类型

等额年金，是指所分析的系统现金流出可在多个时间点上发生，而不是集中在一个时间点，即形成一个序列现金流量，并且这个序列现金流量额的大小是相等的。包括四个基本公式：

(1)年金终值公式——已知 A、i、n，求 F

在一个时间系列中，在利率为 i 的情况下连续在每个计息期的期末支付一笔等额的资金

A,求 n 年后由各年的本利和累积而成的总值 F。其现金流量图如图 2-6 所示。

其计算公式的推导过程如下:如图 2-6 所示,从第一年年末到第 n 年年末有一等额现金流序列,每年的金额为 A,称为等额年金,则终值 F 等于各年投资之本利和。第一年的投资 A 可得 $n-1$ 年的利息,第一年年末现金流量折算到终值为:$F_1=A(1+i)^{n-1}$;第二年年末现金流折算到终值为:$F_2=A(1+i)^{n-2}$;以此类推,第 $n-1$ 年年末现金流折算到终值为:$F_{n-1}=A(1+i)$;第 n 年年末现金流折算到终值为:$F_n=A$。因此,各年投资的本利和总额为:

$$F=A(1+i)^{n-1}+A(1+i)^{n-2}+\cdots+A(1+i)+A$$
$$=A[1+(1+i)+\cdots+(1+i)^{n-2}+(1+i)^{n-1}] \tag{2-8}$$

利用等比级数求和公式,得

$$F=A\left[\frac{(1+i)^n-1}{i}\right]=A(F/A,i,n) \tag{2-9}$$

式中$\frac{(1+i)^n-1}{i}$称为年金终值系数,记为$(F/A,i,n)$,可通过查表求得。

【例 2-9】 每年年末存款 20 000 元,利率 10%,求 5 年末可得款多少?

解:已知 A、i、n,求 F,其现金流量图如 2-7 所示。

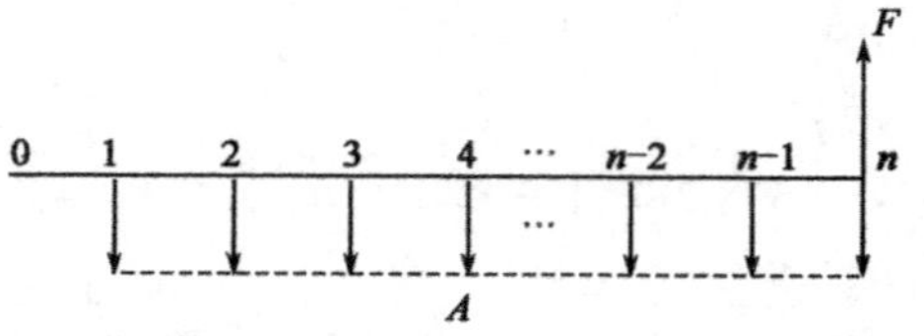

图 2-6 年金终值公式现金流量图

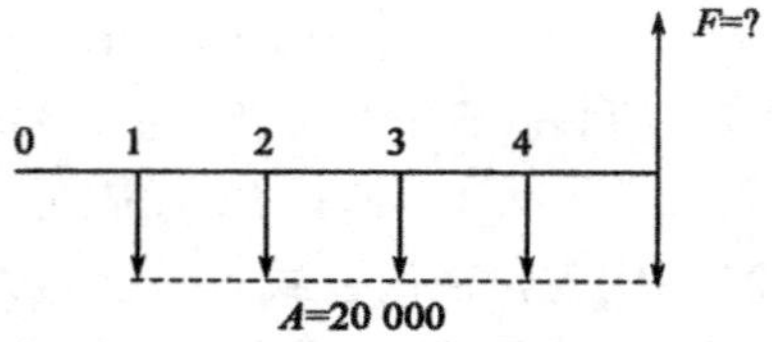

图 2-7 已知年金求终值现金流量图

则有:

$$F=A\frac{(1+i)^n-1}{i}=2\times\frac{(1+0.1)^5-1}{0.1}=2\times6.105=12.21$$

或查复利表可得$(F/A,10\%,5)=6.105$:

$$F=F(F/A,10\%,5)=2\times6.105=12.21$$

(2)偿债基金公式——已知 F、i、n,求 A

其含义是为了筹集未来 n 年后需要的一笔偿债资金 F,在利率为 i 的情况下,求每个计息期的期末应等额存储的资金 A,类似于日常商业中的分期付款业务。其计算公式可由年金终值公式导出:

$$A=F\frac{i}{(1+i)^n-1} \tag{2-10}$$

式中 $i/[(1+i)^n-1]$称为偿债基金系数,记为$(A/F,i,n)$,它与年金终值系数$(F/A,i,n)$互为倒数。因此,上式又可写为:

$$A=F(A/F,i,n) \tag{2-11}$$

(3)年金现值公式——已知 A、i、n,求 P

其含义是在 n 年内每年等额收支一笔资金 A,则在利率为 i 的情况下,求此等额年金收支

的现值总额 P。

其计算公式为：

$$P = A\frac{(1+i)^n - 1}{i(1+i)^n} \tag{2-12}$$

式中 $[(1+i)^n - 1]/[i(1+i)^n]$ 称为年金现值系数，记为 $(P/A,i,n)$，可通过查表求得。因此，上式又可写为：

$$P = A(P/A,i,n) \tag{2-13}$$

(4)资金回收公式——已知 P、i、n，求 A

其含义是期初一次投资数额为 P，欲在 n 年内将投资全部收回，则在利率为 i 的情况下，求每年应等额回收的资金 A。

资金回收计算公式可根据偿债基金公式和一次支付终值公式推导，即：

$$A = F\frac{i}{(1+i)^n - 1} = P\frac{i(1+i)^n}{(1+i)^n - 1} \tag{2-14}$$

式中 $[i(1+i)^n]/[(1+i)^n - 1]$ 称为资金回收系数，它与年金现值系数互为倒数，记为 $(A/P,i,n)$。因此，上式又可写为：

$$A = P(A/P,i,n) \tag{2-15}$$

资金回收系数是一个重要的系数，它的含义是对应于工程项目的单位初始投资，在项目寿命期内每年至少应该回收的金额。在工程项目经济分析中，如果对应于单位初始投资的每年的实际回收金额小于相应的资金回收金额，就表示在给定的利率条件下，在项目的寿命期内不可能将全部投资收回。

【例 2-10】 一台机械设备价值 10 万元，希望 5 年收回全部投资，若折现率为 8%，问每年至少等额回收多少？

解：已知 P、i、n，求 A，其现金流量图如图 2-8 所示。

则有：

$$A = P\left[\frac{i(1+i)^n}{(1+i)^n - 1}\right] = 10 \times \frac{0.08(1+0.08)^5}{(1+0.08)^5 - 1} = 2.5046$$

或查复利表可得 $(A/P,8\%,5) = 0.2505$，因此，

$$A = P(A/P,8\%,5) = 10 \times 0.2505 = 2.505$$

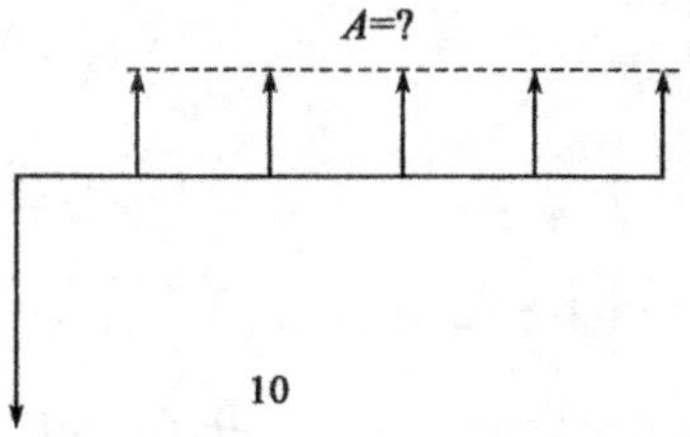

图 2-8 已知现值求年金现金流量图

等值是经济分析中的一个重要概念，其计算公式和资金时间价值计算公式相同，各公式间相互关系如图 2-9 所示。如果两个现金流量等值，则对任何时刻的时值必然相等。

3. 变额现金流量序列公式

在很多工程经济问题中，常会遇到某些现金流量，每年均有一定数量的增加或减少，我们把每期发生的不相同的现金称为变额年金。变额年金的变化方式一般有等差、等比和不规则变化三种。

(1)等差变化的变额年金公式

①等差数列现值公式

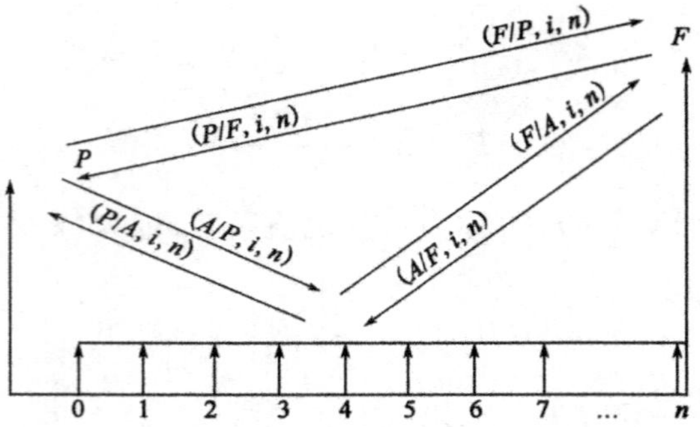

图 2-9　基本公式相互关系示意图

资金序列 A_t 是等差数列(等差为 G),即:

$$A_t = A + (t-1)\cdot G \quad (t = 1,2,\cdots,n) \tag{2-16}$$

如图 2-10 所示:

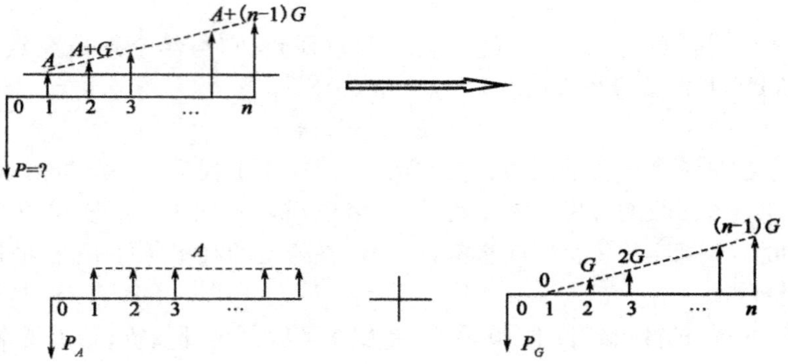

图 2-10　现金流量序列图

$$P_A = A\left[\frac{(1+i)^n - 1}{i(1+i)^n}\right] = A(P/A,i,n) \tag{2-17}$$

$$P_G = G\left[\frac{1}{(1+i)^2} + \frac{2}{(1+i)^3} + \cdots + \frac{n-1}{(1+i)^n}\right] \tag{2-18}$$

上式两边同乘$(1+i)$,得:

$$P_G(1+i) = G\left[\frac{1}{(1+i)} + \frac{2}{(1+i)^2} + \cdots + \frac{n-1}{(1+i)^{n-1}}\right] \tag{2-19}$$

两式相减得:

$$P_G\cdot i = G\left[\frac{1}{(1+i)} + \frac{2-1}{(1+i)^2} + \cdots + \frac{(n-1)-(n-2)}{(1+i)^{n-1}} - \frac{n-1}{(1+i)^n}\right] \tag{2-20}$$

$$= G\left[\frac{1}{(1+i)} + \frac{1}{(1+i)^2} + \cdots + \frac{1}{(1+i)^{n-1}} + \frac{1}{(1+i)^n}\right] - \frac{G\cdot n}{(1+i)^n}$$

$$= G\left[\frac{(1+i)^n - 1}{i\cdot(1+i)^n}\right] - \frac{G\cdot n}{(1+i)^n}$$

所以:

$$P_G = G\cdot\left\{\frac{1}{i}\left[\frac{(1+i)^n - 1}{i\cdot(1+i)^n} - \frac{n}{(1+i)^n}\right]\right\} = G\cdot(P/G,i,n) \tag{2-21}$$

则等差现值公式为：

$$P = A(P/A,i,n) + G(P/G,i,n) \tag{2-22}$$

②等差数列等额年金公式

等差数列等额年金计算现金流量如图 2-11 所示，求年金 A。

显然：

$$A = A_1 + A_G \tag{2-23}$$

其中，

$$A_G = P_G(A/P,i,n) \tag{2-24}$$

$$= G \cdot \left\{\frac{1}{i}\left[\frac{(1+i)^n - 1}{i(1+i)^n} - \frac{n}{(1+i)^n}\right]\right\}\left[\frac{i(1+i)^n}{(1+i)^n - 1}\right]$$

$$= G\left[\frac{1}{i} - \frac{n}{(1+i)^n - 1}\right]$$

即：

$$A_G = G(A/G,i,n) \tag{2-25}$$

因此，等差数列等额年金公式为：

$$A = A_1 + G(A/G,i,n) \tag{2-26}$$

【例 2-11】 计算图 2-12 中等差数列的现值及年金。

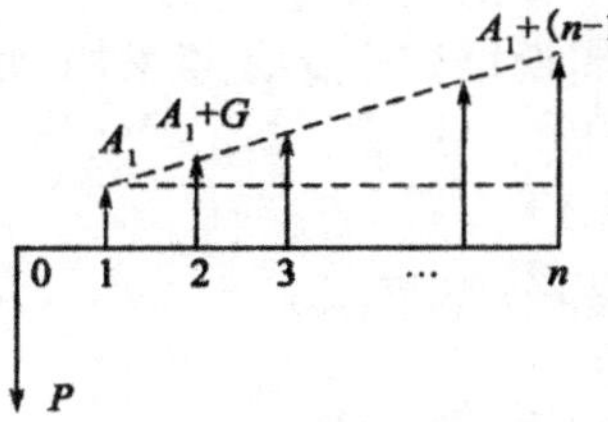

图 2-11 现金流量图

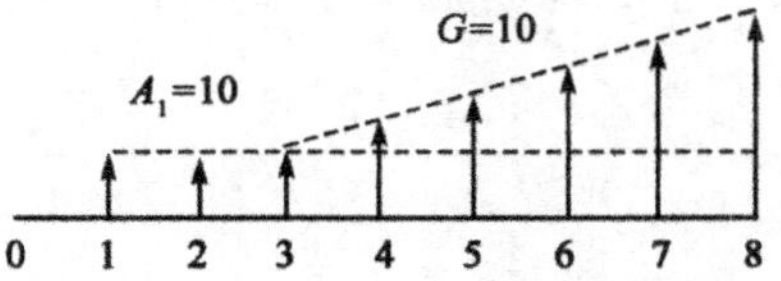

图 2-12 等差数列现金流量图

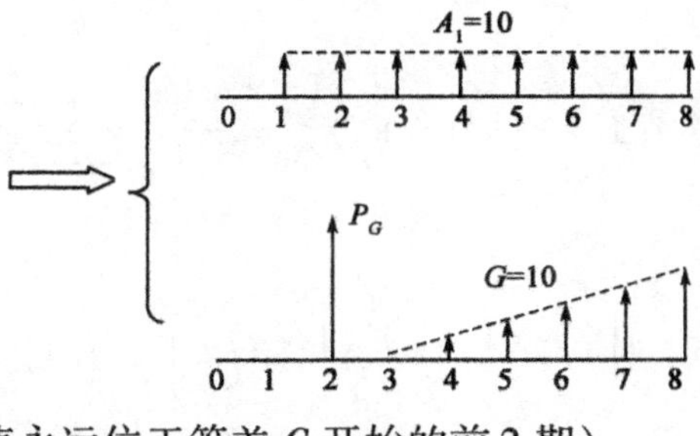

（注意：等差数列的现值永远位于等差 G 开始的前 2 期）

解：

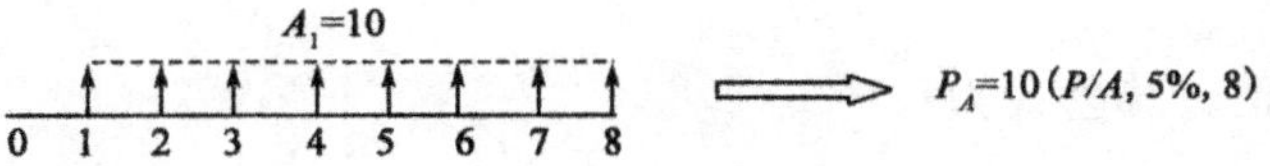

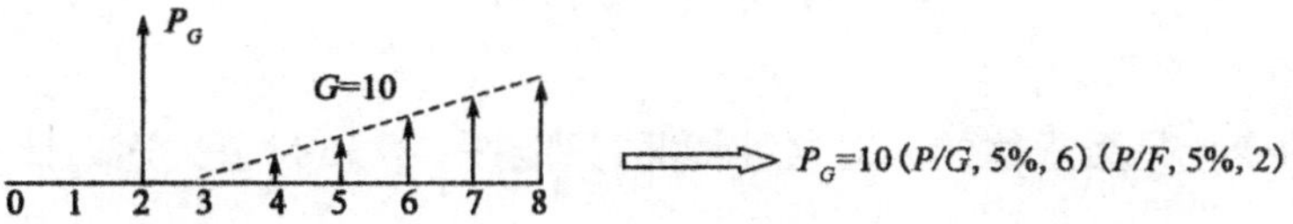

则：

$$
\begin{aligned}
P &= 10(P/A,5\%,8)+10(P/G,5\%,6)(P/F,5\%,2)\\
&=10\times 6.463+10\times 11.966\times 0.907=173.16\\
A &=10+10(P/G,5\%,6)(P/F,5\%,2)(A/P,5\%,8)\\
&=10+10\times 11.966\times 0.907\times 0.15472=26.792
\end{aligned}
$$

(2)等比系列现金流量

等比变化形成等比数列，其现金流量图如图 2-13 所示。

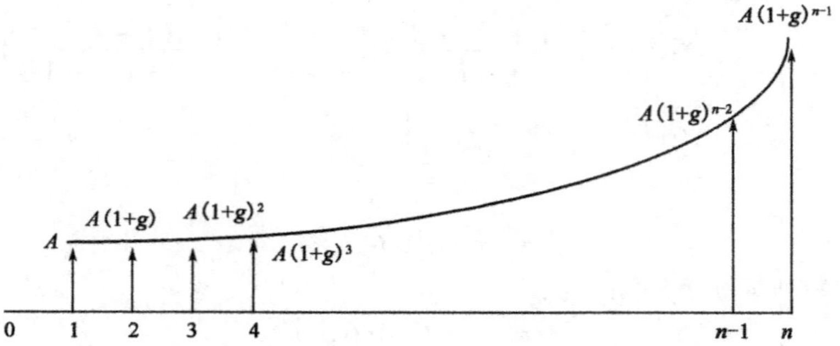

图 2-13　等比变额序列现金流量图

设第一年的现金流量为 A，从第二年起，按现金流周期增减率 g 逐年增加，则第 t 年的现金流量为：

$$A_t = A(1+g)^{t-1} \quad t=1,2,\cdots,n \tag{2-27}$$

$$P_t = A_t(1+i)^{-t} = A(1+g)^{t-1}(1+i)^{-t} \tag{2-28}$$

可得：

$$P = \sum_{t=1}^{n} A(1+g)^{t-1}(1+i)^{-t} = \frac{A}{1+g}\cdot\sum_{t=1}^{n}\left(\frac{1+g}{1+i}\right)^{t} \tag{2-29}$$

现值公式为：

$$i \neq g, P = A\left[\frac{1-(1+g)^{n}(1+i)^{-n}}{i-g}\right] = A(P/A,g,i,n) \tag{2-30}$$

$$i = g, P = \frac{nA}{1+i} \tag{2-31}$$

现金流量按等比递减的现值计算公式为：

$$P = \frac{A}{i+g}\cdot\left[1-\frac{(1-g)^{n}}{(1+i)}\right] \tag{2-32}$$

(3)不规则变化

即每期变额年金的变化是无规律的。对这种情况，只能按一次支付公式逐期计算，无法建立公式。

第三节　名义利率与实际利率

一、实际利率与名义利率的含义

计息周期一般是以年为单位,但在实际应用中,计息周期并不一定以一年为周期,可以是半年、季度、月。同样的年利率,由于计息期数的不同,同一笔资金在占用的总时间相等的情况下,其计算结果是不同的。因而,有名义利率和实际利率之分。

利息通常是按年计算的,但计算利息的周期与复利率周期可能会不完全相同,计算复利的次数会多于计息期数。也就是说,计算复利时,有时是一年计息一次,有时是半年计息一次,或每季度、每月计息一次。如按季复利计息,每季利率为3%,通常表达为"年利率12%,按季复利计息",这样描述的利率称为名义利率。因此,名义利率就是周期利率与每年计息周期数的乘积。

名义利率是指在复利分析中,不按计息周期计算的利率;实际利率是指按实际计息期计息的利率。名义利率也叫虚利率,实际利率又叫有效利率。例如,年利率为12%,每年计息1次,如果计息周期为一年,则实际利率为12%;年利率为12%,如果每年计息12次,计息周期为一月,则名义利率为12%,实际相当于月利率为1%。

在进行方案的经济比较时,若按复利计息,而各方案在一年中计算利息的次数不同,则就难以比较各方案的经济效益。因此,就需要将各方案的名义利率换算成实际利率,然后再进行比较。在工程经济比较中,一般都以有效利率为准。

二、实际利率与名义利率的关系

假设名义利率用 r 表示,实际利率用 i 表示,1年中计息次数为 m,名义利率 r 是指计息周期利率 i 乘以一个利率周期内的计息周期数 m 所得的利率周期利率。即:

$$r = i \cdot m$$

如月利率为1%时,年利率为1% ×12 =12%,该年利率称为"名义利率"。显然,名义利率的计算不考虑年内计息周期间的复利影响,这与单利的计算相同。通常所说的利率周期利率都是名义利率。

实际利率也叫有效利率 i_{eff},是指用复利法将计息周期小于一年的实际利率 i 换算成年实际利率。实际利率的计息期为不足1年,其计算过程为:

根据利率定义:

$$i = \frac{L}{P} \tag{2-33}$$

在一年内产生的利息为:

$$L = F - P \tag{2-34}$$

单位计息周期的利率为 r/m,年末本利和为:

$$F = P\left(1 + \frac{r}{m}\right)^m \tag{2-35}$$

则有：

$$L = P\left[\left(1+\frac{r}{m}\right)^m - 1\right] \tag{2-36}$$

因此，

$$i = \frac{L}{P} = \left(1+\frac{r}{m}\right)^m - 1 \tag{2-37}$$

式中：P——年初本金；

F——年末本利和；

L——年内产生的利息。

式(2-37)反映了复利条件下实际年利率和名义利率之间的关系。一般实际利率不低于名义利率。

【例 2-12】 现设年名义利率 $r=10\%$，则年、半年、季、月、日的年实际利率如表 2-6 所示。

名义利率与实际利率计算 表 2-6

年名义利率(r)	计息期	年计息次数(m)	计息期利率($i=r/m$)	年实际利率(i_{eff})
10%	年	1	10%	10%
	半年	2	5%	10.25%
	季	4	2.5%	10.38%
	月	12	0.833%	10.47%
	日	365	0.027 4%	10.52%

从上表可以看出，每年计息期 m 越多，i_{eff} 与 r 相差越大。在工程经济分析中，如果各方案的计息期不同，就不能简单地使用名义利率来评价，而必须换算成实际利率进行评价，否则将不能得到正确的结论。

【例 2-13】 假如有人目前借入 2 000 元，在今后两年中分 24 次等额偿还，每次偿还 99.80 元。复利按月计算，试求月实际利率、(年)名义利率和年实际利率。

解：由等值计算公式可知：

$$99.80 = 2\,000(A/P,i,24)$$

$$(A/P,i,24) = \frac{99.80}{2\,000} = 0.049\,9$$

查表，上列数值相当于 $i=1.5\%$。

因为计息期是一个月，所以月有效利率为 1.5%。

(年)名义利率：

$$r = (\text{每月 } 1.5\%) \times (12\text{ 个月}) = 18\%$$

年有效利率：

$$i = \left(1+\frac{r}{n}\right)^n - 1 = \left(1+\frac{0.18}{12}\right)^{12} - 1 = 19.56\%$$

在一个企业或工程项目中，如果收入和支出几乎是不间断流动着的话，可以把它看作连续的现金流。当涉及现金流的复利问题时，就要使用连续复利的概念，即在一年中将计息周期无限缩短(即计息次数 $m\to\infty$)时，得到的实际利率。其计算公式为：

$$i_{连} = \lim_{m\to\infty}\left(1+\frac{r}{m}\right)^{m} - 1 = \lim_{m\to\infty}\left(1+\frac{1}{\frac{m}{r}}\right)^{\frac{m}{r}\cdot r} - 1 = e^{r} - 1 \tag{2-38}$$

将连续复利公式引入普通的复利计算公式，即可得到相应的连续复利计算公式，如一次支付、等额支付或变额支付的连续复利现值、终值或年值等计算公式。

三、实际利率与名义利率的计算

1. 实际利率与名义利率计算

在进行分析计算时，对名义利率一般有两种处理方法：

(1)将其换算为实际利率后，再进行计算。

(2)直接按单位计息周期利率来计算，但计息期数要作相应调整。

【例 2-14】 本金 1 000 元，年利率 12%，每月计息一次，求 2 年后的本利和。

解：(1)用年实际利率算

$$i = \left(1+\frac{12\%}{12}\right)^{12} - 1 = 12.68\%$$

$$F = 1\,000 \times (1+12.68\%)^{2} = 1\,269.7$$

(2)用周期实际利率算

月利率 1%，计息期数 24，则：

$$F = 1\,000 \times (1+1\%)^{24} = 1\,269.7$$

【例 2-15】 现投资 1 000 元，时间为 10 年，年利率为 8%，每季度计息一次，求 10 年末的将来值。

解：现金流量图如图 2-14 所示。

每季度的有效利率为 8% ÷4 =2%。

(1)用年实际利率求解

年有效利率 i 为：

$$i = (1+2\%)^{4} - 1 = 8.243\,2\%$$

$$F = 1\,000(F/P, 8.243\,2\%, 10) = 2\,208(\text{元})$$

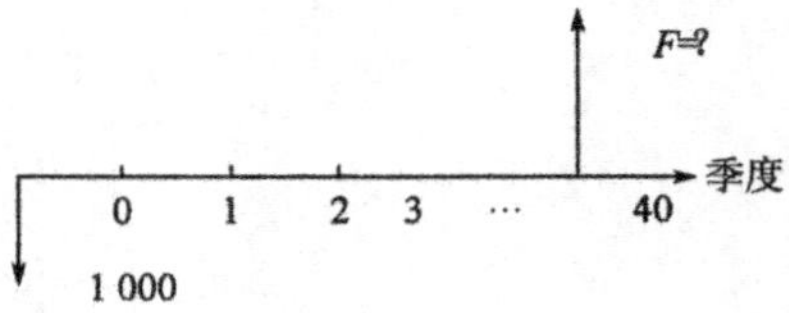

图 2-14 现金流量图

(2)用季度利率求解

$$F = 1\,000(F/P, 2\%, 40) = 1\,000 \times 2.208\,0 = 2\,208(\text{元})$$

【例 2-16】 每半年存款 1 000 元，年利率 8%，每季计息一次，复利计息。问五年末存款金额为多少？

解法 1：按收付周期实际利率计算半年期实际利率。

$$i_{\text{eff}半} = (1+8\%/4)^{2} - 1 = 4.04\%$$

$$F = 1\,000(F/A, 4.04\%, 2\times5) = 1\,000 \times 12.029 = 12\,029(\text{元})$$

解法 2：按计息周期利率，且把每一次收付看作一次支付来计算。

$$F = 1\,000(1+8\%/4)^{18} + 1\,000(1+8\%/4)^{16} + \cdots + 1\,000 = 12\,028.4(\text{元})$$

解法 3：按计息周期利率，且把每一次收付变为等值的计息周期末的等额年金来计算。

$$A = 1\,000(A/F, 2\%, 2) = 495(\text{元})$$

$$F = 495(F/A, 2\%, 20) = 12\,028.5(\text{元})$$

2. 实际利率与名义利率应用

实际应用过程中，等值的计算分三种情况：计息期与支付期相同、计息期短于支付期、计息期长于支付期。

(1)计息期与支付期相同

计息期与支付期相同，即“年—年”、“半年—半年”、“季—季”的情况，见【例 2-17】。

【例 2-17】 年利率为 12%，每半年计息一次，从现在起，连续 3 年，每半年为 100 元的等额支付，问与其等值的第 0 年的现值为多大？

解：每计息期的利率：

$$i = \frac{12\%}{2} = 6\% \quad (\text{每半年一期})$$

$$n = (3\ \text{年}) \times (\text{每年 2 期}) = 6\ \text{期}$$

$$P = A(P/A, 6\%, 6) = 100 \times 4.917\,3 = 491.73(\text{元})$$

计算表明，按年利率 12%，每半年计息一次计算利息，从现在起连续 3 年每半年支付 100 元的等额支付与第 0 年的现值 491.73 元的现值是等值的。

(2)计息期短于支付期

计息期短于支付期时，其等值计算应根据实际情况灵活处理。

【例 2-18】 按年利率为 12%，每季度计息一次计算利息，从现在起连续 3 年的等额年末支付借款为 1 000 元，问与其等值的第 3 年年末的借款金额为多少？

解：其现金流量如图 2-15 所示。

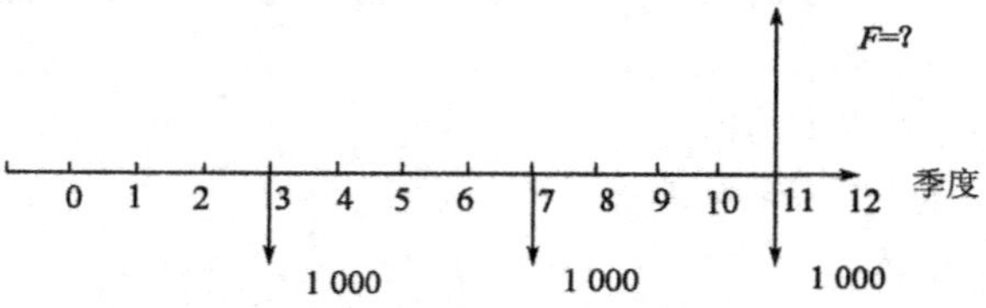

图 2-15 现金流量图

第一种方法：取一个循环周期，使这个周期的年末支付转变成等值的计息期末的等额支付系列，其现金流量见图 2-16、图 2-17。

$$A = F(A/F, 3\%, 4) = 1\,000 \times 0.239\,0 = 239(\text{元})$$

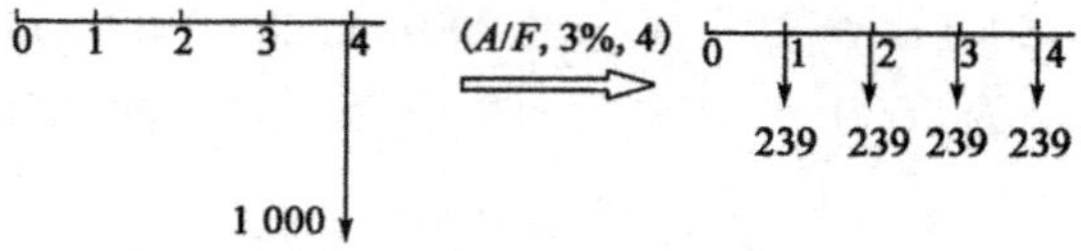

图 2-16 将年度支付转化为计息期末支付(单位：元)现金流量图

$$F = A(F/A, 3\%, 12) = 239 \times 14.192 = 3\,392(\text{元})$$

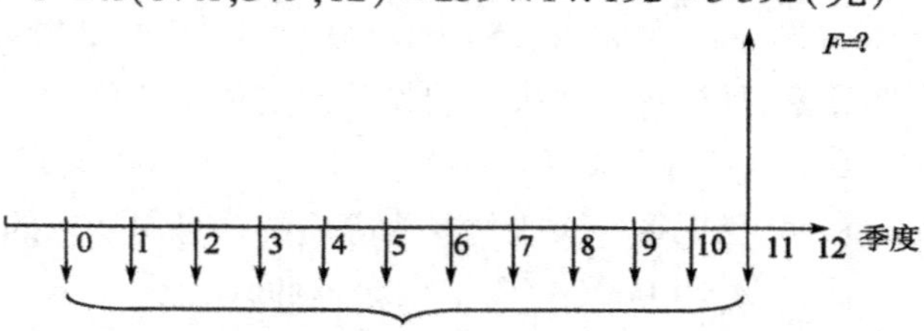

图 2-17 经转变后计息期与支付期重合(单位：元)现金流量图

第二种方法：把等额支付的每一个支付看作为一次支付，求出每个支付的将来值，然后把将来值加起来，其和即等额支付的实际结果。

$$F = 1\,000(F/P,3\%,8) + 1\,000(F/P,3\%,4) + 1\,000 = 3\,392(\text{元})$$

第三种方法：将名义利率转化为年有效利率，以一年为基础进行计算。

年有效利率为：

$$i = \left(1 + \frac{r}{n}\right)^n - 1 = \left(1 + \frac{0.12}{4}\right)^4 - 1 = 12.55\%$$

$$F = A(F/A,12.55\%,3) = 1\,000 \times 3.392\,3 = 3\,392(\text{元})$$

通过三种方法计算表明，按年利率12%，每季度计息一次，从现在起连续三年的1 000元等额年末借款与第三年年末的3 392元等值。

(3)计息期长于支付期

计息期长于支付期时，按财务原则进行计息，即现金流入额放在期初，现金流出额放在计息期末，计息期分界点处的支付保持不变。

如果计息期短于一年，仍可利用以上的利息公式进行计算，分为以下两种情况：计息期和支付期相同，只需按实际时间单位处理即可；计息期短于支付期。

【例2-19】 求每半年向银行借1 400元，连续借10年的等额支付系列的等值将来值。利息分别按下述三种情况计息。

(1)年利率为12%。

(2)年利率为12%，每半年计息一次。

(3)年利率12%，每季度计息一次。

解：(1)计息期长于支付期——财务处理

其现金流量图如图2-18所示。

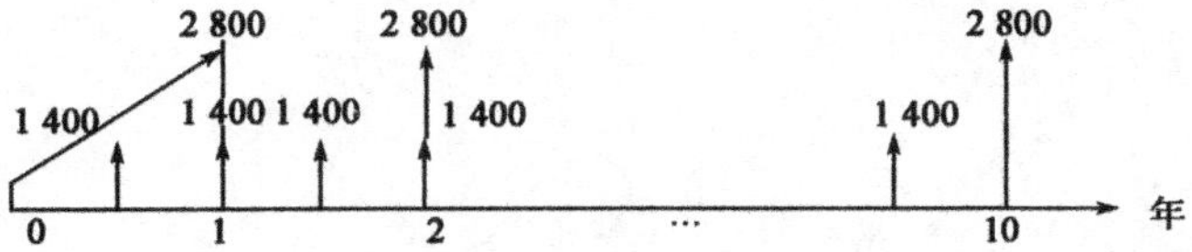

图2-18 现金流量图

$$F = 1\,400 \times 2(F/A,12\%,10) = 49\,136(\text{元})$$

(2)计息期等于支付期

$$F = 1\,400(F/A,12\% \div 2,10 \times 2) = 51\,500(\text{元})$$

(3)计息期短于支付期

其现金流量图如图2-19所示。

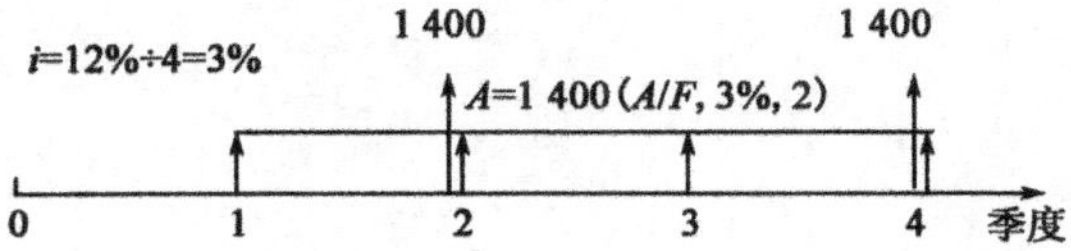

图2-19 现金流量图

$$F = 1\,400(A/F,3\%,2)(F/A,3\%,4 \times 10) = 52\,000(\text{元})$$

【复习思考题】

1. 每年年初借款5 000元,年利率为10%,8年后的本利和是多少?

2. 地方政府投资5 000万元建公路,年维护费150万元,求与此完全等值的现值是多少?(思考:以10 000为标准,发生在10、20、30、50、100年末时的情况,设 $i=10\%$,作比较,看相差多少。)

3. 15年前投资10 000元建厂,现拟22 000元转让,求投资收益率。

4. 每半年存200元,$i=12\%$,每半年计息一次,复利,求三年末的本利和。

5. 每半年存款1 000元,年利率8%,每季计息一次,复利计息。问五年末存款金额为多少?

6. 在我国国民经济和社会发展"九五"计划和2010年远景目标纲要中提出,到2000年我国国民生产总值在1995年5.76万亿元的基础上达到8.5万亿元;按1995年不变价格计算,在2010年实现国民生产总值在2000年的基础上翻一番。问"九五"期间我国国民生产总值的年增长率为多少?

7. 求等值状况下的利率。假如有人目前借入2 000元,在今后两年中分24次等额偿还,每次偿还99.80元。复利按月计算。试求月实际利率、(年)名义利率和年实际利率。

第三章

工程项目经济评价指标

【学习目的与要求】

本章主要讲述了工程项目经济评价指标的概念、计算方法和评价准则。通过本章的学习，了解工程项目经济评价指标的分类，掌握静(动)态投资回收期、净现值、净年值、费用现值、费用年值、净现值率、内部收益率、外部收益率、净现值率等经济评价指标的概念、计算方法和评价准则，能够灵活运用经济评价指标对工程项目的经济可行性进行评价。

第一节 经济评价指标的分类

经济评价指标是投资项目经济效益的定量化及其直观的表现形式，它通常是通过对投资项目所涉及的费用和效益的量化和比较来确定的。反映投资项目经济效果的指标是多种多样的，但每一个指标只是反映评价对象的某一个或几个方面，故仅凭单一指标难以对评价对象做出全面和客观的评价。在对投资项目经济效果进行评价时，可以根据不同的评价目的和深度要求、获得资料的多少及评价对象本身所处的条件，选用不同的指标及其组合进行评价。经济评价指标按照其所考虑的因素及使用方法的不同，可进行不同的分类，一般有以下三种分类方法。

一、按指标在计算中是否考虑资金时间价值分类

在工程项目经济评价中,按是否考虑资金的时间价值,经济评价指标分为静态评价指标和动态评价指标两类,如图 3-1 所示。

- 项目经济评价指标
  - 静态评价指标
    - 投资收益率
    - 静态投资回收期
    - 借款偿还期
    - 利息备付率
    - 偿债备付率
    - 流动比率
    - 速动比率
  - 动态评价指标
    - 内部收益率
    - 外部收益率
    - 净现值率
    - 效益费用比
    - 净现值
    - 净年值
    - 净将来值
    - 费用现值与费用年值
    - 动态投资回收期

图 3-1　项目经济评价指标体系

静态评价指标是在不考虑时间因素对资金价值影响的情况下,直接通过现金流量计算出来的经济评价指标。静态评价指标的优点是计算简便直观,缺点是没有考虑资金的时间价值,只能对投资效果进行粗略估计,经常用于可行性研究初始阶段的粗略分析和评价以及项目初选阶段,或对计算期比较短的项目进行评价。常用的静态评价指标有静态投资回收期、投资收益率和借款偿还期等。

动态评价指标是在分析项目或方案的经济效益时,对发生在不同时间的效益、费用计算资金的时间价值,将现金流量进行等值化处理后计算的评价指标。动态评价指标能较全面地反映投资项目或方案整个计算期的经济效果,主要用于项目最后决策前的可行性研究阶段,或对计算期较长的项目进行评价。常用的动态评价指标有动态投资回收期、净现值、净现值率和内部收益率等。

二、按指标本身的性质分类

在工程项目经济评价中,按经济评价指标本身的性质可分为时间型指标、价值型指标和比率型指标三类,如图 3-2 所示。

时间型指标是指以时间的长短来衡量项目对其投资回收或清偿能力的指标,常用的时间型评价指标有静态投资回收期、动态投资回收期、借款偿还期等。价值型指标是反映项目投资的净收益绝对量大小的指标,常用的价值型评价指标有净现值、净年值、净将来值等。比率型指标是反映项目单位投资获利能力或项目对贷款利率的最大承受能力的指标,常用的比率型

指标有内部收益率、净现值率、投资收益率等。

- 项目经济评价指标
  - 时间型指标
    - 静态投资回收期
    - 动态投资回收期
    - 借款偿还期
  - 价值型指标
    - 净现值
    - 净年值
    - 净将来值
    - 费用现值与费用年值
  - 比率型指标
    - 内部收益率
    - 外部收益率
    - 净现值率
    - 效益费用比
    - 投资收益率
    - 资产负债率
    - 利息备付率
    - 偿债备付率
    - 流动比率
    - 速动比率

图 3-2　项目经济评价指标体系

三、按项目经济评价的性质分类

在工程项目经济评价中，按项目经济评价的性质，可将经济评价指标分为盈利能力分析指标和清偿能力分析指标，如图 3-3 所示。

- 项目经济评价指标
  - 盈利能力分析指标
    - 净现值
    - 内部收益率
    - 投资回收期
    - 投资收益率
  - 清偿能力分析指标
    - 借款偿还期
    - 利息备付率
    - 偿债备付率
    - 资产负债率
    - 流动比率
    - 速动比率

图 3-3　项目经济评价指标体系

盈利能力指标是用来考察项目盈利能力水平的指标，反映项目盈利能力的主要指标有财务内部收益率、财务净现值、投资回收期等。清偿能力指标是指考察项目计算期内偿债能力的指标，反映项目清偿能力的主要指标有借款偿还期、利息备付率、偿债备付率、资产负债率等。

下面按第二种分类方法介绍工程经济分析中常见的评价指标，即时间型经济评价指标、价值型经济评价指标和比率型经济评价指标。

第二节　时间型经济评价指标

一、静态投资回收期(P_t)

静态投资回收期是指在不考虑资金时间价值的情况下,用项目每年的净收益来回收项目的全部投资所需的时间。静态投资回收期的计算表达式为:

$$\sum_{t=0}^{P_t}(CI-CO)_t=0 \tag{3-1}$$

式中:P_t——静态投资回收期;

CI——现金流入;

CO——现金流出。

静态投资回收期一般以年为单位,对建设单位来说,静态投资回收期一般自项目建设开始年算起,即包括建设期。如果静态投资回收期从项目投产年算起,即不包括建设期,则应加以说明。根据项目每年的净收益是否相等,计算静态投资回收期的方法有以下两种。

1. 公式计算法

若项目建成投产后每年的净收益均相同,则静态投资回收期的计算公式为:

$$P_t=\frac{I}{A}+P_k \tag{3-2}$$

式中:P_t——静态投资回收期;

I——项目的全部投资;

A——每年的净收益;

P_k——项目建设期。

2. 近似计算法

如果项目建成投产后每年的净收益不相等,则静态投资回收期的计算公式为:

$$P_t=\frac{\text{累计净现金流量}}{\text{开始出现正值的年份数}}-1+\frac{|\text{上年累计净现金流量}|}{\text{当年的净现金流量}} \tag{3-3}$$

近似计算法通常用表格形式计算,根据项目的净现金流量,从投资开始时刻(即零时点)依次求出以后各年的净现金流量之和(即累计净现金流量),直至累计净现金流量等于零的时刻为止。从零时点到对应于累计净现金流量等于零的时刻的时间,即为项目从投资开始时刻算起的静态投资回收期。

静态投资回收期的评价准则:将静态投资回收期 P_t 与基准投资回收期 P_c 进行比较,若 $P_t \leq P_c$,则表明项目投入的总资金能在规定的时间内收回,则项目可以考虑接受;若 $P_t > P_c$,则项目应予以拒绝。投资回收期越短,则表明项目投资回收越快,抗风险能力越强。

基准投资回收期 P_c 可以是国家或行业制定的标准,也可以是企业的标准。基准投资回收期确定的主要依据是全社会或行业投资回收期的平均水平,或者是企业根据自己的目标所期望的投资回收水平。

静态投资回收期最大的优点是意义明确、直观、计算方便,它可反映项目的风险大小。项目决策面临着未来的不确定性因素的挑战,这种不确定性所带来的风险随着时间的延长而增强,因为离现在的时间越远,人们所能把握的信息就越少。为了减少这种风险,就必然希望投资回收期越短越好。正是由于投资回收期指标能反映一定的风险,所以,在项目经济效果评价中具有独特的地位和作用,并被广泛用作项目经济效果评价的辅助性指标。

静态投资回收期的最大缺点是没有考虑资金的时间价值,无法确定投资项目在整个使用期内的盈利水平。它舍弃了回收期以后的收入与支出数据,故不能全面反映项目在寿命期内的真实效益,难以对不同方案的比较选择做出正确判断。因此,静态投资回收期指标只能作为一种辅助指标,而不能单独使用。

【例 3-1】 某工程项目总投资 1 000 万元,两年建成投产,投产后每年的净收益为 380 万元。试计算该项目的静态投资回收期。

解:该投资项目每年的净收益相等,建设期为 2 年,可以直接用公式(3-2)计算,其静态投资回收期为:

$$P_t = \frac{I}{A} + P_k = \frac{1\,000}{380} + 2 = 4.63(\text{年})$$

【例 3-2】 某项目的现金流量如表 3-1 所示,试计算静态投资回收期。

某项目现金流量表(单位:万元) 表 3-1

项目 \ 年份	0	1	2	3	4	5	6
投资	600	400	—	—	—	—	—
收入	—	—	500	600	800	800	750
支出	—	—	200	250	300	350	350
净现金流量	-600	-400	300	350	500	450	400
累计净现金流量	-600	-1 000	-700	-350	150	600	1 000

解:由表 3-1 可知,累计净现金流量首次出现正值的年份是第 4 年,则净态投资回收期为:

$$P_t = 4 - 1 + \frac{|-350|}{500} = 3.70(\text{年})$$

二、动态投资回收期 P_t^*

动态投资回收期是指在计算时考虑资金的时间价值,在给定的基准收益率下,以项目每年净收益的现值来收回全部投资的现值所需要的时间。动态投资回收期的计算表达式为:

$$\sum_{t=0}^{P_t^*}(CI - CO)_t(1 + i_c)^{-t} = 0 \tag{3-4}$$

式中:P_t^*——动态投资回收期;

CI——现金流入;

CO——现金流出;

i_c——基准收益率。

公式(3-4)中的基准收益率 i_c 也称基准折现率,是企业或行业或投资者以动态的观点所确定的投资项目最低标准收益水平。基准收益率表明投资决策者对项目资金时间价值的估价，是投资资金应当获得的最低盈利率水平，是评价和判断投资项目在经济上是否可行的依据，是一个重要的经济参数。基准收益率的确定一般以行业的平均收益率为基础，同时综合考虑资金成本、投资风险、通货膨胀以及资金限制等影响因素。对于政府投资项目，进行经济评价时使用的基准收益率是由国家组织测定并发布的行业基准收益率。对于非政府投资项目，基准收益率由投资者自行确定，但应考虑资金成本、投资风险、通货膨胀以及资金限制等因素的影响。

在实际应用中，根据项目的现金流量表，动态投资回收期的计算公式为：

$$P_t^* = \frac{\text{累计净现金流量折现值}}{\text{开始出现正值的年份数}} - 1 + \frac{|\text{上年累计净现金流量折现值}|}{\text{当年的净现金流量折现值}} \tag{3-5}$$

动态回收期 P_t^* 的评价准则：将动态回收期 P_t^* 与基准投资回收期 P_c 进行比较，若 $P_t^* \leq P_c$，则项目可以考虑接受；若 $P_t^* > P_c$，则项目应予以拒绝。

动态投资回收期是项目净现值为零时的回收期限，对于同一项目，其动态投资回收期要大于其静态投资回收期。这是因为，计算动态投资回收期时考虑了资金的时间价值，先投资的资金比未来的资金价值更大，则回收投资需要的时间更长。

【例 3-3】 用例 3-2 所示数据计算项目的动态投资回收期，设基准收益率 $i_c = 10\%$ 。

解：净现金流量折现值和累计净现金流量折现值的计算结果见表 3-2。

某项目的现金流量表（单位：万元） 表 3-2

项目 \ 年份	0	1	2	3	4	5	6
投资	600	400	—	—	—	—	—
收入	—	—	500	600	800	800	750
支出	—	—	200	250	300	350	350
净现金流量	-600	-400	300	350	500	450	400
净现金流量折现值	-600	-363.64	247.92	262.96	341.50	279.41	225.80
累计净现金流量折现值	-600	-963.64	-715.72	-452.76	-111.26	168.15	393.95

由表 3-2 可知，累计净现金流量折现值首次出现正值的年份是第 5 年，则动态投资回收期为：

$$P_t^* = 5 - 1 + \frac{|-111.26|}{279.41} = 4.40(\text{年})$$

三、借款偿还期

借款偿还期是指在国家财税制度规定及项目具体财务条件下，以项目投产后的收益（利润、折旧、摊销及其他还款资金）偿还项目投资借款本息和所需要的时间。借款偿还期的计算表达式为：

$$I_d = \sum_{t=0}^{P_d} R_t \tag{3-6}$$

式中：I_d——建设投资借款本金和利息之和；

P_d——借款偿还期，从借款开始年计算；

R_t——第 t 年要用于还款的资金，包括利润、折旧、摊销及其他还款资金。

在实际工作中，从开始借款年份算起的借款偿还期的计算公式如下：

$$借款偿还期 = \frac{逐年偿还借款开始}{出现盈余的年份数} - 1 + \frac{当年偿还借款额}{当年可用于还款的金额} \tag{3-7}$$

借款偿还期是反映项目偿债能力的重要指标，当借款偿还期小于或等于贷款机构的要求期限时，即认为项目有清偿能力，项目可以考虑接受；否则，项目应予以拒绝。

上述三个时间型指标具有直观、简单等特点，它符合投资者的心理，便于为投资者衡量风险，在进行项目评价时常被采用。投资回收期等时间型指标最大的缺点是没有反映投资回收期以后各年的情况，因而不能全面反映项目在整个寿命期内真实的经济效果。因此，时间型指标通常只能作为辅助指标使用。

第三节　价值型经济评价指标

一、净现值

净现值（Net Present Value，简称 NPV）是按照给定的基准收益率，将项目计算期内各年发生的净现金流量折算到建设期初的现值之和。净现值的计算表达式为：

$$NPA = \sum_{t=0}^{n}(CI - CO)_t(1 + i_c)^{-t} \tag{3-8}$$

式中：NPV——净现值；

CI——现金流入；

CO——现金流出；

n——项目计算期；

i_c——基准收益率。

净现值表示在给定的基准收益率水平下，项目在不同时点发生的净现金流量折现到期初时，整个计算期所能得到的净收益。若净现值等于零，表明项目刚好达到了规定的基准收益率水平；若净现值大于零，则表示项目除能达到规定的基准收益率外，还能得到更多的收益；若净现值小于零，则表示项目达不到规定的基准收益水平。由此可知，净现值是反映项目投资盈利能力的一个重要动态指标，广泛应用于项目的经济评价中。

净现值的评价准则为：若 $NPV \geqslant 0$ 时，说明项目满足基准收益率要求的盈利水平，故项目可以考虑接受；若 $NPV < 0$ 时，说明项目不能满足基准收益率要求的盈利水平，故项目应予以拒绝。

从公式（3-8）可以看出，净现值 NPV 的大小与折现率 i 有很大关系，当折现率变化时，净现值也随之变化。对于具有常规现金流量（即在计算期内，开始时有支出而后才有收益，且项目的净现金流量序列的符号只改变一次的现金流量）的投资项目，其净现值的大小随着折现率的增大而单调减小，净现值与折现率的关系如图 3-4 所示。

NPV 之所以随着 i 的增大而减小，是因为具有常规现金流量的投资项目正的现金流量总是发生在负的现金流量之后，使得随着折现率的增加，正的现金流量折现到期初的值比负的现

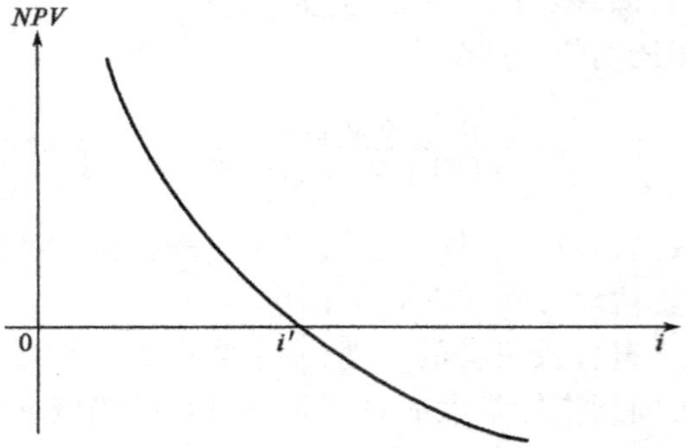

图 3-4　NPV 与 i 的关系图

金流量折现到期初的值折减得更多，这样折现值的代数和就随着 i 的增加而不断减少。

按照净现值的评价准则，只要有 $NPV(i) \geqslant 0$，方案就可以接受；但由于 $NPV(i)$ 是 i 的递减函数，故基准收益率定得越高，方案被接受的可能性也就越小。在实际生活中，国家分行业确定并颁布基准收益率，并以此作为投资调整的手段。比如对某些高能耗、技术落后或对环境有较大影响的行业或部门，可以将其基准收益率定得高些，只有具备较好经济效益的项目才能通过；而对低能耗、技术进步或关系国计民生的某些行业或部门，可以将其基准收益率定得低些，这样就能使资金流向这些行业，有利于国家产业整体布局和建设节约型社会。

净现值指标的优点是考虑了资金的时间价值，并全面考虑了项目在整个计算期内的经济状况，经济意义明确，可直接用货币表示项目的盈利水平，评价标准简单易行。净现值指标的不足之处是必须首先确定一个符合经济现实的基准收益率，而基准收益率的确定往往比较复杂；并且净现值不能说明项目运营期间各年的经营效果；此外，净现值也不能反映项目投资中单位投资的使用效率。

【例 3-4】　某企业基建项目建设期初投资 1 995 万元，当年建成投产，年经营成本 500 万元，年销售额 1 500 万元，第三年年末工程项目配套追加投资 1 000 万元。若计算期为 5 年，基准收益率为 10%，残值等于零，试计算该项目的净现值，并对项目的可行性进行判断。

解：项目的现金流量图如图 3-5 所示。

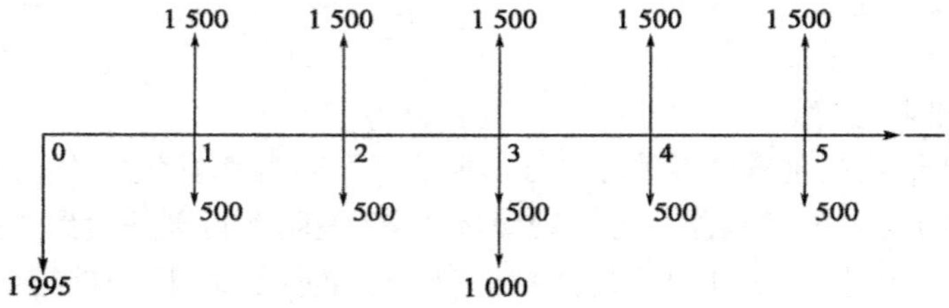

图 3-5　现金流量图（单位：万元）

$$
\begin{aligned}
NPV &= -1\,995 + 1\,500(P/A,10\%,5) - 500(P/A,10\%,5) - 1\,000(P/F,10\%,3) \\
&= -1\,995 + 1\,500 \times 3.790\,8 - 500 \times 3.790\,8 - 1\,000 \times 0.751\,3 \\
&= 1\,044.50\text{（万元）}
\end{aligned}
$$

因为 $NPV > 0$，故该项目可行。

二、净年值

净年值（Net Annual Value，简称 NAV）是指通过资金等值换算，将项目的净现值分摊到计算期内各年的等额年值。净年值可说明项目计算期内各年的经营效果，其计算表达式为：

$$
NAV = NPV(A/P,i,n) = \left[\sum_{t=0}^{n}(CI - CO)_t(1 + i_c)^{-t}\right](A/P,i_c,n) \tag{3-9}
$$

式中：NAV——净年值；

$(A/P,i,n)$——等额支付资本回收系数；

其他符号意义同前。

由于净年值与净现值之间仅差一个取正值的等额支付资本回收系数$(A/P,i_c,n)$，因此，净年值与净现值是等效评价指标。则净年值的评价准则为：当$NAV \geqslant 0$时，项目可以接受；当$NAV<0$时，项目应予以拒绝。

一般情况下，由于净年值与净现值是等效评价指标，没有必要再进行单一项目评价时同时选择这两个指标，但当进行多个互斥方案比选时，尤其是当两个方案的计算期不同时，用净年值更方便。

【例3-5】 某企业拟购买一台设备，其购置费为35 000元，使用寿命为4年，第4年的残值为3 000元。在使用期内，每年的收入为19 000元，年经营成本为6 500元。若基准收益率为10%，用净年值指标分析投资的可行性。

解：

$$\begin{aligned}NAV&=19\,000-6\,500-3\,5000(A/P,10\%,4)+3\,000(A/F,10\%,4)\\&=19\,000-6\,500-35\,000\times0.315\,5+3\,000\times0.215\,5\\&=2\,104(\text{元})\end{aligned}$$

因为$NAV \geqslant 0$，故该项投资是可行的。

三、净将来值

净将来值（Net Future Value，简称NFV）就是按照给定的基准收益率，将计算期内各年的净现金流量折算到项目计算期末的将来值之和。净将来值的计算表达式为：

$$NPV=\sum_{t=0}^{n}(CI-CO)_t(1+i_c)^{n-t} \qquad (3\text{-}10)$$

式中：NFV——净将来值；

其他符号意义同前。

净将来值的评价准则为：当$NFV \geqslant 0$时，项目可以接受；当$NFV<0$时，项目应予以拒绝。

净现值、净年值和净将来值是三个等价的经济评价指标。同一个项目，无论是以净现值作为评价指标，还是以净年值或净将来值作为评价指标，其评价结论都是相同的。三者代表相同的评价尺度，只是代表的时间不同，因此在项目的经济评价中只需选取其中的一个作为评价指标。至于选取哪一个，则取决于哪一个指标对决策更有价值，哪一个计算使用更方便。

四、费用现值和费用年值

用净现值分析项目的经济效益，要求用货币单位计算项目的收益。但有些项目的效益难以用货币单位直接计算，如安全保障、环境保护、劳动条件改善、地区开发等，或者项目的收入状况是相同的，在比较时为了简便起见，可不计算收益部分，而只计算费用，则可得到费用现值和费用年值指标。为了简化计算，计算时费用一般取正值。

1. 费用现值

费用现值（Present Cost，简称PC）是指在不考虑项目收益的情况下，按照给定的基准收益率，将项目计算期内每年的费用折算到建设期初的现值之和。费用现值的计算表达式为：

$$PC = \sum_{t=0}^{n} CO_t (1 + i_c)^{-t} \tag{3-11}$$

式中：PC——费用现值；

其他符号意义同前。

用费用现值比较项目的优劣时，必须要满足相同的需要或功能，如果不同的项目满足不同的需要，就无法进行比较。因此，费用现值的评价准则为：在满足相同需要或功能的条件下，费用现值最小的项目最优。

2. 费用年值

费用年值(Annual Cost，简称 AC)是指通过资金等值换算，将项目的费用现值分摊到计算期内各年的等额年值。费用年值的计算表达式为：

$$AC = PC(A/P,i,n) = \left[\sum_{t=0}^{n} CO_t (1 + i_c)^{-t}\right](A/P,i_c,n) \tag{3-12}$$

式中： AC——费用年值；

$(A/P,i,n)$——等额支付资本回收系数；

其他符号意义同前。

费用现值和费用年值这两个指标是等价的，因此费用年值指标的评价准则为：在满足相同需要或功能的条件下，费用年值最小的项目最优。费用年值相当于一个“年平均值”，比费用现值更具有可比性，尤其当项目的寿命不同时，采用费用年值进行比选更简便。

应注意的是：费用现值和费用年值是净现值和净年值的特殊形式，二者不能对单一方案的经济可行性进行评价，一般仅用于多个方案的比较和选优。

价值型经济评价指标以货币形式评价项目的经济效果，具有清晰的经济意义，其数值又可直接进行比较计算，所以是项目经济评价的首选指标形式。其中，净现值指标更是被广泛应用。值得注意的是，在计算时，由于基准收益率 i_c 是预先给出的，而且是作为评定标准设定的，所以它并不一定与实际经营的收益率相等。这说明，项目不能被接受，只是因为它没有获得 i_c 水平上的超额收益，并不说明它就是一个亏损的项目。

第四节　比率型经济评价指标

价值型经济评价指标的一个共同难题就是如何给出合理的基准收益率 i_c 值。此外，价值型经济评价指标不能反映项目单位资金的效率，对于不同投资额的项目，其数值大小并不能真正说明它们的优劣。能够较好地解决这两个问题的指标就是比率型经济评价指标，尤其是内部收益率等动态的比率型经济评价指标。比率型经济评价指标是以两个数量的比值形式反映项目的经济效率，通常分母为流出项，分子为流入项。这类指标中，属于动态指标的有内部收益率、外部收益率、净现值率等，此外就是众多的静态评价指标。

一、净现值率

净现值率(Net Present Value Rate，简称 NPVR)是项目净现值与项目全部投资现值绝对值之比。净现值率的计算公式如下：

$$NPVR = \frac{NPV}{I_P} = \frac{\sum_{t=0}^{n}(CI - CO)_t(1 + i_c)^{-t}}{\left|\sum_{t=0}^{n}I_t(1 + i_c)^{-t}\right|} \tag{3-13}$$

式中：$NPVR$——净现值率；

I_P——总投资现值；

I_t——第 t 期的投资额；

其余符号意义同前。

净现值率与净现值是等效的评价指标，净现值率的评价准则为：当 $NPVR \geqslant 0$ 时，则项目可以考虑接受；当 $NPVR < 0$ 时，项目应予以拒绝。

净现值率的经济含义是单位投资现值所能得到的净现值，反映了资金的使用效率。净现值是反映项目盈利能力的绝对指标，但不能反映资金的使用效率。为了考察项目投资的使用效率，通常可用净现值率作为项目经济评价的辅助指标。

二、内部收益率

1. 内部收益率的概念

内部收益率（Internal Rate of Return，简称 IRR），是指在项目计算期内，使项目各年净现金流量的现值之和等于零时的折现率。也就是说，按照这个折现率计算时，项目现金流入的现值之和等于项目现金流出的现值之和。内部收益率的计算表达式为：

$$\sum_{t=0}^{n}(CI - CO)_t(1 + IRR)^{-t} = 0 \tag{3-14}$$

或

$$\sum_{t=0}^{n}CI_t(1 + IRR)^{-t} = \sum_{t=0}^{n}CO_t(1 + IRR)^{-t} \tag{3-15}$$

式中：IRR——内部收益率；

其余符号意义同前。

2. 内部收益率的评价准则

由图 3-4 可知，对于具有常规现金流量的项目，随着折现率的不断增大，项目净现值不断减小，在达到某一个折现率时，项目的净现值为零，这个折现率就是项目的内部收益率。也就是说，NPV 曲线与横坐标交点处对应的折现率，即为该项目的内部收益率 IRR。并且，当 $i < IRR$ 时，$NPV > 0$；当 $i > IRR$ 时，$NPV < 0$。

根据净现值与折现率的关系以及净现值指标的评价准则，易知内部收益率 IRR 的评价准则为：若 $IRR \geqslant i_c$，则 $NPV \geqslant 0$，项目可以接受；若 $IRR < i_c$，则 $NPV < 0$，项目应予以拒绝。

3. 内部收益率的计算

内部收率的计算公式（3-14）是一个关于 IRR 的高次方程，理论上，可通过解方程（3-14）求出内部收益率，但这并非是一个单纯的数学问题，需要结合实际情况来分析。

从公式（3-14）可知，若令 $(1 + IRR)^{-1} = x$，$(CI - CO)_t = F_t$ $(t = 0, 1, 2, \cdots, n)$，则式（3-14）可变换为：

$$F_0 + F_1x + F_2x^2 + \cdots + F_nx^n = 0 \tag{3-16}$$

这是一个系数为实数的 n 次方程，必有 n 个根（包括复数根和重根），故其正实数根可能不止一个。由高次方程的笛卡儿符号法则可知，系数为实数的 n 次多项方程(3-16)，其正实数根的数目不会超过其系数系列 $F_0, F_1, F_2 \cdots$ 中符号的变化次数。在现实中，可能出现这种多次改变现金流量符号的投资项目就是所谓非常规投资项目。如果在生产期内大量追加投资，或在某些年份集中偿还债务，或经营费用支出过多，都可能导致净现金流量序列多次变号，构成非常规投资项目，并可能出现多解情况。反之，对于常规投资项目，在项目期初，净现金流量一般为负值，项目进入正常生产期后，净现金流量就会变成正值。只要其累计净现金流量大于零，且现金流量序列仅变号一次，*IRR* 就有唯一的正数解。

对于非常规投资项目，也不能确定它一定存在唯一解，若非常规投资项目的现金流量结构大致分为两个阶段，且前一阶段净现金流量的代数为负值，后一阶段净现金流量的代数为正值，而且后者大于前者，则可能存在一个正实数根，为项目的内部收益率。另一个问题是当出现了多个正实数根时，这些根是否是真正的内部收益率呢？这需要按照内部收益率的经济含义进行验证。验证方法是以这些根作为盈利率，代入计算项目寿命期内各个时刻的资金，看是否存在未"偿付"的资金。然而，对于非常规项目，这些根大多不是项目真正的内部收益率，如果所有的正实数根都不满足该项检验要求，则内部收益率指标已经失效。

现实中，方程(3-14)的解并非一定存在，若不存在，即净现值函数曲线与 i 轴没有交点。此时有两种情形，或者恒有 $NPV(i) < 0$，或者恒有 $NPV(i) > 0$。由于 *IRR* 是由净现值函数得到的，而净现值为折现率的减函数，所以当后期各年收益的代数和小于项目初期的投资额时，图 3-4所示的净现值函数曲线与 i 轴没有交点，自然 *IRR* 不存在。

由于内部收益率的计算式是一个高次方程，用一般方法不易求解。对于常规现金流量项目，通常用线性内插法求 *IRR* 的近似解，其原理如图 3-6 所示。内部收益率的计算步骤如下：

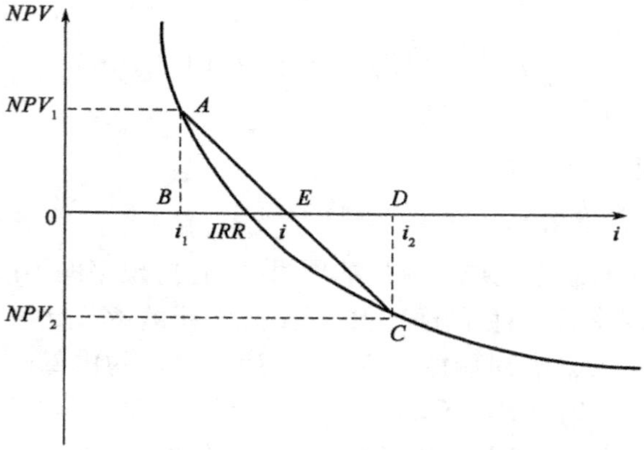

图 3-6　用内插法求 *IRR* 近似解示意图

(1)在满足下列条件的基础上预先估计两个适当的折现率 i_1 和 i_2：$i_1 < i_2$ 且 $|i_1 - i_2| \leq 5\%$；i_1 对应的 $NPV_1 > 0$ 和 i_2 对应的 $NPV_2 < 0$。如果预估的 i_1、i_2 不满足这两个条件要重新预估，直至满足条件为止。

(2)用线性内插法求内部收益率 *IRR* 的近似解，由图 3-6 可知，△ABE 相似于△CDE，可得内部收益率的计算公式如下：

$$IRR = i_1 + \frac{(i_2 - i_1)NPV_1}{NPV_1 + |NPV_2|} \tag{3-17}$$

式中：*IRR*——内部收益率；

i_1——较小的折现率；

i_2——较大的折现率；

NPV_1——与 i_1 对应的净现值(正值)；

NPV_2——与 i_2 对应的净现值(负值)。

采用线性内插法计算 IRR 时，其计算精度与 i_2-i_1 的差值有关。如图 3-6 所示，因为折现率与净现值不是线性关系，i_2 与 i_1 之间的差距越小，计算结果越精确；反之，i_2 与 i_1 之间的差距越大，计算结果误差越大。为保证 IRR 的计算精度，在实际工程项目评价时，i_2-i_1 的差值不宜超过 2%，最大不超过 5%。

【例 3-6】 某工程项目净现金流量如表 3-3 所示，基准收益率为 10%，试用内部收益率指标分析该项目是否可行。

净现金流量表(单位:万元)　　表 3-3

年份	0	1	2	3	4	5
净现金流量	-2 000	300	500	500	500	1 200

解：设 $i_1=12\%$，$i_2=15\%$。

$$NPV_1=-2\,000+300(P/F,12\%,1)+500(P/A,12\%,3)(P/F,12\%,1)+1\,200(P/F,12\%,5)=-2\,000+300\times0.892\,9+500\times2.401\,8\times0.892\,9+1\,200\times0.567\,4=21.03(\text{万元})$$

$$NPV_2=-2\,000+300(P/F,15\%,1)+500(P/A,15\%,3)(P/F,15\%,1)+1\,200(P/F,15\%,5)=-2\,000+300\times0.869\,6+500\times2.283\,2\times0.869\,6+1\,200\times0.497\,2=-149.74(\text{万元})$$

$$IRR=i_1+\frac{(i_2-i_1)NPV_1}{NPV_1+|NPV_2|}=12\%+\frac{21.03}{21.03+149.74}\times(15\%-12\%)=12.37\%$$

因为 $IRR=12.37\%>10\%$，所以该项目可行。

4. 内部收益率的经济含义

内部收益率反映的是项目全部投资所能获得的最大收益率，是项目借入资金利率的临界值。假设一个项目的全部投资均来自借入资金。从理论上讲，若借入资金的利率 i 小于项目的内部收益率 IRR，则项目会有盈利；若 $i>IRR$，则项目就会亏损；若 $i=IRR$，则由项目全部投资所得的净收益刚好用于偿还借入资金的本金和利息。这样一个偿还的过程只与项目的某些内部因素(如借入资金额、各年的净收益以及由于存在的资金的时间价值而产生的资金的增值率)有关，反映的是发生在项目内部的资金的盈利情况，而与项目之外的外界因素无关。

因此，内部收益率的经济含义是，在项目的整个寿命期内，如果按利率 $i=IRR$ 计算各年的净现金流量时，会始终存在着未能收回的投资，只有到了寿命期末时投资才能被全部收回，此时的净现金流量刚好等于零。换句话说，在寿命期内各个时点，项目始终处于"偿还"未被收回的投资的状态，只有到了寿命期结束的时点，才恰好偿还完全部投资。

已知某项目的净现金流量如表 3-4 所示，可计算出其内部收益率为 20%，且是唯一的，按此利率计算收回全部投资的过程如表 3-4 所示。

以 *IRR* = 20% 收回全部投资过程计算表(单位:万元)　　表 3-4

年份 \ 项目	净现金流量(年末)	年初未收回的投资	年初未收回的投资到年末的金额	年末尚未收回的投资
	①	②	③ = ② × (1 + *IRR*)	④ = ③ - ①
0	-1 000	—	—	—
1	300	-1 000	-1 200	-900
2	300	-900	-1 080	-780
3	300	-780	-936	-636
4	300	-636	-763.20	-463.20
5	300	-463.20	-555.84	-255.84
6	307	-255.84	-307	0

由表 3-4 可以看出,在项目的整个寿命期内,每年均有尚未收回的投资,只有到了第 6 年末即寿命期结束时,才全部收回了投资。可见用利率 $IRR = 20\%$ 为尺度增值,到项目计算期结束时恰好收回全部投资,符合内部收益率的经济含义。所以 20% 是该项目的内部收益率。

一般来讲,根据内部收益率方程式(3-14)求得的使项目的净现值为零的折现率,只有当它符合内部收益率的经济含义时才是项目的内部收益率,否则将不是项目的内部收益率。

5. 内部收益率的优点和缺点

内部收益率的优点是考虑了资金的时间价值,以及项目在整个计算期内的经济状况,能够直观地反映项目的最大可能收益水平,不需要事先确定基准收益率,免去许多既重要又困难的经济界限的研讨。内部收益率的缺点是计算较为复杂,这是因为内部收益率的计算式是一个高次方程,且对于一些非常规现金流量项目,方程的解可能不是唯一的,有些情况下可能不存在。

三、外部收益率

内部收益率的计算过程,实际上隐含着项目寿命期内所获得的净收益可全部用于再投资,并且再投资的收益率等于项目的内部收益率。这种假定与实际情况不符。通常回收的资金量总比初始投资资金少,且可使用该资金的时间也较短,因此项目回收资金再投资的收益率一般低于初始投资的收益率。外部收益率(External Rate of Return,简称 ERR)则假定再投资的收益率等于基准收益率。

假定项目所有投资按某个折现率折算的终值恰好可用项目每年的净收益按基准收益率折算的终值来抵偿时,这个折现率就称为外部收益率,其表达式为:

$$\sum_{t=0}^{n} K_t (1 + ERR)^{n-t} = \sum_{t=0}^{n} (CI - CO)_t (1 + i_c)^{n-t} \tag{3-18}$$

式中:ERR——外部收益率;

K_t——项目的投资;

其他符合意义同前。

外部收益率的经济含义是,把一笔资金投资于某项目,相当于将这笔资金存入一个年利率

为 ERR 且以复利计息的银行中所获的价值。因而 ERR 越大,投资的经济性越好,投资效率越高。

将所得的 ERR 与基准收益率进行比较,若 $ERR \geq i_c$,则项目可以接受;若 $ERR < i_c$,则项目应予以拒绝。

外部收益率考虑了资金的时间价值,考察了项目在整个寿命期内的经济状况,而且与内部收益率相比,其解具有唯一性,因而该指标在项目评价中也有其优越之处。

【例 3-7】 某项目的初始投资为 100 万元,寿命期为 10 年,10 年末残值回收 10 万元,每年收入为 35 万元,每年支出为 15 万元,用 ERR 来判断方案是否可行(基准收益率为 10%)。

解:

$$100(1+ERR)^{10}=(35-15)(F/A,10\%,10)+10$$

$$100(1+ERR)^{10}=(35-15)\times\frac{1.1^{10}-1}{0.1}+10$$

$$(1+ERR)^{10}=3.287\ 485$$

$$ERR=12.64\%$$

因为 $ERR>10\%$,所以方案可行。

四、效益费用比

效益费用法是工程经济评价时常用的一种方法,尤其是进行国民经济评价,需要对“有”“无”此建设项目所产生的情况进行比较时,效益费用法是一种主要的分析方法。

效益费用法所反映的经济关系就是项目或某个投资方案的总收益与总费用的关系。它有两种分析指标,一种是效益费用比,另一种是净效益。在此主要介绍项目的效益费用比。效益与费用的计算,可以根据项目现金流量的特点,按需要采用现值、年值或未来值进行计算。一般在多方案分析时,若各方案寿命相等就用现值或未来值计算,若各方案寿命不等,便采用年值计算。

效益费用比(Benefit Cost Ratio,简称 BCR)就是一个项目的总效益与总费用之比。如果按现值计算各年的效益和费用,则有:

$$BCR=\frac{\sum_{t=0}^{n}B_t(1+i_c)^{-t}}{\sum_{t=0}^{n}C_t(1+i_c)^{-t}} \tag{3-19}$$

式中:BCR——效益费用比;

B_t——项目的效益;

C_t——项目的费用。

在公路建设项目中,“费用”是所支出的全部费用,包括公路建设工程费,计算年限内的养护费用、大修工程费用、交通管理费等。残值一般可取工程费用的 50%,以负值计入费用。“效益”是指全社会公路使用者所获得的效益,因此 $BCR \geq 1$ 项目可行。

【例 3-8】 某区域公路,经多年统计每年由于车祸而造成的财产损失平均为 96 万元,现考虑拓宽加建一条车道,估计改建后车祸可减少一半。加建车道投资约 200 万元,使用寿命 30 年,每年养护费为原投资的 3%。试用效益费用比对该工程进行评价。($i_c=8\%$)

解:项目的效益就是减少损失,由式(3-19)可得:

$$BCR = \frac{\sum_{t=0}^{n} B_t(1+i_c)^{-t}}{\sum_{t=0}^{n} C_t(1+i_c)^{-t}} = \frac{\frac{96}{2}(P/A,8\%,30)}{200+200\times 3\% \cdot (P/A,8\%,30)}$$

$$= \frac{48\times 11.258}{200+200\times 3\% \times 11.258}$$

$$=2.02$$

因为 $BCR>1$，所以项目可行。

本题也可以通过计算年值来求 BCR：

$$BCR = \frac{\frac{96}{2}}{200\times 3\% + 200(A/P,8\%,30)} = \frac{48}{6+200\times 0.089} = 2.02$$

因为 $BCR>1$，故项目可行，两种方法的结论一致。可见，由于资金等值，因此可以根据需要利用现值、年值或未来值进行计算效益费用比，并且结论均一致。

五、投资收益率

投资收益率也称为投资效果系数，是指项目在正常生产年份的年净收益与投资总额的比值。对于正常生产年份的年净收益变化幅度较大的项目，投资收益率为年平均净收益与项目投资总额的比值。投资收益率的计算公式为：

$$R = \frac{NB}{I} \tag{3-20}$$

式中：R——投资收益率；

NB——正常生产年份的年净收益或年平均净收益；

I——投资总额。

从式(3-20)可以看出，投资收益率的计算与投资静态回收期极其相似，如果把静态投资回收期中的建设期去掉，则投资回收期与投资收益率互为倒数。

用投资收益率对项目进行经济评价时，将其与国家或行业确定的基准投资收益率相比较，基准投资收益率是国家或行业根据历史数据确定的。设基准投资收益率为 R_b，则投资收益率的评价准则为：当 $R \geqslant R_b$ 时，项目可行，可以考虑接受；当 $R<R_b$ 时，项目是不可行，应予以拒绝。

投资收益率是一个综合性指标，在进行项目经济评价时，根据分析目的的不同可分为投资利润率、投资利税率和资本金利润率等不同形式。

1. 投资利润率

$$投资利润率 = \frac{年利润总额或年平均利润总额}{项目总投资} \times 100\% \tag{3-21}$$

式中：

年利润总额 = 年销售收入 - 年销售税金及附加 - 年总成本费用

投资利润率是考察项目单位投资盈利能力的静态指标。

2. 投资利税率

$$投资利税率 = \frac{年利税总额或年平均利税总额}{项目总投资} \times 100\% \tag{3-22}$$

式中：

$$年利税总额 = 年销售收入 - 年总成本费用$$

或
$$年利税总额 = 年利润总额 + 年销售税金及附加$$

投资利税率指标用来考察项目单位投资对国家积累的贡献水平。

3. 资本金利润率

$$资本金利润率 = \frac{年利润总额或平均利润总额}{资本金} \times 100\% \tag{3-23}$$

资本金利润率反映了投入项目的资本金的盈利能力。

投资收益率的优点是计算简便，能够直观地反映项目的经营成果。但投资收益率指标没有考虑资金的时间价值，没有考虑项目建设期、寿命期等因素，故一般仅用于技术经济数据尚不完整的项目初步研究阶段。

【例 3-9】 某项目总投资为 750 万元，正常年份的销售收入为 500 万元，年销售税金与附加为 10 万元，年总成本费用为 340 万元，试求投资利润率和投资利税率。若行业基准投资利润率 $R_b = 15\%$，判断项目财务可行性。

解：(1)该项目年利润总额 = 500 − 10 − 340 = 150(万元)

投资利润率：

$$R = \frac{150}{750} = 20\%$$

(2)该项目年利税总额 = 150 + 10 = 160(万元)

投资利税率：

$$R = \frac{160}{750} = 21.3\%$$

由于投资利润率大于行业基准利润率，故项目可以考虑接受。

六、其他比率型经济评价指标

1. 资产负债率

资产负债率反映债权人所提供的资金占全部资金的比例，用于衡量项目利用债权人提供的资金进行经营活动的能力，并反映债权人发放贷款的安全程度。资产负债率的计算公式为：

$$资产负债率 = \frac{负债总额}{全部资产总额} \times 100\% \tag{3-24}$$

资产负债率越低，表明偿债能力越强。资产负债率的高低反映了项目利用负债资金的程度，因此该指标水平应居于适当范围。适度的资产负债率，表明企业经营安全、稳健，具有较强的筹资能力，也表明企业和债权人的风险较小。一般来讲，资产负债率应在国家所发布的行业建设项目偿债能力测算与协调参数结果中资产负债率的合理区间之间。对该指标的分析，应结合国家宏观经济状况、行业发展趋势、企业所处的竞争环境等具体条件判定。

2. 流动比率

流动比率反映项目流动资产在短期债务到期以前可以变为现金用于偿还流动负债的能力。流动比率的计算公式为：

$$流动比率 = \frac{流动资产}{流动负债} \times 100\% \tag{3-25}$$

流动比率越高，说明运营资本（即流动资产减流动负债的余额）越多，对债权人而言，其债权就越安全。通过这个指标可以看出百元流动负债有几百元流动资产来抵偿，故又称偿债能力比率。在国际上，银行一般要求这一比率维持在200%以上，因此当企业申请贷款时，其流动比率应大于200%，贷款机构可考虑给予贷款。

3. 速动比率

速动比率反映项目流动资产中可以立即变现用于偿付流动负债的能力。速动比率的计算公式为

$$速动比率 = \frac{流动资产}{流动负债} \times 100\% \tag{3-26}$$

式中：速动资产 = 流动资产 − 存货。

速动比率属短期偿债能力指标。它反映项目流动资产总体变化或近期偿债的能力，因此它必须在流动资产中扣除存货部分。这是因为存货变现能力差，至少要经过销售和收账两个过程，且会受到价格下跌、损坏、不宜销售等因素的影响。一般而言，公路工程项目的速动比率较低。

资产负债率、流动比率和速动比率指标，可结合工程项目或企业的资产负债表计算。

4. 利息备付率

利息备付率指项目在借款偿还期内各年可用于支付利息的税息前利润与当期应付利息费用的比值，利息备付率的计算公式为：

$$利息备付率 = \frac{利息前利润}{当期应支付利息费用} \times 100\% \tag{3-27}$$

式中，税息前利润 = 利润总额 + 计入总成本费用的利息费用；当期应付利息是指计入总成本费用的全部利息。

利息备付率表示使用项目税息前利润偿付利息的保证倍率。利息备付率越高，表明利息偿付的保障程度越高。一般情况下，利息备付率不宜低于2。对于正常经营的项目，利息备付率应当大于1，否则，表示项目的付息能力保障程度不足。尤其是当利息备付率低于1时，表示项目没有足够资金支付利息，偿债风险很大。

5. 偿债备付率

偿债备付率指项目在借款偿还期内，各年可用于还本付息的资金与当期应还本付息金额的比值，偿债备付率的计算公式为：

$$偿债备付率 = \frac{可用于还本付息的资金}{当期应还本付息金额} \times 100\% \tag{3-28}$$

可用于还本付息的资金包括:可用于还款的折旧和摊销,成本中单列的利息费用,可用于还款的利润等。当期应还本付息金额包括当期应还贷款本金及计入成本的利息。

偿债备付率表示可用于还本付息的资金偿还借款本息的保证倍率。偿债备付率越高,表明可用于还本付息的资金保障程度越高。正常情况下应大于1,并结合债权人要求确定。当偿债备付率小于1时,表示当年资金来源不足以偿付当期债务,需要通过短期借款偿付已到期债务。

【复习思考题】

1. 工程项目经济评价指标有哪些类型?

2. 什么是投资回收期? 为什么说投资回收期只能作为辅助评价指标?

3. 什么是净现值和净现值率? 二者有何区别?

4. 什么是内部收益率? 内部收益率的经济含义是什么? 如何计算内部收益率?

5. 某工程项目寿命期为10年,期初投资220万元,第1年末再投资200万元,从第3年开始盈利,每年净收益为120万元,基准收益率为10%。试计算该项目的静态投资回收期和动态投资回收期。

6. 某工程项目各年净现金流量如表3-5所示,基准收益率为10%,试计算该项目的净现值和内部收益率,并判断项目的经济可行性。

项目的现金流量表 表3-5

年份	0	1	2	3	4	5~15
投资	80	120	60	—	—	—
年经营成本	—	—	—	100	150	180
年经营收益	—	—	—	240	280	380
残值	—	—	—	—	—	5

7. 已知某项目只有一次初始投资,当年开始盈利,第一年至第六年的净收益为100万元,第七年的净收益为150万元。设基准收益率为10%,如果该项目可行,则初始投资额应控制在多少万元以内?

8. 建一个仓库需8 000元,一旦拆除即毫无价值,假定仓库每年净收益为1 360元,试计算:

(1)使用8年时,其内部收益率为多少?

(2)若希望得到10%的收益率,该仓库至少使用多少年才值得投资?

9. 某投资项目,建设期2年,第1年投资1 200万元,第2年投资1 000万元,第3年投产当年收益100万元,项目生产期14年,若从第4年起到生产期末的年均收益为390万元。试计算并判断:

(1)若基准收益率为10%,项目是否可行?

(2)若基准收益率为12%,从第4年起的年均收益至少需增加多少万元项目才可行?

第四章

工程项目方案的比较和选择

【学习目的与要求】

本章主要讲述了多方案的关系类型、多方案的比选方法和评价指标，以及设备更新方案的比选。通过本章的学习，了解多方案的关系类型，掌握差额投资回收期、差额净现值、差额内部收益率等经济评价指标的概念、计算方法和评价准则，掌握互斥方案和独立方案的经济比较和选优方法，能够在多个备选方案中选出最优的方案。了解设备的磨损和补偿、设备寿命的概念，掌握设备经济寿命的计算方法和设备更新方案的比选方法，能够对设备更新做出正确的决策。

第一节　概　　述

在工程项目经济评价中，除了采用经济评价指标分析某单个方案是否达到了标准的要求之外，往往还需要在多个备选方案中进行比较和选择。多方案的比较和选择是对根据实际情况所提出的各个备选方案，通过选择适当的经济评价方法和指标，对各个方案的经济效益进行比较，最终选择出最佳投资方案。多方案比选的方法与备选方案之间的关系类型有关，不同类型的备选方案，其使用的评价方法也不同。

一、多方案之间的关系类型

多方案的关系可划分为互斥型方案、独立型方案、混合型方案和其他类型方案，本章主要介绍互斥型方案和独立型方案的评价和比选。

1. 互斥型方案

在一组方案中，方案间存在着互不相容、互相排斥的关系，选择其中的一个方案则排除了接受其他任何一个方案的可能性，则这一组方案为互斥型方案。例如建造工厂厂址的选择，一个地点就是一个方案，不同地点的选择方案就是互斥型方案。互斥型方案可分为寿命相同的互斥方案、寿命不同的互斥方案和无限长寿命的互斥方案。

2. 独立型方案

在一组方案中，各个方案在经济上互不相关，选择其中的一个方案并不排斥接受其他的方案，多个方案可同时存在，则称这一组方案为独立型方案。独立型方案的特点是各个方案之间没有排他性，各个方案的现金流量是独立的，其中某一方案的采用与否和自身的可行性有关，而与其他方案是否采用没有关系。独立型方案的选择可能出现以下两种情况：

一种是企业可利用的资金足够多，即通常所说的无约束条件。这时方案的选择和前面章节所介绍的单方案的经济评价方法相同，只要分别计算各方案的 NPV 或 IRR，选择所有 $NPV \geq 0$ 或 $IRR \geq i_c$ 的方案即可。

另一种是企业可利用的资金是有限制的，在不超出资金限额的条件下，选择出最佳的方案组合。在有资金约束的条件下，独立关系转化为一定程度上的互斥关系，这种情况可以参照互斥型方案的比选方法选择出最佳方案。

3. 混合型方案

在一组方案中，有些方案之间具有互斥关系，有些方案之间具有独立关系，或具有其他关系，则称这一组方案为混合型方案。

4. 其他类型方案

(1)先决型方案：指在一组方案中，接受某一方案的同时，就要求接受另一个或多个方案。例如，兴建一座水库的同时，必须修一条公路。此时，修公路的投资方案就是兴建这座水库投资方案的先决方案。

(2)现金流量相关型方案：指在一组方案中，方案之间不完全是排斥关系，也不完全是独立关系，但某一方案的取舍会导致其他方案现金流量的变化。

(3)互补型方案：指在一组方案中，某一方案的接受有助于其他方案的接受，方案之间存在着相互补充的关系。

二、方案经济比选的要求

1. 原始资料和数据的可比性

方案之间原始资料的收集、整理和加工的方法要统一，指标的选取水平要一致，采用的定额标准要相同，增减系数要一致。

2. 满足需要的可比性

对工程项目实现同一社会经济目标的不同技术方案，要在满足同样需要的前提下比较其

经济性,主要包括以下几项内容:

(1)功能相同的可比性。从工程技术经济观点来看,不同的工程技术方案只有满足相同功能的需要,才能够进行比较,否则它们之间不能相互代替,就失去了相互比较的意义。功能相同是方案比较的共同基础。例如,连接 A、B 两城市之间的公路建设,可以修高速公路、一级公路、二级公路或地方道路。即使同一等级的道路,设计的行车道数和采用的路面材料也可以有多种形式,只有它们都能够满足两城市间的通行量和特定的承载能力要求,能够相互代替,才能比较各方案的经济效果。

(2)产量指标的可比性。对运输业要求路线设计通行能力和完成运输周转量相同,如公路路线走向方案不同或两地间使用不同运输方式(如公路运输和铁路运输)的方案进行比较时,不能将不同设计通行能力的方案进行直接比较。

(3)质量指标可比性。当不同方案的产品质量不同时,不能对比。首先要使对比双方质量都满足相同程度的需求。例如,公路等级不同,所提供的汽车行驶速度、道路服务条件都不相同,所提供的服务安全性、舒适性显然不具备可比性。对不具备可比条件的方案,应采用一定的技术方法将其转化为可比方案。

3. 费用效益的可比性

(1)计算的基础资料和指标形式可比性。费用和效益通常采用货币值的价值指标,包括设备价格、材料价格及工资单价等价格指标要相同,各种消耗指标要采用同一资料,投资估算应采用同一定额。

(2)计算价格的可比性。项目耗费与效果用货币形式表现时,要通过价格计算,应保证不同资源比价合理。财务评价采用现行市场价格,国民经济评价采用影子价格。

(3)各设计方案设计深度相同,计算范围的可比性。各方案设计的详细程度相同,方案比较可按各个方案所含的全部因素(相同因素和不同因素)计算各方案的全部经济效益和费用,进行全面比较。也可仅就不同因素计算相对经济效益和费用,进行局部对比。但要特别注意各个方案间的可比性,遵循效益与费用计算口径和范围对应一致的原则,必要时考虑相关效益和相关费用,且经济计算方法应相同。

4. 时间因素的可比性

由于资金时间价值原理的作用,不同时间同样数量货币是不等值的,在工程技术方案比较中,要满足时间因素的可比性。这包括以下两方面的内容:

(1)服务年限可比。对使用寿命不同的方案进行经济效果比较,如采用现值指标进行比较时,必须用相同的计算期作为比较的基础。

(2)工程技术方案在不同时间产生的费用和效益,不能将它们简单相加,必须考虑资金的时间价值,利用统一的利率计算至同一基准时间再进行比较。

三、方案经济效果的评价内容

备选方案的经济效果评价包含了两部分的内容:一是考察各个方案自身的经济效果,用经济评价指标检验方案自身的经济可行性,即进行绝对效果检验;二是对通过绝对效果检验的多个方案进行比较和选择,最终确定最优方案,即进行相对效果检验。

绝对效果检验和相对效果检验的目的不同,二者缺一不可。一般先对各个备选方案进行绝对效果检验,淘汰在经济上不可行的方案,然后对保留下来的方案进行相对效果检验,选出最优方案。只有通过绝对效果检验的方案,才可以进行方案间的比选;否则就应予以拒绝,不得参加下一环节的比选。

第二节 互斥方案的比较和选择

一、差额分析法

对比选方案进行绝对效果检验时,可以选择价值型指标如净现值(*NPV*)、净年值(*NAV*)等,也可选择比率型指标如内部收益率(*IRR*)、净现值率(*NPVR*)等。采用净现值和内部收益率指标对于单个方案评价的结论是一致的。对于多个方案比选来说,采用净现值和内部收益率指标评价的结论有些情况下是一致的,而有些情况下是不一致的。

例如,现有寿命相同的两个互斥方案 A 和方案 B,其各年的净现金流量和经济效果指标如表 4-1 所示,计算时选取的基准收益率为 10%。

方案 A、B 的净现金流量及经济效果指标(现金单位:万元)　　表 4-1

年　份	0	1~10	*NPV*	*IRR*(%)
方案 A 的净现金流量	-2 300	650	1 693.99	25.34
方案 B 的净现金流量	-1 500	500	1 572.30	31.22
增量净现金流量(A-B)	-800	150	121.69	13.60

从表 4-1 可以看出,NPV_A、NPV_B 均大于零,IRR_A、IRR_B 均大于基准折现率,所以方案 A 和方案 B 都能通过绝对经济效果检验,且使用 NPV 指标和使用 IRR 指标进行绝对经济效果检验的结论是一致的。由于 $NPV_A > NPV_B$,故按净现值最大准则,方案 A 优于方案 B。但计算结果还表明 $IRR_A < IRR_B$,若以内部收益率最大比选准则,方案 B 优于方案 A,这与按净现值最大准则比选的结论相矛盾。到底按哪种准则进行互斥方案比选更合理,涉及经济指标特征和比选理论。基本原则是:不论按哪项指标进行方案的比选,结论应当是一致的。为了避免因这种情况的发生给投资决策带来困难,可采用差额分析法进行方案比选。

从表 4-1 看出,对 A-B 这个新方案,其净现金流量由方案 A 和方案 B 的差额净现金流量构成。尽管其净现值远远低于方案 A 和方案 B 的净现值,但其投资是方案 A 和方案 B 的差额投资,仅有 800 万元,按其 $NPV = 121.69 > 0$ 判断,是可行的;按其比率指标 $IRR = 13.6\% > i_c = 10\%$ 判断,虽然比不上方案 A 和方案 B 的盈利能力,但仍是可行的。因此,值得将这部分资金投入使用,即判定选择投资大的方案。这两个指标对方案 A 和方案 B 的比选结论是一致的。

由于互斥的备选方案常常投资额不等,其比选实质是判断差额投资部分的经济合理性,即投资大的方案相对于投资小的方案多投入的资金是否能够带来满意的差额收益。若差额投资能够带来满意的差额收益,则投资额大的方案优于投资额小的方案,即选择投资额大的方案;若差额投资不能带来满意的差额收益,则投资额小的方案优于投资额大的方案,即选择投资额小的方案。上述比选方法就是差额分析法。

差额分析法的应用非常广泛，具体使用时，按照其在判定差额部分是否可行时所采用的不同指标，分别有差额投资同收期法、差额净现值法、差额内部收益率法等多种形式。

二、寿命期相同的互斥方案比选

对于寿命期相同的互斥方案，其计算期通常设定为其寿命期，这样能满足方案在时间上可比的要求。根据采用评价指标的不同，寿命期相同的互斥方案的比选方法常用的有差额投资回收期法、差额净现值法、净现值法和差额内部收益率法等。

1. 差额投资回收期法

一般来说，在满足相同需要的情况下，投资相对较大的方案，其经营成本要相对较低一些；投资相对较小的方案，其经营成本要相对较高一些。

差额投资回收期是指用投资大的方案所获得的超额收益或节约的成本回收差额投资所需要的时间。根据计算时是否考虑资金的时间价值，差额投资回收期可分为静态差额投资回收期和动态差额投资回收期。

(1)静态差额投资回收期

静态差额投资回收期是指在不考虑资金时间价值的情况下，用投资大的方案所获得的超额收益或节约的成本回收差额投资所需要的时间。静态差额投资回收期的计算公式为：

$$\Delta P_{\mathrm{t}} = \frac{\Delta k}{\Delta c} = \frac{k_2 - k_1}{c_1 - c_2} \tag{4-1}$$

式中：ΔP_{t}——静态差额投资回收期；

Δk——差额投资，$\Delta k = k_2 - k_1$，k_2、k_1 分别为两方案的投资总额，$k_2 > k_1$；

Δc——差额年成本，$\Delta c = c_1 - c_2$，c_1、c_2 分别为两方案的年成本，$c_2 < c_1$。

当两个比较方案年产量不同时，即 $Q_2 \neq Q_1$，以单位产品的投资额和经营成本来计算静态差额投资回收期。若$\frac{k_2}{Q_2} > \frac{k_1}{Q_1}$，$\frac{c_2}{Q_2} < \frac{c_1}{Q_1}$，静态差额投资回收期计算公式如下：

$$\Delta P_{\mathrm{t}} = \frac{\frac{k_2}{Q_2} - \frac{k_1}{Q_1}}{\frac{c_1}{Q_1} - \frac{c_2}{Q_2}} \tag{4-2}$$

(2)动态差额投资回收期

动态差额投资回收期是指在考虑资金时间价值的情况下，用投资大的方案所获得的超额收益现值或节约的成本现值回收差额投资现值所需要的时间。设两方案 A 和方案 B，方案 A 的投资大于方案 B 的投资，动态差额投资回收期的计算表达式为：

$$\sum_{t=0}^{\Delta P_{\mathrm{t}}^*} (\Delta CI - \Delta CO)_t (1 + i_{\mathrm{c}})^{-t} = 0 \tag{4-3}$$

式中：ΔP_{t}^*——动态差额投资回收期；

ΔCI——差额现金流入，$\Delta CI = CI_{\mathrm{A}} - CI_{\mathrm{B}}$；

ΔCO——差额现金流出，$\Delta CO = CO_{\mathrm{A}} - CO_{\mathrm{B}}$；

其他符号意义同前。

在实际工作中，动态差额投资回收期可根据现金流量列表计算，其具体计算方法与动态投资回收期的相同。

差额投资回收期评价准则：将差额投资回收期与基准投资回收期 P_c 作比较。当 ΔP_t（或 ΔP_t^*）$\leqslant P_c$ 时，投资大的方案优于投资小的方案；当 ΔP_t（或 ΔP_t^*）$>P_c$ 时，投资小的方案优于投资大的方案。

差额投资回收期只能用来衡量不同方案之间的相对经济性，不能反映方案自身的经济可行性。因此，采用差额投资回收期指标对方案进行比选时，必须保证参加比选的方案在经济上可行。

【例 4-1】 某建设项目有两个方案可供选择。甲方案采用中等水平工艺设备，投资 2 400 万元，年生产成本 1 400 万元；乙方案采用自动线，投资 3 900 万元，年生产成本为 900 万元。设基准投资回收期 P_c 为 5 年，问应采用哪种方案？

解：静态差额投资回收期为：

$$\Delta P_t = \frac{k_2 - k_1}{c_1 - c_2} = \frac{3\,900 - 2\,400}{1\,400 - 900} = 3(\text{年})$$

因为 $\Delta P_t < P_c$，所以采用投资大的乙方案。

【例 4-2】 已知两建厂方案，方案 A 投资 1 500 万元，年经营成本 400 万元，年产量为 1 000件；方案 B 投资为 1 000 万元，年经营成本 360 万元，年产量为 800 件。设基准投资回收期 P_c 为 6 年，问哪个方案为优？

解：各方案单位产品费用如下：

$$\frac{k_A}{Q_A} = \frac{1\,500}{1\,000} = 1.50(\text{万元/件}),\frac{k_B}{Q_B} = \frac{1\,000}{800} = 1.25(\text{万元/件})$$

$$\frac{C_A}{Q_A} = \frac{400}{1\,000} = 0.40(\text{万元/件}),\frac{C_B}{Q_B} = \frac{360}{800} = 0.45(\text{万元/件})$$

静态差额投资回收期为：

$$\Delta P_t = \frac{1.50 - 1.25}{0.45 - 0.40} = 5(\text{年})$$

因为 $\Delta P_t < P_c$，所以投资大的方案 A 为优。

【例 4-3】 有两种投资方案 A 和方案 B，净现金流量如表 4-2 所示。若基准收益率为 6%，基准投资回收期 $P_c=8$ 年，试用动态投资回收期和动态差额投资回收期对两方案进行比较分析。

两方案 A、B 的净现金流量表（单位：万元） 表 4-2

年末	方案 A	方案 B
0	-1 000	-1 300
1 ~ 10	230	280

解：动态投资回收期的计算公式为：

$$\sum_{t=0}^{P_t^*}(CI - CO)_t(1 + i_c)^{-t} = 0$$

对于方案 A：

$$230(P/A,6\%,P_{tA}^*) - 1\,000 = 0$$

当 $P_{tA}^*=5$ 时，$230\times4.2124-1000=-31.15$（万元）

当 $P_{tA}^*=6$ 时，$230\times4.9173-1000=130.98$（万元）

因此：$P_{tA}^*=(6-1)+\dfrac{|-31.15|}{|-31.15|+130.98}=5.2$（年）

对于方案 B：

$$280(P/A,6\%,P_{tB}^*)-1300=0$$

当 $P_{tB}^*=5$ 时，$280\times4.212-1300=-120.53$（万元）

当 $P_{tB}^*=6$ 时，$280\times4.917-1300=76.84$（万元）

因此：$P_{tB}^*=(6-1)+\dfrac{|-120.53|}{|-120.53|+76.84}=5.6$（年）

因为 P_{tA}^* 和 P_{tB}^* 均小于 P_c，所以方案 A 和 B 均可行。但如果要在 A 和 B 中选择最优方案，不能根据两方案的投资回收期长短判断，即不能因为 $P_{tA}^*<P_{tA}^*$，就认为 A 方案优于 B 方案。若要依据投资回收期进行方案比较，还要通过增量回收期来进一步判断。

由公式(4-3)可得：

$$(280-230)(P/A,6\%,\Delta P_t^*)-(1300-1000)=0$$

$$50(P/A,6\%,\Delta P_t^*)-300=0$$

当 $\Delta P_t^*=7$ 时，$50\times5.5824-300=-20.88$（万元）

当 $\Delta P_t^*=8$ 时，$50\times6.2098-300=10.49$（万元）

所以：$\Delta P_t^*=(8-1)+\dfrac{|-20.88|}{|-20.88|+10.49}=7.7$（年）

因为 ΔP_t^* 小于 P_c，故投资大的方案 B 优于投资小的方案 A。

2. *差额净现值法*

差额净现值就是指计算期内两个方案每年的差额净现金流量的现值之和，用符号 ΔNPV 表示。设寿命相同的两个互斥方案 A 和方案 B，方案 A 的投资大于方案 B 的投资，其差额净现值计算公式如下：

$$\begin{aligned}\Delta NPV_{A-B}&=\sum_{t=0}^{n}[(CI-CO)_A-(CI-CO)_B]_t(1+i_c)^{-t}\\&=\sum_{t=0}^{n}(\Delta CI-\Delta CO)_t(1+i_c)^{-t}\end{aligned}\tag{4-4}$$

式中：ΔNPV_{A-B}——差额净现值；

ΔCI——差额现金流入，$\Delta CI=CI_A-CI_B$；

ΔCO——差额现金流出，$\Delta CO=CO_A-CO_B$；

其他符号意义同前。

差额净现值评价准则为：若 $\Delta NPV\geqslant0$，表明差额投资能够带来满意的差额收益，则选择投资大的方案；若 $\Delta NPV<0$，则选择投资小的方案。

公式(4-4)可以进行如下变换：

$$\begin{aligned}\Delta NPV_{A-B}&=\sum_{t=0}^{n}[(CI_A-CO_A)-(CI_B-CO_B)]_t(1+i_c)^{-t}\\&=\sum_{t=0}^{n}(CI_A-CO_A)_t(1+i_c)^{-t}-\sum_{t=0}^{n}(CI_B-CO_B)_t(1+i_c)^{-t}\\&=NPV_A-NPV_B\end{aligned}$$

即：

$$\Delta NPV_{A-B} = NPV_A - NPV_B \quad (4\text{-}5)$$

由公式(4-5)可知，两互斥方案的差额净现值等于两互斥方案的净现值之差，$\Delta NPV_{A-B} \geqslant 0$与$NPV_A \geqslant NPV_B$是等价的。即当$\Delta NPV_{A-B} \geqslant 0$时，$NPV_A \geqslant NPV_B$，则投资大的方案A优于投资小的方案B；当$\Delta NPV_{A-B} < 0$时，$NPV_A < NPV_B$，则投资小的方案B优于投资大的方案A。显然，用差额分析法计算ΔNPV进行互斥方案比选，与分别计算NPV、根据NPV最大准则进行互斥方案比选，其结论是一致的。因此采用净现值指标比选相同寿命的互斥方案时，评价准则可简化为：净现值最大且大于零的方案为最优方案，即NPV大者优。这实际上是经济效果评价中"利润最大化"原则的具体表现。

必须注意的是，差额净现值只能用来检验差额投资的效果，差额净现值大于零只表明增加的投资是合理的，并不表明全部投资是合理的。因此，首先必须用经济评价指标检验参加比选方案的经济可行性，然后再采用差额净现值指标对经济可行的方案进行比较。

采用差额净现值指标对互斥方案进行比选的基本步骤如下：

(1)绝对效果检验：分别计算每个方案的净现值，淘汰$NPV<0$的方案。

(2)相对效果检验：将通过绝对效果检验的方案按照投资额从小到大的顺序排序，先计算前两个方案的差额净现值ΔNPV，根据评价标准进行选择；再将保留下来的方案与下一个方案进行比选，计算ΔNPV，根据评价标准进行选择；以此类推，直到选择出最优的方案。

【例4-4】 已知三个互斥方案A、B、C，方案的有关资料如表4-3所示，基准收益率$i_c = 15\%$，试用差额净现值法选择最优方案。

互斥方案A、B、C的现金流量表 表4-3

方案	初始投资(万元)	年收入(万元)	年支出(万元)	计算期(年)
A	3 000	1 800	800	5
B	3 650	2 200	1 000	5
C	4 500	2 600	1 200	5

解：(1)首先进行绝对效果检验，各方案的净现值计算如下：

$$\begin{aligned} NPV_A &= -3\,000 + (1\,800 - 800)(P/A,15\%,5) \\ &= -3\,000 + (1\,800 - 800) \times 3.352\,2 \\ &= 352.20(\text{万元}) \end{aligned}$$

$$\begin{aligned} NPV_B &= -3\,650 + (2\,200 - 1\,000)(P/A,15\%,5) \\ &= -3\,650 + (2\,200 - 1\,000) \times 3.352\,2 \\ &= 372.64(\text{万元}) \end{aligned}$$

$$\begin{aligned} NPV_C &= -4\,500 + (2\,600 - 1\,200)(P/A,15\%,5) \\ &= -4\,500 + (2\,600 - 1\,200) \times 3.352\,2 \\ &= 193.08(\text{万元}) \end{aligned}$$

因为$NPV_A > 0$，$NPV_B > 0$，$NPV_C > 0$，故A、B、C三个方案均可行。

(2)进行相对效果检验：将A、B、C三个方案按投资额由小到大的顺序排序，依次为A、B、C。

方案A与方案B的差额净现值为：

$$\Delta NPV_{B-A} = -(3\,650-3\,000)+[(2\,200-1\,000)-(1\,800-800)](P/A,15\%,5)$$
$$= -650+200\times 3.352\,2$$
$$=20.44(\text{万元})$$

因为 $\Delta NPV_{B-A}>0$,故选择投资额大的方案 B,淘汰方案 A。

方案 B 与方案 C 的差额净现值为:

$$\Delta NPV_{C-B} = -(4\,500-3\,650)+[(2\,600-1\,200)-(2\,200-1\,000)](P/A,15\%,5)$$
$$= -850+200\times 3.352\,2$$
$$= -179.56(\text{万元})$$

因为 $\Delta NPV_{C-B}<0$,故选择投资额小的方案 B,淘汰方案 C,故最佳方案为 B。

3. 差额内部收益率法

差额内部收益率是指在计算期内,两个方案各年的差额净现金流量现值之和等于零时的折现率,或者说两个方案净现值相等时的折现率。设寿命相同的两个互斥方案 A 和 B,A 方案的投资额大于 B 方案的投资额,则其差额内部收益率的计算表达式为:

$$\sum_{t=0}^{n}(\Delta CI-\Delta CO)_t(1+\Delta IRR)^{-t}=0 \tag{4-6}$$

或

$$\sum_{t=0}^{n}(CI_A-CO_A)_t(1+\Delta IRR)^{-t}=\sum_{t=0}^{n}(CI_B-CO_B)_t(1+\Delta IRR)^{-t} \tag{4-7}$$

式中:ΔIRR——差额内部收益率;

ΔCI——差额现金流入,$\Delta CI=CI_A-CI_B$;

ΔCO——差额现金流出,$\Delta CO=CO_A-CO_B$;

其他符号意义同前。

在实际工作中,差额内部收益率的计算可用线性内插法近似计算,其具体计算方法与内部收益率的相同。

差额内部收益率 ΔIRR 的评价准则为:若 $\Delta IRR\geqslant i_c$(基准收益率),则选择投资额大的方案;若 $\Delta IRR<i_c$,则选择投资额小的方案。

采用差额内部收益率指标对互斥方案进行比选的基本步骤如下:

(1)绝对效果检验:分别计算各个方案的内部收益率,淘汰 $IRR<i_c$ 的方案。由于净现值的计算比内部收益率的计算简便,也可通过计算各方案的净现值进行绝对效果检验,淘汰 $NPV<0$ 的方案。

(2)相对效果检验:将通过绝对效果检验的方案按投资额从小到大的顺序排列,先计算前两个方案的差额内部收益率 ΔIRR,根据评价标准进行选择;再将保留下来的方案与下一个方案进行比选,计算其 ΔIRR,根据评价标准进行选择;以此类推,直到选择出最优的方案。

【例 4-5】 有三个互斥的投资方案 A、B、C,寿命周期均为 10 年,各方案的初始投资和年净收益如表 4-4 所示,基准收益率为 10%,试用差额内部收益率指标选择最佳方案。

互斥方案 A、B、C 的现金流量表(单位:万元)　　表 4-4

方　案	初始投资	年净收益
A	170	44
B	260	59
C	300	68

解:(1)首先进行绝对效果检验:由于净现值的计算比内部收益率的计算简便,且净现值指标与内部收益率指标对单个方案的评价结论一致,本例通过计算各方案的净现值进行绝对效果检验,各方案的净现值计算如下:

$$NPV_A = -170 + 44(P/A,10\%,10) = -170 + 44 \times 6.1446 = 100.36(\text{万元})$$

$$NPV_B = -260 + 59(P/A,10\%,10) = -260 + 59 \times 6.1446 = 102.53(\text{万元})$$

$$NPV_C = -300 + 68(P/A,10\%,10) = -300 + 68 \times 6.1446 = 117.83(\text{万元})$$

因为 $NPV_A > 0$,$NPV_B > 0$,$NPV_C > 0$,故 A、B、C 三个方案均可行。

(2)进行相对效果检验:将 A、B、C 三个方案按投资额由小到大的顺序排序,依次为 A、B、C。方案 A 与方案 B 的差额内部收益率 ΔIRR_{B-A} 的计算如下:

设 $i_1 = 10\%$,$i_2 = 12\%$,则:

$$\begin{aligned}\Delta NPV_1 &= -(260-170) + (59-44)(P/A,10\%,10)\\ &= -90 + 15 \times 6.1446\\ &= 2.17(\text{万元})\end{aligned}$$

$$\begin{aligned}\Delta NPV_2 &= -(260-170) + (59-44)(P/A,12\%,10)\\ &= -90 + 15 \times 5.6502\\ &= -5.25(\text{万元})\end{aligned}$$

$$\begin{aligned}\Delta IRR_{B-A} &= i_1 + \frac{(i_2 - i_1)\Delta NPV_1}{\Delta NPV_1 + |\Delta NPV_2|}\\ &= 10\% + \frac{2.17}{2.17 + 5.25} \times (12\% - 10\%)\\ &= 10.58\%\end{aligned}$$

因为 $\Delta IRR_{B-A} > i_c$,故选择投资大的方案 B,淘汰投资小的方案 A。

再比较方案 B 和方案 C,其差额内部收益 ΔIRR_{C-B} 的计算如下:

设 $i_1 = 18\%$,$i_2 = 20\%$,则:

$$\begin{aligned}\Delta NPV_1 &= -(300-260) + (68-59)(P/A,18\%,10)\\ &= -40 + 9 \times 4.4941\\ &= 0.45(\text{万元})\end{aligned}$$

$$\begin{aligned}\Delta NPV_2 &= -(300-260) + (68-59)(P/A,20\%,10)\\ &= -40 + 9 \times 4.1925\\ &= -2.27(\text{万元})\end{aligned}$$

$$\begin{aligned}\Delta IRR_{C-B} &= i_1 + \frac{(i_2 - i_1)\Delta NPV_1}{\Delta NPV_1 + |\Delta NPV_2|}\\ &= 18\% + \frac{0.45}{0.45 + 2.27} \times (20\% - 18\%)\\ &= 18.33\%\end{aligned}$$

因为 $\Delta IRR_{C-B} > i_c$,故选择投资大的方案 C,淘汰投资小的方案 B,故最佳方案为 C。

4. 差额效益费用比法

差额效益费用比就是对增加的费用与其所带来的增加的效益进行比较，其计算公式为：

$$\Delta BCR = \frac{\sum_{t=0}^{n}(B_2 - B_1)_t(1 + i_c)^{-t}}{\sum_{t=0}^{n}(C_2 - C_1)_t(1 + i_c)^{-t}} \tag{4-8}$$

式中：ΔBCR——方案 2 对方案 1 的差额效益费用比；

B_2、B_1——方案 2、方案 1 的效益，$B_2 > B_1$；

C_2、C_1——方案 2、方案 1 的费用，$C_2 > C_1$；

i_c——基准收益率。

差额效益费用比的评价准则：若 $\Delta BCR > 1$，表示投资大的方案 2 优于投资小的方案 1；若 $\Delta BCR < 1$，则投资小的方案 1 优于投资大的方案 2。

【例 4-6】 某工程有 3 种建设方案，见表 4-5，试用增量效益费用比进行分析，并选出最佳方案。基准收益率为 10%。

建设方案的现金流量表 表 4-5

方案	Ⅰ	Ⅱ	Ⅲ
投资（C/万元）	20	27.5	19
年效益（B/万元）	2.2	3.5	1.8
寿命（n/年）	30	30	30

解：将 3 个方案按其投资额的多少，由小到大排序，见表 4-6，并计算它们各自的 BCR，可知 $BCR_m < 1$，故舍弃方案Ⅲ，通过对方案Ⅱ与方案Ⅰ的比较，由于 $\Delta BCR > 1$，所以最终选择方案Ⅱ。

增量效益费用分析计算表 表 4-6

方案	Ⅲ	Ⅰ	Ⅱ
投资（C/万元）	19	20	27.5
年效益（B/万元）	1.8	2.2	3.5
B(P/A,10%,30)（万元）	16.97	20.74	32.99
各方案的 BCR	0.89 < 1	1.04 > 1	1.20 > 1
是否接受	否	是	是
对比方案			Ⅱ对Ⅰ
费用（ΔC/万元）			7.5
效益（ΔB/万元）			1.3
ΔB(P/A,10%,30)（万元）			12.25
ΔBCR			1.63 > 1
选定方案			Ⅱ

5. 净现值法

即采用净现值指标对互斥方案进行比选，基本步骤如下：

(1)绝对效果检验:分别计算每个方案的净现值,淘汰 $NPV<0$ 的方案。

(2)相对效果检验:比较所有 $NPV\geqslant 0$ 的方案的净现值,根据"利润最大化"原则,净现值最大的方案为最优的方案。

费用现值实质是净现值的特殊形式,对于功能相同但收益无法用货币衡量的方案,或者方案的收入状况相同,这时可计算费用现值来比选方案。为了简化计算,计算时费用一般取正值,评价准则是:在满足相同需要或功能的条件下,费用现值最小的方案为优。这实际上是经济评价中"成本最小化"原则的具体表现。

【例 4-7】 某公路设计有 A、B 两个方案,两条路线的交通量预测结果均为日平均流量 5 000辆。假设该公路营运年限为 20 年,残值为 0,期间不进行大修,基准收益率为 10%,其他数据如表 4-7 所示。试用净现值指标比较两个方案的优劣。

方案 A、B 的数据表 表 4-7

项　目	方案 A	方案 B
里程(km)	20	15
初期建设投资(万元)	5 000	6 000
年维护运行费(万元/km・年)	0.8	0.9
运输时间费用节约(元/d・辆)	2.5	3.0

解:(1)计算方案 A 的净现值

A 方案初期建设成本:5 000(万元)。

A 方案年维护运行费:$0.8\times 20=16$(万元/年)。

A 方案维护运行费现值:$16\times\dfrac{(1+10\%)^{20}-1}{10\%\times(1+10\%)^{20}}=136.22$(万元)。

A 方案年运输时间节约费用:$365\times 5\,000\times 2.5\div 10\,000=456.25$(万元/年)。

A 方案运输时间节约费用现值:$456.25\times\dfrac{(1+10\%)^{20}-1}{10\%\times(1+10\%)^{20}}=3\,884.31$(万元)。

故方案 A 的净现值为:$3\,884.31-5\,000-136.22=-1\,251.91$(万元)。

(2)计算方案 B 的净现值

B 方案初期建设成本:6 000(万元)。

B 方案年维护运行费:$0.9\times 15=13.5$(万元/年)。

B 方案维护运行费现值:$13.5\times\dfrac{(1+10\%)^{20}-1}{10\%\times(1+10\%)^{20}}=114.93$(万元)。

B 方案年运输时间节约费用:$365\times 5\,000\times 3\div 10\,000=547.50$(万元/年)。

B 方案运输时间节约费用现值:$547.50\times\dfrac{(1+10\%)^{20}-1}{10\%\times(1+10\%)^{20}}=4\,661.18$(万元)。

故方案 B 的净现值为:$4\,661.18-6\,000-114.93=-1\,453.75$(万元)。

(3)比较两方案的优劣

由于方案 A 的净现值大于方案 B 的净现值,因此 A 方案优于 B 方案。

【例 4-8】 两种设备 A、B 的使用情况数据见表 4-8,寿命期均为 5 年,基准收益率为 10%,试用费用现值比较两设备的优劣。

设备 A、B 的使用成本数据(单位:万元) 表 4-8

年份		0	1	2	3	4	5
设备 A	购买和维修费用	80	—	—	10	—	—
	年使用成本	—	5	5	6	6	7
设备 B	购买和维修费用	70	—	—	—	15	—
	年使用成本	—	6	8	8	10	10

解:设备 A 和设备 B 的费用现值计算如下:

$$PC_A = 80 + 5(P/F,10\%,1) + 5(P/F,10\%,2) + (10+6)(P/F,10\%,3) + 6(P/F,10\%,4) + 7(P/F,10\%,5)$$
$$= 80 + 5\times0.9091 + 5\times0.8264 + 16\times0.7513 + 6\times0.6830 + 7\times0.6209$$
$$= 109.14(\text{万元})$$
$$PC_B = 70 + 6(P/F,10\%,1) + 8(P/F,10\%,2) + 8(P/F,10\%,3) + (15+10)(P/F,10\%,4) + 10(P/F,10\%,5)$$
$$= 70 + 6\times0.9091 + 8\times0.8264 + 8\times0.7513 + 25\times0.6830 + 10\times0.6209$$
$$= 111.36(\text{万元})$$

因为 $PC_A < PC_B$,所以设备 A 优于设备 B。

三、寿命不同的互斥方案比选

实际工作中,各备选方案的服务寿命常常是不同的。对于寿命期不同的互斥方案进行比选时,要求方案之间具有时间可比性,满足这一要求需要解决两方面的问题:一是设定一个合理的共同分析期;二是给寿命期不等于分析期的方案选择合理的方案接续假定或残值回收假定。在确定共同分析期之后,即可按寿命相同互斥方案进行比选。

寿命不同互斥方案共同分析期的确定方法如下:

(1)取各备选方案服务寿命的最小公倍数作为各方案比选的共同分析期,在此期间内,当某方案服务寿命终结时,继续用同一方案更替。

(2)取各方案中最短的服务寿命作为比选的共同分析期,这种情况下服务寿命较长的方案在共同分析期末具有一定的"未使用价值",应予以回收。

(3)取各方案中最长的服务寿命作为比选的共同分析期,这种情况下服务寿命较短的方案在其服务寿命终结时,继续以同一方案更替直到共同分析期末为止,可能也有一定的"未使用价值",应予以回收。

(4)按具体情况规定共同分析期,这样在达到共同分析期之前,参加比选的方案以同一方案重复,方案在共同分析期期末可能具有"未使用价值",应予以回收。

根据上述处理方法,即可满足寿命不同的互斥方案比选对时间可比性的要求。上述方案更替的假设,均未考虑技术进步对方案的影响。共同分析期究竟取哪一种为宜,应根据具体情况而定。

【例 4-9】 互斥方案 A 和 B 的有关数据如表 4-9 所示,设基准收益率 $i_c = 10\%$,试用净现值指标比较两方案的优劣。

方案 A、B 的有关数据表 表 4-9

方案	初始投资(万元)	年净现金流量(万元)	服务寿命(年)
A	100	50	4
B	200	70	6

解:取方案 A 和方案 B 服务寿命的最小公倍数 12 年作为共同分析期,其现金流量如图 4-1 所示,分别计算两方案在共同分析期内的净现值,记作 NPV_{A12} 和 NPV_{B12}:

$$NPV_{A12} = -100 + 50(P/A,10\%,12) - 100(P/F,10\%,4) - 100(P/F,10\%,8)$$
$$= -100 + 50 \times 6.8137 - 100 \times 0.6830 - 100 \times 0.4665$$
$$= 125.74(\text{万元})$$

$$NPV_{B12} = -200 + 70(P/A,10\%,12) - 200(P/F,10\%,6)$$
$$= -200 + 70 \times 6.8137 - 200 \times 0.5645$$
$$= 164.06(\text{万元})$$

由于 $NPV_{A12} > 0$,$NPV_{B12} > 0$,且 $NPV_{B12} > NPV_{A12}$,故方案 B 优于方案 A。

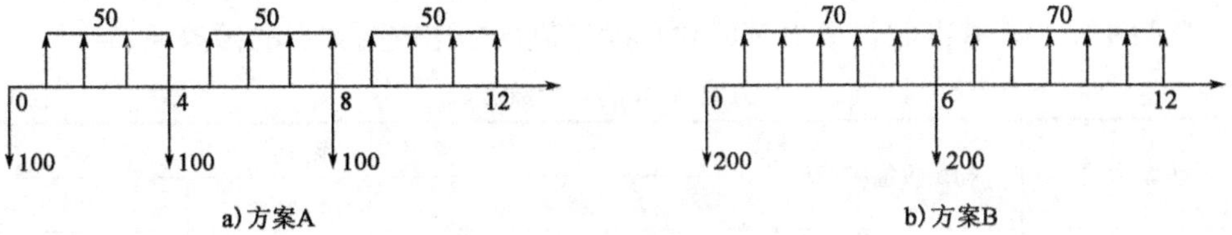

图 4-1 现金流量图(共同分析期为 12 年)

【例 4-10】 仍取【例 4-9】中的两方案进行比较,但取方案 B 的服务寿命 6 年为共同分析期。经估算,方案 A 重复更替在 6 年末的"未使用价值"为 15 万元,其他数据如表 4-9 所示。试用净现值指标比较两方案的优劣。

解:共同分析期内方案 A、B 的现金流量如图 4-2 所示。分别计算两方案在共同分析期内的净现值,记作 NPV_{A6} 和 NPV_{B6}。

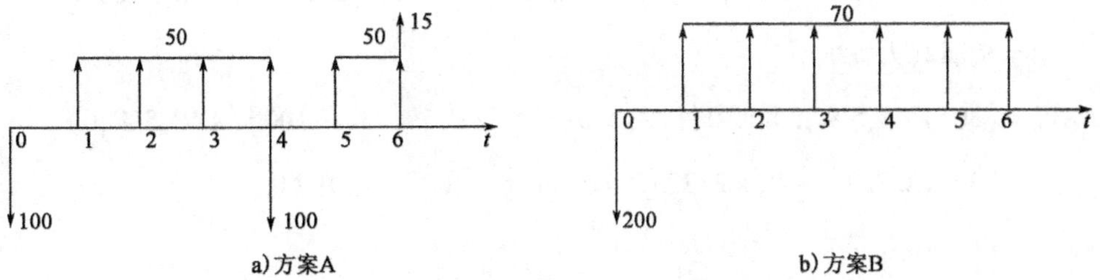

图 4-2 现金流量图(共同分析期为 6 年)

$$NPV_{A6} = -100 + 50(P/A,10\%,6) + 15(P/F,10\%,6) - 100(P/F,10\%,4)$$
$$= -100 + 50 \times 4.3553 + 15 \times 0.5645 - 100 \times 0.6830$$
$$= 57.93(\text{万元})$$

$$NPV_{B6} = -200 + 70(P/A,10\%,6)$$
$$= -200 + 70 \times 4.3553$$
$$= 104.87(\text{万元})$$

由于 $NPV_{A6}>0$，$NPV_{B6}>0$，且 $NPV_{B6}>NPV_{A6}$，故方案 B 优于方案 A。

用净现值或费用现值指标比选寿命不同的互斥方案时，为了满足时间可比性要求而开展的“共同分析期的确定”及“期末未使用价值的估计”，使评选过程复杂化。若采用净现值指标的等效指标——净年值指标，则有着独特的便利优势，是寿命不同互斥方案进行比选最为简便的方法。

用净年值指标对互斥方案进行比选的方法称为净年值法，该方法实际上隐含着这样一种假定：各备选方案在其寿命结束时均可按原方案重复实施。因为一个方案无论重复实施多少次，其净年值是不变的。在这一假定前提下，净年值法以“年”为时间单位比较各方案的经济效果，从而使寿命不同的互斥方案之间具有可比性。因此，用净年值法来比选方案，在满足重复更新假设的条件下，只需计算各备选方案一个服务寿命周期的净年值即可判断方案的优劣，极大地简化了比选工作。同理，如果备选方案的效益相同或无法用货币衡量时，最简便的方法就是使用费用年值指标进行方案比选。为简化计算，计算时费用一般取正值，评价准则为“费用年值最小的方案为优”。

【例 4-11】 两个互斥方案 A 和 B 的有关数据如表 4-10 所示，方案 A 的寿命为 6 年，方案 B 的寿命为 9 年。若基准收益率为 5%，试用净年值指标比较两方案的优劣。

方案 A、B 的有关数据表 表 4-10

方案	初始投资(万元)	年净现金流量(万元)		
		1～3 年	4～6 年	7～9 年
A	300	70	80	90
B	100	30	40	

解：分别按各方案的寿命计算净年值：

$$NAV_A=[70(P/A,5\%,3)+80(P/A,5\%,3)(P/F,5\%,3)+$$
$$90(P/A,5\%,3)(P/F,5\%,6)-300](A/P,5\%,9)$$
$$=[70\times2.7232+80\times2.7232\times0.8638+90\times2.7232\times0.7462-300]\times0.1407$$
$$=36.82(\text{万元})$$

$$NAV_B=[30(P/A,5\%,3)+40(P/A,5\%,3)(P/F,5\%,3)-100](A/P,5\%,6)$$
$$=[30\times2.7232+40\times2.7232\times0.8638-100]\times0.1970$$
$$=14.93(\text{万元})$$

因为 $NAV_A>0$，$NAV_B>0$，故方案 A 和 B 均可行，且 $NAV_A>NAV_B$，故方案 A 优于方案 B。

【例 4-12】 有两台功能相同的设备 A 和 B，有关数据指标如表 4-11 所示，基准收益率 $i_c=15\%$，试比较两设备的优劣。

设备 A、B 的数据 表 4-11

设　备	初始投资(元)	预期寿命(年)	残值(元)	年操作成本(元)
A	3 000	6	500	2 000
B	4 000	9	0	1 600

解:计算设备 A、B 在各自寿命期内的费用年值指标:

$$
\begin{aligned}
AC_A &= 2\,000 + 3\,000(A/P,15\%,6) - 500(A/F,15\%,6) \\
&= 2\,000 + 3\,000 \times 0.264\,2 - 500 \times 0.114\,2 \\
&= 2\,735.50(\text{元})
\end{aligned}
$$

$$
\begin{aligned}
AC_B &= 1\,600 + 4\,000(A/P,15\%,9) \\
&= 1\,600 + 4\,000 \times 0.209\,6 \\
&= 2\,438.40(\text{元})
\end{aligned}
$$

因为 $AC_B < AC_A$,故设备 B 优于设备 A。

四、寿命无限的互斥方案比选

一些公共工程项目,如桥梁、运河、铁路等,通常具有很长的服务期(大于 50 年)。一般而言,经济分析对遥远未来的现金流量是不敏感的。例如,当利率为 4% 时,50 年后的 1 元现值仅为 1 角 4 分;当利率为 8% 时,现值仅为 2 分。因此,对于服务寿命很长的工程项目,可以近似地当作无限寿命期来处理。无限寿命期互斥方案的现值和年值的计算公式为:

$$P = \frac{A}{i} \tag{4-9}$$

$$A = P \cdot i \tag{4-10}$$

公式的推导如下:

因为
$$P = \frac{A(1+i)^n - 1}{i(1+i)^n}$$

当寿命期趋于无穷大时,即 $n \to \infty$ 时,

$$\lim_{n\to\infty} \frac{(1+i)^n - 1}{i(1+i)^n} = \lim_{n\to\infty}\left[\frac{(1+i)^n}{i(1+i)^n} - \frac{1}{i(1+i)^n}\right] = \frac{1}{i}$$

则 $P = \frac{A}{i}$ 或 $A = P \cdot i$。

【例 4-13】 某桥梁工程,初步拟定两种结构类型方案供备选。方案 A 为钢筋混凝土结构,初始投资 1 500 万元,年维护费为 10 万元,每 5 年大修 1 次,费用为 100 万元;方案 B 为钢结构,初始投资 2 000 万元,年维护费为 5 万元,每 10 年大修 1 次,费用为 100 万元。若两方案效用相同,$i_c = 5\%$,哪一个方案经济?

解:(1)采用现值法,A、B 两个方案的费用现值分别为:

$$
\begin{aligned}
PC_A &= 1\,500 + \frac{10}{5\%} + \frac{100 \times (A/F,5\%,5)}{5\%} \\
&= 1\,500 + \frac{10}{5\%} + \frac{100 \times 0.181\,0}{5\%} = 2\,062(\text{万元})
\end{aligned}
$$

$$
\begin{aligned}
PC_B &= 2\,000 + \frac{5}{5\%} + \frac{100 \times (A/F,5\%,10)}{5\%} \\
&= 2\,000 + \frac{5}{5\%} + \frac{100 \times 0.079\,5}{5\%} = 2\,259(\text{万元})
\end{aligned}
$$

由于 $PC_A < PC_B$,故 A 方案经济。

(2)采用年值法,A、B 两个方案的费用年值分别为:

$$AC_A = 10 + 100 \times (A/F, 5\%, 5) + 1\,500 \times 5\%$$
$$= 10 + 100 \times 0.181\,0 + 1\,500 \times 5\%$$
$$= 103.10(\text{万元})$$
$$AC_B = 5 + 100 \times (A/F, 5\%, 10) + 2\,000 \times 5\%$$
$$= 5 + 100 \times 0.079\,5 + 2\,000 \times 5\%$$
$$= 112.95(\text{万元})$$

由于 $AC_A < AC_B$，故 A 方案经济。

第三节　独立方案的比较和选择

一、资金无限制的独立方案选择

当资金足够多时，只要独立型方案的各个备选方案经过单方案评价，经济上可行，即可入选，不必进行方案间的比选。即独立方案的采用与否，只取决于各个方案自身的经济性，只需检验它们是否能够通过净现值、净年值或内部收益率等经济评价指标即可。因此，资金无限制多个独立方案与单一方案的评价方法是相同的，此处不再赘述。

二、有资金约束的独立方案选择

如果独立方案之间共享的资金是有限的，不能满足所有方案的需要，在不超出资金限制的条件下，独立方案的比选方法常用的有方案组合法和净现值率排序法。

1. 方案组合法

方案组合法的基本原理是：在资金限制的条件下，列出独立方案所有可能的组合，每种组合形成一个组合方案，所有可能的组合方案是互斥的，然后根据互斥方案的比选方法选择最优的组合方案。

【例 4-14】　有三个独立方案 A、B 和 C，寿命期均为 10 年，现金流量如表 4-12 所示。基准收益率为 8%，投资资金限额为 12 000 万元。试做出最佳投资决策。

方案 A、B、C 的现金流量表　　表 4-12

方案	初始投资（万元）	年净收益（万元）	寿命（年）
A	3 000	600	10
B	5 000	850	10
C	7 000	1 200	10

解：首先计算方案 A、B、C 的净现值，计算结果见表 4-13。三个方案的净现值都大于零，从单方案检验的角度看是可行的。但是，由于投资总额的限制，因此三个方案不能同时实施，只能选择其中的一个或两个方案。方案选择过程如下：

（1）列出所有的组合方案，这些组合方案之间具有互斥的关系。

（2）对每个组合方案内的各独立方案的现金流量进行叠加，作为组合方案的现金流量，并按投资额从小到大排列，剔除投资额超过投资总额限制的组合方案。

(3)按组合方案的现金流量计算各组合方案的净现值。

(4)净现值最大者即为最优组合方案。

从表4-9可以看出,组合方案A+C的净现值最大,故最佳投资决策是选择方案A和C。

组合方案的现金流量及净现值表 表4-13

序号	组合方案	初始投资(万元)	年净收益(万元)	寿命(年)	净现值(万元)	结论
1	A	3 000	600	10	1 026.06	
2	B	5 000	850	10	703.59	
3	C	7 000	1 200	10	1 052.12	
4	A+B	8 000	1 450	10	1 729.65	
5	A+C	10 000	1 800	10	2 078.18	最佳
6	B+C	12 000	2 050	10	1 755.71	
7	A+B+C	15 000	2 650	10	—	超出投资

2. 净现值率排序法

净现值率排序法的基本原理是:计算各个方案的净现值率,将净现值率大于或等于零的方案按净现值率的大小依次排序,按净现值率从大到小的次序选取方案,直至所选取的方案组合的投资总额最大限度地接近或等于投资限额为止,并使得所选取的方案组合的净现值最大。

【例4-15】 有7个相互独立的投资方案,寿命期均为8年,现金流量如表4-14所示。基准收益率为10%,投资资金限额为380万元,试用净现值率排序法做出最佳投资决策。

7个投资方案的现金流量表 表4-14

方案	投资额(万元)	年净收益(万元)
A	80	24.7
B	115	25.6
C	65	15.5
D	90	30.8
E	100	26
F	70	12.2
G	40	8

解:计算各方案的净现值、净现值率,按净现值率从大到小排序,计算结果及排序见表4-15。

7个投资方案的有关指标 表4-15

方案	净现值(万元)	净现值率	排序
D	74.31	0.83	1
A	51.77	0.65	2
E	38.71	0.39	3
C	17.69	0.27	4
B	21.57	0.19	5
G	2.68	0.07	6
F	-4.91	-0.07	7

由表 4-15 可知，方案 F 的净现值率小于零，应淘汰方案 F，方案的选择顺序为 D→A→E→C→B→G。由于资金限额为 380 万元，所以投资决策是选择方案 D、A、E、C 和 G。

对于有资金限制的独立方案的比选，方案组合法和净现值率排序法各有其优劣。方案组合法的优点是在各种情况下均能获得最佳组合方案，但缺点是在方案数目较多时计算比较繁琐。净现值率排序法的优点是计算简便，选择方法简单扼要；缺点是由于投资方案的不可分性，即一个方案只能作为一个整体被接受或放弃，经常会出现资金没有被充分利用的情况，因而不一定能保证获得最佳组合方案。只有当各方案投资占总投资比例很小或者入选方案正好分配完总投资时，才能保证获得最佳组合方案。因此在实际运用中，应该综合考虑各种因素，选用适当的方法进行方案的比选。

第四节　设备更新方案的比选

一、设备的磨损与补偿

随着设备使用或闲置时间的延伸，设备的技术性能会发生绝对或相对劣化，其价值和使用价值也会相应降低，这一现象称为设备磨损。设备磨损分为有形磨损和无形磨损两种形式。

1. 设备的有形磨损

由于设备在使用或闲置过程中所发生的实体磨损称为有形磨损，也称为物理磨损。有形磨损又分为第Ⅰ类有形磨损和第Ⅱ类有形磨损。

(1) 第Ⅰ类有形磨损

运转中的设备在外力的作用下，零部件会产生摩擦、振动、疲劳等现象，导致设备的实体发生磨损、变形或损坏，这称为第Ⅰ类有形磨损。如第Ⅰ类有形磨损可表现为零部件原始尺寸改变、形状发生改变等。

(2) 第Ⅱ类有形磨损

第Ⅱ类有形磨损是指设备在闲置过程中，受自然力（如日照、潮湿和腐蚀性气体等）的作用，设备实体发生的磨损、变形或损坏。如设备生锈、金属腐蚀、橡胶和塑料老化等。

有形磨损导致设备精度降低，设备故障增多，生产效率下降，使用费和维修费增加，甚至难以维持正常工作，丧失使用价值。

2. 设备的无形磨损

无形磨损是由于科学技术进步而导致设备价值的降低，也称为精神磨损。因此，无形磨损不是设备实体的损坏。无形磨损又分为第Ⅰ类无形磨损和第Ⅱ类无形磨损。

(1) 第Ⅰ类无形磨损

第Ⅰ类无形磨损是指由于设备制造工艺改进、成本降低、劳动生产率提高而致使生产相同设备价值降低，进而使原来购买的设备相应贬值。

在第Ⅰ类无形磨损下，设备的技术结构和经济性能并未改变，只是现有设备原始价值部分贬值，因此，不会影响现有设备的使用。

(2) 第Ⅱ类无形磨损

第Ⅱ类无形磨损是由于不断出现技术更完善、效率更高的设备而使原有设备显得陈旧落后。

在第Ⅱ类无形磨损下,不仅原设备的价值会降低,而且,如果继续使用旧设备还可能使产品成本明显高于社会平均成本,即原设备使用价值的局部或全部丧失。

由于技术进步,加速了设备的无形磨损;在使用中由于加大了使用强度,加速了设备的有形磨损。设备磨损是有形磨损和无形磨损共同作用的结果,两类磨损都将引起设备的原始价值贬值。不同的是,发生有形磨损的设备,尤其是有形磨损严重的设备,在维修前,通常是勉强工作,甚至不能工作;而发生无形磨损的设备,即使无形磨损很严重,但仍然可以使用,只是要判断其继续使用在经济上是否合理。

3. 设备磨损的补偿

设备的磨损必须以各种形式加以补偿才能维持企业的再生产,由于设备遭受的磨损形式不同,补偿方式也不一样,设备磨损的补偿方式一般有局部补偿和完全补偿两种。设备有形磨损的局部补偿是修理,设备无形磨损的局部补偿是改造。有形磨损和无形磨损的完全补偿是更新,即淘汰旧设备,更换新设备。

设备更新是设备磨损的一种补偿方式,设备更新有原型更新和新型更新两种形式。原型更新又称简单更新,它是用同型号设备以新换旧,主要用于更换已损坏的或陈旧的设备。原型更新不具有技术更新的性质,不产生技术进步。新型更新又称技术更新,它是以结构更先进、技术更完善、性能更好、效率更高、能源和原材料消耗更少的新型设备,来换掉技术上陈旧落后、在经济上不宜继续使用的设备。新型更新是实现企业技术进步、提高经济效益的重要手段。

设备更新的目的是为了维持或提高企业生产力,提高企业效益。但如果设备更新策略失误,不但达不到预期的目的,还会增加企业负担,阻碍生产力发展。因此,企业应根据生产条件、设备磨损规律和设备在使用过程中费用的变化规律,对设备更新方案进行技术经济分析,以便正确确定设备的最佳使用寿命及最佳更新策略。

二、设备的寿命

设备的寿命可以从不同的角度划分为不同的类型,一般来说有自然寿命、技术寿命、经济寿命和折旧寿命。

1. 自然寿命

自然寿命也称为“物理寿命”,是指设备从开始使用,逐渐产生有形磨损,造成设备逐渐老化、损坏,直到报废所延续的全部时间。自然寿命是由有形磨损决定的一种寿命。正确使用、搞好维护保养、计划检修等可以延长设备的自然寿命,但不能从根本上避免有形磨损。

2. 技术寿命

技术寿命是指从设备开始使用到因为技术落后而被淘汰所经历的全部时间。技术寿命的长短主要决定于技术进步的发展速度,是由无形磨损决定的,而与有形磨损无关,一般比自然寿命短。科学技术进步越快,设备的技术寿命越短。

3. 经济寿命

经济寿命是设备从开始投入使用，持续到其年平均总成本最小的使用年限。设备的经济寿命是由设备年均投资成本和年均运营成本决定的。设备年均投资成本是分摊到各使用年份的年度设备成本费，即由购置费和设备残值所组成。年均运营成本是由运行费用和维修费用所组成。设备使用年限越长，分摊到每年的年投资成本越低。但随着设备使用年限的增加，年运营成本会上升。在设备的不同使用年限中，可以找到一个设备的年平均总成本最低的使用年限，这个使用年限就是设备的经济寿命。

4. 折旧寿命

折旧寿命是按照国家有关部门的规定提取折旧费的年限。折旧寿命的长短取决于国家的折旧政策，一般会介于自然寿命与技术寿命或经济寿命之间。

三、设备经济寿命的确定

设备的经济寿命是由设备年均投资成本和年均运营成本决定的。其计算方法有静态计算法和动态计算法两种，均假设设备产生的收益相同，只比较设备的成本。

1. 经济寿命的静态计算法

(1)表格计算法

在不考虑资金时间价值的情况下，年平均总成本的计算公式如下：

$$AC_n = \frac{P - L_n}{n} + \frac{1}{n}\sum_{j=1}^{n} C_j \tag{4-11}$$

式中：AC_n——n 年内设备的年平均成本；

n——设备使用期限；

P——设备的购置成本，即设备原值；

L_n——在设备第 n 年的净残值；

j——设备使用年度，j 的取值范围为 1 到 n；

C_j——在 n 年使用期间的第 j 年度设备的运营成本。

在所有设备使用年限中，使得设备年平均总成本 AC_n 最小的使用年限即为设备的经济寿命。若设备的经济寿命为 m 年，则

$$AC_m = \mathrm{Min}\{AC_1, AC_2, AC_3, \cdots, AC_{n-1}, AC_n\} \tag{4-12}$$

【例 4-16】 某型号设备的原始价值为 32 000 元，使用寿命 7 年，有关资料见表 4-16，不考虑利息，求该设备的经济寿命。

某型号设备使用过程统计数据表(单位：元) 表 4-16

使用年度 j	1	2	3	4	5	6	7
j 年度运营成本	4 000	5 000	7 000	9 000	11 000	14 000	18 000
n 年末残值	20 000	12 000	9 000	7 000	5 000	3 000	2 000

解：根据公式(4-11)计算该设备在不同使用期限的年平均总成本，计算结果如表 4-17 所示。

某型号设备平均总成本计算表(单位:元)　　表 4-17

使用期限 n	年末残值 L_n	设备年均投资成本 $\frac{P-L_n}{n}$	年度运营成本 C_j	年均运营成本 $\frac{1}{n}\sum_{j=1}^{n}C_j$	年平均总成本 AC_n
①	②	③ = (32 000 - ②)/①	④	⑤ = Σ④/①	⑥ = ③ + ⑤
1	20 000	12 000	4 000	4 000	16 000
2	12 000	10 000	5 000	4 500	14 500
3	9 000	7 667	7 000	5 333	13 000
4	7 000	6 250	9 000	6 250	12 500
5	5 000	5 400	11 000	7 200	12 600
6	3 000	4 833	14 000	8 333	13 166
7	2 000	4 286	18 000	9 714	14 000

从表 4-17 的计算结果可看出,该设备使用 4 年时,其年平均总成本最低,$AC_m = 12\,500$ 元,故该设备的经济寿命为 4 年。

(2)公式计算法

假定设备运营成本的逐年递增额 $\Delta C = \lambda$ 为常量,称为设备的低劣化值,设 C_j 为设备的第 j 年经营成本,则设备使用 n 年的年平均成本为:

$$\begin{aligned} AC_n &= \frac{P-L_n}{n} + \frac{1}{n}\sum_{j=1}^{n}C_j \\ &= \frac{P-L_n}{n} + C_1 + \frac{1}{n}[\lambda + 2\lambda + \cdots + (n-1)\lambda] \\ &= \frac{P-L_n}{n} + C_1 + \frac{1}{2n}[(n-1)\lambda] \\ &= \frac{P-L_n}{n} + C_1 + \frac{1}{2}[(n-1)\lambda] \end{aligned} \tag{4-13}$$

使得年平均成本 AC_n 最小,需对式(4-13)中 n 求导数,令其为 0,可得:

$$\frac{\mathrm{d}AC}{\mathrm{d}n} = -\frac{P-L_n}{n^2} + \frac{\lambda}{2} = 0$$

则:

$$\text{设备经济寿命 } m = \sqrt{\frac{2(P-L_n)}{\lambda}} \tag{4-14}$$

需要注意,在公式(4-13)的推导过程中,假定 L_n 为常量,不随使用年限的变化而变化,因此,用此公式计算求得的经济寿命与实际情况存在差距。

【例 4-17】 已知某型号机床购置费用为 20 000 元,使用费用第一年为 3 000 元,以后每年增加 1 000 元,预计残值均为 4 000 元,如不计算利息,求该型号机床的经济寿命。

解:由公式(4-14)可得:

$$m = \sqrt{\frac{2\times(20\,000-4\,000)}{1\,000}} = 6(\text{年})$$

因此,该型号机床的经济寿命是 6 年。

2. 经济寿命的动态计算法

计算动态的经济寿命，需要考虑资金的时间价值，即在计算设备年均投资成本和年均运营成本时，应考虑时间因素。

设备年平均总成本的计算公式如下：

$$AC_n = P(A/P,i,n) - L_n(A/F,i,n) + \sum_{j=1}^{n} C_j(P/F,i,j)(A/P,i,n) \tag{4-15}$$

设备的经济寿命是使得设备年平均总成本 AC_n 最小的使用年限。

【例 4-18】 根据【例 4-16】的数据，并设基准收益率 $i_c = 10\%$，计算设备的经济寿命。

解：计算该设备在不同使用期限的年平均总成本，结果如表 4-18 所示。

某型号设备年平均总成本计算表(单位：元)　　表 4-18

使用期限	年末残值	年均残值	设备年均投资成本	年度运营成本	年度运营成本现值	年均运营成本	年平均总成本
①	②	③	④	⑤	⑥	⑦	⑧ = ④ - ③ + ⑦
1	20 000	20 000	35 200	4 000	3 636	4 000	19 200
2	12 000	5 714	18 438	5 000	4 132	4 476	17 200
3	9 000	2 719	12 867	7 000	5 259	5 238	15 386
4	7 000	1 509	10 096	9 000	6 147	6 049	14 636
5	5 000	819	8 442	11 000	6 830	6 860	14 483
6	3 000	389	7 347	14 000	7 903	7 785	14 743
7	2 000	211	6 573	18 000	9 238	8 862	15 224

注：③ = ②$(A/F,10\%,j)$；④ = 32 000$(A/P,10\%,j)$；⑥ = ⑤$(P/F,10\%,j)$；⑦ = $\sum_{t=1}^{j}$⑥$(A/P,10\%,j)$。

从表中计算结果可看出，该设备使用 5 年时，其年平均总成本最低，$AC = 14\,483$ 元，故该设备的经济寿命为 5 年。

四、设备更新方案比选的特点和原则

1. 设备更新方案比选的特点

(1) 在考虑设备更新方案的比选时，通常假定设备产生的收益是相同的，因此，只对设备的费用进行比较。

(2) 由于不同设备的寿命期不同，为了计算简便，通常采用设备的年度费用进行比较。

2. 设备更新方案比较的原则

设备的更新要讲究经济效益，要以最少的费用投入获得最佳的经济效果。设备更新方案比选的基本原理和评价方法与互斥方案的比选相同，但在实际工作中，还应遵循以下两条原则：

(1) 不考虑沉没成本，也就是说在进行方案比选时，原设备的价值按目前实际所值的价值计算，而不管它过去是花多少钱买进的。

(2) 不要按方案的直接现金流量计算比较，而应从一个客观的立场上去比较。例如，两台新、旧设备进行比较时,不能把旧设备的销售收入作为新设备的现金流入,而应把旧设备所能卖的钱作为购买旧设备的费用。

五、设备更新方案的比选

1. 寿命不等的更新方案比选

在比选设备更新方案时,一般假定设备产生的收益相同,因此只对设备的费用进行比较。又由于不同设备的服务寿命不同,通常采用年费用法进行比选。

【例 4-19】 某厂 3 年前以 20 000 元购置了机器设备 A,估计经济寿命为 8 年,8 年末的预计预残值为 2 000 元,年运行成本为 1 000 元。目前设备 A 在市场上折卖价值为 10 000 元。现在市场上出现了同类设备 B,其功能与设备 A 相同,其原始成本为 25 000 元,估计可使用 8 年,8 年末的残值为 3 000 元,年度运行成本为 700 元。现有两个方案;方案一是继续使用设备 A;方案二是把设备 A 出售,然后购买设备 B。已知基准收益率为 12%,试对这两个方案进行比较。

解:由于设备 A 的购置费 20 000 元是 3 年前发生的,是沉没成本,评价时不应计入。设备 A 在第三年年末的折卖价值即为设备 A 继续使用的投资。站在客观的立场上进行比较,方案一相当于以 10 000 元购置设备 A,使用 5 年,年运行成本 1 000 元,使用期满预计残值 2 000 元。两方案的现金流量图如图 4-3 所示。

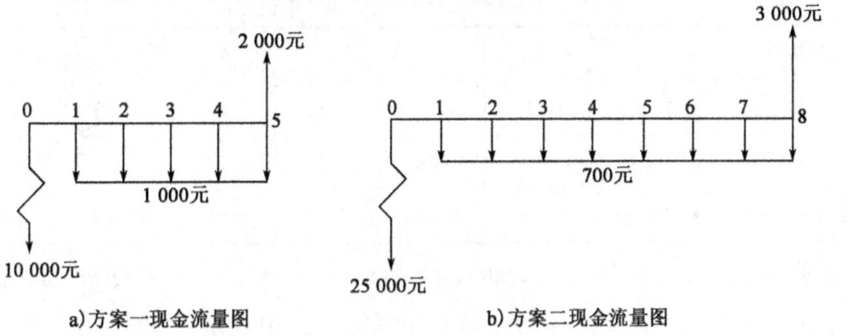

图 4-3 现金流量图

方案一和方案二的费用年值分别为:

$$AC_1 = 10\,000(A/P,12\%,5) - 2\,000(A/F,12\%,5) + 1\,000$$

$$= 10\,000 \times 0.277\,4 - 2\,000 \times 0.157\,4 + 1\,000$$

$$= 3\,459.20(\text{元})$$

$$AC_2 = 25\,000(A/P,12\%,8) - 3\,000(A/F,12\%,8) + 700$$

$$= 25\,000 \times 0.201\,3 - 3\,000 \times 0.081\,3 + 700$$

$$= 5\,488.60(\text{元})$$

因为 $AC_2 > AC_1$,方案一比方案二平均每年可节约费用 2 029.40 元。因此,选择方案一,即继续使用设备 A,不作更新。

2. 以经济寿命为依据的更新方案比选

以经济寿命为依据的更新方案比选时应先计算出各种设备的经济寿命，达到经济寿命时年平均总成本最小者为优。如果设备年度使用费固定不变，其估计残值也固定不变，这时设备使用年限越长，年平均总成本越低，此时应选尽可能长的寿命。如果设备年度使用费逐年增加而目前残值和未来残值相等，这时设备使用年限越长，年平均总成本越高，应选尽可能短的寿命。

【例 4-20】 某企业 3 年前花 30 000 元安装了一套设备 A，这套设备估计还可以使用 5 年，目前这套设备的年度使用费估计下一年度为 15 000 元，以后逐年增加 500 元。现在市场上又出现一种新设备 B，其原始费用为 12 000 元，年度使用费估计第 1 年为 7 000 元，以后逐年增加 1 000 元。新设备使用寿命估计为 12 年。由于这两套设备都是为了这个企业专门设计的，因此都能满足相同的需要，且其任何时刻的残值均为零。若基准收益率 $i_c = 10\%$，分析该企业是否应该对现有设备进行更新。

解：原设备 A 的初始费用 30 000 元是 3 年前发生的，是沉没成本，分析计算时不考虑在内。原设备目前的残值和未来的残值都等于零，因此设备的年均投资费用为零，其年均使用费用即为年均总费用，因而年均总费用逐年增加。所以，原设备的经济寿命为 1 年，此时年均总费用为 15 000 元，即 $AC_A = 15\ 000$ 元。

新设备 B 的经济寿命计算见表 4-19。

新设备的年均总费用计算表（单位：元） 表 4-19

使用年限	1	2	3	4	5	6	7	8
年均投资费用①	13 200	6 914	4 825	3 786	3 166	2 755	2 465	2 249
年均使用费用②	7 000	7 476	7 936	8 381	8 810	9 223	9 622	10 004
年平均总费用③ = ① + ②	20 200	14 390	12 761	12 167	11 976	11 978	12 087	12 253

注：年均投资费用 $= 12\ 000(A/P, 10\%, n)$，年均使用费用 $= 7\ 000 + [\sum_{k=1}^{n} 1\ 000(k-1)(P/F, 10\%, k)](A/P, 10\%, n)$。

由表 4-19 的数据可知，在第 5 年新设备年平均总费用最小，因此新设备的经济寿命为 5 年，此时的年平均总费用为 11 976 元，即 $AC_B = 11\ 976$ 元。

因为 $AC_A > AC_B$，所以该企业应对现有设备 A 进行更新。

【复习思考题】

1. 常见的方案类型有哪些？每种类型的方案有何特点？
2. 什么是差额分析法？常用的差额分析指标有哪些？如何采用这些指标进行方案比选？
3. 寿命期不同的互斥方案如何进行比选？
4. 有资金限制的独立方案如何进行比选？
5. 设备的寿命有哪几种？设备的经济寿命如何计算？
6. 有两个寿命期相同的互斥方案 A 和 B，净现金流量如表 4-20 所示，设基准收益率为

12%，试比较两个方案的优劣。

方案A、B的净现金流量表（单位：万元） 表4-20

方案＼年份	0	1	2	3	4
A	-1 000	350	350	350	350
B	-2 000	800	800	800	800

7. 三个互斥方案A、B和C的寿命期不相等，各自的净现金流量如表4-21所示，设基准收益率为10%，试选择最优方案。

方案A、B和C的净现金流量表（单位：万元） 表4-21

方案＼年份	0	1	2	3	4	5	6
A	-1 000	400	400	400	400		
B	-1 400	700	700	700	700		
C	-2 500	700	700	700	700	700	700

8. 修建某永久工程，经研究有两个方案。方案A：投资3 000万元，年维护费用6万元，每10年大修一次需15万元；方案B：投资2 800万元，年维护费用15万元，每3年大修一次需10万元。若基准收益率为10%，试比较两个方案哪个最优？

9. 某开发公司拟投资8个相互独立的项目，各项目的有关数据如表4-22所示。若基准收益率为12%，资金限额3 800万元，应选择哪些项目？

8个独立的投资项目现金流量表（单位：万元） 表4-22

投资项目	A	B	C	D	E	F	G	H
期初投资额	500	700	400	750	640	850	900	600
每年净收益	103	264	71	173	100	238	200	194

第五章
不确定性分析

【学习目的与要求】

本章主要讲述了不确定性分析的三种方法,即盈亏平衡分析、敏感性分析和概率分析。通过本章学习,了解不确定性分析、盈亏平衡分析、敏感性分析和概率分析的概念,掌握盈亏平衡点的计算,利用盈亏平衡分析对方案进行比选。掌握敏感性分析方法,判断不确定性因素敏感程度。掌握概率分析方法,通过概率分析判断项目的风险大小,能够绘制决策树,对风险型决策问题进行抉择。

第一节　概　　述

一、不确定分析的概念

前面对工程项目的经济效果分析与评价,其所采用的大部分基础数据,如投资额、产量、成本、价格、收入、计算期等都来自预测和估算,并假定这些数据在计算期内保持不变,在这种条件下对项目做出的决策称之为确定性决策。然而,由于人们对未来事物认识的局限性、可获取信息的有限性以及未来事物本身的变化,使得这些数据与实际情况可能有很大的出入,这样就产生了不确定性。不确定性的直接后果就是项目经济效果评价指标的实际值与评价值偏离，从而使按照评价值做出的决策带有风险，可能导致投资决策的失误。为了提高经济效果评价的准确度和可信度，需要在确定性评价的基础上，进一步分析各种不确定性因素对项目经济效果的影响，分析项目本身对各种风险的承受能力，为投资决策提供客观、科学的依据，尽量避免和减少投资决策的失误。

所谓不确定分析，就是对影响项目的不确定性因素进行分析，计算这些不确定性因素的增减变化对项目效益的影响程度，找出最敏感的因素及其临界点的过程。

二、不确定性产生的原因

由于影响工程项目经济效果的各种因素的未来变化具有不确定性，使得测算现金流量时的各种数据存在误差，从而带来经济效果评价指标值的不确定性。一般情况下，产生不确定性的主要原因有以下几个方面。

1. 项目数据的统计偏差

项目数据的统计偏差是指由于原始统计上的误差、条件样本数量的不足、预测模型或估算方法的选择不合理等所造成的误差。如项目建设投资和流动资金是项目经济评价中重要的基础数据，但在实际中，往往会由于各种原因而高估或低估其数额，从而影响项目评价的结果。

2. 通货膨胀

由于有通货膨胀的存在，会产生物价的浮动，从而影响项目评价中所用的价格，进而导致诸如年销售收入、年经营成本等数据与实际发生偏差。

3. 技术进步

技术进步会引起新老产品和工艺的替代，这样，根据原有技术条件和生产水平所估计出的年销售收入等指标就会与实际值发生偏差。

4. 市场供求结构的变化

这种变化会影响到产品的市场供求状况，进而对某些指标值产生影响。

5. 其他外部影响因素

如政府政策的变化，新的法律、法规的颁布，国际政治经济形式的变化等，均会对项目的经济效果产生一定的影响。

项目经济评价面临的不确定性因素众多，全面分析这些因素的变化对项目经济效果的影响是非常困难的。因此，在实际工作中，要着重分析和把握那些对项目影响大的关键因素，以期取得较好的效果。

三、不确定性分析的方法

常用的不确定性分析方法有盈亏平衡分析、敏感性分析和概率分析（又称风险分析）。在具体应用时，要在综合考虑项目的类型、特点、决策者的要求、相应的人力财力，以及项目对国民经济的影响程度等条件下来选择。一般来讲，盈亏平衡分析只适用于项目的财务评价，敏感性分析和概率分析可同时用于财务评价和国民经济评价。

第二节　盈亏平衡分析

一、盈亏平衡分析的概念

盈亏平衡分析是一种在一定的市场、经营管理条件下，计算项目产品的盈亏平衡点，研究项目成本与收入平衡关系的一种分析方法。随着影响项目的各种不确定因素（如投资额、生产成本、产品价格、销售量等）的变化，项目的盈利与亏损会有一个转折点，这一点称为盈亏平衡点（Break Even Point，简称 BEP）。在这一点上，项目销售（营业、服务）收入等于总成本，正好盈亏平衡。

盈亏平衡点通常根据项目正常生产年份的产品产量、固定成本、可变成本、产品价格和销售税金及附加等数据计算。可变成本主要包括原材料、燃料、动力消耗、包装费和计件工资等；固定成本主要包括工资（计件工资除外）、折旧费、无形资产及其他资产摊销费、修理费和其他费用等。为简化计算，将财务费用也作为固定成本。盈亏平衡点的表达方式有多种，可以用产品产量、产品销售价格、单位可变成本等绝对量表示，也可以用生产能力利用率等相对值表示。

盈亏平衡分析的目的，是通过分析产品产量、成本和盈利之间的关系，找出项目盈利和亏损在产量、单价、成本等方面的临界点，判断不确定性因素对项目经济效果的影响程度，说明项目实施风险的大小。由于项目的收入与成本都是产品产量的函数，根据它们之间的函数关系，盈亏平衡分析可分为线性盈亏平衡分析和非线性盈亏平衡分析。

二、线性盈亏平衡分析

1. 线性盈亏平衡分析的基本假设

（1）产量等于销售量，即当年生产的产品全部销售出去。

（2）产量变化，单位可变成本不变，从而总成本是产量的线性函数。

（3）产量变化，产品售价不变，从而销售收入是销售量的线性函数。

（4）按单一产品计算，当生产多种产品，可以换算成单一产品，不同产品的生产负荷率的变化应一致。

2. 销售收入、产品成本和产量的关系

根据线性盈亏平衡分析的假定条件，产品的销售收入与产量的关系为线性关系，可用下式表示

$$R = (P - T)Q = P(1 - t)Q \tag{5-1}$$

式中：R——正常生产年总销售收入；

P——单位产品销售价格；

Q——年产量或年销售量；

T——单位产品销售税金；

t——销售税金及附加税率。

产品总成本与产量的关系为线性关系，可用下式表示：

$$C = F + V = F + vQ \tag{5-2}$$

式中：C——正常生产年总成本；

F——总成本中的固定成本；

V——总成本中的可变成本；

v——单位产品可变成本；

Q——年产量或年销售量。

产品的销售收入、总成本与产量的线性关系如图5-1所示。

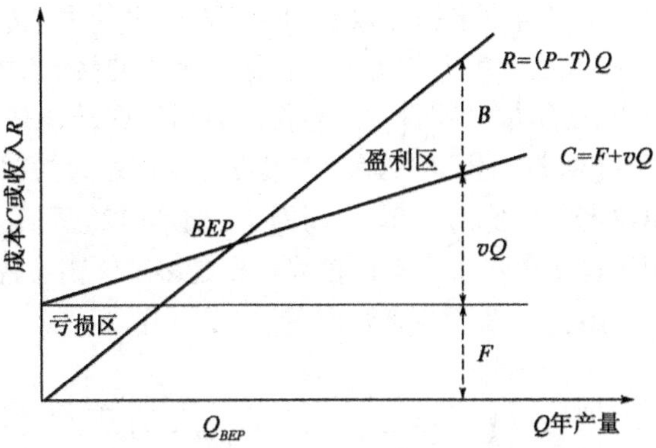

图5-1 线性盈亏平衡分析图

3. 线性盈亏平衡点的计算

当项目达到盈亏平衡状态时，项目销售收入等于总成本，有 $R = C$，即

$$(P - T)Q = F + vQ \tag{5-3}$$

由图5-1可以看出，销售收入线与总成本线的交点即为盈亏平衡点。在 BEP 的左边，总成本线高于销售收入线，项目亏损；在 BEP 的右边，总成本线低于销售收入线，项目盈利。在 BEP 点上，项目不盈不亏。

盈亏平衡点的表达方式有多种，可以用产量、产品销售价格、单位可变成本等绝对量表示，也可以用生产能力利用率等相对值表示，其计算如下：

（1）盈亏平衡产量

$$Q_{BEP} = \frac{F}{P - T - v} \tag{5-4}$$

经济意义：盈亏平衡产量是项目不发生亏损时所必须达到的产量，此值越小，表明项目适应市场需求变化的能力越大，抗风险能力越强。

（2）盈亏平衡生产能力利用率

$$f_{BEP} = \frac{Q_{BEP}}{Q_C} \times 100\% = \frac{F}{(P - v - T)Q_C} = \frac{F}{P - V - TQ_C} \tag{5-5}$$

经济意义：盈亏平衡生产能力利用率是项目不发生亏损时所必须达到的最低生产能力，此值越小，表明项目适应市场需求变化的能力越大，抗风险能力越强。

（3）盈亏平衡销售收入

$$R_{BEP} = (P - T)Q_{BEP} = \frac{(P - T)F}{P - T - v} \tag{5-6}$$

经济意义：盈亏平衡销售收入是项目不发生亏损时所必须达到的最低销售收入，此值越小，表明项目适应销售收入变化的能力越大，抗风险能力越强。

（4）盈亏平衡销售价格

$$P_{BEP} = v + T + \frac{F}{Q_C} \tag{5-7}$$

经济意义：盈亏平衡销售价格是项目不发生亏损时所必须达到的最低销售价格，此值越小,表明项目适应销售价格变化的能力越大,抗风险能力越强。

(5)盈亏平衡单位产品可变成本

$$v_{BEP} = P - T - \frac{F}{Q_C} \tag{5-8}$$

经济意义:盈亏平衡单位产品可变成本是项目不发生亏损时所能够承担的单位产品可变成本的最高值,此值越小,表明项目适应生产技术进步的能力越大,抗风险能力越强。

盈亏平衡点是按照项目达产年份的数据计算的,不能按照项目计算期内的平均值计算。由于项目盈亏平衡点表示的是相对于设计生产能力,达到多少产量或负荷率才能达到盈亏平衡;或在设计生产能力下保持盈亏平衡的最低销售价格、能承受的最高单位可变成本是多少。所以,必须按照项目达产年份的数据计算,如按项目计算期内的平均值计算就失去了意义。

【例5-1】 某厂建设方案设计生产能力为30 000件,预计单位产品的可变成本为60元,单位产品售价为150元,年固定成本为120万元。问该厂盈亏平衡点的年产量和生产能力利用率是多少?盈亏平衡销售价格是多少?销售税金及附加税率为6%。

解:(1)盈亏平衡产量为:

$$Q_{BEP} = \frac{F}{P - T - v} = \frac{F}{P(1 - t) - v} = \frac{1\,200\,000}{150 \times (1 - 6\%) - 60} = 14\,815(\text{件})$$

(2)盈亏平衡生产能力利用率为:

$$f_{BEP} = \frac{Q_{BEP}}{Q_C} \times 100\% = \frac{14\,815}{30\,000} \times 100\% = 49.38\%$$

(3)盈亏平衡销售价格为:

$$P_{BEP} = \frac{F + vQ_C}{(1 - t)Q_C} = \frac{1\,200\,000 + 60 \times 30\,000}{(1 - 6\%) \times 30\,000} = 106.38(\text{元})$$

三、非线性盈亏平衡分析

在实际工作中,常常会遇到在项目的不同时期内,其产品销售收入、产品总成本与产量并不一定是线性关系的情况。当市场供求关系变化时,产品价格不再是一个不变的值。另外,产量不同时,产品总成本中的固定成本在一定时期内不随产量变化,但可变成本将随产量的变化而呈非线性变化。例如,在垄断竞争条件下,随着产量的增加,市场上产品的单位价格就要下降,因而销售收入与产量之间是非线性关系;同时,企业增加产量时原材料价格可能上涨,可能还会多支付一些加班费、奖金、设备维修费等,使得单位产品可变成本增加,从而,总成本与产量之间呈非线性关系。这种情况下,销售收入、产品总成本应看作是产量的非线性函数,即$R = R(Q)$、$C = C(Q)$。

销售收入、产品总成本与产量的非线性函数通常可表示为一元二次函数,即

$$R(Q) = aQ + bQ^2 \tag{5-9}$$

$$C(Q) = c + dQ + eQ^2 \tag{5-10}$$

式中:a、b、c、d、e——常数。

销售收入、产品总成本与产量的非线性关系如图5-2所示。

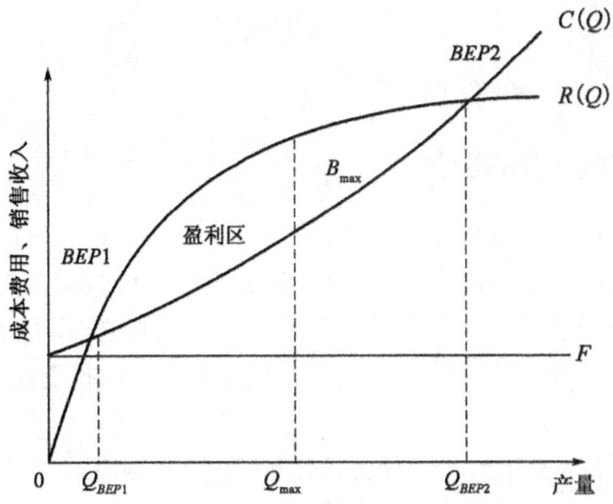

图 5-2 非线性盈亏平衡分析图

在盈亏平衡时应有 $R(Q)-C(Q)=0$，即：

$$(b-e)Q^2+(a-d)Q-c=0 \tag{5-11}$$

解得：

$$Q_{BEP1,2}=\frac{-(a+d)\pm\sqrt{(a-d)^2+4(b-e)c}}{2(b-e)} \tag{5-12}$$

由方程(5-11)可求得两个盈亏平衡点的产量：Q_{BEP1} 与 Q_{BEP2}，Q_{BEP1} 到 Q_{BEP2} 内的产量即为盈利区的产量范围。

在项目的两个盈亏平衡点之间，存在着最大利润点，对应于利润最大点的产量为 Q_{max}。令 $d(R-C)/dQ=2(b-e)Q+(a-d)=0$，则得

$$Q_{max}\frac{-(a-d)}{2(b-e)} \tag{5-13}$$

【例 5-2】 某企业生产某种产品，年固定成本为 50 000 元，当原材料为批量采购时，可使单位产品成本在原来每件 48 元的基础上降低产品产量的 0.4%，产品售价在原来每件 75 元的基础上降低产品产量的 0.7%，试求企业在盈亏平衡点的产量及最优产量(即产量的经济规模区及最优规模)。

解：由题意，销售收入、产品总成本分别可表示为产量 Q 的非线性函数，即：

$$R(Q)=(75-0.007Q)Q=75Q-0.007Q^2$$

$$C(Q)=50\,000+(48-0.004Q)Q=50\,000+48Q-0.004Q^2$$

盈亏平衡时有 $R(Q)-C(Q)=0$，即：

$$75Q-0.007Q^2-(50\,000+48Q-0.004Q^2)=0$$

化简得：

$$0.003Q^2-27Q+50\,000=0$$

$$Q_{BEP1}=\frac{-(-27)-\sqrt{(-27)^2-4\times0.03\times50\,000}}{2\times0.03}=2\,607(\text{件})$$

$$Q_{BEP2}=\frac{-(-27)+\sqrt{(-27)^2-4\times0.03\times50\,000}}{2\times0.03}=6\,393(\text{件})$$

$$\frac{d(R-C)}{dQ}=0.006Q-27=0$$

则最优产量为：$Q_{max}=4\,500$（件）。

四、线性盈亏平衡分析的应用

对单个方案进行盈亏平衡分析，通过求得盈亏平衡点可分析方案的盈利与亏损的可能性。当不确定性因素同时对两个以上的方案，如对互斥方案的经济效果产生不同程度的影响时，可通过盈亏平衡分析方法开展互斥方案在不确定性条件下的比选，也称为优劣平衡分析。它可以对决策者确定项目的合理经济规模及对项目工艺技术方案的投资抉择起到一定的参考与帮助作用。

【例 5-3】 某建筑工地需抽除积水保证施工顺利进行，现有 A、B 两个方案可供选择。

方案 A：新建一条动力线，需购置一台 2.5kW 电动机并线运转，其投资为 1 400 元，第 4 年末残值为 200 元；电动机每小时运行成本为 0.84 元，每年预计的维修费为 120 元。

方案 B：购置一台 3.68kW 柴油机，其购置费为 550 元，使用寿命为 4 年，设备无残值；运行每小时燃料费为 0.42 元，平均每小时维护费为 0.15 元，每小时的人工成本为 0.8 元。

若寿命都为 4 年，基准折现率为 10%，试比较 A、B 方案的优劣。

解：两方案的年总成本都与年开机小时数 t 有关，故两方案的年总成本均可表示为 t 的函数：

$$C_A=1\,400(A/P,10\%,4)-200(A/F,10\%,4)+120+0.84t=518.56+0.84t$$

$$C_B=550(A/P,10\%,4)+(0.42+0.15+0.8)t=173.53+1.37t$$

令

$$C_A=C_B$$

即

$$518.56+0.84t=173.53+1.37t$$

得

$$t=651(\text{h})$$

当年开机时间等于 651h 时，方案 A、B 年总成本相同，即 $C_A=C_B=1\,065.4$ 元；当年开机时间小于 651h 时，$C_A>C_B$，选方案 B 有利；当年开机时间大于 651h 时，$C_A<C_B$，选方案 A 有利。

【例 5-4】 某涵洞工程管涵预制混凝土总需要量为 6 000m³，混凝土工程施工有两种方案可供选择。方案 A 为现场制作，方案 B 为购买商品混凝土。已知：现场搅拌站一次性投资为 200 000 元，搅拌站设备的租金及维修费为 15 000 元/月，搅拌混凝土所需的其他费用为 350 元/m³，商品混凝土的平均单价为 440 元/m³。

问：(1) 若混凝土的施工工期不同时，A、B 两个方案哪一个经济？

(2) 当混凝土施工工期为 14 个月时，现场制作混凝土最少为多少立方米才比购买商品混凝土经济？

解：现场制作混凝土的单价为：

$$\text{现场制作混凝土单价(元/m}^3\text{)}=\frac{\text{一次性投资}+\text{月租金及维修费}\times\text{工期}}{\text{混凝土总需要量}}+\text{其他费用}$$

(1) 采用的方案单价与工期有关，设两方案单价相等时的临界工期为 T，则：

$$440 = \frac{200\,000 + 15\,000T}{6\,000} + 350$$

解上式得：$T = 22.7$（月）。

即当 $T = 22.7$ 月时，现场制作混凝土的单价与购买商品混凝土的单价相等；当 $T > 22.7$ 月时，现场制作混凝土的单价大于购买商品混凝土的单价，故购买经济；当 $T < 22.7$ 月时，现场制作混凝土的单价小于购买商品混凝土的单价，故现场制作经济。

（2）当工期为 14 个月时，设两方案单价相等时现场制作的混凝土数量为 Q，则：

$$440 = \frac{200\,000 + 15\,000 \times 14}{Q} + 350$$

解上式得：$Q = 4\,556$（m^3）。

即现场制作混凝土的数量为 4 556m^3 时，其单价与购买商品混凝土的单价相等；当现场制作混凝土的数量大于 4 556m^3 时，其单价小于购买商品混凝土的单价，比购买商品混凝土经济。故当混凝土施工工期为 14 个月时，现场制作混凝土最少为 4 556m^3 才比购买商品混凝土经济。

【例 5-5】 拟兴建某工程项目，现有三种方案，机械化程度高时投资大，固定成本高，可变成本低。其具体数据见表 5-1，试评价三种方案的优劣。

项目数据汇总表 表 5-1

方案费用项目	A	B	C
产品可变成本（元/件）	100	60	40
产品年固定成本（元）	1 000	2 000	3 000

解：当产量达到某一值时，几个方案的销售收入应一致，故评价指标应是成本，而成本又与产量有关，所以列出成本与产量关系式进行评价。

设预计年产量为 Q 件，则各方案的年总成本为：

$$TC_A = 1\,000 + 100Q$$
$$TC_B = 2\,000 + 60Q$$
$$TC_C = 3\,000 + 40Q$$

三个方案年总成本与产量的关系如图 5-3 所示。

令 $TC_A = TC_B$，即 $1\,000 + 100Q = 2\,000 + 60Q$，得：$Q_1 = 25$（件）。

令 $TC_A = TC_C$，即 $1\,000 + 100Q = 3\,000 + 40Q$，得：$Q_2 = 33.3$（件）。

令 $TC_B = TC_C$，即 $2\,000 + 60Q = 3\,000 + 40Q$，得：$Q_3 = 50$（件）。

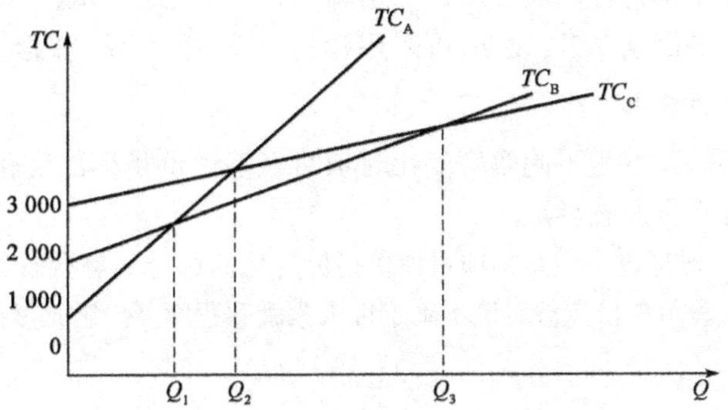

图 5-3 方案 A、B、C 的年总成本与产量的关系图

由以上计算结果和图 5-3 可以看出，当年产量 $Q < Q_1 = 25$ 件时，方案 A 成本最低，故应选择 A 方案；当产量 Q 介于 $Q_1 = 25$ 件与 $Q_3 = 50$ 件范围之内时，方案 B 成本最低，故应选择方案 B；当产量 $Q > Q_3 = 50$ 件时，方案 C 成本最低，故应选择方案 C。

第三节　敏感性分析

一、敏感性分析的概念

敏感性分析是考察项目所涉及的各种不确定性因素的变化对项目经济评价指标的影响，从中找出敏感因素，确定其敏感程度，据此预测项目可能承担的风险的一种分析方法。

根据考虑的可变因素的数目不同，敏感性分析可分为单因素敏感性分析和多因素敏感性分析。单因素敏感性分析每次只改变一个因素的数值来进行分析，估算单个因素的变化对项目经济效果产生的影响。多因素敏感性分析则同时改变两个或两个以上因素的数值来进行分析，估算多个因素同时变化对项目经济效果产生的影响。进行敏感性分析时，假设因素之间相互独立，每个因素的变化不会影响到其他因素。

二、单因素敏感性分析

单因素敏感性分析假定只有一个不确定性因素发生变化，其他因素都不变，分析该因素变化对项目经济效果的影响。单因素敏感性分析的步骤如下：

1. 确定敏感性分析指标

建设项目经济评价有一整套指标体系，敏感性分析可选择其中一个或几个主要指标进行分析，可根据项目具体情况选择净现值、内部收益率或投资回收期等指标。

2. 选择需要分析的不确定性因素

应结合项目的特点选择对项目效益影响大且重要的因素进行分析。经验表明，建设项目应选择以下因素：建设投资、产出物价格、主要投入物价格或可变成本、运营负荷、建设期等。

3. 确定不确定性因素的变化程度

敏感性分析通常针对不确定性因素的不利变化进行，为了绘制敏感性分析图，也可考虑其有利变化。一般选择不确定性因素变化的百分率，如 ±5%、±10%、±15%、±20% 等。对于不便于用百分数表示的因素，如建设期，可采用延长一段时间表示，如延长一年。

4. 计算敏感性分析指标

计算各不确定性因素发生不同幅度变化时项目经济评价指标的变化结果，同时计算各不确定性因素的敏感度系数及临界点。

(1) 敏感度系数。敏感度系数是指项目评价指标变化的百分率与不确定性因素变化的百分率之比。敏感度系数高，表示项目效益对该不确定性因素敏感程度高。敏感度系数计算公式如下：

$$S_{AF} = \frac{\Delta A / A}{\Delta F / F} \tag{5-14}$$

式中：S_{AF}——评价指标 A 对不确定性因素 F 的敏感度系数；

$\Delta A/A$——不确定性因素 F 发生 ΔF 变化时评价指标 A 的相应变化率；

$\Delta F/F$——不确定性因素 F 的变化率。

若 $S_{AF}>0$，表示评价指标与不确定性因素同方向变化；若 $S_{AF}<0$，表示评价指标与不确定性因素反方向变化。$|S_{AF}|$越大敏感度程度越高。

(2)临界点。临界点是指不确定性因素的变化使项目由可行变为不可行的临界数值，是项目允许不确定性因素向不利方向变化的极限值。例如，当产品价格下降到某值时，项目内部收益率刚好等于基准收益率，此值称为产品价格下降的临界点。临界点可以用不确定性因素相对于基本方案的变化率或其对应的具体数值表示。临界点绝对值越低，说明该因素对项目评价指标影响越大，项目对该因素就越敏感。

5. 编制敏感性分析表，绘制敏感性分析图，提出决策建议

根据敏感性分析计算结果，编制敏感性分析表、敏感度系数和临界点分析表。根据敏感性分析表，以横轴为不确定性因素变化率，纵轴为项目经济效果评价指标，绘制敏感性分析图。还应根据图、表的结果进行文字说明，找出敏感度系数绝对值较高或临界点(用变化率表示)绝对值较低的一个或几个关键因素，分析其可能造成的风险并提出应对措施。

【例 5-6】 某投资项目的基本数据估算表如表 5-2 所示，基准收益率为 10%，试对其进行单因素敏感性分析。

项目基本方案现金流量表(单位:万元)　　表 5-2

项目 \ 年份	1	2	3	4	5	6	7	8
销售收入	—	—	1 000	1 400	2 400	2 400	2 400	2 400
投资	2 000	1 000	—	—	—	—	—	—
经营成本	—	—	600	800	1 200	1 200	1 200	1 200
净现金流量	-2 000	-1 000	400	600	1 200	1 200	1 200	1 200

解:(1)选择净现值作为敏感性分析的指标，计算项目基本方案的净现值为:

$$\begin{aligned} NPV &= -2\,000(P/F,10\%,1)-1\,000(P/F,10\%,2)+400(P/F,10\%,3)+ \\ &\quad 600(P/F,10\%,4)+1\,200(P/A,10\%,4)(P/F,10\%,4) \\ &= 664(\text{万元}) \end{aligned}$$

(2)选择销售收入、投资、经营成本、基准收益率四个因素进行敏感性分析，设各不确定性因素在初始值的基础上按 ±5%、±10%、±15%、±20% 的变化幅度变动，计算各自对应的净现值，计算结果如表 5-3 所示。根据计算结果绘制敏感性分析图，如图 5-4 所示。

敏感性分析表(单位:万元)　　表 5-3

变化因素 \ 变化率	-20%	-15%	-10%	-5%	0%	5%	10%	15%	20%
投资	1 193	1 060	928	796	664	532	399	267	135
销售收入	-717	-372	-27	319	664	1 009	1 354	1 699	2 045
经营成本	1 383	1 203	1 023	844	664	484	304	124	-55
基准收益率	971	890	812	736	664	594	527	462	399

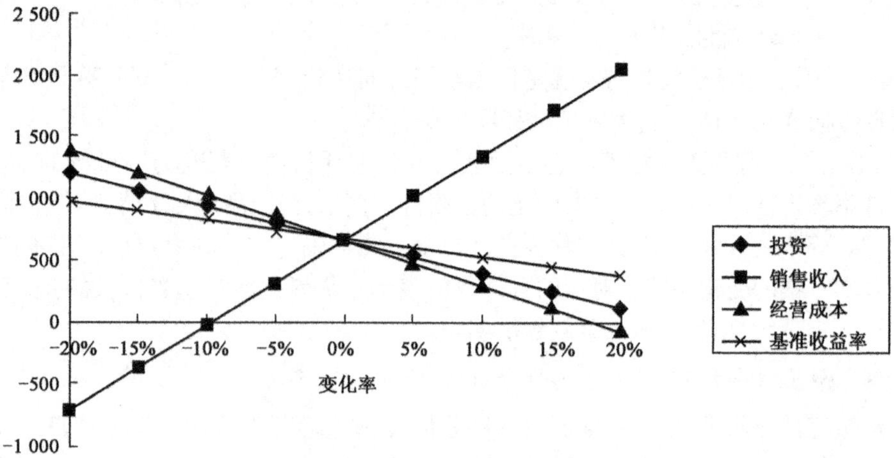

图5-4　敏感性分析图

图5-4中每一条曲线代表净现值随不确定性因素变动而发生的变化，每条曲线与横坐标轴的相交点是该不确定性因素变化的临界点，用该点对应的不确定性因素的变化率表示。用变化率表示的临界点的绝对值越小，说明项目经济评价指标对该不确定性因素越敏感。从图5-4可以看出，销售收入的临界点大约在-10%，净现值指标对该因素最敏感。

(3)编制敏感度系数和临界点分析表。以投资变化为例说明敏感度系数的计算，若投资变化率为-20%，则：

$$\Delta F/F = -20\%$$

$$\Delta A = 1\,193 - 664 = 529(\text{万元})$$

$$\Delta A/A = \frac{529}{664} = 0.796\,7$$

$$S_{AF} = \frac{\Delta A/A}{\Delta F/F} = \frac{0.796\,7}{-20\%} = -3.983$$

投资、销售收入、经营成本、基准收益率四个因素的敏感度系数和临界点计算结果如表5-4所示。

敏感度系数和临界点分析表　　表5-4

不确定性因素	变化率(%)	NPV(万元)	敏感度系数	临界点(%)	临界值
投资	-20	1 193	-3.983	25.10	第1年投资2 502万元；第2年投资1 251万元
	-15	1 060	-3.976		
	-10	928	-3.976		
	-5	796	-3.976		
	5	532	-3.976		
	10	399	-3.991		
	15	267	-3.986		
	20	135	-3.983		

续上表

不确定性因素	变化率(%)	NPV(万元)	敏感度系数	临界点(%)	临界值
销售收入	-20	-717	10.399	-9.62	第3年销售收入903.80万元;第4年销售收入1 265.32万元;第3年销售收入2 169.12万元
	-15	-372	10.402		
	-10	-27	10.407		
	-5	319	10.392		
	5	1 009	10.392		
	10	1 354	10.392		
	15	1 699	10.392		
	20	2 045	10.399		
经营成本	-20	1 383	-5.414	18.46	第3年经营成本710.76万元;第4年经营成本947.68万元;第5~8年经营成本1 421.52万元
	-15	1 203	-5.412		
	-10	1 023	-5.407		
	-5	844	-5.422		
	5	484	-5.422		
	10	304	-5.422		
	15	124	-5.422		
	20	-55	-5.414		
基准收益率	-20	971	-2.312	57.30	15.73%
	-15	890	-2.269		
	-10	812	-2.229		
	-5	736	-2.169		
	5	594	-2.108		
	10	527	-2.063		
	15	462	-2.028		
	20	399	-1.995		

注:1. 表中临界点的计算采用的是试插法。

2. 表中临界点为正,表示允许该不确定性因素升高的比率;临界点为负,表示允许该不确定性因素降低的比率。

3. 表中敏感度系数为负,说明经济效果评价指标变化方向与不确定性因素变化方向相反;敏感度系数为正,说明经济效果评价指标变化方向与不确定性因素变化方向相同。

根据表5-4的分析结果,各不确定性因素的敏感度系数绝对值从大到小的顺序依次为销售收入、经营成本、投资、基准收益率,也就是说项目净现值指标对销售收入最敏感,其次是经营成本、投资和基准收益率。根据各不确定性因素临界点(用变化率表示)的绝对值从小到大的顺序,也能得到同样的结论。

三、多因素敏感性分析

多因素敏感性分析考察多个不确定性因素同时变动对项目经济效果的影响,分析时要考虑各因素可能的不同变化幅度的多种组合,计算起来比单因素敏感性分析要复杂得多。当同时变化的因素不超过3个时,一般可采用解析法和作图法相结合的方法进行分析。下面考察两个因素同时变化而其他因素不变时对项目经济效果的影响程度,即双因素敏感性分析。

双因素敏感性分析的步骤如下:

(1)作直角坐标图,分别以 x 轴、y 轴代表一个不确定性因素的变化率。

(2)以 NPV 为评价指标,令 $NPV=0$,可得到一个直线方程,这条线称为临界线。进一步判断临界线的哪一侧任何点的 $NPV>0$,哪一侧任何点的 $NPV<0$。

(3)结果判断。

①若两个不确定性因素同时变化的交点落在临界线 $NPV>0$ 的一侧,则认为项目可行;若两个不确定性因素同时变化的交点落在临界线 $NPV<0$ 的一侧,则认为项目不可行。

②如果两个不确定性因素变化范围是设定好的,那么以这两个因素的变化范围所形成的区域为总区域,$NPV>0$ 所占的区域和总区域的比值,即为这两个因素同时在设定范围内变动时项目可行的概率。

【例 5-7】 在【例 5-6】中,经单因素敏感性分析知销售收入与经营成本是两个强敏感性因素,为进一步评估项目的风险,试对这两个因素作双因素敏感性分析。

解:用 x 表示销售收入的变化率,用 y 表示经营成本的变化率,x、y 均在 ±20% 范围内变化。则项目的净现值可以表示为:

$$\begin{aligned}NPV = &-2\,000(P/F,10\%,1) - 1\,000(P/F,10\%,2) + \\ &[1\,000(1+x) - 600(1+y)](P/F,10\%,3) + \\ &[1\,400(1+x) - 800(1+y)](P/F,10\%,4) + \\ &[2\,400(1+x) - 1\,200(1+y)](P/A,10\%,4)(P/F,10\%,4)\end{aligned}$$

令 $NPV=0$,整理可得临界线的表达式为:

$$y = 1.920\,2x + 0.184\,6$$

取 x 和 y 的变化幅度均为 ±10%、±20% 作图,可得到双因素敏感性性分析图,如图 5-5 所示。

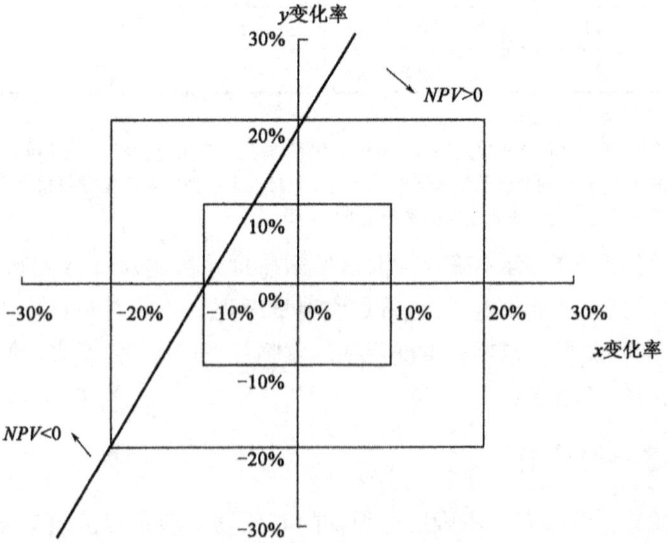

图 5-5 双因素敏感性分析图

从图5-5可以看出，当x、y两个因素变化率的交点落在临界线$y=1.9202x+0.1846$上时，项目净现值为零；当x、y两个因素变化率的交点落在临界线的左侧时，项目净现值小于零；当x、y两个因素变化率的交点落在临界线的右侧时，项目净现值大于零。当x、y两个因素都在±20%范围内变化时，项目可行的概率大约是3/4，即x、y两个因素都在±20%范围内变化时，项目有较强的抗风险能力。

四、敏感性分析的局限性

敏感性分析是项目经济评价时经常用到的一种方法，它在一定程度上对不确定性因素的变动对项目投资效果的影响做了定量的描述，得到了维持投资项目经济可行所允许的不确定性因素发生不利变化的最大幅度。但敏感性分析的局限性在于，它不能说明不确定性因素发生变动的情况的可能性是大还是小，即没有考虑不确定性因素在未来发生变动的概率，而这种概率是与项目的风险大小密切相关的。经常会碰到这样的情况：某些因素在未来发生不利变动的可能性很小，虽然它可能是一个敏感性较强的因素，但实际上它给项目带来的风险并不大；而另外有一些因素，虽然不是十分敏感，但由于它们在未来发生不利变化的可能性很大，实际上给项目带来的风险可能比敏感因素还要大。对于此类问题，尚需借助于概率分析。

第四节 概 率 分 析

一、概率分析的概念

概率分析又称为风险分析，是利用概率来研究和预测不确定性因素对项目经济评价指标的影响的一种定量分析方法。

概率分析的基本原理：假设影响项目经济效果的各种不确定性因素是服从某种分布的随机变量，则以这些不确定性因素为参数的经济效果函数也必然是一个随机变量。在进行概率分析时，先对各个不确定性因素做出概率估计，并以此为基础来计算项目的经济效果，最后通过经济效果的期望值、累计概率、标准差和变异系数等来表示项目的风险和不确定程度。

概率分析的方法很多，常用的方法有解析法、蒙特卡罗模拟法和决策树法等。

二、随机现金流量的概率描述

一般来讲，投资方案的经济要素（如投资额、销售量、销售价格、生产成本、项目寿命期等）都是随机变量。也就是说，人们可以通过以往的统计资料，预测未来可能的取值范围，估计各种取值或值域发生的概率，但不可能肯定地预知它们取什么值。投资方案的现金流量序列正是由这些因素所决定的，所以说，投资方案的现金流量序列也是随机变量，称之为随机现金流。

要完整地描述一个随机变量，需要确定其概率分布的类型和参数。常见的概率分布类型有均匀发布、二项分布、泊松分布、指数分布和正态分布等。在经济分析与决策中，使用最普遍的是均匀分布和正态分布。随机现金流的概率分布通常可以借鉴已经发生过的类似情况的实际数据，并结合对各种具体条件的判断来确定。一般来说，投资项目的随机现金流量受多种已知或未知的不确定因素的影响，可以看成是多个随机变量之和，在多数情况下近似地服从正态分布。假设某项目的寿命期为 n 个周期，在各个周期的净现金流量均为随机变量的情况下，由各个周期净现金流量现值之和构成的项目净现值必然也是一个随机变量，称之为随机净现值。在多数情况下，可以认为随机净现值近似地服从正态分布。

描述随机变量的主要参数是期望值、方差、标准差和变异系数，则随机净现值也可用这几个参数来描述。

1. 期望值

期望值是用来描述随机变量的一个主要参数。期望值是反映随机变量取值的平均值，但平均值绝不是一般意义上的算术平均值，而是以随机变量各种取值的概率为权重的加权平均值。根据数学上期望值的定义，净现值的期望值的计算公式为：

$$E(NPV) = \sum_{i=1}^{n} NPV_i P_i \tag{5-15}$$

式中：$E(NPV)$——NPV 的期望值；

NPV_i——各种现金流量下的净现值；

P_i——对应于各种现金流量的概率值。

一般来讲，期望值大的方案优于期望值小的方案。

2. 方差

方差是用来度量随机变量与其均值（期望值）偏离程度的参数，净现值的方差计算公式为：

$$D(NPV) = \sum_{i=1}^{n} [NPV_i - E(NPV)]^2 P_i \tag{5-16}$$

对于期望值相同的方案，方差越大说明其偏离期望值的程度越大，因而风险越大。

3. 标准差

由于净现值的方差与净现值具有不同的量纲，为了便于分析，通常使用与净现值具有相同量纲的参数——标准差来反映随机净现值取值的离散程度。净现值的标准差计算公式为：

$$\sigma = \sqrt{D(NPV)} = \sqrt{\sum_{i=1}^{n} [NPV_i - E(NPV)]^2 P_i} \tag{5-17}$$

对于期望值相同的方案，标准差越大说明其偏离期望值的程度越大，因而风险越大。

4. 变异系数

为了比较期望值不同的投资项目之间的风险程度大小，需要引进“变异系数”概念。变异系数是标准差与期望值的比值，其计算公式为：

$$V = \frac{\sigma}{E(NPV)} \tag{5-18}$$

变异系数越大，则该投资项目的风险越大。

三、概率分析的步骤

（1）列出各种要考虑的不确定性因素，如投资、收益、成本等。

（2）根据历史资料或经验估计不确定性因素的概率分布，或直接确定各种不确定性因素的各种取值及其相应概率。

（3）计算净现值的期望值。

(4)计算净现值的标准差或变异系数。

(5)判断项目的风险大小。

四、解析法

在已知投资项目净现值的概率分布、期望值和标准差的情况下,可以用解析法进行风险分析。

【例 5-8】 某生产项目,影响未来净现金流量的不确定性因素主要是产品的市场销售情况和原材料价格水平。据分析,市场销售状态有畅销、一般、滞销三种可能(分别记为 S_{m1}、S_{m2}、S_{m3}),原材料价格水平状态有高、中、低三种可能(分别记为 S_{p1}、S_{p2}、S_{p3})。市场销售状态与原材料价格水平状态之间是相互独立的。各种市场销售状态和原材料价格水平状态的发生概率如表 5-5 所示,各种可能的状态组合所对应的方案现金流量如表 5-6 所示。假设净现值服从正态分布,基准收益率 $i_c = 12\%$。

市场销售状态、原材料价格水平状态的概率 表 5-5

市场销售情况	状态	S_{m1}	S_{m2}	S_{m3}
	发生概率	0.3	0.5	0.2
原材料价格水平	状态	S_{p1}	S_{p2}	S_{p3}
	发生概率	0.4	0.4	0.2

可能的自然状态组合下的现金流量 表 5-6

序号	状态组合	现金流量(万元)		净现值(万元)	组合概率 P_i
		0 年	1~5 年		
1	$S_{m1}\cap S_{p1}$	-1 000	390	405.87	0.12
2	$S_{m1}\cap S_{p2}$	-1 000	450	622.16	0.12
3	$S_{m1}\cap S_{p3}$	-1 000	510	838.45	0.06
4	$S_{m2}\cap S_{p1}$	-1 000	310	117.49	0.20
5	$S_{m2}\cap S_{p2}$	-1 000	350	261.68	0.20
6	$S_{m2}\cap S_{p3}$	-1 000	390	405.87	0.10
7	$S_{m3}\cap S_{p1}$	-1 000	230	-170.90	0.08
8	$S_{m3}\cap S_{p2}$	-1 000	250	-98.80	0.08
9	$S_{m3}\cap S_{p3}$	-1 000	270	-26.70	0.04

(1)试计算方案净现值的期望值和标准差。

(2)试计算方案净现值大于或等于 0 的概率。

(3)试计算方案净现值小于 -100 万元的概率。

(4)试计算方案净现值大于 500 万元的概率。

解:(1)投资方案净现值的期望值为:

$$E(NPV) = \sum_{i=1}^{n} NPV_i P_i = 267.44(\text{万元})$$

投资方案净现值的标准差为:

$$\sigma = \sqrt{D(NPV)} = \sqrt{\sum_{i=1}^{n}[NPV_i - E(NPV)]^2 P_i} = 270.08(\text{万元})$$

(2)方案净现值大于等于0的概率为：

$$\begin{aligned}P(NPV \geqslant 0) &= 1 - (NPV < 0) \\ &= 1 - P\left(Z < \frac{0 - 267.44}{270.08}\right) \\ &= 1 - P(Z < -0.9902) \\ &= P(Z < 0.9902) \\ &= 0.8389\end{aligned}$$

(3)方案净现值小于-100万元的概率为：

$$\begin{aligned}P(NPV < -100) &= P\left(Z < \frac{-100 - 267.44}{270.08}\right) \\ &= P(Z < -1.360) \\ &= 1 - P(Z < 1.360) \\ &= 1 - 0.9131 \\ &= 0.0869\end{aligned}$$

(4)方案净现值大于500万元的概率为：

$$\begin{aligned}P(NPV \geqslant 500) &= 1 - P(NPV < 500) \\ &= 1 - P\left(Z < \frac{500 - 267.44}{270.08}\right) \\ &= 1 - P(Z < 0.8611) \\ &= 1 - 0.8054 \\ &= 0.1946\end{aligned}$$

从以上计算结果可知，方案能够取得满意经济效果($NPV \geqslant 0$)的概率为83.89%，不能取得满意经济效果($NPV < 0$)的概率为16.11%；净现值小于-100万元的概率为8.69%，净现值大于500万元的概率为19.46%。

五、蒙特卡罗模拟法

蒙特卡罗模拟法是以概率统计原理为基础，模拟事物的形成过程，以达到认识事物特征及其变化规律的方法。这种方法的前提假设是不确定性因素可以用概率分布来描述。

蒙特卡罗模拟法可以看成是对实际可能发生情况的模拟。它是根据各随机变量的概率分布，并利用随机数表或计算机上的专门程序来产生具有与原随机变量的概率分布相同的一组数值，然后把该组数值分别赋值给各相应随机变量，并根据经济效果评价指标 W(如净现值、内部收益率、投资回收期等)的计算公式算出一个指标值，这就实现了对实际可能发生情况的一次模拟。这样如此反复 m 次，一般当 $m = 50 \sim 300$ 时，评价指标 W 的分布规律基本上趋于稳定。于是由 m 个评价指标值就可求得关于 W 的具体概率分布及累计概率分布、期望值、方差、标准差，通过计算项目可行或不可行的概率，从而估计项目投资所承担的风险。

蒙特卡罗模拟法要通过反复抽样来模拟方案的各种随机状态，且样本数需足够大，因而计算工作量非常大，用手工计算进行大样本模拟是很困难的，一般需借助计算机进行模拟计算。蒙特卡罗模拟法实施步骤如下：

(1)通过敏感性分析确定随机变量。

(2)构造随机变量的概率分布模型。

(3)为各输入随机变量抽取随机数。

(4)将抽得的随机数转化为各输入随机变量的抽样值。

(5)将抽样值组成一组项目评价基础数据。

(6)根据基础数据计算出评价指标值。

(7)整理模拟结果所得评价指标的期望值、方差、标准差和它的概率分布及累计概率,绘制累计概率分布图,计算项目可行或不可行的概率。

【例 5-9】 某工程方案的初始投资为 1 800 万元,投资当年即可获得正常收益。方案的年净收益呈正态分布,其期望值为 300 万元,标准差为 50 万元,寿命期估计为 12 ~ 16 年,呈均匀分布。设基准折现率为 12%,期末残值为 0,试用蒙特卡罗模拟法分析该方案净现值的概率分布。

解:本例模拟的随机变量为方案的年净收益和寿命期。在模拟法中,随机变量的变化是通过随机数来模拟的,即由随机数发生器(多数计算器具有此功能)产生随机数,然后根据随机变量的概率分布将随机数转换为相应的随机变量取值。随机数通常在[0.000,0.999)范围内抽取。

本例中年净收益服从 $N(300,50)$。我们可先从计算器中读出一个随机数 0.524,将其作为年净收益取值所对应的累计概率的一个随机值,由标准正态分布表中可查得累计概率0.524所对应的 Z 值为:0.060,由 $Z=\frac{x-\mu}{\sigma}$可求得:

$$x=\mu+Z\sigma=300+0.060\times 50=303.00(\text{万元})$$

即抽取的年净收益的第一个随机样本数据为 303.00 万元。本例的寿命期为均匀分布,即发生在 12、13、14、15、16 年的概率均相等,均为 0.20,其累计概率分布见表 5-7。

投资方案寿命的概率分布 表 5-7

寿命期(年)	12	13	14	15	16
累计概率	[0.00,0.20)	[0.20,0.40)	[0.40,0.60)	[0.60,0.80)	[0.80,1.00)

再从计算器中读一个随机数 0.291,作为寿命期取值所对应的累计概率的一个随机值。由表 5-7 可知,随机数 0.291 对应的寿命期为 13 年。这是我们抽取的第一个寿命期随机样本数据。

根据上述第一组随机样本数据(年净收益 303 万元,寿命期 13 年),可计算得到相应的净现值为:

$$NPV_1=-1\ 800+303\times(P/A,12\%,13)=146.32(\text{万元})$$

重复上述过程,可以得到方案年净收益和寿命期的其他随机样本数据及相应的净现值计算结果。一般来说,模拟分析的随机样本数据应达到 50 ~ 300 组。这里我们取 25 组做示例,计算结果见表 5-8。

随机仿真计算结果 表 5-8

组号	随机数 1	Z 值	年净收益(万元)	组号	随机数 2	寿命期(年)	净现值(万元)
1	0.524	0.060	303.00	1	0.291	13	146.32
2	0.936	1.522	376.10	2	0.019	12	529.56

续上表

组号	随机数1	Z值	年净收益（万元）	组号	随机数2	寿命期（年）	净现值（万元）
3	0.076	-1.433	228.35	3	0.793	15	-244.71
4	0.434	-0.166	291.70	4	0.907	16	234.32
5	0.931	1.483	374.15	5	0.340	13	603.54
6	0.919	1.399	369.95	6	0.654	15	719.73
7	0.498	-0.005	299.75	7	0.341	13	125.59
8	0.956	1.706	385.30	8	0.702	15	824.28
9	0.205	-0.824	258.80	9	0.500	14	-84.67
10	0.363	-0.351	282.45	10	0.991	16	169.81
11	0.575	0.189	309.45	11	0.795	15	307.66
12	0.923	1.426	371.30	12	0.852	16	789.45
13	0.631	0.334	316.70	13	0.268	13	234.48
14	0.074	-1.446	227.70	14	0.193	12	-389.63
15	0.340	-0.412	279.40	15	0.397	13	-5.13
16	0.081	-1.399	230.05	16	0.849	16	-195.63
17	0.234	-0.726	263.70	17	0.522	14	-52.20
18	0.256	-0.656	267.20	18	0.883	16	63.45
19	0.896	1.259	362.95	19	0.380	13	531.59
20	0.037	-1.786	210.70	20	0.707	15	-364.92
21	0.213	-0.796	260.20	21	0.555	14	-75.39
22	0.130	-1.126	243.70	22	0.056	12	-290.52
23	0.399	-0.256	287.20	23	0.438	14	103.56
24	0.091	-1.335	233.25	24	0.664	15	-211.33
25	0.621	0.308	315.40	25	0.031	12	153.59

将表5-8中的净现值以200万元为级差分为若干组，求出净现值的随机值出现在各组的频数及频率，结果见表5-9，反映了净现值的随机取值发生在某一区间内的相对频率，这个频率可以看作为相应的净现值取值发生概率的近似值。之所以称“近似”，是因为模拟时所取的样本数据有限，样本数据越多，相对频率就越接近于实际概率。根据净现值取值的概率分布情况，就可以对方案的风险情况做出判断。

净现值频率、频数统计 表5-9

组次	1	2	3	4	5	6	7
净现值（万元）	[-500, -300)	[-300, -100)	[-100,100)	[100,300)	[300,500)	[500,700)	[700,900)
频数（次）	2	4	5	7	1	3	3
频率	0.08	0.16	0.20	0.28	0.04	0.12	0.12

六、决策树法

决策树法是一种利用树形决策网络来描述与求解风险型决策问题的方法，也是概率分析的一种图解方法。它是将决策过程中各种可供选择的方案、可能出现的自然状态及其概率和产生的结果,用一个像树枝的图形表示出来,把一个复杂的多层次的决策问题形象化。其优点是能使决策问题形象直观,便于思考与集体讨论,特别在多级决策活动中,能起到层次分明、一目了然、计算简便的作用。

1. 决策树的绘制方法

决策树是以方框与圆圈为节点,由直线连接而形成的一种树枝状图形,包括决策点、方案节点、方案分枝、概率分枝等要素,其结构如图5-6所示。决策树的绘制方法如下:

(1)先画一个方框作为出发点,称为决策点。

(2)从决策点引出若干直线,表示该决策点有若干可供选择的方案,在每条直线上标明方案名称,称为方案分枝。

(3)在方案分枝的末端画一个圆圈,称为方案节点或机会点。

(4)从方案节点再引出若干直线,表示可能发生的自然状态,并标明可能出现的概率,称为状态分枝或概率分枝。

(5)在概率分枝的末端画一个小三角形,写上各方案在每种自然状态下的损益值,称为结果点。

(6)为了便于计算,对决策树中的"□"(决策点)和"○"(方案节点)均进行编号,编号的顺序是从左到右,从上到下。

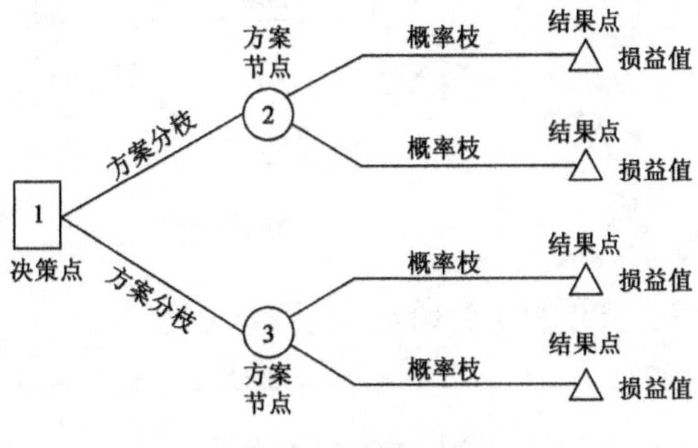

图5-6 决策树的结构图

风险型决策问题一般都有多个备选方案,每个方案又有多种客观状态,因此决策树都是由左向右形成一个树形的网络图,要把决策方案、自然状态及其概率、期望损益值系统地在图上反映出来,供决策者抉择。

2. 决策树的解题步骤

运用决策树进行决策通常分为两个阶段:首先是从左向右的建树过程,即根据决策问题的内容(备选方案、客观状态及其概率、损益值等)从左向右逐步分析,绘制决策树;其次,决策树建好后,再从右向左,计算各个方案在不同状态下的期望值,然后根据不同方案的期望值的大小做出选择,"剪去"被淘汰的方案分枝,最后决策点留下的唯一一条方案分枝即代表最优方案。具体工作内容为:

(1)列出方案。通过资料的整理和分析,提出决策要解决的问题,针对具体问题列出方案,并绘制成表格。

(2)根据方案绘制决策树。画决策树的过程,实质上是拟定各种抉择方案的过程,是对未来可能发生的各种事件进行周密思考、预测和预计的过程。决策树按从左到右的顺序绘制。

(3)计算各方案的期望值。计算时从决策树最右端的结果点开始。

(4)方案选择即决策。在各决策点上比较各方案的期望值,以期望值最大者为最佳方案,在被舍弃的方案分枝上画两杠表示剪枝。

3. 单级决策

只需要进行一次决策就可以选出最优方案的决策,即为单级决策。

【例 5-10】 某投资者欲投资兴建一工厂,建设方案有两种:①大规模投资 300 万元;②小规模投资 160 万元。两个方案的生产期均为 10 年,其每年的损益值及销售状态的概率见表 5-10。试用决策树法选择最优方案。

各个自然状态的概率与损益值 表 5-10

销售状态	概率	损益值(万元/年)	
		大规模投资	小规模投资
销路好	0.7	100	60
销路差	0.3	-20	20

解:(1)绘制决策树,如图 5-7 所示。

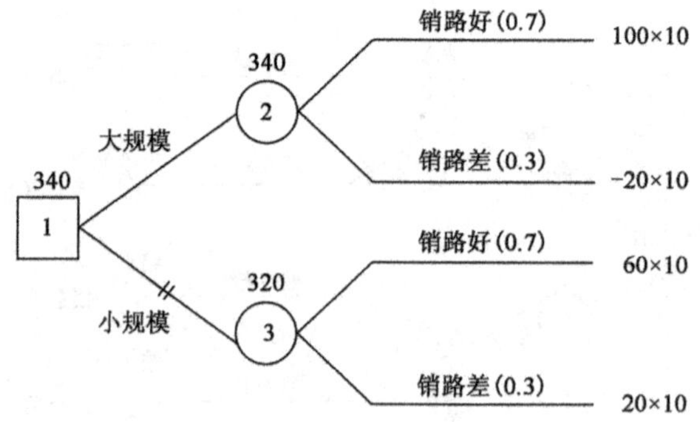

图 5-7 单级决策树结构图

(2)计算各节点的期望值并选择方案。

节点②:$[100\times0.7+(-20)\times0.3]\times10-300=340$(万元)

节点③:$(60\times0.7+20\times0.3)\times10-160=320$(万元)

将各节点的期望值标在圆圈上方。节点②的期望值为 340 万元,大于节点③的期望值 320 万元,大规模投资方案优于小规模投资方案,故应选择大规模投资方案,在决策树上被淘汰的方案分枝上画上符号"//",表示剪去该方案。

4. 多级决策

一个决策问题,如果需要进行两次或两次以上的决策,才能选出最优方案,达到决策的目的,称为多级决策。在多级决策中,决策树更加形象、直观。

【例 5-11】 接例【例 5-10】,为了适应市场的变化,投资者又提出了第三个方案:先小规模投资 160 万元;生产 3 年后,如果销路差,则不再投资,继续生产 7 年;如果销路好,则再作决策是否再投资 140 万元扩建至大规模(总投资 200 万元),生产 7 年。前 3 年和后 7 年销售状态的概率如表 5-11 所示,大小规模投资年损益值同例【例 5-10】。试用决策树法选择最优方案。

各个阶段自然状态的概率　　表 5-11

前 3 年		后 7 年	
销售状态	概率	销售状态	概率
销路好	0.7	销路好	0.9
		销路差	0.1
销路差	0.3	销路好	0
		销路差	1.0

解:(1)绘制决策树,如图 5-8 所示。

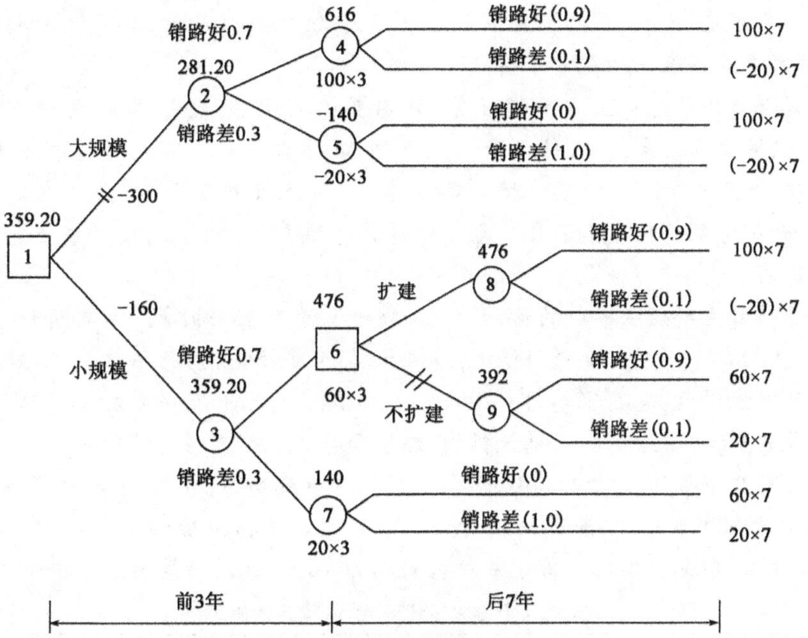

图 5-8　两级决策树结构图

(2)计算各节点的期望损益值并选择方案。

节点④:$100\times7\times0.9+(-20)\times7\times0.1=616$(万元)

节点⑤:$100\times7\times0+(-20)\times7\times1.0=-140$(万元)

节点②:$(616+100\times3)\times0.7+[(-140)+(-20)\times3]\times0.3-300=281.20$(万元)

节点⑧:$100\times7\times0.9+(-20)\times7\times0.1-140=476$(万元)

节点⑨:$(60\times7\times0.9+20\times7\times0.1)=392$(万元)

节点⑧的期望值为 476 万元,大于节点⑨的期望值 392 万元,故选择扩建方案,“剪去”不扩建方案。因此,节点⑥的期望值取扩建方案的期望值 476 万元。

节点⑦:$60\times7\times0+20\times7\times1.0=140$(万元)

节点③:$(476+60\times3)\times0.7+(140+20\times3)\times0.3-160=359.20$(万元)

节点③期望值为 359.20 万元,大于节点②的期望值 281.20 万元,故“剪去”大规模投资方案。

综上所述,投资者应该先进行小规模投资,3 年后如果销路好则再扩建。

【复习思考题】

1. 什么是不确定性分析？为什么要进行不确定性分析？

2. 什么是盈亏平衡分析？如何确定盈亏平衡点？

3. 简述单因素敏感性分析的步骤。

4. 简述决策树的绘制方法。

5. 某工厂生产一种化工原料，设计生产能力为月产 6 000t，产品售价为 1 300 元/t，每月的固定成本为 145 万元。单位产品可变成本为 930 元/t，求以月产量、生产能力利用率、销售价格、单位产品可变成本表示的盈亏平衡点。

6. 某建筑工地为了完成土方开挖任务，需购置机械设备，现有 A、B 两种方案可供选择。方案 A：购置机械设备 2 台，一次性投资 2.4 万元，其他费用 0.4 万元/年，每立方米开挖量的可变成本为 0.75 元；方案 B：购置机械设备 3 台，一次性投资 3.5 万元，其他费用 0.5 万元/年，每立方米开挖量的可变成本为 0.5 元。开挖任务需在当年完成，设备残值忽略不计，试比较两方案的优劣。

7. 某投资项目主要经济参数的估计值为：初始投资为 15 000 元，寿命期 10 年，期末无残值，年收入为 9 000 元，年支出为 5 000 元，基准收益率为 15%，预测年收入、初始投资、寿命期为项目的不确定性因素，其变化率为 -20% ~ +20%，以净现值为评价指标对这几个因素进行单因素敏感性分析，要求绘制敏感性分析图，编制敏感度系数及临界点分析表。

8. 某项目有两个备选方案 A 和 B，两个方案的寿命期均为 10 年，生产的产品也完全相同。方案 A 的投资为 500 万元，方案 B 的投资为 300 万元。根据市场预测，两个方案每年的损益值及销售状态的概率见表 5-12。假设基准收益率为 10%，试用决策树法选择最优方案。

方案 A、B 的损益值及销售状态的概率 表 5-12

销售状态	概率	损益值(万元/年)	
		A	B
销路好	0.7	150	100
销路差	0.3	-50	10

第六章

价值工程

【学习目的与要求】

本章主要讲述了价值工程原理、价值工程的功能评价方法以及价值工程在公路工程中的应用。通过本章的学习,应熟悉掌握价值工程的基本概念及基本工作原理,掌握价值工程的功能评价方法,能够运用价值工程解决公路工程中的相关问题。

第一节　价值工程原理(基本概念)

价值工程,是研究技术、经济效益的一门学科,是一种新兴的现代化管理技术。它把技术、经济、管理三者有机地结合在一起,运用调查、分析、对比、计算、评价的方法,探索并解决有关物质产品生产、科学技术研究和行政管理部门的经济效益问题。价值工程既研究技术问题也研究经济问题,其目的是使技术和经济相结合,使综合效果处于最佳状态。

价值工程不仅是一种提高工程和产品价值的技术方法,而且也是一项具有指导决策作用的、有效的现代化经营和管理科学。应用价值工程的理论和方法分析问题和解决问题,将会取得显著的技术、经济效果。因此,价值工程是进行经济建设、发展生产和从事科学技术工作的一种有效的技术经济分析方法。价值工程作为一门新兴的软科学,在国内外已经获得越来越广泛的应用。

一、价值工程概念

价值工程(Value Engineering,简称 VE),亦称价值分析(Value Analysis,简称 VA),是研究如何以最低的寿命周期成本,可靠地实现对象(产品、作业或服务等)的必要功能,而致力于功能分析的一种有组织的技术经济思想方法和管理技术。

价值工程起源于美国,第二次世界大战期间,美国通用电气公司生产轰炸机 B-29,需要一种既安全防火又可保护工作地清洁的石棉板,担任采购工作的设计工程师拉里·麦尔斯在急需却又无法获得石棉板时,在市场上找到了一种不燃烧的纸作为替代物并降低了成本,经过不少周折,国家允许在生产中使用这种纸代替石棉板,这就是所谓的“石棉事件”。拉里·麦尔斯从中发现了商品的功能与成本之间的关系,并在后来的实践中总结出一套科学方法,用来保证产品功能的前提下降低成本。1947 年麦尔斯以《价值分析》为题发表了这套方法。后来,把价值分析的方法扩展到产品结构的改进,进而运用到产品设计及新技术发展研究方面,这就是价值工程。

价值工程于 1978 年引入我国,在相关行业迅速推广使用,现已广泛用于各行各业,无论是在价值工程的理论和技术方法上还是在实践应用方面,都有了很大发展,取得了良好的经济效益,为社会主义建设事业做出了重大贡献。

价值工程的基本原理涉及三个重要的基本概念:价值、功能和寿命周期成本。

1. 价值

价值工程中的价值(比较价值),是指对象(产品或作业)所具有的功能与获得该功能的全部费用之比。这与哲学、政治经济学、经济学等学科关于价值的概念有所不同,价值工程中的“价值”,是一种“评价事物有益程度的尺度”。产品价值的高低表明产品合理有效利用资源的程度和产品物美价廉的程度。其表达式为:

$$V = \frac{F}{C} \tag{6-1}$$

式中:V——价值;

F——功能;

C——全寿命周期成本。

上式表明,在保证产品功能不变的情况下,产品的价值与全寿命周期成本成反比,即减少全寿命周期成本会降低产品的价值;反之则增加。在全寿命周期成本不变的情况下,产品的价值与功能成正比,即降低产品的功能(保证实现必要的功能)会使产品的价值降低;反之则增加。

2. 功能

(1)功能的概念

所谓功能是指产品满足人们某种需求的属性,是以一定的物理或化学状态表现出来的产品所具有的性质。任何产品都具有其独特的功能,若产品不具有功能,那么产品将失去其本身的价值。例如:手机的基本功能是联络,如果手机不能联络,那么它就失去了存在的价值。用户购买产品,实际上购买的是“产品的功能”,而非“产品的实体本身”。例如:顾客购买变压器,购买的不是变压器本身,而是变压器"调节电压"的这种功能。拉里·麦尔斯就是在这个观点的基础上,提出了价值工程的"廉价代用品"的基本思路,即在实现同样功能的条件下,寻求较低成本的改进做法。

(2)功能的分类

不同产品具有不同的功能,而同一种产品往往也会有不同的功能,产品的功能可按以下方式进行分类:

①按功能的重要程度,功能可分为基本功能和辅助功能。

基本功能是与产品的主要目的直接有关的功能,是决定产品性质和存在的基本因素。

辅助功能是为更好实现基本功能服务而附加的功能。

②按用户的要求,功能可分为必要功能和不必要功能。

必要功能是为满足使用者的要求必须具备的功能,也是使用者所需要的基本功能,使用功能和基本功能都属于必要功能。

不必要功能是产品所具有的、与满足使用者的需求无关的功能,剩余功能就是不必要功能。

③按功能的性质,功能可分为使用功能和品味功能。

使用功能是对象所具有的与技术经济用途直接有关的用途。

品味功能是与使用者的精神感觉、主观意志有关的功能。

④按功能定量,功能可分为不足功能和剩余功能。

不足功能是对象尚未满足使用者需求的必要功能。

过剩功能是对象所具有的、超过使用者需求的功能。

3. *寿命周期成本*(*C*)

寿命周期成本,是指产品在整个寿命周期过程中所发生的费用,即从产品的研究开发、设计制造、投入使用到报废全过程所产生的费用总和。如图 6-1 所示,这些费用可分为两部分,即生产成本和使用成本。生产成本亦称制造成本,是企业为生产产品而产生的成本,生产成本是衡量企业技术和管理水平的重要指标;使用成本是使用者在使用产品时必须另外付出的费用,如学习成本、配套成本、维修成本等。寿命周期成本等于生产成本和使用成本之和,即:

$$C = C_1 + C_2 \tag{6-2}$$

式中:C——寿命周期成本;

C_1——生产成本;

C_2——使用成本。

在现有经济条件不变的情况下,产品功能的大小会影响产品的生产成本 C_1 和使用成本 C_2,一般情况下,随着产品功能的提高,生产成本 C_1 不断地增大,使用成本 C_2 则相对地减少。寿命周期成本 $C = C_1 + C_2$ 成马鞍状变化。寿命周期成本 C 与功能 F 的关系如图 6-2 所示。

在图 6-2 中,最低的寿命周期成本所对应的功能水平(F_0)是从成本方面考虑的最为适宜的功能水平。运用价值工程的目的就是在满足一定产品功能的前提下,寻求最低的寿命周期成本。实际上,在运用价值工程时,并不能一次就准确地找到这个最低的寿命周期成本,需要反复运用价值工程,直到找到功能和成本的最佳匹配点,兼顾生产者和使用者的利益,以获得最佳的综合效益。

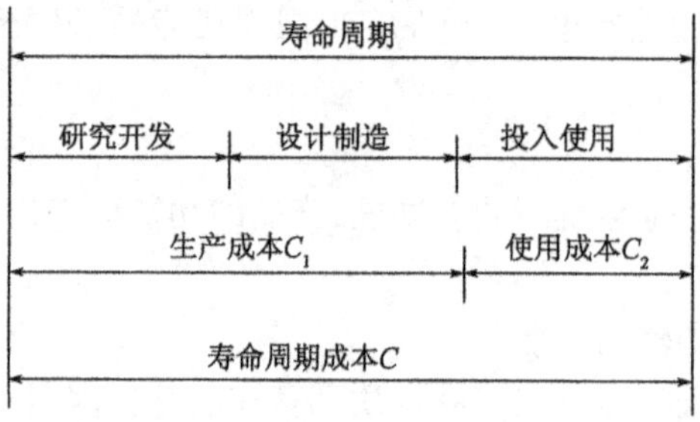

图 6-1 产品寿命周期成本

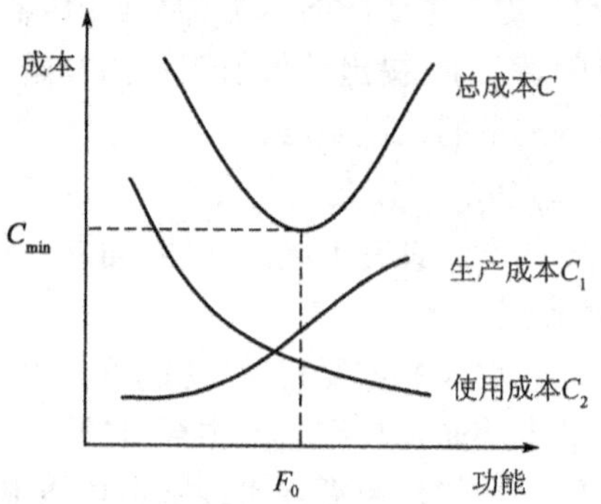

图 6-2 成本、功能关系示意图

二、提高产品价值的途径

由式 6-1 可知,产品的功能和成本是影响产品价值的两个因素,它们为提高产品的价值提供了有效的途径。但是采用什么方法来提高产品的价值,不仅仅关系到现有的科技水平和经济条件,同时还受到经营思想和策略的影响。不同消费者对同一产品的要求不同,同一消费者对不同产品的要求也不尽相同,但是追求产品的物美价廉则是消费者共同的价值观念。

因此,提高价值不能片面的理解为提高功能和降低成本,而是寻求成本和功能的最佳匹配点,结合先进的经营思想理念,是产品的价值达到最佳状态。表 6-1 为调高价值的基本途径。

提高价值的基本途径 表 6-1

序号	功能(F)	成本(C)	价值(V)	综合关系($V=F/C$)
1	提高	降低	大幅度提高	$V\uparrow\uparrow=F\uparrow/C\downarrow$
2	不变	降低	提高	$V\uparrow=F\rightarrow/C\downarrow$
3	提高	不变	提高	$V\uparrow=F\uparrow/C\rightarrow$
4	大幅度提高	提高	提高	$V\uparrow=F\uparrow\uparrow/C\uparrow$
5	降低	大幅度降低	调高	$V\uparrow=F\downarrow/C\downarrow\downarrow$

(1)提高产品功能的同时,降低产品寿命周期成本是提高价值最为理想的途径。实现这种方法对生产者的要求较高,在现有的科技水平下,生产者要借助先进的科学技术进行工艺改造,提高产品的功能,同时完善管理,实现资源的最大化以节约成本。如某项公路边坡防护工程,边坡处于松散破碎层,按常规方式进行边坡防护工期和安全很难保证,通过技术创新和方案优化比选,按新的施工方法和工艺,高效优质地完成了工程任务。

(2)在保持产品现有功能不变的前提下,通过提高科技水平和劳动生产率来达到减少产品寿命周期成本,从而提高产品价值的目的。随着科学技术水平的提高和人们认知的开阔,新技术、新材料、新生产方法、新结构的不断出现,用于生产产品的成本也在逐渐地降低;同时全新的管理理念也会使劳动生产率不断地提高,投入到单位产品中的生产时间就会减少,从而促使产品的生产成本降低。保持产品功能不变,降低寿命周期成本从而达到提高价值的目的,该方法是实际运用中最常见的一种提高价值工程的途径。

(3)寿命周期成本保持不变,从产品的功能入手,通过改进设计提升产品的功能,从而提高产品的价值。该方法可提高利用资源的成果或效用。例如,在不影响产品现有使用功能的前提下,可扩展该产品的使用功能,使资源的利用效率提高,从而达到提高产品价值的目的,在现实生活中,利用健身自行车进行发电就是一个实例。

(4)增加产品的投资,改进设计,使产品的功能大幅度的提升,虽然生产产品的寿命周期成本增加,但产品功能的提升要远远大于成本的投入,即用较低的资本投入换取较大的功能提升,因此,价值也就提高了。

(5)某些消费品在针对一些特定使用者时,在不影响其必要的使用功能时,可适当地降低产品在某些非主要性能方面的功能,来换取产品寿命周期成本的大幅度降低,从而提高产品价值。这是一种相对较为灵活的企业经营策略,但对于这种途径的使用必须保持谨慎的态度,不能为了减少资金的投入而损害消费者的利益。手机中的老年机是较为成功的案例,针对老年人对手机使用功能的需求,去除了手机上网等其他一些不需要或不常用的功能,大幅度降低了老年机的成本,实现了生产者和消费者的双赢。

三、价值工程的特点

1. 以用户的功能需求为出发点

任何一种产品或者一项服务工作,如果没有用户或服务对象,那么这种产品或者服务工作就没有存在的必要。如果这种产品的用户少,用户不大爱用,或者一项服务工作,顾客少,顾客不大欢迎,那么这种产品或者服务工作就是不景气的,也是没有什么发展前途的。所以,一切从用户出发,一切为顾客着想,是价值工作的特点之一。

2. 以功能分析为核心

价值工程的核心是进行产品功能和所需费用的分析。这是价值工程独特的一种研究方法。因为价值工程中的功能是产品满足某种特定效用要求的一种属性。任何一种产品都必须具备一定的功能,价值是产品功能的一种体现。如果一个产品没有功能那么也就无从谈它的价值。消费者购买产品主要是为了获取产品的功能,而不是获取产品的具体结构。在价值工程的分析阶段,成本计量比较容易,按原设计方案,运用一定的方法计算产品的实际成本与寿命周期成本。产品功能确定比较复杂,因为功能是抽象指标,其影响因素多,且不容易进行定量计量;同时由于原有方案的不完善、不必要功能的出现,以及评价产品功能方法的差异性等,这些都造成了产品功能难以准确地界定。因此,要对研究对象的功能进行系统分析,判断研究对象整体和各组成部分,发现哪些功能是必要的,找出并剔除不必要的功能和过剩的功能,同时弄清功能间的关系,从根本上把握客户的实质需求,为降低成本、提高效益提供可靠的依据。

3. 以提高价值的创造性活动为目标

创造性是开展价值工程的根本。价值工程活动的目的是提高价值,要实现这一目标,最本质的内涵是无止境的创造性活动。价值工程以功能指标、产品成本及市场需求等相关的信息资料为基础,用最低的寿命周期成本,实现客户需要的功能,这就要求必须打破旧的规划束缚,创新设计实施方案。因此提高价值的关键是积极运用各种科学有效的创造性思维开展创新工作,创新是开展价值工程的灵魂,没有创新,价值工程将失去应有的生命力。

4. 采用系统研究的方法分析功能与成本之间的关系

价值工程活动非常注重用系统的思想和分析方法来提高价值。它是将价值工程的研究对象当成一个系统来进行研究,这样就要求价值工程活动不能是孤立、单独、分散地进行,而是要用整体、系统、连续的思想方法来进行活动。因此,将价值工程的研究对象以及活动看作一个系统工程。该项目牵涉企业活动的各方面,像生产、协调、经营管理和控制等。这一特点说明在价值工程活动中涉及很多的学科和专业。因此不能单独地、分散地进行研究,而是要用系统的思想方法来进行研究分析和应用。研究的对象作为比较复杂的功能系统,在活动中,一定要采用系统分析的办法,去理清楚各分部功能相互之间存在的逻辑联系。我们应该删除不必要的功能以及过剩的功能,同时弥补不足功能,借以提高价值工程研究对象的价值。

5. 涉及整个寿命周期

工程项目的全寿命周期是指项目从决策、设计、实施、使用,直到报废所经历的全部时间。价值工程活动可以应用于项目全寿命周期的各个阶段中,但对项目的影响程度和潜在的成本节约量却有很大的不同。在工程项目建设的前期决策阶段和设计阶段对目标的实现影响最大。美国的价值工程活动在设计工作完成大约35%以后展开,通过对初步设计方案的审核、调整与创新,建筑项目不仅在功能上满足业主的要求,在成本上也实现了优化。

6. 有组织、有计划的活动

价值工程活动贯穿于整个寿命周期,涉及面广、影响因素多,需要所有参与单位、专业人员的协调配合,才能很好地实现活动目的。开展价值工程活动必须依据严密的工作计划和协调的组织,使各方面人员充分调动起来,密切配合,发挥集体智慧和创造力,更好地达到预定目标,取得成效。按照一定的程序步骤组织集体活动,能创造出更多、更有效的方案,同时多专业人员参与活动,可以从多个角度,运用不同的视角观察、分析问题,实现项目价值的提高,这也是价值工程取得成功的重要保证。根据日本开展价值工程活动的报道资料,有组织的价值工程活动可降低成本30%,甚至更高;而其他国家资料显示,价值工程活动的投入产出比为1:22。

四、价值工程的一般工作程序

价值工程的一般工作程序分为准备、分析、创新、实施4个工作阶段。工作步骤则是对工作阶段的细化与展开。价值工程的一般工作程序的具体内容见表6-2。价值工程的工作程序在各国不尽相同,但都是在麦尔斯的价值工程工作程序基础上总结发展而来的。工作程序可根据其对象的性质、规模、复杂程度而定。具体步骤可以简化与合并,但轻易不要省略某些步骤。由于价值工程的应用范围广泛,活动形式也不尽相同,因此在实际应用中,可参照下面的工作程序表,根据研究对象的具体情况,运用价值工程的基本原理和思想方法,考虑详细的实施措施和方法步骤。

价值工程的一般工作程序 表6-2

价值工程工作阶段	设计程序	工作步骤		价值工程对应的问题
		基本步骤	详细步骤	
准备阶段	制订工作计划	确定目标	1. 对象选择	1. 这是什么?
			2. 信息搜集	
分析阶段	规定评价功能要求事项实现程度的标准	功能分析	3. 功能定义	2. 这是干什么用的?
			4. 功能整理	
		功能评价	5. 功能成本分析	3. 它的成本是多少?
			6. 功能评价	4. 它的价值是多少?
			7. 确定改进范围	

续上表

价值工程工作阶段	设计程序	工作步骤		价值工程对应的问题
		基本步骤	详细步骤	
创新阶段	初步设计(提出各种设计方案)	制定改进方案	8. 方案创造	5. 有其他方法实现这一功能吗?
	评价各设计方案,对方案进行改进、优选		9. 概略评价	6. 新方案的成本是多少?
			10. 调整完整	
			11. 详细评价	
	书面化		12. 提出提案	7. 新方案能满足功能需求吗?
实施阶段	检查实施情况并评价活动成果	实施评价成果	13. 审批	8. 偏离目标了吗?
			14. 实施与检查	
			15. 成果鉴定	

对价值工程活动的准备、分析、创新、实施4个工作阶段的具体内容和采用的方法进行详细清晰地阐述,以进一步加强对价值工程工作过程的了解。

1. 准备阶段

准备阶段是价值工程团队集中并持续开始研究活动前的阶段,任务就是为后序的一系列正式研究活动做好准备工作。准备阶段的主要目的是:保证所有参与价值工程活动的人员充分协调、相互配合;明确价值工程的研究目标;使参与各方都能真正理解和支持价值工程研究活动,并保证信息沟通顺畅;收集到足够可用的相关数据信息。

准备阶段决定着价值工程的团队结构与价值工程应用的范围和目的。在一般情况下,业主会聘请专业人员,一般是价值工程方面的专家来组织和实施该阶段的活动。这一阶段涉及的主要工作如下:

(1)对象选择

价值工程的应用对象和需要分析的问题,应根据项目的具体情况来确定,一般可从以下三方面来考虑:

①设计方面:如设计标准是否过高,设计内容中有无不必要的功能等。

②施工方面:主要是寻找实现设计要求的最佳施工方案,如分析施工方法、流水作业、机械设备等有无不必要的功能(即不切实际的过高要求)。

③成本方面:主要是寻找在满足质量要求的前提下降低成本的途径,应选择价值量大的工程进行重点分析。

(2)成立价值工程工作组

价值工程小组的建立,要根据选定的对象来组织。可在项目经理部组织,也可在班组中组织,还可上下结合起来组织。

(3)制订工作计划

价值工程的工作计划,其主要内容应该包括:预期目标、小组目标、小组成员及分工、开展活动的方法和步骤等。

(4)信息资料收集

价值工程的资料收集可分为两大类型，即一般性资料的收集和研究对象资料的收集。通过收集资料，我们不仅可以从资料中得到进行价值工程的依据、标准、对比对象，同时还可以从中收到启发、打开思路，深入地发现问题，科学地确定问题所在和问题的性质，并通过对资料的分析来设想问题的改进方向、解决方针和方法。收集资料时要遵循完整性、目的性、正确性、适时性、计划性和条理性等原则。收集资料的方法也有多种，包括：询问法、查阅法、观察法、购买法、试销试用法等。

2. 分析阶段

(1)功能分析

价值工程的核心就是功能分析，价值工程活动就是围绕这个核心环节进行的，功能分析的程度决定了价值工程活动的有效程度。

功能分析就是对价值工程研究对象的功能进行定义、分类、描述和整理，对其进行系统分析和研究，以确定对象的必要功能。通过功能分析，我们可以对对象具有的功能予以确定，分析功能各种特性，并理清对象各功能之间的关系，留下必要功能，去除不必要的功能，平衡功能间的比重，使产品的功能结构更为合理。功能分析的内容可以分为功能定义、功能整理和功能评价。

①功能定义

功能定义就是用简单而准确的语言对价值工程研究对象的功能进行科学而明确的描述。功能定义主要是回答“它是干什么用的”的问题，同时在定义时应有功能的实质、限定功能等内容，并区别于其他功能的概念。功能定义是价值工程活动获得成功的基础，也是决定价值工程活动方向的关键阶段。所以对对象进行功能定义时要准确、简洁但不含糊，具有可测量性和定量性。

②功能整理

功能整理就是依照目的和手段的逻辑关系，将价值工程对象的各个功能有机地结合起来，建立起功能的系统网络。功能整理是在功能定义的基础上进行，功能定义是“由表及里”“化整为零”的过程，即从产品入手逐渐深入，进而了解分析产品的每一个功能；功能整理是“由里及表”“化零为整”的过程，即把功能定义中零散的功能通过目的和手段的逻辑关系，分析其内在关系，并将它们系统地连接起来。

(2)功能评价

功能评价，即对功能的价值进行评价，是指找出功能实现所需花费的最低费用作为功能的目标成本，并以该功能目标成本为基准，将其与功能现实成本进行比较，求出两者的比值(功能价值)及其差异值(改善期望值)，然后再选择其中功能价值低、改善期望值大的功能作为我们价值工程活动的重点分析对象。

功能评价回答了“成本和价值是多少”的问题，功能评价的方法主要有功能成本法和功能评价系数法，详细见第二节价值工程的功能评价。

3. 创新阶段

在准备、分析的基础上，为了能够更好地提高产品的价值，我们必须提出改进方案。改进方案的提出是一个创造的过程，我们要敢于打破条条框框，不受原设计的束缚和限制，发挥集体的力量，组织不同专业、不同经验的人在一起提出改进方案；要利用集体智慧，把不同的想法集中起来，逐渐发展成方案，并逐步将其进行完善。

方案的创新包括三个步骤和程序：

(1)提出各种设计方案

在进行设计方案创新的时候需要 20～50 个可选方案，这样就形成一系列功能设计框架，对这些方案在经济上和技术上进行比较，这样就可以发现哪些方案比较好，哪些方案不足，针对这些方案可以找到问题的所在进行方案修改，但是在设计方案中需要注意以下几点：方案设计思想不能局限于某个功能，需要从全局考虑；需要发动集体的力量来完成方案的改进；需要按部就班的方式进行功能的改进。

(2)评价各设计方案，对方案进行改进、优选

在进行方案分析时需要对方案进行具体化，分析其优缺点，进行比较，然后选出最佳的方案。在进行方案评价的时候需要从方案的价值方面进行考虑，同时还需要从成本等经济角度考虑，用价值工程对方案进行分析与评价是一个全面博弈的过程。

(3)提出提案

从很多方案中选择的方案需要进行可行性验证，验证的内容为：设计规格和条件是否合理，方案是否具有一定的合理性，是否存在其他问题，对这些问题还能不能在此方案中进行解决。

4. 实施阶段

实施阶段的主要目标是保证新方案及时顺利地执行，监督任务承担者认真、负责地完成分派的工作。价值工程专家应对方案实施的全过程进行跟踪，在必要的情况下为方案实施提供技术支持。在新方案实施之后，要开展价值工程创新方案的后评估，以检验新方案是否达到了预期的经济技术效果。

实施阶段包括 3 个工作步骤：

(1)提案审批。主管部门对提案组织审查，并根据审查的结果签署是否实施的结论与意见。

(2)实施和检查。根据提案内容和具体条件，按照执行计划组织实施，并进行跟踪检查，及时发现问题，查明原因，采取解决措施。记录实施全过程的相关信息资料，不断提高，完善方案。

(3)成果鉴定。价值工程成果鉴定，是将改进方案执行后的实际成果，与改进前的状况进行比较，以评定价值工程工作所获得的综合效益。

第二节　价值工程的功能评价

功能评价是在功能定义与功能整理完成之后，在以定性确定问题的基础上进一步做定量的确定。如前所述，价值是功能和成本的比值，成本是以货币的形式数量化的，问题的关键是功能也必须数量化，即都用货币表示后才能把两者直接进行比较。但由于功能性质的不同，其量度单位也就多种多样，如美学功能一般是用美、比较美、不美等概念来表示，它是非定量的。因此，功能评价的基本问题是功能的数量化，即把定性指标转化为数量指标，从而为功能与成本提供可比性。

价值工程的功能评价方法有很多种，但大体上可以分成两大类，一类是功能评价系数法，

一类是功能成本法。不论是那种评价方法，它们都有一个共同的特点，即都是以价值系数的大小（$V=F/C$）作为选取价值工程研究对象的依据。

功能评价系数法中：F 表示功能系数；C 表示成本系数。

功能成本法中：F 表示实现功能的最低成本；C 表示实现功能的现实成本。

评价步骤为：将功能数量化、确定功能的现实成本或成本系数、计算价值系数、计算成本降低幅度、选择价值工程的研究对象。

一、功能评价系数法

功能评价就是用 $V=F/C$ 公式计算出各个功能的价值系数，以解决功能数量化的问题。相对值法就是以功能评价值为基准，通过与实现功能的现实成本相互比较，求出两者的比值（称作功能价值）和两者的差（又称做改善期望值）。然后选择功能价值低、改善期望大的功能，作为 VE 进一步开展活动的重点对象。

功能评价系数法主要包括：直接评分法、“0－1”两两评分法、“0－4”两两评价法、倍比法、基点分析法和平均先进分值法等，这里重点介绍前四种方法。

1. 直接评分法

直接评分法是由专业人员对各功能直接打分。由 m 位专家或用户对产品的 n 功能要素的第 i 个功能 f_i，根据重要程度，采用 5 分制，10 分制或百分制进行评分，记为 f_{ij}，则功能评价系数 FI_i 为

$$FI_i = \frac{f_i}{\sum_{i=1}^{n}\sum_{j=1}^{m} f_{ij}} \tag{6-3}$$

直接评分法举例如表 6-3 所示。

直接评分法　　表 6-3

功能＼评价人	1	2	3	4	5	6	7	8	9	10	各得分	功能评价系数
A	3	3	2	2	3	3	1	2	3	2	24	0.24
B	2	2	2	2	3	2	2	2	2	2	21	0.21
C	4	3	4	4	3	4	4	3	4	4	37	0.37
D	0	1	1	0	0	0	1	0	1	1	5	0.05
E	1	1	1	2	1	1	2	3	0	1	13	0.13
合计	10	10	10	10	10	10	10	10	10	10	100	1.0

2. “0－1”两两评分法

“0－1”两两评分法是通过对各功能（或零部件）两两对比进行的。具体步骤如下：把组成产品的零部件排列成表，对每个零部件的功能重要程度和其他所有零部件进行一对一的比较，重要的得 1 分，次要的得 0 分，然后把各零部件得分累计起来，除以全部零部件得分总数，求得各零部件的功能评价系数。

$$\text{功能评价系数} = \frac{\text{某一零部件的功能分数}}{\text{全部零部件的功能分数}} \tag{6-4}$$

“0－1”两两评分法举例如表6-4所示。

“0－1”两两评分法 表6-4

项目功能	一对一比较结果					得分	功能评价系数
	A	B	C	D	E		
A	×	1	0	1	1	3	0.3
B	0	×	0	1	1	2	0.2
C	1	1	×	1	1	4	0.4
D	0	0	0	×	0	0	0
E	0	0	0	1	×	1	0.1
合计	—					10	1.0

功能评价系数的大小说明零部件功能的重要程度。从表5-4中可看出，C类零部件功能评价系数最高，即最重要，D类零部件最不重要。

3.“0－4”两两评价法

“0－4”两两评价法在某种程度上可以克服“0－1”两两评分法的局限性。它在评价两个功能的重要性时把功能评分的差距拉大，采用五种评分计分的方法：

(1)非常重要的功能得4分，另一个相比的功能很不重要时得0分。

(2)比较重要的功能得3分，里一个相比的功能不太重要时得1分。

(3)两个功能同等重要时，各得2分。

(4)不大重要的功能得1分，另一个相比的功能比较重要时得3分。

(5)功能很不重要时得0分，另一个相比的功能非常重要时得4分。

例如：各种功能的重要性关系为：F_3 相对于 F_4 很重要；F_3 相对于 F_1 较重要；F_2 和 F_5 同样重要；F_4 和 F_5 同样重要。用“0－4”评分法计算各功能的权重，如表6-5所示。

“0－4”两两评分法 表6-5

功能	F_1	F_2	F_3	F_4	F_5	得分	功能系数
F_1	×	3	1	3	3	10	0.25
F_2	1	×	0	2	2	5	0.125
F_3	3	4	×	4	4	15	0.375
F_4	1	2	0	×	2	5	0.125
F_5	1	2	0	2	×	5	0.125
Σ	—					40	1.000

“0－4”评分法的产品零部件对比次数总分 $F_{总}=2n(n-1)$，本例中产品由5个零件组成，所以 $F_{总}=2\times5\times(5-1)=40$ 分。

4.倍比法

倍比法是利用评价对象之间的相关性进行比较来定出功能评价系数，其具体步骤如下：根据各评价对象的功能重要性程度，按上高下低原则排序；从上至下按倍数比较相邻的得分；计算各评价对象的功能评价系数。

【例6-1】 某产品包含4个功能 F_1、F_2、F_3、F_4，经专家评定，对各功能重要性达成以下共识：F_1 是 F_2 重要性的 2 倍，F_2 是 F_3 重要性的 3 倍，F_3 是 F_4 重要性的 1.5 倍。试计算各零部件的功能重要性系数。

各零部件的功能重要性系数计算见表 6-6。

倍比法功能重要性系数计算表　　表 6-6

评价对象	相对比值	得分	功能评价系数
F_1	$F_1/F_2=1.5$	9	0.473 7
F_2	$F_2/F_3=2$	6	0.315 8
F_3	$F_3/F_4=3$	3	0.157 9
F_4	—	1	0.052 6
合计	—	19	1.000 0

(1)成本系数的确定

确定各个方案的现实成本（即近期的实际成本），除以全部方案现实成本之和，得到每个方案的成本系数。计算公式如下：

$$成本系数=\frac{某方案的现实成本}{全部方案的现实成本之和} \tag{6-5}$$

设各方案的现实成本分别为 1 800 万元、800 万元、800 万元、1 100 万元和 2 500 万元，则求得它们的成本系数如表 6-7 所示。

(2)价值系数的确定

各方案功能评价系数同其成本系数之比，成为该方案的价值系数，即：

$$价值系数=\frac{功能评价系数}{成本系数} \tag{6-6}$$

按式(6-6)求得各方案的价值系数如表 6-7 所示。

价值系数计算表　　表 6-7

方案	功能系数	成本(万元)	成本系数	价值系数
A	0.3	1 800	0.26	1.15
B	0.2	800	0.11	1.82
C	0.4	800	0.11	3.64
D	0	1 100	0.16	0
E	0.1	2 500	0.36	0.28
最优	C			

二、功能成本法

这种方法是把所有功能都转化为费用（即成本），用金额来表示功能，在从各种方案中找出实现某一功能的最低成本，并以这个成本与实现这个功能的目前成本相比较求出二者的比值，即为功能价值系数，根据功能价值系数大小评价功能。同时，求出二者的差异值，以明确降低成本的幅度。图 6-3 给出了功能成本法的思路。

图 6-3 中，目前成本 C_0 是现行方案中实现这一功能的成本。$A_1,A_2,\cdots,A_n$ 是利用各种方法得到实现同一功能的不同设想方案，$C_1,C_2,\cdots,C_n$ 为相应于 $A_1,A_2,\cdots,A_n$ 的预计成本。从

$C_1, C_2, \cdots, C_n$ 中选出一个最小值,这就是我们要找的实现这一功能的最低成本 C_a。功能的最低成本又称必须成本,用它来作为评价功能的标准,称为功能评价标准值。图中的 V 即为功能的价值系数,C_d 则为成本降低的预计幅度。

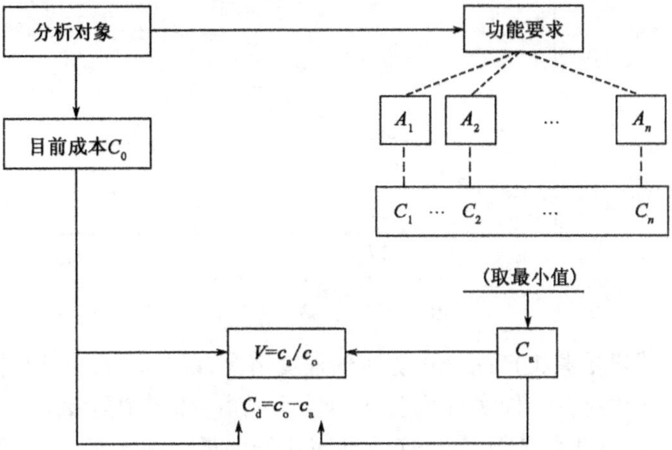

图 6-3 功能成本法分析示意图

1. 求功能目前成本(C_0)

一个功能的实现,往往是许多零部件共同作用的结果。只对本功能起作用的零部件,其成本自然应当算作本功能的成本。但有的零部件不知对一个功能起作用,可能同时作用于几个功能,或者它本身就是多功能的。遇到这种情况时,则应按照零部件对不同功能所起作用的大小把零部件费用分摊到各功能上去,合计各零部件对某一功能费用分摊额,即为该功能的目前成本 C_0,如表 6-8 所示。

功能目前成本表 表 6-8

零部件名称	成 本	功 能		
		F_1	F_2	F_3
甲	300	100	—	200
乙	500	200	300	—
丙	250	70	30	150
合计	1 050	370	330	350

2. 求功能最低成本(C_a)

(1)经验估计法

经验估计法是邀请一些有实践经验的人,根据自己掌握的情报资料,运用已有的知识,对实现某项功能的方法先设想几个新方案,然后对新方案的成本进行估算。每人估算的值可能不同,或经协商取得一致,或取其平均值,在各方案的估算成本中,必有一个最小值,就以这个值作为功能最低成本。

(2)实际调查法

以不同的功能类别收集企业内外实现该功能的不同程度的费用和技术资料,在收集情报时，应注意产品的功能条件（如性能、生产率、质量、可靠性和外观等）。然后，根据调查资料，确定它们的目前成本，再把目前成本按照不同功能类别描绘在功能成本图上，如图6-4所示。

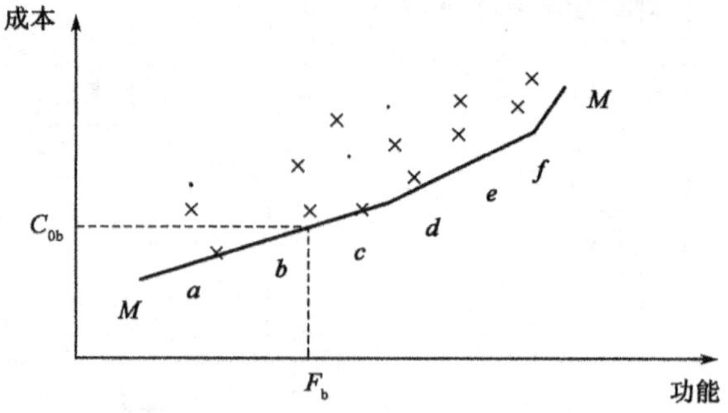

图6-4 功能、成本示意图

图6-4中以“·”表示某类产品的功能实现程度情况，以“×”表示外厂同类产品的功能实现程度情况。找出该功能在各种实现程度下的最低成本，如图中的$a,b,\cdots,f$等点，然后画出它们的下端包络线（即图中的MM线），这就是该功能的最低成本线，按此线可确定各功能实现程度的最低成本。例如，当功能实现程度为F_b，最低成本则为C_{0b}。

3. 求价值系数和成本降低幅度

例如，某产品是由三个功能F_1、F_2、F_3构成，已知各功能的目前成本和最低成本，则价值系数为最低成本与目前成本之比，成本降低幅度为目前成本与最低成本之差，如表6-9所示。

价值系数和成本降低幅度计算表　　表6-9

功能	目前成本（元）	最低成本（元）	价值系数	成本降低幅度（元）
	C_{0i}	C_{ai}	$V_i=C_{ai}/C_{0i}$	$C_b=C_{0i}-C_{ai}$
F_1	50	40	0.80	10
F_2	30	10	0.33	20
F_3	35	10	0.286	25
合计	115	60	—	55

从表中我们可以很直观地发现，F_3的价值系数是最低的，成本降低的幅度也最大；因此F_3应作为重点，首先加以改进，依次是F_2和F_1。表中各功能最低成本之和(60)即可作为确定产品改进后目标成本的主要参考值，总的成本降低幅度大约为55元。

功能成本法比较简单，但由于主观因素太多（尤其是经验估计的功能目前成本），计算结构有时同实际情况出入较大，不过评价的作用主要在于把握改进的范围和方向，具体数字即便有些出入，也不影响大局。

第三节　价值工程在公路工程中的应用

价值工程作为一门新兴的管理技术，在许多领域得到了应用，比如公路工程等。公路工程项目的建设可分为设计、招投标、施工、运营等几个阶段，在建设过程中具有投资大、费用节省、空间大的特点，因此在公路工程成本控制中应用价值工程具有广泛的发展前景。

一、价值工程在公路项目决策中的应用

公路工程项目决策阶段是指公路工程的项目建议书阶段和可行性研究阶段，在这个阶段确定了工程项目的立项以及项目投资方案是否可行，而工程的可行性研究通常是采用价值工程来进行定量地分析的。价值工程在公路项目决策中主要应用于公路项目可行性研究、公路工程路线方案的比选、既有线路改造方案的比选等。

项目投资决策阶段进行价值分析活动，目的是帮助决策者做出合理的决策，进行项目建设的必要性及可行性研究；当研究认定项目的建设是可行时，主要研究确定建设规模、技术标准、实施方案等；而后明确项目的功能和目标，通过市场研究、技术研究和效益研究等，寻求用较经济的方法来实现项目的功能和目标。

以某高速公路为例，应用价值工程的原理和方法，进行决策分析。

1. 工程概况

某高速公路，全长 72.4km，采用设计速度为 120km/h，双向四车道高速公路技术标准，路基宽度为 28.0m，桥涵设计汽车载荷等级为公路Ⅰ级。

2. 工程投资决策阶段价值分析

本过程的价值分析是在研究认定该公路工程建设的必要性的基础上，所进行的合理确定投资估算的分析。具体步骤如下：

(1)研究对象选择

为了确定最优的公路工程投资估算额，有效控制整个建设项目的总造价，需要对该公路工程的概算表进行分析，选取造价相对较高的分部分项工程作为研究对象。通过对该公路工程总估算表的分析，我们选取了几项对整个工程造价起到控制的作用的工程来研究，见表 6-10。

公路工程估算表 表 6-10

项次	工程或费用名称	工程量(km)	估算金额(万元)	费用比例(%)
一	路基工程	72.4	30 000	8
二	路面工程	72.4	50 000	17
三	桥梁涵洞	72.4	60 000	18
四	交叉工程及沿线设施	72.4	60 000	18
五	第三部分工程建设其他费用	72.4	100 000	28
六	土地、青苗等补偿和安置补助费	72.4	40 000	11
七	投资估算总金额		340 000	100

从该公路工程建设项目的估算表可以看出该项目的主要成本，由路基路面工程、桥涵交叉工程及第三部分土地、青苗等补偿和安置补助费组成。对于该部分进行估算是工程造价管理的核心。从投资决策阶段开始就应与造价咨询单位合作，根据工程投资决策阶段的具体要求组建价值研究小组。从表 6-10 可以看出对工程造价影响大的工程建设项目是路基、路面、桥涵、交叉工程及土地青苗的补偿和安置补助费，那么我们针对这些项目邀请道路桥涵方面的资深设计和施工专家和对于土地、青苗补偿工作比较了解的国土资源专家，共同组成该投资决策阶段的价值工程研究小组。

(2)研究对象成本系数计算

按照成本较高的原则,选取路基路面工程、桥涵工程、交叉工程及沿线设施和工程建设其他费中的土地青苗等补偿和安置补助费作为研究对象,其成本系数计算见表6-11。

研究对象成本系数计算 表6-11

序号	项目名称	估算值(万元)	成本系数
1	路基工程	30 000	0.125
2	路面工程	50 000	0.283
3	桥涵工程	60 000	0.250
4	交叉工程及沿线设施	60 000	0.250
5	土地、青苗等补偿和安置补助费	40 000	0.167
6	合计	240 000	1.000

(3)研究对象功能评价及功能指数计算

邀请5位对项目熟悉的专家采用"0—4"两两评价法对各个分部分项工程在整个单位工程中相对重要程度予以打分评价。"0—4"两两评价法为:如 F_1 和 F_2 之间,如果 F_1 非常重要,则 F_1 的分值是4,F_2 得0分;如果 F_1 比较重要,则 F_1 得3分,F_2 得1分;如果同样重要,就各得2分。5名专家的评分是分别进行的,例如专家A对各分部分项工程的评分见表6-12。

专家A对该研究对象的评分 表6-12

序号	1	2	3	4	5	合计
1		1	1	1	2	5
2	3		2	3	3	11
3	3	2		3	3	11
4	3	1	1		3	8
5	2	1	1	1		5

工作人员再把各位专家的功能评价评分汇总,得到每项分部分项工程的功能评价总分,并分别计算功能指数,见表6-13。

各位专家评分及功能指数计算 表6-13

序号 \ 专家	A	B	C	D	E	总得分	功能系数
1	5	5	6	5	6	27	0.135
2	11	10	8	9	7	45	0.225
3	11	11	10	9	11	54	0.270
4	8	9	12	12	12	53	0.265
5	5	5	4	5	4	21	0.105
合计	40	40	40	40	40	200	1.000

(4)计算研究对象的价值系数

运用公式 $V = F/C$ 计算出价值指数,见表6-14,确定出需要改进的分部分项工程。

价值系数运算结果 表 6-14

序号	功能系数	成本系数	价值系数
1	0.135	0.125	1.08
2	0.225	0.283	0.795
3	0.270	0.250	1.08
4	0.265	0.250	1.06
5	0.105	0.167	0.629

通过表 6-13 的计算过程可以确定路面工程和土地、青苗等补偿和安置补助费的价值系数小于 1,需要重新进行资料的收集和估算计算;而路基工程、桥涵工程、交叉工程及沿线设施相对来说功能更加强大。那么通过对路面工程和土地、青苗补偿和安置补助费重新调查和分析,可以降低工程估算从而得到更加合理的估算值。

二、价值工程在公路工程设计上的应用

价值工程作为一门运用管理技术,在设计过程中的运用实际上是发现矛盾、分析矛盾和解决矛盾的过程。具体说来,在设计阶段应用价值工程的重要意义表现在以下几个方面:

(1)在设计阶段应用价值工程,能够更好地满足社会需要。

(2)在设计阶段应用价值工程,能够更好地控制目标成本。

(3)在设计阶段应用价值工程,能够大幅度提高投资经济效益。

(4)在设计阶段应用价值工程,能够更好地发挥创造性。

价值工程通过运用集体的智慧和有组织的活动,着重对产品做深入的功能分析,达到以最低总成本、可靠地实现产品的必要功能,进而提高产品价值的一种科学的经济技术分析方法,它体现了成本与功能的依存关系。

设计阶段是公路工程投资控制的重点和关键,它对工程投资的影响程度在 35% 以上,在设计阶段开展价值工程活动,可以起到事半功倍、未雨绸缪的效果;同时,目前公路工程设计正推广设计招投标及限额设计,要求设计方案技术先进、经济合理、功能价值高,因此通常应用价值工程来进行设计方案的优化及设计方案的评价和竞选。价值工程始终贯穿于公路工程设计的各个阶段,包括初步设计阶段、技术设计阶段和施工图设计阶段。价值工程可以应用到公路工程设计的各个方面,如线路方案、技术参数、施工组织方案以及路基、路面、防护、隧道、桥梁等单位工程的具体设计。

某公路建设项目在设计的最初阶段,承担该项目的设计院根据项目具体情况提出了 5 个设计方案并进行优选。在评审设计单位的设计方案时根据价值工程的管理方法和理论,按照价值工程原则进行方案的筛选,以便切实达到投资目的,以下是针对该项目实施价值管理的基本流程。

1. 成立价值管理小组

邀请一位价值管理专家担任本次价值管理的领导者,负责价值管理工作的进行。价值管理团队由其负责组成,价值管理小组由价值管理研究领导、业主方代表、建筑师(设计团队负责人)、承包人代表、造价工程师代表共 5 人组成。

2. 开展价值管理研究

在成立价值管理小组后，马上着手收集信息资料，收集各种方案的图纸、说明及相关资料。随后进行功能系统分析和小组讨论，决定项目的有关功能。

3. 建立项目功能层次分析系统图

价值工程对产品的分析，首先是对其功能的分析，通过功能分析，弄清哪些功能是必要的，哪些功能是不必要的，从而在改进方案中去掉不必要的功能，补充不足的功能，使产品的功能结构更加合理，达到可靠地实现使用中所需功能的目的。项目功能层次分析系统图如图6-5所示。

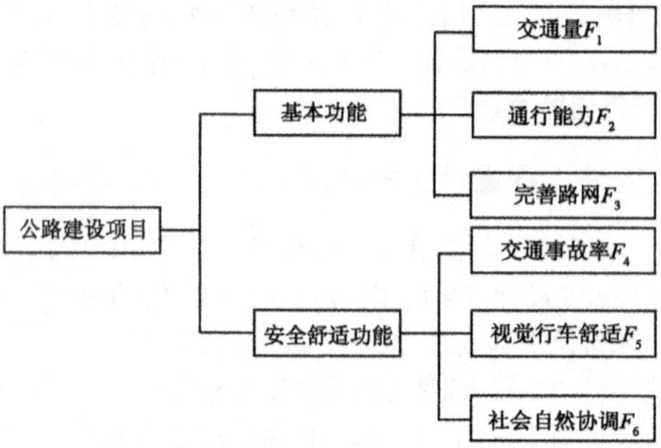

图6-5　项目功能层次分析系统图

4. 分析过程

基于项目功能层次分析模型，形成一套评价设计方案的标准，确定每个标准（功能）的重要系数。首先由业主代表、设计人员、承包人分别基于项目功能层次分析模型，对每个功能按百分制打分 R；然后再按0.6、0.3、0.1的权重计算修正得分 w；最后，将同功能的得分相加，除以100得到一个0～1之间的数据，这个数据表明功能的重要性。具体计算过程见表6-15。

功能重要系数表　　表6-15

功能	业主代表		设计人员		承包人		重要系数 S_j
	R_1	$W_1=0.6R_1$	R_2	$W_2=0.3R_2$	R_3	$W_3=0.1R_3$	
F_1	45	27.0	35	10.5	30	3.0	0.405
F_2	15	9.0	22	6.6	24	2.4	0.180
F_3	18	10.8	14	4.2	12	1.2	0.162
F_4	4	2.4	10	3.0	11	1.1	0.065
F_5	10	6.0	7	2.1	10	1.0	0.091
F_6	8	4.8	12	3.6	13	1.3	0.097
合计	100	60	100	30	100	10	1

设计单位提出的5个设计方案都有各自特点及侧重点，依据表6-15中的重要系数，价值管理团队对最初的5个设计方案，在0～10分之间对每个功能赋分评价；再将每个方案的各功

能得分与功能重要系数相乘并汇总求和，得到方案合计得分 P_i，其中($P_i=\sum_{j=1}^{6}S_j\cdot Q_{ij}$，$j=1,2,3,4,5,6$)；最后，将每个方案合计得分除以所有方案得分的总和，得到每个方案功能系数 F_i，其中($F_i=\frac{P_i}{\sum_{i=1}^{5}P_i}$，$i=1,2,3,4,5$)，各方案功能系数见表6-16。

各方案功能系数表 表6-16

功能	重要系数 S_j	方案赋分评价 Q_{ij}				
		方案一	方案二	方案三	方案四	方案五
F_1	0.405	10	10	9	10	9
F_2	0.180	9	8	10	9	10
F_3	0.162	8	9	10	9	10
F_4	0.065	9	8	9	6	8
F_5	0.091	6	7	7	7	6
F_6	0.097	7	8	8	7	6
方案得分		8.776	8.881	9.063	8.834	8.713
功能系数		0.198 3	0.200 6	0.204 7	0.199 6	0.196 8

5. 研究结果分析

在得到功能系数之后，根据5个方案的单方工程造价，计算成本系数 C_i，其中($C_i=\frac{M_i}{\sum_{i=1}^{5}M_i}$，$i=1,2,3,4,5$)，继而计算价值系数 $V=F/C$。计算过程如表6-17所示。

各方案价值系数表 表6-17

方案	方案一	方案二	方案三	方案四	方案五
工程造价 M(万元)	46 424.12	46 381.87	46 274.85	46 245.48	46 365.82
成本系数 C	0.200 4	0.200 2	0.199 7	0.199 6	0.200 1
功能系数 F	0.198 3	0.200 6	0.204 7	0.199 6	0.196 8
价值系数 V	0.989 428	1.002 178	1.025 081	0.999 814	0.983 56

从表6-17中可以看出，方案三的价值系数最高，$V=1.025$，因此可认为方案三是5个最初设计方案中的最佳方案。

三、价值工程在公路工程施工中的应用

施工方案是建设项目进行施工准备，规划和指导工程项目全部施工活动的全面性的技术经济文件。在公路工程施工项目管理中，施工方案的正确与否，是直接影响施工能否顺利进行的关键所在。施工方案的建立，可在施工过程中较好地对人力与物力、主体与辅助、供应与消耗、生产与储存、专业与协作、使用与维修、空间布置与时间安排等方面进行科学、合理的部署，为公路产品生产的节奏性、均衡性和连续性提供最优方案，作为公路工程项目施工管理的指南。

工程项目的施工方案主要由关键单项工程决定，它们工程量大、施工难度高，并对整个项

目的完成起关键作用,甚至会影响全局。故应首先为其确定合理的施工程序和工艺流程;在兼顾工艺的先进性和经济上的合理性基础上,确定其施工方法;再选择既能满足工程的需要,又能发挥其效能的施工机械。通过技术、经济、组织、管理等方面的全面分析,综合考虑,科学、合理地编制,经过分析比较优选施工方案。

价值工程正是研究如何以最少的人力、物力、财力和时间获得必要的功能的技术经济分析方法。其中的“价值”是指作为某种产品或服务所具有的功能与获得该功能全部费用的比值。它是对象的比较价值,是作为评价产品或服务效益的一种尺度提出来的,强调的是产品的功能分析和功能改进,进而进行优化选择。可以看出,施工方案的编制过程就是价值工程管理的过程。

以某公路工程施工方案优选为例,运用价值工程原理和方法,进行施工方案优选。

1. 工程概况

某地拟建一条公路,使用期为 35 年。现有个施工方案,各方案投资如表 6-18 所示。根据要求,公路要具有保证行车速度、承载力、行车安全、抗滑、稳定性及坚固耐用性 5 种基本功能,以及保证管理和养护方便、自然环境的生态平衡两种辅助功能等。

各施工方案投资表(单位:万元)　　表 6-18

方案	A	B	C
建设投资	4 600	5 500	7 500
日常养护费(总计)	5.5	7.0	37.0
大维修(总计)	130	150	210
营运效益(总计)	1 100	1 400	2 000

2. 分析过程

(1)构建功能系统图。

功能系统图如图 6-6 所示。

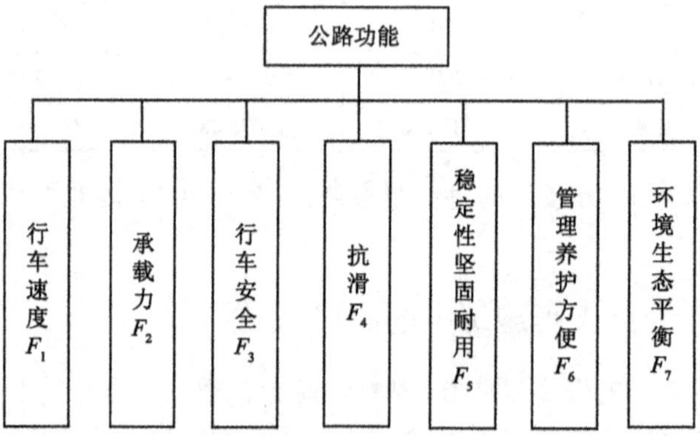

图 6-6　功能系统图

(2)功能评价

根据功能系统图,组织使用单位、专家、施工单位对各项功能打分评价,评分采用 10 分制,使用单位、专家、施工单位评价的权重分别定位 0.5、0.4、0.1,各单位对功能评分及各种功能权重见表 6-19。

功能评分及权重表 表6-19

功能	使用单位评价(0.5)		专家评价(0.4)		施工单位评价(0.1)		功能权重
	F使用	F使用×0.5	F专家	F专家×0.4	F施工	F施工×0.1	
F_1	3.01	1.505	3.15	1.260	2.86	0.286	0.305 1
F_2	1.75	0.875	1.80	0.720	1.60	0.160	0.175 5
F_3	1.45	0.725	1.30	0.520	1.50	0.150	0.139 5
F_4	1.21	0.605	1.28	0.512	1.46	0.146	0.126 3
F_5	1.04	0.520	0.90	0.360	1.34	0.134	0.101 4
F_6	0.86	0.430	1.00	0.400	0.77	0.077	0.090 7
F_7	0.68	0.340	0.57	0.228	0.47	0.047	0.061 5
合计	10.00	5.00	10.00	4.00	10.00	1.00	1.00

注:功能权重 $\Phi=(0.5F$ 使用 $+0.4F$ 使用 $+0.1F$ 施工$)/10$。

3. 方案评价

对3个方案采用10分制进行功能评价,先计算各方案的加权分值,见表6-20。

各方案功能加权分值 表6-20

功能	功能权重	方案A		方案B		方案C	
		评分值	加权分值	评分值	加权分值	评分值	加权分值
F_1	0.305 1	10	3.051 0	9	2.745 9	10	3.051 0
F_2	0.175 5	9	1.579 5	10	1.755 0	9	1.579 5
F_3	0.139 5	7	0.976 5	9	1.255 5	8	1.116 0
F_4	0.126 3	8	1.010 4	8	1.010 4	9	1.136 7
F_5	0.101 4	9	0.912 6	10	1.014 0	7	0.709 8
F_6	0.090 7	6	0.544 2	9	0.816 3	9	0.816 3
F_7	0.061 5	8	0.192 0	8	0.492 0	10	0.615 0

由表6-20计算各方案功能评价系数,见表6-21。

各方案功能评价系数 表6-21

方案	A	B	C
方案总分	8.566 2	8.075 1	9.024 3
功能评价系数	0.333 8	0.314 6	0.351 6

计算各方案价值系数,见表6-22。

各方案价值系数 表6-22

方案	A	B	C
成本(万元)	3 035.5	4 257	5 747
成本系数	0.232 8	0.326 5	0.440 7
功能评价系数	0.333 8	0.314 6	0.351 6
价值系数	1.433 8	0.963 6	0.797 8

4. 最佳方案优选

价值系数的定量反映了方案价值的高低，价值系数大的方案为优选方案，故优选拟建公路的最佳方案为方案 A。

四、价值工程在公路工程招投标活动中的应用

实质上公路工程的招投标活动就是应用价值工程原理进行最优化方案和最合理单位的选择。投标单位在自己资源系统中选择最佳资源组合方案以及自己可承受的合理投标报价。而招标人则是根据投标人提供的资源进行综合比选及可接受的投标报价，选择最理想的承包单位。如商务标部分就是根据投标人的技术措施、施工方案、工期安排、质量保证、社会业绩等因素来进行综合评价，而技术标部分也大都是根据报价与标底的符合程度进行评审评分。

某新建公路工程按一级公路标准设计，路基宽度为 27m，全长约 4.874km。该项目工期为 18 个月，质量等级要求为优良。

该项目采用公开招标的方式。对申请某合同段施工资格预审的 33 家单位进行评审，有 7 家单位通过资格预审，可以参加该项目某合同段的投标，分别记为：G_1、G_2、G_3、G_3、G_4、G_6、G_7。

开标后，评标委员会对投标文件进行了符合性评审以及报价的算术性校核，该 7 家施工单位投标报价均在投标控制价以内，且都满足符合性评审和报价的算术性校核的要求，进入详细评审。

1. 功能系数计算

评标委员会对投标人技术能力、商务能力、经验与信誉 3 大类的 12 项指标进行评审。在本案例中，采用 1 ~ 10 分制评分法。各投标人指标功能系数见表 6-23。

各投标人指标功能系数 表 6-23

投标人	G_1	G_2	G_3	G_4	G_5	G_6	G_7
评审总分	9.344	2.170	4.229	8.850	6.430	7.146	3.931
功能系数	0.222	0.052	0.100	0.210	0.153	0.170	0.093

2. 成本系数的计算

根据各投标单位的报价计算成本系数，见表 6-24。

各投标单位报价成本系数 表 6-24

投标人	G_1	G_2	G_3	G_4	G_5	G_6	G_7
投标报价(元)	25 992 338	26 200 989	26 391 685	26 571 505	26 670 070	26 810 916	26 730 948
成本系数	0.140	0.141	0.142	0.143	0.144	0.145	0.144

3. 价值系数的计算。

各投标单位价值系数见表 6-25。

各投标单位价值系数 表 6-25

投标人	G_1	G_2	G_3	G_4	G_5	G_6	G_7
功能系数	0.222	0.052	0.100	0.210	0.153	0.170	0.093
成本系数	0.140	0.141	0.142	0.143	0.144	0.145	0.144
价值系数	1.584	0.366	0.708	1.470	1.061	1.171	0.649

由以上计算结果得知,中标候选人第一名为 G_1,第二名为 G_2,第三名为 G_3。评审结果在满足技术、商务、经验、信誉等功能基本要求的前提下,投标报价占了很重要的地位,中标的前 3 名也是报价最低的前 3 名。而从表 5-25 中可以看到,G_2、G_3 功能系数都偏低。

【复习思考题】

1. 什么叫价值工程?

2. 提高产品价值的主要途径是什么?

3. 某设计院针对某桥梁,提出了 A、B、C 三个方案,进行技术经济分析和专家调整后得出如表 6-26 所示数据,试计算方案成本系数、功能系数和价值数,并确定最优方案。

某桥梁方案技术指标得分表 表 6-26

方案技术指标	方案技术指标得分			方案功能重要程度
	方案 A	方案 B	方案 C	
F_1	9	9	8	0.25
F_2	8	10	10	0.35
F_3	10	7	9	0.25
F_4	9	10	9	0.10
F_5	8	8	6	0.05
单方造价(万元)	1 325	1 118	1 226	1.00

4. 某公路建设公司对某公路工程建设项目的开发征集到若干设计方案,经筛选后需对其中较为出色的 A、B、C、D 四个设计方案做进一步技术经济评价。

有关专家决定从五个方面(分别以 $F_1 \sim F_5$ 表示)对不同方案的功能进行评价,并对各功能的重要性达成以下共识:F_2 和 F_3 同样重要,F_4 和 F_5 同样重要;F_1 相对于 F_4 非常重要,F_1 相对于 F_2 比较重要。此外,各专家对该四个方案的功能满足程度分别打分,其结果如表 6-27 所示。

方案功能得分表 表 6-27

方案功能	方案功能得分			
	A	B	C	D
F_1	9	10	9	8
F_2	10	10	8	9
F_3	9	9	10	9
F_4	8	8	8	7
F_5	9	7	9	6

据造价工程师估算，A、B、C、D 四个方案的单方造价分别为 1 420 元/m^2、1 230 元/m^2、1 150元/m^2、1 360 元/m^2。

(1)计算各功能的权重。

(2)用功能系数评价法选择最佳设计方案。

第七章

公路建设项目经济评价

【学习目的与要求】

本章是工程经济分析思想在公路建设项目决策阶段的具体应用，根据《公路建设项目经济评价方法与参数》编写，针对公路新建项目及改扩建项目，由公路建设项目经济费用效益分析、财务分析、改扩建项目经济评价及评价案例组成；学习过程中可以大作业的形式通过实际案例对两种经济评价的内容、评价步骤、评价指标及报表编制等内容进行掌握，实现将理论与实践相结合的目的。

第一节　公路建设项目经济评价概述

一、公路建设项目经济评价的概念与特点

公路建设项目经济评价是公路建设项目前期研究工作的有机组成部分和重要内容，其目的是根据国民经济与社会发展战略和交通行业、地区发展规划的要求，结合交通量预测和工程技术研究情况，计算项目的费用和效益，对拟建项目的经济合理性做出评价，为项目建设方案的比选、决策提供科学依据。

建设项目经济评价从评价角度和内容分,可分为经济费用效益分析和财务分析。

经济费用效益分析,是在合理配置社会资源的前提下,从国民经济整体利益的角度出发,计算项目对国民经济的贡献,分析项目的经济效率、效果和对社会的影响,评价项目在宏观经济上的合理性。公路建设项目经济费用效益分析,是通过项目所支出的经济费用与全社会使用公路者所获得的效益两个要素的比较来衡量。

财务分析是在国家现行财税制度和价格体系的条件下,从财务角度分析测算项目的财务盈利能力、清偿能力和财务生存能力,对项目的财务可行性进行评价。公路建设项目财务分析是通过项目所支出的财务费用与所收取的过路、过桥费以及其他相关的收入两个要素的比较来衡量的。因此,公路建设项目只对收费公路进行财务分析。

经济费用效益分析与财务分析的主要区别见表 7-1。

经济费用分析与财务分析的区别 表 7-1

对比项目评价方法	财务分析	经济费用效益分析
评价角度	站在企业(投资者)角度	站在国家角度
费用计算	财务费用	经济费用
效益计算	财务收入(收费收入)	经济效益
评价指标	财务净现值(FNPV)、财务内部收益率(FIRR)、财务效益费用比(FBCR)	经济净现值(ENPV)、经济内部收益率(EIRR)、经济效益费用比(EBCR)
价格计算	市场价格	影子价格或机会成本
贴现率	因行业而异的财务基准折现率	国家统一测定的社会折现率
汇率	官方汇率	影子汇率

经济费用效益分析与财务分析结论均可行的项目,从经济角度看应予通过,反之予以否定。经济费用效益分析结论不可行的项目,一般应予否定。对某些具有重大政治、经济国防、交通意义的公路项目,若经济费用效益分析结论可行,但财务分析不可行,可重新考虑方案,或提出相应优惠措施的建议,使项目在财务上具有生存能力,必要时进一步说明建设的必要性,不再考虑财务分析的结果。

二、公路建设项目经济评价的原则与要求

1. 经济评价原则

(1)公路建设项目经济评价应遵循费用与效益计算范围对应一致的原则。

经济费用效益分析只计算项目直接效益和直接费用,同时对项目外部效果进行定性分析和描述。财务分析除计算项目直接收益和直接费用外,还应计算与项目有关联的服务、开发等经营性设施所发生的间接收益和间接费用。

(2)公路建设项目经济费用效益分析采用“有无对比”原则。

有无对比原则,即“有项目”与“无项目”对比的方法。“有无对比”是国际上项目评价中通用的效益与费用识别的基本原则,所谓“有项目”是指实施拟建项目后,相关路网将要发生的情况;“无项目”是指不实施拟建项目,相关路网将要发生的情况。

在识别项目的效益和费用时,需要注意只有“有无对比”的差额部分才是由于项目的建设

增加的效益和费用。采用有无对比的方法,是为了识别那些真正应该算做项目效益的部分,即增量效益,排除那些由于其他原因产生的效益;同时也要找出与增量效益相对应的增量费用,只有这样才能真正体现项目投资的净效益。

(3)定量分析与定性分析相结合,以定量分析为主的原则。经济评价的本质就是要对拟建项目在整个计算期的经济活动,通过效益(收益)与费用的计算,对项目做出经济上是否合理的评价。一般来说,项目经济评价要求尽量采用定量指标,但对一些不能量化的经济因素,不能直接进行数量分析,对此要求进行定性分析并与定量分析结合起来进行评价。

(4)动态分析与静态分析相结合,以动态分析为主的原则。动态分析是指利用资金时间价值的原理对现金流量进行折现分析。静态分析是指不对现金流量进行折现分析。项目经济评价的核心是折现,所以分析评价要以折现(动态)指标为主。非折现(静态)指标计算简单,比较直观,但是只能作为辅助指标。

2. 经济评价要求

(1)工作深度要求

经济评价在预可行性研究工作阶段及工程可行性研究工作阶段的工作深度要求有所不同。

①预可行性研究阶段只要求对推荐建设方案进行经济评价;工程可行性研究阶段的经济费用效益分析则应以推荐方案和备选方案为评价对象。

②预可行性研究阶段的经济评价不要求分车型计算效益;工程可行性研究阶段须分车型计算效益。

③预可行性研究根据项目的具体条件,可直接选用国家公布的产品(服务)的影子价格及换算系数;工程可行性研究阶段项目主要投入物的影子价格,应由项目评价人员按统一规定的测算原则和方法自行测定。

④预可行性研究阶段,经济评价的效益和费用可不分路段计算;工程可行性研究阶段须分路段计算。

(2)项目计算期

项目计算期的长短主要取决于行业特点和项目本身的特性。公路建设项目的计算期包括建设期和运营期。在经济费用效益分析中运营期按 20 年计算。财务分析的运营期应根据《收费公路管理条例》确定。

(3)价格体系

项目投入物和产出物的价格,是影响方案比选和经济评价结果最重要、最敏感的因素之一。项目评价都是对未来活动的估计,投入和产出都在未来一段时间发生,所以要采用预测价格对费用、效益(收益)进行估算。

在经济费用效益分析中,采用以影子价格体系为基础的预测价格,计算期内各年均采用基年(开工前一年)价格,不考虑物价上涨因素的影响。

财务分析应采用以市场价格体系为基础的预测价格。影响市场价格变动的因素很多,也很复杂,归纳起来有两类:一是由于供需量的变化、价格政策的变化、劳动生产率的变化等可能引起商品间比价的改变,产生相对价格变化;二是由于通货膨胀或通货紧缩而引起商品价格总水平的变化,产生绝对价格变动。

在市场经济条件下,货物的价格因地而异,因时而变,要准确预测货物在项目计算期中的

价格是很困难的。在不影响评价结论的前提下,可采取简化办法:

①对建设期的投入物,由于需要预测的年限较短,可既考虑相对价格变化,又考虑价格总水平变动;由于建设期投入物品种繁多,分别预测难度大,还可能增加不确定性,因此,在实践中一般以价差预备费的形式综合计算。

②对运营期的投入物和产出物价格,由于运营期比较长,在前期研究阶段对将来的物价上涨水平较难预测,预测结果的可靠性也难以保证,因此一般只预测到经营期初价格,运营期各年采用同一的不变价格。

第二节　公路建设项目经济费用效益分析

一、公路建设项目的经济费用

1. 公路建设项目的经济费用的组成

公路建设项目的经济费用由项目建设投资和运营费用两部分组成。

公路项目建设投资由建筑安装工程费用、设备工具器具购置费用、工程建设其他费用以及预备费用四部分组成。运营费用是项目建成后的经营管理费用,主要包括公路的日常养护费用、管理费用及大中修费用等。

2. 公路建设项目经济费用的计算

(1)项目建设投资费用计算

公路建设项目的经济费用,是在项目投资估算的基础上,对建筑安装工程费中的人工、木材、钢材、沥青、水泥等主要材料作影子价格调整,并对其他基本建设费中的土地占用费作影子价格调整,剔除估算费用中的补贴、税金、国内借款利息等国民经济内部转移支付费用后得出的。经济费用调整可以以项目投资估算为基础编制建设费用调整表,见表7-2。

建设费用调整表　　表7-2

费用名称	单位	数量	预算单价（元）	投资估算（万元）	影子价格或换算系数	经济费用（万元）
人工	工日					
原木	m^3					
锯材	m^3					
木材	m^3					
钢材	t					
水泥	t					
沥青	t					
其他费用	公路公里					
税金	公路公里					
第一部分合计	公路公里					
第二部分合计	公路公里					

续上表

费用名称	单位	数量	预算单价（元）	投资估算（万元）	影子价格或换算系数	经济费用（万元）
征地费	亩					
国内贷款利息	公路公里					
国外贷款利息	公路公里					
其他	公路公里					
第三部分合计	公路公里					
预备费	公路公里					
预留费用	公路公里					
其他费用	公路公里					
工程投资合计（不含息）	公路公里					
工程投资合计（含息）	公路公里					

注:钢材、沥青的价格为加权平均值。

(2)公路建设项目运营费用计算

公路建设项目运营费用一般通过对拟建项目所在地区相同或相似的、正在使用中的项目调查得到,再根据建设投资中建筑安装工程费的经济费用调整系数来进行调整。

(3)车辆营运成本计算

车辆运营成本包括燃料消耗、机油消耗、轮胎磨耗、维修费用、车辆折旧、司乘人员工资及福利、保险费、管理费及其他相关税费。车辆运营成本主要受距离、时间两个参数的影响而发生变化,在上述车辆运营成本组成中,不同组成与两者的关系不同。其中燃料消耗、机油消耗、轮胎磨耗、维修费用及部分车辆折旧和利息与车辆行驶距离直接相关;车辆折旧、司乘人员费用、保险费、各种税费、管理费等与车辆保有时间直接相关。此外车辆运营成本也受道路技术状况和交通条件的直接影响。

车辆运营成本的计算可以依据相关研究成果中的车速—交通、运营成本—车速等系列模型进行计算,并按影子价格进行调整。

另外,旅客时间价值、交通事故费用等参数需要技术人员结合拟建项目实际进行测算,测算方法可参考相关的研究成果。

(4)影子价格确定

影子价格又称最优计划价格,当社会经济处于最优状态时,能够反映社会劳动消耗、资源稀缺程度和对最终产品需求情况时的价格。经济费用效益分析中只有采用影子价格,才能达到对整个社会资源的最优配置目的。

影子价格是社会对货物真实价值的度量,只有在完善的市场条件下才会出现;然而这种完善的市场条件是不存在的,因此现成的影子价格也是不存在的,只有通过对现行价格的调整,才能求得它的近似值。

①可外贸货物

可外贸货物是指其生产或使用将直接或间接影响进出口的货物。包括项目产出物中直接出口、间接出口或替代进口的货物；项目投入物中直接进口、间接进口或挤占原可用于出口的国内产品的货物。公路建设项目经济费用分析中只涉及投入物，而且是对主要投入物进行影子价格测算，如钢材、木材、沥青等，可按下式进行计算：

$$影子价格 = 到岸价(CIF) \times 影子汇率 + 进口费用 \tag{7-1}$$

到岸价(CIF)是指进口货物运抵我国进口口岸交货的价格，包括货物进口的货价、运抵我国口岸之前所发生的境外的运费和保险费。

进口费用是指货物进口环节在国内所发生的所有相关费用，包括运输、装卸、运输保险等各种费用支出及物流环节的各种损失、损耗等。

②非外贸货物影子价格

非外贸货物是指其生产和使用主要影响国内供求关系，而对国家进出口并无明显影响的货物。公路建设投入物中的水泥就属于非外贸货物，其影子价格按下式计算：

$$影子价格 = 出厂价 + 运输费用 \tag{7-2}$$

③特殊投入物影子价格

建设项目的特殊投入物主要指劳动力、土地和外汇。确定其影子价格时主要考虑由于项目占用而使国家放弃的代价。

a. 劳动力

劳动力作为特殊投入物，在公路项目经济费用效益分析中，以财务工资为基础，用影子工资换算系数来计算，调整为影子工资。影子工资可按下式计算：

$$劳动力的影子工资 = 财务工资 \times 影子工资换算系数 \tag{7-3}$$

公路建设项目通常大量使用项目所在地的非技术劳动力，因此公路项目影子工资换算系数也分为两类，即技术劳动力和非技术劳动力。对于技术劳动力，影子工资换算系数为1，即影子工资=财务工资。对于非技术劳动力，需要结合项目所在地经济发展水平、劳动力供求关系等确定。公路项目通常采用影子工资换算系数0.5，即非技术劳动力影子工资是财务工资的0.5倍，对于具体项目也可以在考虑上述因素实际的基础上测算，该系数一般为0.25～0.8。

b. 土地

土地是重要的经济资源，项目占有的土地无论是否需要实际支付财务成本，均应根据土地用途的机会成本原则或消费者支付意愿的原则计算其影子价格，以反映建设项目使用土地资源而使社会付出的代价。土地影子价格等于土地的机会成本加上土地转变用途所导致的新增资源消耗。即：

$$土地影子价格 = 土地机会成本 + 新增资源消耗 \tag{7-4}$$

公路建设项目通常占用农村土地，包括农业、林业、果园、牧业、渔业等，土地机会成本一般按拟建项目占用土地而使国民经济为此放弃的该土地“最佳替代用途”的净效益来计算；新增资源消耗包括拆迁补偿费、农民安置补助费，其中拆迁补偿费通常用影子价格的换算系数1.1进行调整。

土地“最佳替代用途”的净效益计算公式如下：

$$LOC = NB_0(1+g)^{\tau+1}\left[\frac{1-(1+g)^n(1+i)^{-n}}{i-g}\right] \tag{7-5}$$

式中：NB_0——基年土地的“最佳替代用途”的单位面积年净效益（元/亩）；

g——土地“最佳替代用途”的年平均净效益增长率；

τ——基年距项目开工年年数；

n——项目占用土地的年限，一般为项目计算期；

i——社会折现率。

此外，涉及菜地开发基金、耕地占用税等属于转移支付费用，按影子价格进行调整时，应剔除该类性质的费用。

c. 外汇

汇率是两种不同的国家货币之间的比价。我国政府公布的人民币外汇牌价，是外汇在国内的市场价格。影子汇率就是外汇的影子价格，是假定政府不干预外贸（既不对进口物品征税也不对出口物品补贴），由国内国际市场决定的本国货币与国际货币的兑换率，是正确反映国家外汇经济价值的汇率。在《建设项目经济评价方法与参数》中，对建设项目经济费用效益分析项目的进口投入物和出口产出物，是采用影子汇率换算系数来调整计算进出口外汇收支的价值。

影子汇率换算系数系指影子汇率与外汇牌价之间的比值。影子汇率应按下式计算：

$$影子汇率 = 外汇牌价 \times 影子汇率换算系数 \tag{7-6}$$

根据我国外汇收支、外汇供求、进出口结构、进出口关税、进出口增值税及出口退税补贴等情况，目前颁布确定的影子汇率换算系数为 1.08。

二、公路建设项目的经济效益

1. 公路建设项目经济效益的组成

公路建设项目的效益是指项目为国民经济所做的贡献，分为直接效益和间接效益，一般只计算直接效益，并通过“有无对比法”来确定。直接效益包括公路使用者费用节约和原有相关公路维护费用节约，其中公路使用者费用节约主要有拟建项目和原有相关公路的降低营运成本效益、旅客在途时间节约效益和拟建项目减少交通事故效益。

交通量预测是公路建设项目经济效益测算中的主要内容之一，公路建设项目的预测交通量一般包括趋势交通量、诱增交通量和转移交通量。趋势交通量是指无此项目情况下也会正常发生的交通量；诱增交通量是指因项目建设、运输费用降低等交通条件改善而产生的新增交通量；转移交通量是指从其他运输方式转移到拟建项目的交通量。

2. 公路建设项目经济效益的计算

公路建设项目经济效益的计算可以采用相关路线法、路段费用法和 OD 矩阵法。

相关路线法，是在确定与拟建项目相关的原有公路路线基础上，通过有无比较，计算项目产生的经济效益。

路段费用法，是通过公路使用者在“无项目”情况下和“有项目”情况下使用影响区域路网费用的比较，计算项目产生的经济效益，其具体计算是针对路网逐个路段计算并汇总。

OD 矩阵法，是以“无项目”情况下和“有项目”情况下路网的汽车运营费用、运行时间矩阵和交通量矩阵为基础，计算项目产生的经济效益。其中汽车运营成本费用和运行时间采用全部交通量分配到路网上之后的数据。OD 矩阵法可以计算汽车运营成本节约效益和旅客节约时间效益,但是减少交通事故效益还需要相关路线法或路段费用法来计算。

以下是使用相关路线法计算项目经济效益的具体内容:

(1)降低营运成本的效益(B_1)

$$B_1 = B_{11} + B_{12} \tag{7-7}$$

式中:B_{11}——拟建项目降低营运成本的效益(元);

B_{12}——原有相关公路降低营运成本的效益(元)。

B_{11}的计算公式如下:

$$B_{11} = 0.5(T_{1P} + T_{2P})(VOC'_{1b} \times L' - VOC_{2P} \times L) \times 365 \tag{7-8}$$

式中:T_{1P}——"有项目"情况下,拟建项目的趋势交通量(自然数,辆/日);

T_{2P}——"有项目"情况下,拟建项目的总交通量(自然数,辆/日);

VOC'_{1b}——"无项目"情况下,原有相关公路在趋势交通量条件下各种车型车辆加权平均单位营运成本(元/车公里);

VOC_{2P}——"有项目"情况下,拟建项目在总交通量条件下各种车型车辆加权平均单位营运成本(元/车公里);

L'——原有相关公路的路段里程(km);

L——拟建项目的路段里程(km);

B_{12}的计算公式如下:

$$B_{12} = 0.5L'(T'_{1P} + T'_{2P})(VOC'_{1b} - VOC'_{2P}) \times 365 \tag{7-9}$$

式中:T'_{1P}——"有项目"情况下,原有相关公路趋势交通量(自然数,辆/日);

T'_{2P}——"有项目"情况下,原有相关公路总交通量(自然数,辆/日);

VOC'_{2P}——"有项目"情况下,原有相关公路在总交通量情况下各种车型车辆加权平均单位营运成本(元/车公里);

其他符号含义同前。

(2)旅客时间节约效益(B_2)

$$B_2 = B_{21} + B_{22} \tag{7-10}$$

式中:B_{21}——拟建项目旅客时间节约效益(元);

B_{22}——原有相关公路旅客时间节约效益(元)。

B_{21}的计算公式如下:

$$B_{21} = 0.5WE(T_{1PP} + T_{2PP})\left(\frac{L'}{S'_{1b}} - \frac{L}{S_{2P}}\right) \times 365 \tag{7-11}$$

式中:W——旅客单位时间价值(元/人·h);

E——客车平均载运系数(人/辆);

S'_{1b}——"无项目"情况下,原有相关公路在趋势交通量条件下各种车型客车加权平均行驶速度(km/h);

S_{2P}——"有项目"情况下,拟建项目在总交通量条件下各种车型客车加权平均行驶速度(km/h);

T_{1PP}——"有项目"情况下,拟建项目客车趋势交通量(自然数,辆/日);

T_{2PP}——"有项目"情况下,拟建项目客车总交通量(自然数,辆/日)。

其他符号含义同前。

B_{22}的计算公式如下：

$$B_{22} = 0.5WEL'(T'_{1PP} + T'_{2PP})\left(\frac{1}{S'_{1b}} - \frac{1}{S'_{2P}}\right) \times 365 \tag{7-12}$$

式中：S'_{2P}——“有项目”情况下，原有相关公路在总交通量条件下各种车型客车加权平均行驶速度(km/h)；

T'_{1PP}——“有项目”情况下，原有相关公路客车趋势交通量(自然数，辆/日)；

T'_{2PP}——“有项目”情况下，原有相关公路客车总交通量(自然数，辆/日)；

其他符号含义同前。

旅客单位时间价值的测算应同时考虑工作时间价值和闲暇时间价值，客车平均载运系数应以各种车型客车交通量为权数，计算其加权平均数。

(3)减少交通事故效益(B_3)

$$B_3 = B_{31} + B_{32} \tag{7-13}$$

式中：B_{31}——拟建项目减少交通事故效益(元)；

B_{32}——原有相关公路减少交通事故效益(元)。

B_{31}的计算公式如下：

$$B_{31} = 0.5(T_{1P} + T_{2P})(r'_{1b} \cdot L' \cdot C'_b - r_{2p} \cdot L \cdot C_P) \times 365 \times 10^8 \tag{7-14}$$

式中：C'_b——“无项目”情况下，原有相关公路单位事故平均经济损失费用(元/次)；

C_P——“有项目”情况下，拟建项目单位事故平均经济损失费用(元/次)；

r'_{1b}——“无项目”情况下，原有相关公路在趋势交通量条件下的事故率(次/亿车公里)；

r_{2P}——“有项目”情况下，拟建项目在总交通量条件下的事故率(次/亿车公里)；

其他符号含义同前。

B_{32}的计算公式如下：

$$B_{32} = 0.5L'(T'_{1P} + T'_{2P})(r'_{1b} \cdot C'_b - r'_{2p} \cdot C'_P) \times 365 \times 10^8 \tag{7-15}$$

式中：C'_P——“有项目”情况下，原有相关公路单位事故平均经济损失费用(元/次)；

r'_{2P}——“有项目”情况下，原有相关公路在总交通量条件下的事故率(次/亿车公里)；

其他符号含义同前。

事故经济损失费应由直接费和间接费两部分组成。

三、公路建设项目经济费用效益分析的步骤与方法

1. 公路建设项目经济费用效益分析的步骤

公路建设项目经济费用效益分析可按图 7-1 所述的步骤进行。

2. 公路建设项目经济费用效益分析的方法

在图 7-1 中，经济费用与经济效益的测算方法与内容可参考本节前两部分；经济费用效益流量分析是在流量表中进行的，流量表的形式如表 7-3 所示，根据流量表计算经济费用效益分析指标，评价项目的经济可行性。

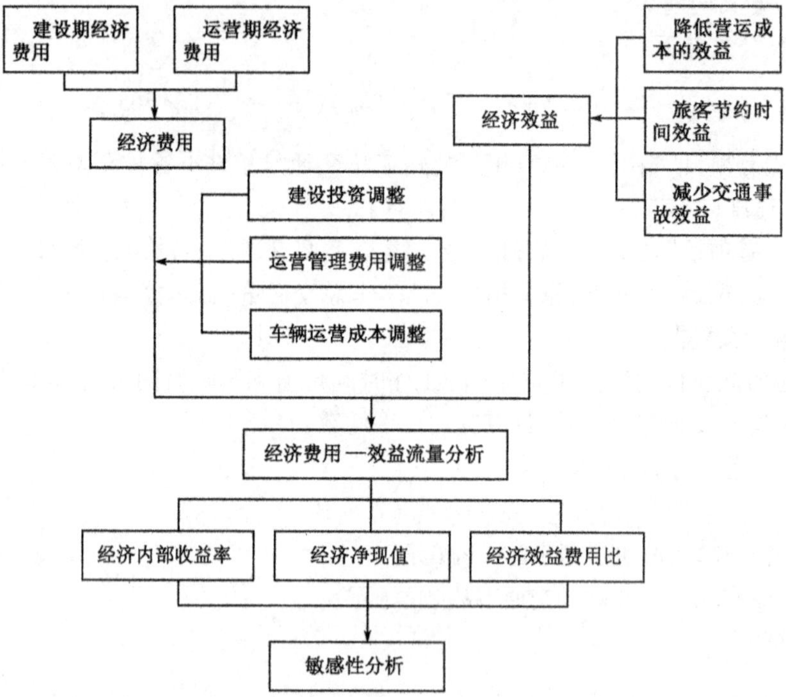

图 7-1　公路建设项目经济费用效益分析的步骤

项目投资经济费用效益流量表　　表 7-3

序号	项　目	建设期			运　营　期							
1	费用流出	1	2	…	1	2	3	4	5	6	…	20
1.1	建设费用											
1.2	运营费用											
1.3	日常养护费											
1.4	大中修费											
1.5	残值											
1.6	其他费用											
2	效益流入											
2.1	降低运输成本											
2.2	旅客节约时间											
2.3	减少交通事故											
3	净效益流量											

经济内部收益率

经济净现值(万元)(i_s = %)

经济效益费用比

投资回收期(年)

(1)公路项目经济费用效益分析评价指标

公路项目经济费用效益分析主要采用经济内部收益率(*EIRR*)、经济净现值(*ENPV*)、经济效益费用比(*EBCR*)、投资回收期(*N*)等指标来衡量。对于改扩建项目,应采用增量经济内部收益率、增量经济净现值来分析。

①经济内部收益率(*EIRR*)

经济内部收益率是计算期内经济净现值等于零时的折现率。它是反映项目占用的投资对国民经济的净贡献能力的相对指标(比率指标)。计算公式为:

$$\sum_{t=0}^{n}(B_t - C_t)(1 + EIRR)^{-t} = 0 \tag{7-16}$$

一般当经济内部收益率大于或等于社会折现率时,说明项目所占用的投资对国民经济净贡献能力可达到要求,即从国民经济的角度来看是可以接受的,反之,应予拒绝。

社会折现率是建设项目在经济费用效益分析中的判据参数,是衡量经济内部收益率的基准值,也是计算项目经济净现值的折现率,是项目经济可行性和方案比选的主要判据。

实际上,社会折现率就是资金的影子价格,它是按机会成本的原则来确定的,其大小等于因为项目占用资金,从而放弃其他资金使用机会给国民经济所带来的损失。社会折现率体现了国家的经济发展目标和宏观调控意图,综合反映国家当前的投资收益水平、资金供需情况及资金的机会成本。适当的社会折现率有助于合理分配建设资金,引导资金投向对国民经济贡献大的项目,调节资金供需关系。

结合当前的实际情况,国家发展改革委和住建部在《建设项目经济评价方法与参数》(第3版)中,测定当前的社会折现率为8%;对于受益期长的建设项目,如果远期效益较大,效益实现的风险较小,社会折现率可适当降低,但不应低于6%。

②经济净现值(*ENPV*)

经济净现值是反映项目对国民经济所做贡献的绝对指标(价值指标)。它是用社会折现率将项目计算期内各年的净效益折算到建设起点(开工前一年)的现值之和,其经济含义是在整个计算期内项目投资对国民经济的净贡献。计算公式为:

$$ENPV = \sum_{t=0}^{n}(B_t - C_t)(1 + i_s)^{-t} \tag{7-17}$$

式中:*ENPV*——项目经济净现值(万元);

B_t——第 t 年的项目经济效益额(万元);

C_t——第 t 年的项目经济费用值(万元);

i_s——社会折现率;

n——项目评价年限。

当 $ENPV=0$ 时,表明项目投资的净贡献刚好满足社会折现率的要求;当 $ENPV>0$ 时,表明项目评价期内总效益大于总费用,可以得到以现值计算的社会盈余,项目可行。当 $ENPV<0$ 时,说明项目投资的净贡献达不到社会折现率的要求,故项目是不能接受的。*ENPV* 的数值越大,方案的经济可行性就越好。

③经济效益费用比(*EBCR*)

项目投资的经济效益费用比是指评价期限内各年的经济效益现值总额与各年的经济费用现值总额的对比,其经济含义为单位投资经济费用能获取多少经济效益。计算公式为:

$$EBCR = \frac{\sum_{t=0}^{n} B_t(1+i_s)^{-t}}{\sum_{t=0}^{n} C_t(1+i_s)^{-t}} \tag{7-18}$$

当 $EBCR=1$ 时，说明项目的经济效益现值与经济费用现值相等；当 $EBCR>1$ 时，说明项目的经济效益现值大于经济费用现值，具有社会盈余，项目可行；当 $EBCR<1$ 时，说明项目具有的社会盈余不足以低偿项目的投入，项目不可接受。

④投资回收期（N）

投资回收期是以项目的净效益抵偿项目建设总投资所需要的时间，也就是项目的经济效益与费用相抵需要的年份数。投资回收期有静态和动态两种。静态投资回收期采用费用效益的原值，不考虑货币的时间价值；动态的投资回收期要考虑时间价值因素，即对建设投资费用和效益采用同一折现率折现为现值，然后再计算费用和效益相抵的年限。

采用投资回收期作为评价指标，主要是根据收回投资年限的长短来作为衡量和筛选项目的标准和依据。一般地，投资回收期短说明项目对社会的投入回收快，风险较小，项目值得投资，或项目方案可行。

⑤最佳建设时机（$FYRR$）

采用建设项目第一年收益率计算拟建项目最佳建设时机。计算公式为：

$$FYRR = \frac{B_{m+1}}{\sum_{t=1}^{m} C_t(1+I_s)^{m-t}} \tag{7-19}$$

式中：B_{m+1}——拟建项目通车后第一年的国民经济效益（万元）；

t——建设期年序数（$t=0$ 为基年），$t=1,2,\cdots,m$；

C_t——第 t 年的建设费用（万元）；

I_s——社会折现率。

若 $FYRR$ 大于社会折现率，表明项目建设时机已成熟。

（2）敏感性分析

由于公路建设项目经济评价所采用的数据，大部分来自预测和估算，为分析不确定性因素对公路项目评价指标的影响，需进行敏感性分析，以估计项目可能承担的经济风险。敏感性分析可通过编制敏感性分析表（表 7-4）进行。

经济费用效益分析敏感性分析表 表 7-4

效益减少	项目 \ 费用增加	0%	10%	20%
20%	*N*			
	ENPV			
	EBCR			
	EIRR			
10%	*N*			
	ENPV			
	EBCR			
	EIRR			

续上表

效益减少 \ 项目 \ 费用增加		0%	10%	20%
0%	*N*			
	ENPV			
	EBCR			
	EIRR			

敏感性分析结果能抵御费用和效益双向20%的不利变化，表明项目经济抗风险能力很强；抵御双向10%不利变化时，抗风险能力较强；抵御单向10%不利变化时，抗风险能力一般；不能抵御单向10%不利变化时，抗风险能力较弱。

第三节　收费公路建设项目财务分析

一、收费公路财务分析的阶段与内容

目前，我国的收费公路主要有两种类型，一类是收费还贷型，另一类是收费经营型。据此，对收费公路进行财务分析时，先进行融资前财务分析，融资前财务分析结论可行后，确定融资方案，再进行融资后分析。

融资前分析是在不考虑融资方案影响的条件下，从项目投资总获利能力的角度，考察项目方案设计的合理性；融资前分析计算的相关指标，是初步投资决策与融资方案研究的依据和基础；融资后分析是以融资前分析和初步的融资方案为基础，考察项目在拟定融资条件下的盈利能力、偿债能力和财务生存能力，判断项目方案在融资条件下的可行性。融资后分析用于比选融资方案，帮助投资者做出融资决策和最终的投资决策。

融资前财务分析时，只需要进行财务盈利能力分析，该分析是在项目投资现金流量表中进行的。融资后财务分析包括盈利能力分析、偿债能力分析和财务生存能力分析三项内容，其中盈利能力分析可通过项目资本金现金流量表、投资各方现金流量表进行；偿债能力分析通过在相关报表中计算利息备付率和偿债备付率指标，判断项目的偿债能力；财务生存能力则通过财务计划现金流量表进行。因此，收费公路财务分析是在一系列的报表中进行的。

二、收费公路财务分析基础数据的测算

财务分析基础数据是项目财务分析的基础，测算数据的准确性对项目评价结论有直接影响。收费公路财务分析的基础数据包括建设投资、经营成本、营业收入等。

1. 建设投资

收费公路建设投资可按《公路工程估算指标》(JTG/T M21—2011)和《公路工程基本建设项目投资估算编制办法》(JTG M20—2011)的内容和方法进行测算，投资构成包括建筑安装工程费、设备工具器具及家具购置费、工程建设其他费用和预备费用。

2. 经营成本

公路建设项目运营期间的成本与费用主要是公路的日常养护费用、大中修费用以及管理费用等，一般通过对拟建项目所在地区相同或类似的、正在使用中的项目调查资料进行估算。公路项目的总成本费用估算表如表7-5所示。

总成本费用估算表 表7-5

序号	项目	合计	计算期					
			1	2	3	4	…	n
1	日常养护费							
2	大、中修费							
3	管理费							
4	其他费用							
5	经营成本(1+2+3+4)							
6	折旧费							
7	摊销费							
8	利息支出							
9	总成本费用合计(5+6+7+8)							

3. 营业收入

收费公路项目的营业收入一般是指对公路使用者收取的车辆通行费，即收费收入。收费收入以项目交通量、收费标准和收费里程为基础计算得到，计算公式为：

$$R = \sum_{v=1}^{n}(T_v \cdot TR_v \cdot L) \times 365 \tag{7-20}$$

式中：R——收费年收入(元)；

T_v——车型v的年平均日交通量(自然数，辆/日)；

TR_v——车型v的收费标准(元/车公里)；

L——拟建项目里程(km)。

车辆通行费收费标准的确定应考虑的主要因素有：公路使用者所获得的效益、其他相关运输方式的收费标准和其他公路的收费标准、公路使用者对公路收费的负担能力和接受能力、投资者期望的投资收益率、不同车型车辆(使用者)所获得效益的大小以及对公路的损坏程度等。

在进行公路项目前期研究时，通常在考虑上述因素的基础上，结合拟建项目所在地区的其他收费公路收费标准确定。

在项目经济评价的计算期内，项目通行费收费标准一般会作适当的调整，调整的时间间隔、幅度等可以参照拟建项目所在地区的类似项目确定。

此外，当拟建项目有相关联的配套服务、开发等商业性设施时，应计入其建设投资、经营成本和税金等各项支出，同时也应将其产品销售收入计入营业收入。

4. 行业财务基准折现率

公路项目融资前财务分析所使用的财务基准折现率，应按照发布的行业基准折现率取值。在行业财务基准折现率发布之前，以国家规定的公路行业最低资本金比例确定的资金结构及国内银行长期贷款利率计算的加权平均资金成本率代替。目前该资本金比例为25%。

三、收费公路财务分析报表

项目经济评价需要编制的财务报表主要有：各类现金流量表、利润与利润分配表、财务计划现金流量表、资产负债表和借款还本付息计划表。

1. 项目投资现金流量表

项目投资现金流量表的形式如表7-6所示，是融资前，即不考虑资金来源，以全部投资作为项目的计算基础，用以计算全部投资所得税前及所得税后项目的内部收益率、财务净现值和投资回收期等指标，考察项目全部投资的盈利能力。

项目投资现金流量表（单位：万元） 表7-6

序号	项　目	合计	计　算　期							
			1	2	3	4	5	6	…	*n*
1	现金流入									
1.1	收费收入									
1.2	回收资产余值									
1.3	其他收入									
2	现金流出									
2.1	建设投资（不含建设期利息）									
2.2	经营成本									
2.2.1	运营管理									
2.2.2	养护费									
2.2.3	大中修费									
2.3	营业税金及附加									
3	所得税前净现金流量（1－2）									
4	累计所得税前净现金流量									
5	调整所得税									
6	所得税后净现金流量（3－5）									
7	累计所得税后净现金流量									

	所得税前	所得税后
项目投资财务内部收益率（%）		
财务净现值		
投资回收期		
效益费用比		

2. 项目资本金现金流量表

项目资本金现金流量表的形式如表7-7所示，是从投资者角度出发，以投资者投入的资本金作为计算基础，把借款本金偿还和利息支出作为现金流出，用以计算资本金财务内部收益率等评价指标，考察项目资本金的盈利能力。

项目资本金现金流量表(单位:万元)　　表 7-7

序号	项　目	合计	计　算　期							
			1	2	3	4	5	6	…	n
1	现金流入									
1.1	收费收入									
1.2	回收资产余值									
1.3	其他收入									
2	现金流出									
2.1	项目资本金									
2.2	借款本金偿还									
2.3	借款利息支出									
2.4	经营成本									
2.5	营业税金及附加									
2.6	所得税									
3	净现金流量(1-2)									
4	累计净现金流量									

所得税前　　所得税后

项目资本金财务内部收益率(%)
财务净现值
投资回收期
效益费用比

3. 投资各方现金流量表

当项目有两个以上投资者时,需要编制投资各方现金流量表(表 7-8),从投资者各方的角度考察项目给不同投资方分别带来的盈利水平。

投资各方现金流量表(单位:万元)　　表 7-8

序号	项　目	合计	计　算　期							
			1	2	3	4	5	6	…	n
1	现金流入									
1.1	实分利润									
1.2	资产处置收益分配									
1.3	租赁费收入									
1.4	技术转让或使用收入									
1.5	其他现金流入									
2	现金流出									
2.1	实缴资本									
2.2	租赁资产支出									
2.3	其他现金流出									
3	净现金流量(1-2)									

计算指标:

投资各方财务内部收益率(%)

4. 财务计划现金流量表

财务计划现金流量表的形式如表 7-9 所示,反映项目计算期各年的投资、融资以及经营活动的现金流入和流出,用以计算累计盈余资金,分析项目的财务生存能力。

财务计划现金流量表(单位:万元) 表 7-9

序号	项目	合计	计算期							
			1	2	3	4	5	6	…	*n*
1	经营活动净现金流量(1.1 - 1.2)									
1.1	现金流入									
1.1.1	营业收入									
1.1.2	增值税销项税额									
1.1.3	补贴收入									
1.1.4	其他流入									
1.2	现金流出									
1.2.1	经营成本									
1.2.2	增值税进项税额									
1.2.3	营业税金及附加									
1.2.4	增值税									
1.2.5	所得税									
1.2.6	其他流出									
2	投资活动净现金流量(2.1 - 2.2)									
2.1	现金流入									
2.2	现金流出									
2.2.1	建设投资									
2.2.2	维持营运投资									
2.2.3	流动资金									
2.2.4	其他流出									
3	筹资活动净现金流量(3.1 - 3.2)									
3.1	现金流入									
3.1.1	项目资本金投入									
3.1.2	建设项目借款									
3.1.3	流动资金借款									
3.1.4	债券									
3.1.5	短期借款									
3.1.6	其他流入									
3.2	现金流出									

续上表

序号	项目	合计	计算期							
			1	2	3	4	5	6	…	n
3.2.1	各种利息支出									
3.2.2	偿还债务本金									
3.2.3	应付利润(股利分配)									
3.2.4	其他流出									
4	净现金流量(1+2+3)									
5	累计盈余资金									

5.利润与利润分配表的编制

利润与利润分配表(表7-10),反映项目计算期内各年营业收入、总成本费用、利润总额等情况,以及所得税后利润的分配,用以计算总投资收益率、项目资本金净利润率等指标。

利润与利润分配表(单位:万元)　　表7-10

序号	项目	合计	计算期							
			1	2	3	4	5	6	…	n
1	收费收入									
2	营业税金及附加									
3	其他收入									
4	总成本费用									
4.1	经营成本									
4.2	折旧									
4.3	运营期利息支出									
4.4	其他费用									
5	利润总额(1-2+3-4)									
6	弥补以前年度亏损									
7	应纳所得税额(5-6)									
8	所得税									
9	净利润(5-8)									
10	期初未分配利润									
11	可供分配利润(9+10)									
12	提取法定盈余公积金									
13	可供投资者分配的利润(11-12)									
14	应付优先股股利									
15	提取任意盈余公积金									
16	应付普通股股利(13-14-15)									
17	各投资方利润分配									

续上表

序号	项 目	合计	计 算 期						
			1	2	3	4	5	6	…	n
	其中:××方									
	××方									
18	未分配利润 (13－14－15－17)									
19	息税前利润 (利润总额＋利息支出)									
20	息税折旧摊销前利润 (息税前利润＋折旧＋摊销)									

6. 资产负债表的编制

资产负债表(表 7-11),用于综合反映项目计算期内各年年末资产、负债和所有者权益的增减变化及对应关系,计算资产负债率。

资产负债表(单位:万元) 表 7-11

序号	项 目	计 算 期							
		1	2	3	4	5	6	…	n
1	资产								
1.1	流动资产总额								
1.1.1	货币资金								
1.1.2	应收账款								
1.1.3	预付账款								
1.1.4	存货								
1.1.5	其他								
1.2	在建工程								
1.3	固定资产净值								
1.4	无形及其他资产净值								
2	负债及所有者权益 (2.4＋2.5)								
2.1	流动负债总额								
2.1.1	短期借款								
2.1.2	应付账款								
2.1.3	预收账款								
2.1.4	其他								
2.2	建设投资借款								
2.3	流动资金借款								
2.4	负债小计(2.1＋2.2＋2.3)								
2.5	所有者权益								

续上表

序号	项目	计算期							
		1	2	3	4	5	6	…	n
2.5.1	资本金								
2.5.2	资本公积金								
2.5.3	累计盈余公积金								
2.5.4	累计未分配利润								
计算指标： 资产负债率(%)									

7. 借款还本付息表

借款还本付息计划表反映项目计算期内各年借款本金偿还和利息支付情况，用于计算偿债备付率和利息备付率指标，一般按借款的不同种类编制，见表 7-12。

借款还本付息计划表(单位:人民币万元) 表 7-12

序号	项目	合计	计算期							
			1	2	3	4	5	6	…	n
1	借款 1									
1.1	期初借款余额									
1.2	当期还本付息									
	其中:还本									
	付息									
1.3	期末借款余额									
2	借款 2									
2.1	期初借款余额									
2.2	当期还本付息									
	其中:还本									
	付息									
2.3	期末借款余额									
3	债券									
3.1	期初债务余额									
3.2	当期还本付息									
	其中:还本									
	付息									
3.3	期末债务余额									
4	借款和债券合计									
4.1	期初余额									
4.2	当期还本付息									
	其中:还本									

续上表

序号	项目	合计	计算期							
			1	2	3	4	5	6	…	n
	付息									
4.3	期末余额									
计算指标	利息备付率(%)									
	偿债备付率(%)									

四、收费公路财务分析方法

收费公路财务分析是通过编制财务分析报表,计算财务指标的方法进行的。通过分析项目的盈利能力、偿债能力和财务生存能力,判断项目的财务可接受性,明确项目对财务主体及投资者的价值贡献,为项目决策提供依据。其具体步骤如图7-2所示。

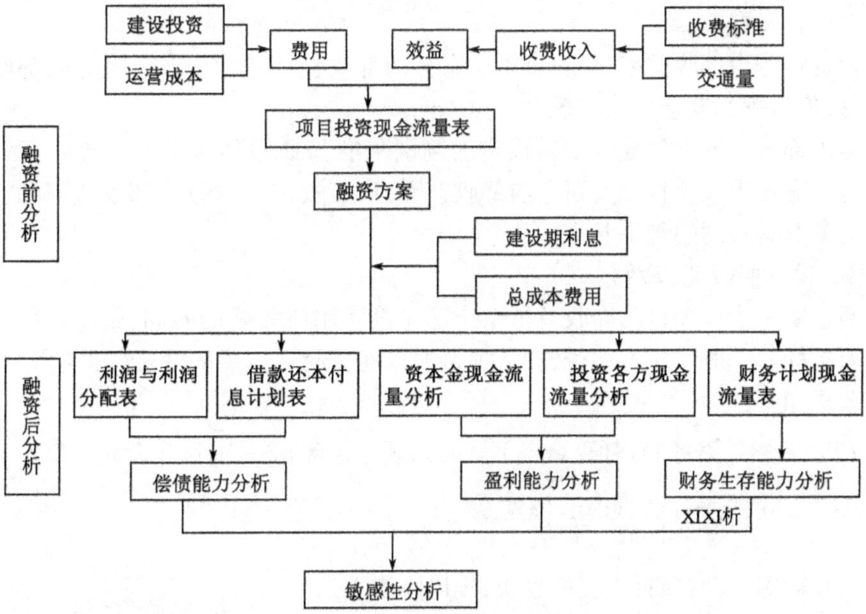

图7-2 财务分析的步骤

1. 财务盈利能力评价

盈利能力分析的主要指标包括项目投资财务内部收益率和财务净现值、项目资本金财务内部收益率、投资回收期、总投资收益率、项目资本金净利润率等。评价时可根据项目的特点及财务分析的目的、要求等选用。

(1)财务净现值($FNPV$)

指按设定的折现率(一般采用基准收益率)计算的项目计算期内净现金流量的现值之和,计算公式如下:

$$FNPV = \sum_{t=0}^{n}(CI - CO)_t(1 + i_c)^{-t} \tag{7-21}$$

式中:$FNPV$——财务净现值;

CI——现金流入量；

CO——现金流出量；

$(CI-CO)_t$——第 t 年的净现金流量；

n——项目计算期；

i_c——设定的折现率(同基准收益率)。

一般情况下,财务盈利能力分析只计算项目投资财务净现值,可根据需要选择计算所得税前净现值或所得税后净现值。按照设定的折现率计算的财务净现值大于或等于零时,项目方案在财务上可考虑接受。

(2)财务内部收益率($FIRR$)

指使项目计算期内净现金流量现值累计等于零时的折现率,即满足下式的 $FIRR$：

$$\sum_{t=0}^{n}(CI-CO)_t(1+FIRR)^{-t}=0 \tag{7-22}$$

式中:$FIRR$——财务内部收益率；

其他符号含义同前。

项目投资财务内部收益率、项目资本金财务内部收益率和投资各方财务内部收益率都依据上式计算,但所用的现金流入和现金流出不同。

当财务内部收益率大于或等于所设定的判别基准,(通常称为基准收益率)时,项目方案在财务上可考虑接受。项目投资财务内部收益率、项目资本金财务内部收益率和投资各方财务内部收益率可有不同的判别基准。

(3)财务投资回收期(FPt)

投资回收期是指以项目的净收益抵偿全部建设费用所需要的时间,是反映项目投资回收能力的重要指标。一般以年为单位,并从项目建设期算起。如果从投入运营年算起,应特别注明。计算公式如下：

$$FPt=\text{累计财务净现值(收益)开始出现正值年份}-\text{项目建设起始年份}+\frac{\text{上年累计净现值的绝对值}}{\text{当年净收益现值}} \tag{7-23}$$

投资回收期短,表明项目投资回收快,抗风险能力强。

2. 偿债能力评价

公路项目清偿能力分析主要是考察计算期内各年的财务状况及偿债能力。主要采用借款偿还期指标进行评价,也可以用利息备付率(ICR)或偿债备付率($DSCR$)指标来考察。

(1)借款偿还期

借款偿还期是指在国家财政规定及项目具体财务条件下,用项目建成投入运营后可用于还款的资金,按照最大偿还能力计算偿还借款本金和利息所需要的时间。计算公式如下：

$$\text{借款偿还期}=\text{借款偿还后开始出现盈余年份}-\text{开始借款年份}+\frac{\text{当年应偿还借款额}}{\text{当年可用于还款的资金额}}(\text{年}) \tag{7-24}$$

当借款偿还期小于财务分析计算期或满足贷款机构期限要求时,即可认为项目具有偿还能力。

（2）利息备付率（ICR）

系指在借款偿还期内的息税前利润（$EBIT$）与应付利息（PI）的比值，它从付息资金来源的充裕性角度反映项目偿付债务利息的保障程度，按下式计算：

$$ICR = \frac{EBIT}{PI} \times 100\% \tag{7-25}$$

式中：$EBIT$——息税前利润；

PI——计入总成本费用的应付利息。

利息备付率应分年计算。利息备付率高，表明利息偿付的保障程度高。利息备付率应当大于1，并结合债权人的要求确定。

（3）偿债备付率（$DSCR$）

系指在借款偿还期内，用于计算还本付息的资金（$EBITDA - T_{AX}$）与应还本付息金额（PD）的比值，它表示可用于还本付息的资金偿还借款本息的保障程度，计算公式如下：

$$DSCR = \frac{EBITDA - T_{AX}}{PD} \times 100\% \tag{7-26}$$

式中：$EBITDA$——息税前利润加折旧和摊销；

T_{AX}——企业所得税；

PD——应还本付息金额，包括还本金额和计入总成本费用的全部利息。融资租赁费用可视同借款偿还。运营期内的短期借款本息也应纳入计算。

如果项目在运行期内有维持运营的投资，可用于还本付息的资金应扣除维持运营的投资。

偿债备付率应分年计算，偿债备付率高，表明可用于还本付息的资金保障程度高。偿债备付率应大于1，并结合债权人的要求确定。

3. 财务生存能力分析

财务生存能力分析，是通过编制财务计划现金流量表，考察项目计算期内的投资、融资和经营活动所产生的各项现金流入和流出，计算净现金流量和累计盈余资金，分析项目是否有足够的净现金流量维持正常运营，以实现财务可持续性。

财务可持续性应首先体现在有足够大的经营活动净现金流量，其次各年累计盈余资金不应出现负值。若出现负值，应进行短期借款，同时分析该短期借款的年份长短和数额大小，进一步判断项目的财务生存能力。短期借款应体现在财务计划现金流量表中，其利息应计入财务费用。为维持项目正常运营，还应分析短期借款的可靠性。

判断项目是否具有财务生存能力有两个条件：一是项目是否拥有足够的经营净现金流量；二是各年累计盈余资金是否出现负值。

拥有足够的经营净现金流量是财务可持续的基本条件，特别是在运营初期。一个项目具有较大的经营净现金流量，说明项目方案比较合理，实现自身资金平衡的可能性大，不会过分依赖短期融资来维持运营。反之，一个项目不能产生足够的经营净现金流量，或经营净现金流量为负值，说明维持项目正常运行会遇到财务上的困难，项目方案缺乏合理性，实现自身资金平衡的可能性小，有可能要靠短期融资来维持运营，或者是非经营项目本身无能力实现自身资金平衡，提示要靠政府补贴。

各年累计盈余资金不出现负值是财务生存的必要条件。在整个运营期间，允许个别年份的净现金流量出现负值，但不能容许任一年份的累计盈余资金出现负值。一旦出现负值时应适时进行短期融资，该短期融资应体现在财务计划现金流量表中，同时短期融资的利息也应纳入成本费用和其后的计算。较大的或较频繁的短期融资，有可能导致以后的累计盈余资金无法实现正值，致使项目难以持续运营。

4. 敏感性分析

公路建设项目财务分析敏感性分析与经济费用效益分析中敏感性分析的原理相同，评价依据也相同，敏感性分析表见表7-13。敏感性分析结果能抵御支出和收入双向20%的不利变化，表明项目经济抗风险能力很强；抵御双向10%不利变化时，抗风险能力较强；抵御单向10%不利变化时，抗风险能力一般；不能抵御单向10%不利变化时，抗风险能力较弱。

财务分析敏感性分析表 表7-13

效益减少＼项目＼费用增加		0%	10%	20%
20%	P_t			
	FNPV			
	FIRR			
10%	P_t			
	FNPV			
	FIRR			
0%	P_t			
	FNPV			
	FIRR			

第四节　公路改扩建项目经济评价

根据《公路建设项目经济评价方法与参数》的规定：对于改扩建项目，经济费用效益分析和财务分析的基本方法原则上应采用增量法；对于增量收入和支出难以准确甄别的改扩建项目，可以用包括原有投资和新增投资的总投资作为费用，以包括原有使用者和新增使用者的所有使用者的总效益作为效益，来进行计算相应的指标和评价，这种方法称为存量法。

公路改扩建项目经济评价采用增量法计算时，应正确识别与估算“无项目”“有项目”“现状”“新增”“增量”等五种状态下的资产、资源、效益与费用。其中：“无项目”指无改扩建情况下，项目可能发生的效益与费用流量；“有项目”指改扩建后，项目可能发生的效益与费用流量；“现状”指项目改扩建前的资产与资源、效益与费用数据，也可称“基本值”；“新增”指项目改扩建过程中各时点“有项目”的流量与“现状”数据之差；“增量”指“有项目”的流量减“无项目”的流量。

公路改扩建项目经济评价时,明确增量费用和增量效益后,即可通过编制增量现金流量表,计算评价指标进行分析评价。增量现金流量表的形式如表7-14所示。

项目增量投资现金流量表(单位:万元)　　表7-14

序号	项　目	合计	计算期							
			1	2	3	4	5	6	…	n
1	增量现金流入									
1.1	收费收入增量									
1.2	回收资产余值									
1.3	其他收入									
2	增量现金流出									
2.1	建设投资(不含建设期利息)									
2.2	经营成本增量									
2.2.1	运营管理费增量									
2.2.2	养护费增量									
2.2.3	大中修费增量									
2.3	营业税金及附加									
3	所得税前增量净现金流量									
4	所得税后增量净现金流量									
5	调整所得税									
6	税后增量净现金流量									
7	税后累计增量净现金流量									

	所得税前	所得税后
财务内部收益率(%)		
财务净现值		
投资回收期		
效益费用比		

【例7-1】　某一级改高速扩建项目,改扩建总投资为34亿元,其中贷款22亿元。原一级公路为收费公路,据调查,该区域一级公路养护费为4万元/年·km,管理费为4万元/年·km,大修费为65万/km。高速公路养护费为7万元/年·km,管理费为9.5万元/年·km,大修费为105万/km。则:

(1)增量投资=改扩建投资=34亿元。

(2)增量效益=增量收费收入=有项目情况下改扩建项目的收费收入-无项目情况下老路的收费收入。

(3)养护费增量=7-4=3(万元/年·km)。

(4)管理费增量=9.5-4=5.5(万元/年·km)。

(5)大修费增量=105-65=40(万元/km)。

第五节　案 例 分 析

某扩建项目建设里程 153.282km，全线采用设计速度 100km/h 的六车道高速公路标准，桥梁和隧道占路线总长的 47.1%；全线设 11 处互通式立体交叉，立体交叉连接线 44.15km（一级公路 25.8km、路基宽 23m；二级公路 8.35km、路基宽 12m；三级公路 10km，路基宽 7.5m）；设匝道收费站 7 处，服务区 3 处、停车区 1 处；全线占用土地 16 155 亩。

本项目估算总投资 201.42 亿元，其中，拟申请利用国内银行贷款 151 亿元，约占总投资的 75%，其余为国家专项建设资金和省自筹资金。

一、经济费用效益分析案例

1. 评价期的确定

项目评价期包括项目建设期和项目运营期，根据该省公路建设计划安排，本项目建设期 4 年、运营期 20 年，项目评价期 24 年（2012—2035 年）。

2. 评价参数

（1）社会折现率

社会折现率表示从国家角度对资金机会成本和资金时间价值的估量，根据《建设项目经济评价方法与参数》（第 3 版），社会折现率取 8%。

（2）影子工资换算系数

影子工资换算系数与地方劳动力的状况、结构及就业水平有关。根据本项目工程实际，确定项目建设队伍由 50% 的专业队伍（技术性工种）和 50% 的非技术性工种组成。其中，专业队伍的影子工资系数为 1.0，民工的影子工资系数为 0.6，加权计算取 0.80。

（3）残值

残值取经济费用的 50%，以负值计入评价末年的经济费用中。

3. 项目建设费用的调整

（1）主要投入物的影子价格

本项目工程建设的主要投入物有钢筋、普通钢材、石油沥青、原木、锯材、水泥等，除水泥按非外贸进口货物调整外，其他投入物均为外贸进口货物。据调查，目前项目主要投入物均采用市场价格，因此，不进行调整。

（2）土地影子价格

影子价格由土地机会成本和新增资源消耗组成。本项目所占的土地以农村土地为主，估算土地征用费中的土地补偿费及青苗补偿费属土地机会成本，由于该部分费用是按当地正常土地征收补偿标准计算，不存在优惠，根据《建设项目经济评价方法与参数》（第 3 版）相关规定，剔除其中所包括的征地管理费、耕地占用税、耕地开垦费、土地管理费、土地开发费等转移支付即可，该费用约占土地征用费的 5%；地上建筑物补偿费及安置补助费属新增资源消耗，因其取值基本全部覆盖政府实际支付的补偿费用，对其不予调整；经测算本项目土地影子价格为 48 474.72 万元。

(3)人工工资的调整

按换算系数0.8将每个工日18元的估算价格调整为14.4元的影子价格。

(4)其他费用的调整

对估算中未消耗社会资源仅仅属于国内资金转移支付部分的费用——税金、国内金融机构贷款利息进行剔除,其他各项费用不作调整。

本项目总投资估算为201.42亿元,调整后的经济成本为175.84亿元,调整系数为0.873 0,详见表7-15。

建设费用调整表 表7-15

项目	单位	数量	调整原则	估算金额(万元)	经济费用(万元)
一、建筑安装工程费	公路公里	153.282	调整	1 513 556.09	1 449 326.84
1.人工	工日	86 680 252	调整	156 024.45	140 422.01
2.税金	公路公里	153.282	剔除	48 626.80	0.00
二、设备及工器具购置费	公路公里	153.282	不调	28 800.92	28 800.92
三、工程建设其他费用	公路公里	153.282	调整	313 536.24	122 033.54
1.土地征用费	亩	16 155	调整	51 026.02	48 474.72
2.贷款利息	公路公里	153.282	剔除	188 951.40	0.00
一、二、三部分合计	公路公里	153.282		1 855 893.25	1 600 161.30
预留费用	公路公里	153.282	不调	150 024.77	150 024.77
环保工程费(含绿化)	公路公里	153.282	不调	5 364.87	5 364.87
安全施工监督管理费	公路公里	153.282	不调	2 589.36	2 589.36
文物保护费	公路公里	153.282	不调	306.56	306.56
估算总金额	公路公里	153.282		2 014 178.81	1 758 446.86
经济费用/工程估算	%	87.30			

4.运营成本的调整

本项目运营成本包括公路养护费、大修费、日常运营管理费以及隧道机械通风照明费。

(1)养护费

参照该省现有同类高速公路的养护费支出情况,确定项目通车初年经常性养护费为8万元/年·km,按项目总里程计算全线养护费1 226万元/年。

(2)大修费

经测算,本项目大修费用约为62.15万元/km,安排在项目通车第10、11年进行,且大修期当年不计养护费。

(3)运营管理费

本项目拟设匝道收费站7处、服务区2处、停车区1处,其所需管理费用也参照省内现有同类高速公路实际管理费用,经测算,项目管理费用为1 400万元/年。

(4)隧道机械通风照明费

本项目拟设机械通风隧道总长63.61km,经测算项目通车初年隧道通风照明费需30万元/km·年,隧道总计通风照明费1 908万元/年。

随着交通量的逐年增长，公路的破损程度也将逐年加大，每年所需的运营成本及管理费用亦将同时增加，因此上述各项费用在项目使用期内每年均考虑按2%的速度递增。

以上计算的运营费用为项目的财务运营成本，需利用项目总投资的经济成本与财务成本的调整系数，将其调整为经济运营成本。

5. 汽车运输成本调整

(1)与行驶距离有关的汽车运输成本的调整

与行驶距离有关的车辆运输成本主要受路面平整度和路面坡度等公路条件、行车速度和道路的拥挤情况等交通条件以及车辆性能三方面的影响。本项目主要公路条件见表7-16，所在地区主要机动车技术指标见表7-17。

项目区主要公路条件 表7-16

公路等级	高速公路
道路平整度(*IRI*)	2
坡度(*G*%)	3

机动车技术经济指标 表7-17

项目	单位	客车		货车			
		小客	大客	小货	中货	大货	拖挂
新车财务价格	万元/车	18	26	9	14	23	25
新车经济价格	万元/车	16	22	9	13	17	19
使用年限	年	12	12	12	12	12	12
行驶里程	万km/年	3	8	5	5	6	6
燃料类型	—	汽油	汽油	汽油	汽油	柴油	柴油
轮胎数	条/车	4	6	4	6	10	14
轮胎耐用距离	km/条	50 000	70 000	80 000	80 000	80 000	80 000
轮胎经济价格	元/车	348	696	348	696	1 218	1 218

项目选用与距离有关的燃料、润滑油、轮胎、汽车修理材料及人工等基本消耗是在路面平整度(*IRI*)为2，坡度<2%，行车速度为50km/h基准条件下的消耗。基本消耗数值取自Study of Prioritization of Highway Investments and Improving Feasibility Study Methodologies Pilot Study Report，财务价格采用项目所在地实际值，具体数据见表7-18。

分车型基本消耗 表7-18

费用类型		单位	小客	大客	小货	中货	大货	拖挂
燃料	消耗量	升/百车公里	8.7	20.0	16.0	23.0	26.0	30.0
	经济费用	元/百车公里	54.8	126.0	100.8	144.9	160.9	185.7
润滑油	消耗量	升/百车公里	40.0	40.0	40.0	40.0	40.0	40.0
	经济费用	元/百车公里	10.4	12.4	11.2	12.0	13.2	14.0
轮胎	经济费用	元/百车公里	2.8	6.0	1.7	5.2	15.2	21.3
修理材料	材料消耗与车辆价格比	%	0.015	0.010	0.010	0.010	0.010	0.010
	经济费用	元/百车公里	23.6	22.3	8.9	13.1	17.0	18.8

续上表

费用类型		单位	小客	大客	小货	中货	大货	拖挂
修理人工	修理时间	h/年	30.0	100.0	45.0	70.0	90.0	100.0
	经济费用	元/百车公里	0.7	0.9	0.7	1.0	1.1	1.2
合计	经济费用	元/百车公里	92.4	167.6	123.3	176.3	207.4	241.1

根据确定的分车型基本消耗、评价年份的公路条件(平整度、平均纵坡)、交通条件(拥挤度和速度—流量模型计算出的车速),利用表7-19提供的汽车基本消耗与公路、交通条件的关系,分别对汽车运输成本中的燃料、润滑、轮胎、汽车修理材料及人工消耗进行修正,可计算出评价期内各车型与行驶距离有关的汽车运输成本。

公路条件及交通条件对汽车运输成本的影响 表7-19

车型	成本	公路条件		交通条件	
		平整度(*IRI*)	平均纵坡(*G*%)	速度(km/h)	拥挤度(*V/C*)
小客小货	燃料	$0.979+0.0104\,IRI$	$0.9586\exp(0.027\,G)$	$0.291+24.26/s+0.000087s^2$	$1+0.14\,(v/c)$
	润滑油	$0.804+0.0798\,IRI$		$0.997+0.0471/s+0.0000003s^2$	
	轮胎	$0.751+0.1247\,IRI$		$0.8699\,s^{0.03564}$	$1+0.51\,(v/c)$
	修理人工费	$0.811\exp(0.11\,IRI)-0.01$		$0.6215+18.92/s$	
	修理材料费	$0.702\exp(0.1779\,IRI)-0.002$		$0.6215+18.92/s$	
	折旧	$0.702\exp(0.1779\,IRI)-0.002$		$0.6215+18.92/s$	
中货	燃料	$0.990+0.0048\,IRI$	$0.861\exp(0.129\,G)-0.045$	$0.209+31.04/s+0.000068s^2$	$1+0.14\,(v/c)$
	润滑油	$0.903+0.0487\,IRI$		$0.973+0.27/s+0.0000088s^2$	
	轮胎	$0.943+0.0286\,IRI$		$0.6867\,s^{0.0918}$	$1+0.51\,(v/c)$
	修理人工费	$0.909\exp(0.0916\,IRI)-0.091$		$0.178+41.11/s$	
	修理材料费	$0.85\exp(0.1789\,IRI)-0.215$		$0.178+41.11/s$	
	折旧	$0.85\exp(0.1789\,IRI)-0.215$		$0.178+41.11/s$	
大客	燃料	$0.989+0.0058\,IRI$	$0.861\exp(0.129\,G)-0.045$	$0.341+24.64/S+0.000068s^2$	$1+0.14\,(v/c)$
	润滑油	$0.912+0.0438\,IRI$		$0.998+0.103/s$	
	轮胎	$0.941+0.0295\,IRI$		$0.774\,s^{0.0627}+0.011$	$1+0.51\,(v/c)$
	修理人工费	$0.819\exp(0.0962\,IRI)+0.007$		$0.342+32.9/s$	
	修理材料费	$0.915\exp(0.046\,IRI)-0.003$		$0.342+32.9/s$	
	折旧	$0.915\exp(0.046\,IRI)-0.003$		$0.342+32.9/s$	
大货拖挂	燃料	$0.978+0.0109\,IRI$	$0.811\exp(0.1525\,G)-0.019$	$0.524+16.81/s+0.000056s^2$	$1+0.14\,(v/c)$
	润滑油	$0.908+0.0458\,IRI$			
	轮胎	$0.942+0.0288\,IRI$		$0.8266\,s^{0.051}-0.009$	$1+0.51\,(v/c)$
	修理人工费	$0.961\exp(0.0704\,IRI)-0.106$		$0.429+26.78/s+0.000014\,s^2$	
	修理材料费	$0.847\exp(0.1367\,IRI)-0.113$		$0.429+26.78/s+0.000014\,s^2$	
	折旧	$0.847\exp(0.1367\,IRI)-0.113$		$0.429+26.78/s+0.000014\,s^2$	

(2)与时间有关的汽车运输成本的调整

与时间有关的汽车运输成本包括折旧费、职工工资、福利基金及管理费用、保险费及其他税金。

车辆折旧一般是按平均年限法提取,即不同车型应在各自使用年限内每年提取一定的费用。

职工工资、福利基金的单位费用是按照每辆车驾驶员人数分别乘以年工作小时及每小时人工费用,再根据车辆行驶里程计算出每百车公里的费用。

管理费用是根据其与其他费用的比例关系计算得出。

职工工资、福利基金及管理费等的经济费用等于财务费用。

保险费、车船使用税及牌照税不计入经济成本。

与时间有关的汽车运输成本费用见表7-20。

与时间有关的汽车基本经济运输成本(单位:元/百车公里)　　表7-20

车型	小客	大客	小货	中货	大货	拖挂
折旧经济费用	43.8	23.2	14.8	21.8	23.6	26.1
工资福利经济费用	36.5	76.7	52.6	65.7	63.5	63.5
运管经济费用	4.0	15.0	10.1	13.1	13.1	13.4
费用合计	84.3	114.9	77.5	100.6	100.2	103.0

(3)汽车运输总经济费用

汽车运输总经济费用 = 与行驶距离有关的经济费用 + 与时间有关的经济费用

(4)交通量与车速模型

在计算不同速度下分车型汽车运输成本时,首先应计算在不同交通量下分车型车速。本项目新、老路均为高速公路,采用计算公式如下:

当$v/c \leqslant 0.8$时，　$s = a \cdot \exp[b \cdot (v/c)^2]$(高速公路)　　(7-27)

当$v/c > 0.8$时，　$s = a_l \cdot \exp[b_l \cdot (v/c)^8]$(高速公路)　　(7-28)

式中：s——速度(km/h);

v——标准车小时交通量;

c——标准车小时通行能力;

a、a_l、b、b_l——模型系数,取值见7-21。

交通量与车速模型系数　　表7-21

道路等级	车型	a	b	v/c	a_l	b_l
高速公路	小型客车	96.55	-0.350	0.8	86.039	-0.648
	大型客车	79.08	-0.154	0.8	78.710	-0.559
	小型货车	73.67	-0.160	0.8	71.925	-0.469
	中型货车	68.31	-0.060	0.8	70.956	-0.455
	大型货车	65.00	-0.150	0.8	62.375	-0.327
	拖挂车	61.43	-0.107	0.8	60.227	-0.291

(5)速度与运输成本模型

根据车速与运输成本模型式(7-29),计算车辆运输成本。

$$C = A \cdot S^2 - \frac{B}{S} + D \tag{7-29}$$

式中:C——车辆运输成本(元/百车公里);

S——车速(km/h);

A、B、D——模型系数，取值见表 7-22。

速度与成本模型系数 表 7-22

公路等级	系数	小客	大客	小货	中货	大货
高速公路	A	0.596 7	1.23	0.096 3	0.126	0.556
	B	7.83	15.43	5.32	10.04	14.14
	D	114.11	308.14	141.88	219.99	301.04

6. 经济效益计算

采用相关路线法计算该项目经济效益，结果见表 7-23。

经济效益汇总表（单位：万元） 表 7-23

年度(年)	运输成本降低效益	运输时间节约效益	减少交通事故效益	效益合计
2016	15 872	5 660	70	21 602
2017	44 507	19 308	101	63 916
2018	47 383	21 505	137	69 025
2019	50 358	23 663	177	74 198
2020	53 753	26 591	222	80 566
2021	55 996	28 167	298	84 461
2022	58 786	30 262	388	89 437
2023	60 399	34 798	459	95 656
2024	64 836	45 606	537	110 979
2025	193 798	153 968	626	348 392
2026	205 484	165 775	721	371 980
2027	321 241	197 906	830	519 978
2028	379 455	212 949	954	593 358
2029	407 205	231 714	1 095	640 014
2030	444 461	249 087	1 255	694 803
2031	464 252	267 942	1 388	733 583
2032	491 101	284 787	1 514	777 402
2033	519 857	306 149	1 651	827 657
2034	550 677	325 304	1 800	877 781
2035	583 946	332 046	1 964	917 956

7. 经济费用效益分析评价指标计算及敏感性分析

经济费用效益分析评价指标是在经济费用效益流量表中进行的，该项目的经济费用效益流量表见表 7-24，敏感性分析见表 7-25。

经济费用效益流量表（单位：万元） 表 7-24

年度(年)		效益	费用	建设费用	养护大修费	隧道通风照明	管理费	残值	净现金流量	净现金流量现值	累计净现金流量现值
		1	2	2.1	2.2	2.3	2.4	2.5	3	4	5
建设期	2012		439 612	439 612					-439 612	-407 048	-407 048
	2013		439 612	439 612					-439 612	-376 896	-783 944
	2014		439 612	439 612					-439 612	-348 978	-1 132 922
	2015		439 612	439 612					-439 612	-323 128	1 456 050

续上表

年度(年)		效益	费用	建设费用	养护大修费	隧道通风照明	管理费	残值	净现金流量	净现金流量现值	累计净现金流量现值
		1	2	2.1	2.2	2.3	2.4	2.5	3	4	5
运营期	2016	21 602	3 959		1 071	1 666	1 222		17 643	12 008	-1 444 042
	2017	63 916	4 038		1 092	1 699	1 247		59 878	37 733	-1 406 309
	2018	69 025	4 119		1 114	1 733	1 272		64 906	37 872	-1 368 437
	2019	74 198	4 201		1 136	1 768	1 297		69 996	37 817	-1 330 620
	2020	80 566	4 285		1 159	1 803	1 323		76 281	38 160	-1 292 460
	2021	84 461	4 371		1 182	1 839	1 349		80 090	37 097	-1 255 363
	2022	89 437	4 458		1 206	1 876	1 376		84 978	36 446	-1 218 918
	2023	95 656	4 547		1 230	1 914	1 404		91 109	36 181	-1 182 737
	2024	110 979	4 638		1 254	1 952	1 432		106 340	39 101	-1 143 636
	2025	348 392	11 768		8 316	1 991	1 461		336 624	114 607	-1 029 029
	2026	371 980	12 003		8 483	2 031	1 490		359 977	113 480	-915 549
	2027	519 978	4 922		1 331	2 071	1 520		515 056	150 340	-765 209
	2028	593 358	5 021		1 358	2 113	1 550		588 337	159 009	-606 200
	2029	640 014	5 121		1 385	2 155	1 581		634 893	158 881	-447 318
	2030	694 803	5 224		1 413	2 198	1 613		689 579	159 784	-287 534
	2031	733 583	5 328		1 441	2 242	1 645		728 255	156 246	-131 289
	2032	777 402	5 435		1 470	2 287	1 678		771 968	153 356	22 067
	2033	827 657	5 543		1 499	2 333	1 711		822 113	151 220	173 287
	2034	877 781	5 654		1 529	2 379	1 746		872 127	148 537	321 824
	2035	917 956	-873 456		1 560	2 427	1 781	-879 223	1 791 412	282 505	604 328

$EIRR = 10.47\%$

$ENPV = 604\ 328$ 万元

$EBCR = 1.45$

$EPt = 20.9$ 年

经济费用效益敏感性分析表(税前) 表 7-25

效益减少 \ 项目 \ 费用增加		0%	10%	20%
20%	*N*	23.18	23.84	—
	ENPV	184 713	35 339	-114 036
	EBCR	1.12	1.02	0.94
	EIRR	8.83%	8.15%	7.54%
10%	*N*	21.95	23.04	23.62
	ENPV	394 521	245 146	95 772
	EBCR	1.26	1.15	1.05
	EIRR	9.69%	9.00%	8.37%

续上表

效益减少 \ 项目 \ 费用增加		0%	10%	20%
0%	*N*	20.9	21.84	22.84
	ENPV	604 328	454 953	305 579
	EBCR	1.41	1.28	1.17
	EIRR	10.47%	9.76%	9.13%

该项目经济费用效益评价结果表明，本项目具备一定的经济效益，能够抵御双向10%不利变化，抗风险能力较强。

二、财务分析案例

本项目拟利用国内银行贷款151亿元，贷款利率按分析年5年期以上贷款利率5.94%计算，项目建成后以收取通行费的方式偿还贷款。本项目建设期资金利用安排见表7-26。

建设期资金利用安排表(单位:万元)　　表7-26

年份(年)	年投资比例	年投资额		
		合计	资本金	贷款额度
2012	20%	402 836	100 836	302 000
2013	30%	604 254	151 254	453 000
2014	30%	604 254	151 254	453 000
2015	20%	402 836	100 836	302 000
合计	100%	2 014 179	504 179	1 510 000

1. 财务基准折现率

财务基准折现率按照《建设项目经济评价方法与参数》(第3版)要求，应采用行业基准折现率，但公路行业目前尚无规定，因此根据项目具体情况进行测算。本项目贷款额151亿元，贷款利率5.94%，总投资额201.42亿元，经综合测算本项目财务基准折现率为4.45%。

2. 运营成本及折旧

(1)养护费、大修费、管理费及隧道通风照明费该项费用取值见经济费用效益分析案例相关内容。

(2)固定资产折旧。本项目折旧采用平均年限法，折旧年限按20年考虑，并计算10%的净残值，计入评价末年的回收固定资产余值中。

3. 税费及公积金

(1)营业税及附加

根据《国家税务总局关于公路经营企业车辆通行费收入营业税政策的通知》(财税〔2005〕77号)文规定，高速公路公司营业税税率为3%，城市维护建设税按营业税的7%计征，教育费附加按营业税的3%计征，因此本项目营业税及附加税在公路开通运营时按当年收费总额的3.3%计缴。

(2)所得税

按照新的企业所得税法规定,从2008年起,企业所得税率由33%下调到25%,因此本项目所得税计算按新办法执行,缴纳所得税按应纳税所得额的25%计缴。

(3)公积金

法定盈余公积金按净利润的10%提取。

4. 营业收入

本项目营业收入为道路建成后收取的车辆通行费收入。

(1)收费标准的确定

根据项目所在省份省政府批复的公路收费标准表,确定各车型收费标准为表7-27所示。

各车型收费标准表　　表7-27

年份(年) \ 车型		大客车	小客车	小货车	中货车	大货车	特大及拖挂车
基本费率(元/车公里)	2016—2025	1.74	0.7	0.7	1.40	1.90	2.21
	2026—2035	2.83	1.14	1.14	2.28	3.09	3.60
特大桥隧通行费(元/车次)		30	10	10	20	40	50

(2)收费交通量

按照交通运输部对收费公路的有关政策规定,对警车、军车和执行任务的消防车、救护车及其他一些特殊车辆免缴通行费,据调查免费车辆约为3%左右,故收费交通量按预测交通量的97%进行计算。

(3)年收费收入

年收费收入 = $\sum$各车型日收费交通量 × 各车型收费标准 × 365 × 收费里程。按照此公式计算可得到项目营运期每年的收费收入,见表7-28。

5. 融资前评价

融资前评价是在排除融资方案变化影响的基础上,分析项目投资总获利能力,以此作为初步投资决策与融资方案研究的依据和基础。

在项目预测交通量和投资估算基础上进行融资前盈利能力分析,编制项目投资现金流量表(表7-29),计算项目投资内部收益率和净现值等指标,具体结果见表7-30。

从上表计算数据可看出,在项目预测交通量和投资估算基础上所计算出的项目融资前(税前、税后)财务内部收益率分别为7.66%和6.44%,大于4.45%的财务基准收益率,表明项目具有一定的盈利能力。

6. 融资后评价

融资后评价是以拟定融资方案为基础,考察项目的盈利能力、偿债能力和财务生存能力,判断项目在该融资条件下的可行性。

(1)资本金盈利能力分析

资本金盈利能力分析是通过编制项目资本金现金流量表(表7-31),计算项目资本金财务内部收益率等指标(表7-32),考察项目资本金可获得的收益水平。

通行费收入测算表(单位:万元) 表 7-28

年份(年)	大客车		小客车		小货车		中货车		大货车		特大及拖挂车		合计	
	交通量	通行费	交通量	通行费	交通量	通行费	交通量	通行费	交通量	通行费	交通量	通行费	交通量	通行费
2016	531	5 746	6 516	27 896	1 042	4 459	542	4 639	818	9 885	4 439	62 993	13 885	115 604
2017	564	6 110	6 941	29 718	1 110	4 753	577	4 939	871	10 528	4 729	67 105	14 792	123 154
2018	602	6 520	7 395	31 660	1 182	5 059	615	5 263	928	11 222	5 039	71 495	15 760	131 204
2019	641	6 944	7 876	33 722	1 259	5 389	655	5 610	988	11 950	5 368	76 164	16 787	139 766
2020	683	7 399	8 392	35 927	1 341	5 742	697	5 970	1 053	12 728	5 718	81 130	17 884	148 897
2021	759	8 218	10 031	42 946	1 365	5 844	606	5 191	932	11 273	6 023	85 460	13 885	158 932
2022	815	8 824	10 776	46 135	1 466	6 276	652	5 586	1 002	12 119	6 471	91 817	14 792	170 738
2023	875	9 476	11 577	49 564	1 575	6 743	701	6 006	1 077	13 016	6 951	98 631	15 760	183 432
2024	941	10 189	12 436	53 244	1 693	7 247	753	6 449	1 156	13 981	7 468	105 961	16 787	197 065
2025	1 011	10 947	13 362	57 206	1 819	7 786	809	6 929	1 243	15 030	8 023	113 848	17 884	211 726
2026	1 016	17 206	15 254	102 861	1 896	12 782	630	8 496	1 098	20 578	8 186	179 811	28 080	341 789
2027	1 060	17 941	15 911	107 289	1 978	13 339	657	8 855	1 144	21 444	8 539	187 561	29 288	356 503
2028	1 106	18 723	16 596	111 905	2 064	13 915	686	9 251	1 193	22 363	8 905	195 618	30 549	371 860
2029	1 154	19 528	17 310	116 720	2 152	14 510	715	9 648	1 245	23 334	9 289	204 045	31 864	387 856
2030	1 204	20 382	18 056	121 751	2 244	15 133	746	10 063	1 298	24 331	9 689	212 840	33 237	404 586
2031	1 012	17 135	19 974	134 685	2 367	15 964	556	7 496	1 243	23 307	9 958	218 744	35 109	417 382
2032	1 051	17 798	20 759	139 981	2 460	16 587	577	7 779	1 292	24 226	10 349	227 324	36 488	433 776
2033	1 092	18 486	21 574	145 475	2 556	17 238	599	8 081	1 344	25 197	10 755	236 243	37 920	450 799
2034	1 135	19 220	22 422	151 196	2 657	17 918	623	8 402	1 396	26 168	11 178	245 530	39 411	468 516
2035	1 180	19 979	23 303	157 134	2 762	18 626	648	8 742	1 450	27 192	11 617	255 186	40 960	486 933

项目投资现金流量表(单位:万元) 表 7-29

年份(年)	现金流入			现金流出						税前净现金流	累计税前净现金流	所得税	税后净现金流	累计税后净现金流
	合计	收费收入	回收固定资产余值	合计	公路建设投资	运营成本			营业附加税					
						养护大修费	管理费	隧道通风照明费						
2012				402 836	402 836					−402 836	−402 836		−402 836	−402 836
2013				604 254	604 254					−604 254	−1 007 090		−604 254	−1 007 090
2014				604 254	604 254					−604 254	−1 611 344		−604 254	−1 611 344
2015				402 836	402 836					−402 836	−2 014 180		−402 836	−2 014 180
2016	115 604	115 604		8 349		1 226	1 400	1 908	3 815	107 255	−1 906 925	2 035	105 220	−1 908 960
2017	123 154	123 154		8 689		1 251	1 428	1 946	4 064	114 465	−1 792 461	3 837	110 627	−1 798 333
2018	131 204	131 204		9 048		1 276	1 457	1 985	4 330	122 156	−1 670 305	5 760	116 396	−1 681 937
2019	139 766	139 766		9 424		1 301	1 486	2 025	4 612	130 342	−1 539 963	7 807	122 535	−1 559 402
2020	148 897	148 897		9 822		1 327	1 515	2 066	4 914	139 075	−1 400 887	9 990	129 085	−1 430 316
2021	158 932	158 932		10 252		1 354	1 546	2 107	5 245	148 680	−1 252 207	12 391	136 289	−1 294 027
2022	170 738	170 738		10 741		1 381	1 577	2 149	5 634	159 997	−1 092 210	15 220	144 777	−1 149 250
2023	183 432	183 432		11 262		1 409	1 608	2 192	6 053	172 170	−920 040	18 264	153 906	−995 344
2024	197 065	197 065		11 816		1 437	1 640	2 236	6 503	185 249	−734 791	21 533	163 716	−831 628
2025	211 726	211 726		20 467		9 526	1 673	2 281	6 987	191 259	−543 531	23 036	168 223	−663 405
2026	341 789	341 789		24 838		9 526	1 707	2 326	11 279	316 951	−226 580	54 459	262 492	−400 913
2027	356 503	356 503		17 402		1 523	1 741	2 373	11 675	339 101	112 521	59 996	279 105	−121 808
2028	371 860	371 860		18 020		1 553	1 776	2 420	12 271	353 839	466 360	63 681	290 158	168 350
2029	387 856	387 856		186 63		1 584	1 811	2 469	12 799	369 193	835 553	67 519	301 673	470 024
2030	404 586	404 586		19 332		1 616	1 847	2 518	13 351	385 254	1 220 807	71 535	313 719	783 743
2031	417 382	417 382		19 875		1 649	1 884	2 568	13 774	397 507	1 618 314	74 598	322 909	1 106 652
2032	433 776	433 776		20 538		1 681	1 922	2 620	14 315	413 238	2 031 552	78 531	334 708	1 441 360
2033	450 799	450 799		21 223		1 715	1 960	2 672	14 876	429 575	2 461 128	82 615	346 960	1 788 320
2034	468 516	468 516		21 936		1 749	2 000	2 726	15 461	446 580	2 907 707	86 866	359 714	2 148 034
2035	707 189	486 933	220 257	22 673		1 784	2 040	2 780	16 069	684 516	3 592 224	91 286	593 230	2 741 264

表 7-30

融资前盈利能力分析指标表

评价结果 \ 指标名称		财务内部收益率 *FIRR*(%)	财务净现值 *FNPV*(万元)	财务效益费用比 *FBCR*	财务投资回收期 *FPt*(年,含建设期)
评价指标值	税前	7.66%	890 274	1.45	19
	税后	6.44%	506 991	1.22	21

表 7-31

项目资本金现金流量表(单位:万元)

年份(年)	现金流入			现金流出				运营成本					净现金流	累计净现金流
	合计	公路收费	回收固定资产余值	合计	公路建设投资	借款本金偿还	借款利息偿还	养护大修费	管理费	隧道通风照明费	营业附加税	所得税		
2012				100 836	100 836								−100 836	−100 836
2013				151 254	151 254								−151 254	−252 090
2014				151 254	151 254								−151 254	−403 344
2015				100 836	100 836								−100 836	−504 180
2016	115 604	115 604		155 702		46 468	100 884	1 226	1 400	1 908	3 815	0	−40 098	−544 278
2017	123 154	123 154		156 042		49 229	98 124	1 251	1 428	1 946	4 064	0	−32 888	−577 166
2018	131 204	131 204		156 400		52 153	95 200	1 276	1 457	1 985	4 330	0	−25 197	−602 362
2019	139 766	139 766		156 777		55 251	92 102	1 301	1 486	2 025	4 612	0	−17 011	−619 373
2020	148 897	148 897		157 174		58 533	88 820	1 327	1 515	2 066	4 914	0	−8 277	−627 650
2021	158 932	158 932		157 604		62 010	85 343	1 354	1 546	2 107	5 245	0	1 328	−626 323
2022	170 738	170 738		158 094		65 693	81 660	1 381	1 577	2 149	5 634	0	12 644	−613 678
2023	183 432	183 432		158 615		69 595	77 758	1 409	1 608	2 192	6 053	0	24 817	−588 861
2024	197 065	197 065		159 169		73 729	73 624	1 437	1 640	2 236	6 503	0	37 897	−550 964
2025	211 726	211 726		167 820		78 109	69 244	9 526	1 673	2 281	6 987	0	43 907	−507 058
2026	341 789	341 789		172 191		82 748	64 605	9 526	1 707	2 326	11 279	0	169 598	−337 460
2027	356 503	356 503		164 754		87 663	59 689	1 523	1 741	2 373	11 765	0	191 749	−145 711

续上表

年份(年)	现金流入			现金流出									净现金流	累计净现金流
	合计	公路收费	回收固定资产余值	合计	公路建设投资	借款本金偿还	借款利息偿还	运营成本			营业附加税	所得税		
								养护大修费	管理费	隧道通风照明费				
2028	371 860	371 860		202 999		92 871	54 482	1 553	1 776	2 420	12 271	37 626	168 860	23 149
2029	387 856	387 856		221 294		98 387	48 966	1 584	1 811	2 469	12 799	55 278	166 562	189 712
2030	404 586	404 586		227 439		104 231	43 121	1 616	1 847	2 518	13 351	60 754	177 147	366 858
2031	417 382	417 382		232 593		110 423	36 930	1 649	1 884	2 568	13 774	65 365	184 789	551 648
2032	433 776	433 776		238 828		116 982	30 371	1 681	1 922	2 620	14 315	70 938	194 948	746 595
2033	450 799	450 799		245 335		123 930	23 422	1 715	1 960	2 672	14 876	76 759	205 463	952 059
2034	468 516	468 516		252 140		131 292	16 061	1 749	2 000	2 726	15 461	82 851	216 376	1 168 435
2035	707 189	486 933	220 257	259 246		139 091	8 262	1 784	2 040	2 780	16 069	89 221	447 943	1 616 378

资本金盈利能力分析指标表

表 7-32

指标名称 / 评价结果	财务内部收益率 *FIRR*(%)	财务净现值 *FNPV*(万元)	财务效益费用比 *FBCR*	财务投资回收期 *FPt*(年,含建设期)
评价指标值	8.18	411 669	1.17	20

借款偿还能力分析表(单位:万元)

表 7-33

年份(年)	当年收入	运营成本	营业附加税	当年可用于还款金额	年初借款累计	当年借款支用	本年应计利息	本年支付利息	当年还本额	年末借款累计	利息备付率	偿债备付率
2012						302 000	8 969			310 969		
2013					310 969	453 000	31 926			795 895		
2014					795 895	453 000	60 730			1309 625		
2015					1 309 625	302 000	86 761			1 698 386		
2016	82 574	4 535	2 725	75 314	1 698 386		100 884	100 884	46 468	1 651 918	8%	73%

续上表

年份(年)	当年收入	运营成本	营业附加税	当年可用于还款金额	年初借款累计	当年借款支用	本年应计利息	本年支付利息	当年还本额	年末借款累计	利息备付率	偿债备付率
2017	87 967	4 625	2 903	80 439	1 651 918		98 124	98 124	49 229	1 602 689	16%	78%
2018	93 717	4 718	3 093	85 907	1 602 689		95 200	95 200	52 153	1 550 536	24%	83%
2019	99 833	4 812	3 294	91 727	1 550 536		92 102	92 102	55 251	1 495 286	34%	88%
2020	106 355	4 908	3 510	97 937	1 495 286		88 820	88 820	58 533	1 436 753	45%	94%
2021	113 523	5 007	3 746	104 771	1 436 753		85 343	85 343	62 010	1 374 743	58%	101%
2022	121 956	5 107	4 025	112 825	1 374 743		81 660	81 660	65 693	1 309 050	75%	109%
2023	131 023	5 209	4 324	121 490	1 309 050		77 758	77 758	69 595	1 239 455	94%	117%
2024	140 761	5 313	4 645	130 803	1 239 455		73 624	73 624	73 729	1 165 726	117%	126%
2025	151 233	13 479	4 991	132 763	1 165 726		69 244	69 244	78 108	1 087 618	133%	130%
2026	244 135	13 558	8 056	222 521	1 087 618		64 605	64 605	82 748	1 004 870	337%	215%
2027	254 645	5 636	8 403	240 605	1 004 870		59 689	59 689	87 663	917 206	402%	230%
2028	265 614	5 749	8 765	251 100	917 206		54 482	54 482	92 871	824 336	468%	215%
2029	277 040	5 864	9 142	262 034	824 336		48 966	48 966	98 387	725 949	552%	213%
2030	288 990	5 981	9 537	273 471	725 949		43 121	43 121	104 231	621 717	664%	220%
2031	298 130	6 101	9 838	282 191	621 717		36 930	36 930	110 423	511 295	808%	225%
2032	309 840	6 223	10 225	293 392	511 295		30 371	30 371	116 982	394 313	1 034%	232%
2033	321 999	6 348	10 626	305 025	394 313		23 422	23 422	123 930	270 383	1 411%	239%
2034	334 654	6 474	11 044	317 135	270 383		16 061	16 061	131 292	139 091	2 163%	247%
2035	347 809	6 604	11 478	329 727	139 091		8 262	8 262	139 091	0	4 420%	255%

资产负债表(单位:万元)

表 7-34

年份(年)	资产	流动资产总额	累计盈余资金	在建工程	固定资产净值	负债及所有者权益	负债小计	年末借款累计	所有者权益	资本金	累计盈余公积金	累计未分配利润	资产负债率(%)
2012	411 805			411 805		411 805	310 969	310 969	100 836	100 836			76%
2013	1 047 985			1 047 985		1 047 985	795 895	795 895	252 089	252 089			76%
2014	1 712 969			1 712 969		1 712 969	1 309 625	1 309 625	403 343	403 343			76%
2015	2 202 566			2 202 566		2 202 566	1 698 386	1 698 386	504 179	504 179			77%
2016	2 063 351	−40 099	−40 099		2 103 450	2 063 352	1 651 918	1 651 918	411 434	504 179		−92 745	80%
2017	1 931 348	−72 987	−72 987		2 004 335	1 931 349	1 602 689	1 602 689	328 659	504 179		−175 520	83%
2018	1 807 036	−98 183	−98 183		1 905 219	180 7037	1 550 536	1 550 536	256 500	504 179		−247 679	86%
2019	1 690 909	−115 194	−115 194		1 806 104	1 690 911	1 495 286	1 495 286	195 625	504 179		−308 554	88%
2020	1 583 517	−123 471	−123 471		1 706 988	1 583 518	1 436 753	1 436 753	146 765	504 179		−357 414	91%
2021	1 485 729	−122 144	−122 144		1 607 873	1 485 730	1 374 743	1 374 743	110 987	504 179		−393 192	93%
2022	1 399 258	−109 499	−109 499		1 508 757	1399 259	1 309 050	1 309 050	90 209	504 179		−413 970	94%
2023	1 324 960	−84 682	−84 682		1 409 642	1 324 961	1 239 455	1 239 455	85 505	504 179		−418 674	94%
2024	126 3741	−46 785	−46 785		1 310 526	1 263 742	1 165 726	1 165 726	98 016	504 179	1 251	−407 414	92%
2025	1 208 533	−2 878	−2 878		1 211 411	1 208 533	1 087 618	1 087 618	120 915	504 179	3 541	−386 805	90%
2026	1 279 017	166 721	166 721		1 112 296	1 279 016	1 004 870	1 004 870	274 146	504 179	18 864	−248 897	79%
2027	137 1651	358 471	358 471		1 013 180	1 371 649	917 206	917 206	454 443	504 179	36 894	−86 630	67%
2028	1 441 396	527 331	527 331		914 065	1 441 394	824 336	824 336	617 058	504 179	53 155	59 724	57%
2029	1 508 843	693 894	693 894		814 949	1 508 841	725 949	725 949	782 892	504 179	69 739	208 974	48%
2030	1 586 874	871 040	871 040		715 834	1 586 872	621 717	621 717	965 155	504 179	87 965	373 011	39%
2031	1 672 548	1 055 830	1 055 830		616 718	1 672 546	511 295	511 295	1 161 251	504 179	107 575	549 498	31%
2032	1 768 380	1 250 777	1 250 777		517 603	1 768 378	394 313	394 313	1 374 065	504 179	128 856	741 030	22%
2033	1 874 727	1 456 240	1 456 240		418 487	1 874 726	270 383	270 383	1 604 343	504 179	151 884	948 281	14%
2034	1 991 989	1 672 617	1 672 617		319 372	1 991 987	139 091	139 091	1 852 896	504 179	176 739	1 171 978	7%
2035	2 120 560	1 900 303	1 900 303		220 257	2 120 558	0	0	2 120 558	504 179	203 505	1 412 874	0%

财务计划现金流量表(单位:万元)

表 7-35

年份(年)	经营活动净现金流量	现金流入	营业收入	现金流出	运营成本	营业税及附加	所得税	投资活动净现金流量	现金流入	现金流出	建设投资	融资活动净现金流量	现金流入	资本金投入	建设投资借款	现金流出	利息及融资费用支出	偿还长期债务本金	净现金流量	累计盈余资金
2012								-402 836		402 836	402 836	402 836	402 836	100 836	302 000					
2013								-604 254		604 254	604 254	604 254	604 254	151 254	453 000					
2014								-604 254		604 254	604 254	604 254	604 254	151 254	453 000					
2015								-402 836		402 836	402 836	402 836	402 836	100 836	302 000					
2016	107 254	115 604	115 604	8 350	4 535	3 815						-147 353				147 353	100 884	46 468	-40 099	-40 099
2017	114 465	123 154	123 154	8 689	4 625	4 064						-147 353				147 353	98 124	49 229	-32 888	-72 987
2018	122 156	131 204	131 204	9 048	4 718	4 330						-147 353				147 353	95 200	52 153	-25 197	-98 183
2019	130 342	139 766	139 766	9 424	4 812	4 612						-147 353				147 353	92 102	55 251	-17 011	-115 194
2020	139 075	148 897	148 897	9 822	4 908	4 914						-147 353				147 353	88 820	58 533	-8 277	-123 471
2021	148 680	158 932	158 932	10 252	5 007	5 245						-147 353				147 353	85 343	62 010	1 328	-122 144
2022	159 997	170 738	170 738	10 741	5 107	5 634						-147 353				147 353	81 660	65 693	12 644	-109 499
2023	172 170	183 432	183 432	11 262	5 209	6 053						-147 353				147 353	77 758	69 595	24 817	-84 682
2024	185 249	197 065	197 065	11 816	5 313	6 503						-147 353				147 353	73 624	73 729	37 897	-46 785
2025	191 260	211 726	211 726	20 466	13 479	6 987						-147 353				147 353	69 244	78 108	43 908	-2 878
2026	316 952	341 789	341 789	24 837	13 558	11 279						-147 353				147 353	64 605	82 748	169 599	166 721
2027	339 102	356 503	356 503	17 401	5 636	11 765						-147 353				147 353	59 689	87 663	191 750	358 471
2028	316 213	371 860	371 860	55 647	5 749	12 271	37 626					-147 353				147 353	54 482	92 871	168 860	527 331
2029	313 915	387 856	387 856	73 941	5 864	12 799	55 278					-147 353				147 353	48 966	98 387	166 562	693 894
2030	324 499	404 586	404 586	80 087	5 981	13 351	60 754					-147 353				147 353	43 121	104 231	177 147	871 040
2031	332 142	417 382	417 382	85 240	6 101	13 774	65 365					-147 353				147 353	36 930	110 423	184 789	1 055 830
2032	342 300	433 776	433 776	91 476	6 223	14 315	70 938					-147 353				147 353	30 371	116 982	194 948	1 250 777
2033	352 815	450 799	450 799	97 984	6 348	14 876	76 759					-147 353				147 353	23 422	123 930	205 462	1 456 240
2034	363 730	468 516	468 516	104 786	6 474	15 461	82 851					-147 353				147 353	16 061	131 292	216 377	1 672 617
2035	375 039	486 933	486 933	111 893	6 604	16 069	89 221					-147 353				147 353	8 262	139 091	227 687	1 900 303

计算结果表明,项目资本金具有一定的盈利能力。

(2)偿债能力分析

偿债能力分析主要是通过计算利息备付率、偿债备付率、还款期和资产负债率等指标,分析判断财务主体的偿债能力,考察项目能否按期偿还借款。拟定还款方式为等额还本付息法,20年即到2035年末还清全部贷款本息。贷款偿还能力表和资产负债表分别见表7-33和表7-34。

(3)财务生存能力分析

在以上财务分析各表的基础上编制财务计划现金流量表(表7-35),从表中可看出项目从2021年起净现金流为正值,说明项目财务生存能力较强。

7. 敏感性分析

该项目融资后敏感性分析(税后)结果见表7-36,该项目不能抵御单向10%不利变化的影响,抗风险能力较弱。

融资后敏感性分析表(税后)　　表7-36

效益减少 \ 项目 \ 费用增加		0%	10%	20%
20%	*N*	>24	>24	>24
	ENPV	-348 929	-526 310	-703 691
	EBCR	0.83	0.95	0.86
	EIRR	2.63%	1.86%	1.16%
10%	*N*	>24	>24	>24
	ENPV	-143 264	-320 645	-498 026
	EBCR	0.93	1.07	0.97
	EIRR	3.74%	2.96%	2.25%
0%	*N*	23.62	>24	>24
	ENPV	62 401	-114 980	-292 361
	EBCR	1.23	1.41	1.28
	EIRR	4.74%	3.94%	3.22%

8. 财务评价结论

综合上述财务评价结果可见,在预测交通量和投资估算基础上,项目从财务角度考虑是可行的;但项目抗风险能力较弱。考虑拟建项目地处我省国家能源重化工基地区域,项目融资时可考虑拓宽融资渠道,丰富融资方式,积极吸纳沿线道路使用者的资金和其他社会资金,增大项目资本金投入比例,减少贷款额度,以改善项目财务状况。

总成本费用表见表7-37。利润与利润分配表见表7-38。

总成本费用表(单位:万元)

表 7-37

年份(年)	经营成本					折旧费	借款利息	总成本费用
	小计	养护费	大修费	管理费	隧道通风照明费			
2016	4 535	1 226		1 400	1 908	99 115	100 884	204 534
2017	4 625	1 251		1 428	1 946	99 115	98 124	201 864
2018	4 718	1 276		1 457	1 985	99 115	95 200	199 033
2019	4 812	1 301		1 486	2 025	99 115	92 102	196 029
2020	4 908	1 327		1 515	2 066	99 115	88 820	192 843
2021	5 007	1 354		1 546	2 107	99 115	85 343	189 466
2022	5 107	1 381		1 577	2 149	99 115	81 660	185 882
2023	5 209	1 409		1 608	2 192	99 115	77 758	182 082
2024	5 313	1 437		1 640	2 236	99 115	73 624	178 052
2025	13 479		9 526	1 673	2 281	99 115	69 244	181 840
2026	13 558		9 526	1 707	2 326	99 115	64 605	177 279
2027	5 636	1 523		1 741	2 373	99 115	59 689	164 442
2028	5 749	1 553		1 776	2 420	99 115	54 482	159 347
2029	5 864	1 584		1 811	2 469	99 115	48 966	153 945
2030	5 981	1 616		1 847	2 518	99 115	43 121	148 218
2031	6 101	1 649		1 884	2 568	99 115	36 930	142 146
2032	6 223	1 681		1 922	2 620	99 115	30 371	135 709
2033	6 348	1 715		1 960	2 672	99 115	23 422	128 885
2034	6 474	1 749		2 000	2 726	99 115	16 061	121 651
2035	6 604	1 784		2 040	2 780	99 115	8 262	113 981

利润与利润分配表（单位：万元）

表 7-38

年份(年)	总收入	总支出		利润总额	弥补以前年度亏损	应纳税所得额	缴纳所得税	税后利润	公积金	息税前利润	息税折旧前利润
		总成本费用	营业附加税								
2016	115 604	204 534	3 815	-92 745				-92 745		8 139	107 255
2017	123 154	201 864	4 064	-82 775				-82 775		15 349	114 465
2018	131 204	199 033	4 330	-72 159				-72 159		23 041	122 156
2019	139 766	196 029	4 612	-60 875				-60 875		31 226	130 342
2020	148 897	192 843	4 914	-48 860				-48 860		39 960	139 075
2021	158 932	189 466	5 245	-35 778				-35 778		49 565	148 680
2022	170 738	185 882	5 634	-20 778				-20 778		60 882	159 997
2023	183 432	182 082	6 053	-4 703				-4 703		73 054	172 170
2024	197 065	178 052	6 503	12 510	12 510			12 510	1 251	86 134	185 249
2025	211 726	181 840	6 987	22 900	22 900			22 900	2 290	92 144	191 259
2026	341 789	177 279	11 279	153 231	153 231			153 231	15 323	217 836	316 951
2027	356 503	164 442	11 765	180 297	180 297			180 297	18 030	239 986	339 101
2028	371 860	159 347	12 271	200 242	49 736	150 506	37 626	162 615	16 262	254 724	353 839
2029	387 856	153 945	12 799	221 112		221 112	55 278	165 834	16 583	270 077	369 193
2030	404 586	148 218	13 351	243 017		243 017	60 754	182 263	182 26	286 138	385 254
2031	417 382	142 146	13 774	261 462		261 462	65 365	196 096	19 610	298 392	397 507
2032	433 776	135 709	14 315	283 752		283 752	70 938	212 814	21 281	314 123	413 238
2033	450 799	128 885	14 876	307 038		307 038	76 759	230 278	23 028	330 460	429 575
2034	468 516	121 651	15 461	331 403		331 403	82 851	248 553	24 855	347 464	446 580
2035	486 933	113 981	16 069	356 882		3568 82	89 221	2676 62	26 766	365 144	464 260

【复习思考题】

1. 公路建设项目经济费用效益分析与财务分析的主要区别是什么？

2. 公路建设项目经济费用效益分析与财务分析的步骤及具体工作内容各是什么？

3. 公路建设项目经济费用效益分析与财务分析的评价指标各有哪些？如何计算？

4. 公路建设项目经济费用效益分析与财务分析的主要报表各有哪些？如何编制？

5. 某拟建项目，财务评价中固定资产投资估算包括：建筑工程投资 30 877 万元，设备购置费 4 335 万元，安装工程费 363 万元，工程建设其他费用 3 335 万元(其中土地费用 870 万元)，基本预备费 2 035 万元，建设期贷款利息 636 万元。假定：(1)社会折现率取 8%。(2)建筑工程费用按钢材、木材、沥青的影子价格对财务评价估算予以调整，换算系数平均为 1.1。(3)安装工程影子价格换算系数平均为 1.2。(4)机电设备价格与国际市场价格相近，影子价格换算系数平均为 1.023 9。(5)工程建设其他费用调整后国民经济投资为 2 285 万元(不包括土地费用)。(6)该项目征地 1.306 7km^2，最佳替代用途农作物年净收益 127.2 元/km^2，年递增率 5%，使用期 25 年。该项目新增资源消耗的财务费用主要是征地管理费、安置费等，其总额估算为 392 万元。(7)基本预备费调整为 2 629 万元。

问题：计算该项目调整后的经济费用。

6. 某企业拟投资兴建一公路项目。预计该项目的生命周期为 12 年，其中：建设期 2 年，运营期 10 年。项目投资的现金流量数据如表 7-39 所示。根据国家规定，全部数据均按发生在各年年末计算。项目的折现率按照银行贷款年利率 12% 计算，按季计息。项目的投资回收期 P_c=9 年。

某项目投资现金流量表(单位：万元) 表 7-39

项目 \ 年份	建设期		运营期									
	1	2	3	4	5	6	7	8	9	10	11	12
1 现金流入												
1.1 营业收入			2 600	4 000	4 000	4 000	4 000	4 000	4 000	4 000	4 000	2 600
1.2 回收固定资产余值												500
1.3 流动资金回收												900
2 现金流出												
2.1 建设投资	1 800	1 800										
2.2 流动资金投资			500	400								
2.3 经营成本			1 560	2 400	2 400	2 400	2 400	2 400	2 400	2 400	2 400	1 560
2.4 营业税金及附加												

续上表

项目 \ 年份	建设期		运营期									
	1	2	3	4	5	6	7	8	9	10	11	12
2.5 所得税												
3 净现金流量												
4 累计净现金流量												
5 折现系数												
6 折现净现金流量												
7 累计折现净现金流量												

问题：

(1)分别按3%、25%的税率计算运营期内每年的营业税金及附加和所得税(运营期第一年和最后一年的年总成本为2 400万元,其余各年总成本均为3 600万元)。

(2)计算现金流入量、现金流出量和净现金流量、累计净现金流量。

(3)计算年实际利率,每年折现系数、折现净现金流量和累计净现金流量。

(4)计算该项目的静态、动态投资回收期。

(5)根据计算结果,评价该项目的可行性。

第八章

公路工程项目组织与人力资源管理

【学习目的与要求】

本章主要介绍工程项目组织结构设计和项目人力资源管理两方面内容。通过本章的学习,应了解工程项目组织的含义及特点、组织结构的构成因素、组织结构设计的基本原则及设计程序,熟悉公路工程项目各组织管理模式的特点及适用条件,了解工程项目人力资源的含义、人力资源管理的内容及项目经理应具备的素质,熟悉项目团队管理的发展和建设过程。

第一节　工程项目组织概述

一、工程项目组织含义

组织是管理的一种重要职能,其一般概念是指各生产要素相结合的形式和制度。前者表现为组织结构,后者表现为组织的工作制度。组织结构一般又称为组织形式,反映了生产要素相结合的结构形式,即管理活动中各种职能的横向分工和层次划分。组织结构运行的规则和各种管理职能分工的规则总称为工作制度。

在此概念的基础上组织理论出现了两个相互联系的研究方向,即组织结构和组织行为。

组织结构侧重于组织的静态研究，以建立精干、合理、高效的组织结构为目的；组织行为侧重于组织的动态研究，以建立良好的人际关系，保证组织的高效运行为目的。

工程项目是由目标产生工作任务，由工作任务决定承担者，由承担者形成组织。工程项目组织是保证项目正常实施的组织保证体系，是指为完成特定的工程项目而建立起来的，从事项目具体工作的组织。该组织是在项目寿命期内临时组建的，是暂时的，只为完成特定的目标，其目的是使项目人员能为实现项目目标而有效的工作。

二、工程项目组织特点

项目的特点决定了项目组织和其他组织相比具有许多不同的特点，这些特点对项目的组织设计和运行有很大的影响。

1. 项目组织的一次性

每一个具体的项目都是一次性的、暂时的，所以项目组织也是的一次性、暂时的，具有临时组合性特点。

工程项目是一次性任务，为了完成项目目标而建立起来的项目组织也是一次性的。项目结束或相应项目任务完成后，项目组织就解散或重新组成其他项目组织。即使一些经常从事相近项目任务或项目管理任务的机构（如项目管理公司、施工企业），尽管项目管理班子或队伍人员未变，但由于不同的项目有不同的目的性、不同对象、不同合作者，也应该认为这个组织是一次性的。

2. 项目组织的目的性

项目组织是为了完成项目总目标和总任务，所以具有目的性，项目目标和任务是决定组织结构和组织运行的最重要因素。

由于项目各参加者来自不同企业或部门，各自有独立的经济利益和权力。他们各自承担一定范围的项目责任，按项目计划进行工作。所以在项目中存在尖锐的共同目标与不同利益群体目标之间的矛盾。要取得项目的成功，在项目目标设计、实施和运行过程中必须承认并顾及不同群体的利益；项目组织的建立应能考虑到，或能反映在项目实施过程中各参加者之间的合作，任务和职责的层次，工作流、决策流和信息流，上下之间的关系，代表关系，以及项目其他的特殊要求。

3. 项目组织的类型多、结构复杂

项目的组织设置应能完成项目的所有工作和任务，即通过项目结构分解得到的所有单元，都应无一遗漏地落实完成责任者。所以项目系统结构对项目的组织结构有很大的影响，它决定了项目组织工作的基本分工，决定了组织结构的基本形态。由于项目系统比较复杂，导致了项目组织结构的复杂性。

同时项目组织又应追求结构最简和最少组成。增加不必要的机构，不仅会增加项目管理费用，而且常常会降低组织运行效率。

4. 项目组织与企业组织之间关系复杂

在很多情况下项目组织是企业组建的，项目组织成员通常都有两个角色，即既是本项目组织成员，又是原所属企业中的一个成员。研究和解决企业对项目的影响，以及它们之间的关系，在企业管理和项目管理中都具有十分重要的地位。企业组织与项目组织之间的障碍是导致项目失败的主要原因之一。

企业和项目之间存在如下复杂的关系：

(1)由于企业组织是现存的，是长期的稳定的组织，项目组织常常依附于企业组织，项目的人员常常由企业提供，有些项目任务直接由企业部门完成，因此一般项目组织必须适应而不能修改企业组织。企业的运行方式、企业文化、责任体系、运行机制、分配形式、管理机制等直接影响项目的组织行为。

(2)项目和企业之间存在一定的责任与权利关系，这种关系决定着项目的独立程度。既要保证企业对项目的控制，使项目实施和运行符合企业战略和总计划，又要保证项目的自主权，这是项目顺利成功的前提条件。所以企业战略对项目的影响很大，项目运行常常受到上层系统的干预。

(3)由于企业资源有限，在企业与项目之间、企业同时进行的多项目之间，存在十分复杂的资源优化分配问题。

(4)企业管理系统与项目管理系统之间，存在十分复杂的信息交往。

(5)项目参加者和部门通常都有项目的和自己原部门工作的双重任务，甚至同时承担多项目任务，因此不仅存在项目和原工作之间资源分配的优先次序问题，而且工作中常常要改变思维方式。

三、组织结构设计

组织结构是指组织内部各构成部分和各部分间所确立的较为稳定的相互关系和联系方式。工程项目的组织结构是指依据项目的组织制度，支撑项目建设工作正常运转的组织机构体系，是项目管理的骨架。

项目组织结构设计，是指根据项目的目标和任务，确定相应的组织机构，以及如何划分和明确这些部门，这些部门又如何有机的相互联系和相互协调，共同为实现项目目标而各司其职又相互协作。

1.组织结构的构成因素

组织结构由管理层次、管理跨度、管理部门、管理职责四个因素组成。这些因素相互联系、相互制约。在进行组织结构设计时，应考虑这些因素之间的平衡与衔接。

(1)管理层次

管理层次是指从最高管理者到最低层操作者的等级层次的数量。合理的层次结构是形成合理的权力结构的基础，也是合理分工的重要方面。管理层次多，信息传递就慢，而且会失真。层次越多，所需要的人员和设备就越多，协调的难度就越大。

(2)管理跨度

管理跨度也称管理幅度，是指一个上级管理者能够直接管理的下属的人数。如一名经理配备两名副经理和三名总师(总工程师、总经济师、总会计师)，那么经理的管理跨度就是“5”。现代管理学家已经证明，管理跨度增加一个，则领导与下级之间的工作接触成倍增加。法国管理学家格拉丘纳斯在1933年首先提出，如果一个领导者直接管辖的人数为N，他们之间可能产生的沟通关系数C为：

$$C = N(2^{N-1} + N - 1)$$

从上面的关系式可以看出，管理者所管理的下属人数以算术级数增加时，该管理者所直接涉及的工作关系数则呈几何级数增加。例如，当 $N=2$ 时，$C=6$；当 $N=3$ 时，$C=18$。当然，按此公式计算，管理跨度增为十几人时，人际关系数非常大，实际情况可能并不那样严重，但跨度太大，的确常常会出现应接不暇、顾此失彼的现象。

管理跨度与管理层次相互联系，相互制约，二者成反比例关系。管理层次过多势必要降低管理跨度，同样管理跨度增加，同样也会减少管理层次。合理的确定管理跨度，对正确设置组织等级层次结构具有重要的意义。确定管理跨度的最基本原则是最终使管理人员能有效地领导、协调其下属的活动。确定管理跨度应考虑以下几个影响因素：

①管理者所处的层次的高低

一般处于较高管理层次的管理者，应有较小的管理跨度；而处于较低管理层次的管理者，可以有较大的管理跨度。

②被管理者素质的高低

下属的素质越高，处理上下级关系所需的时间和次数就越少。由于具有高度责任感、受训良好的下属不但能少占用上级管理者的时间，而且接触的次数也少，所以可以设置较宽的管理跨度。

③工作性质

工作性质复杂就应设置较窄的管理跨度，相反，完成简单的工作，则可以设置较宽的管理跨度。因为面对复杂的工作，管理者需要与其下属之间保持经常的接触和联系，一起探讨完成工作的方法和措施，所以应该设置较窄的管理跨度。

④管理者的意识

对授权意识较强的管理者，可以设置较宽的管理跨度，这样可以充分发挥下属的积极性，使他们能从工作中得到满足。

⑤组织群体的凝聚力

对具有较强的群体凝聚力的组织，即使设置较宽的管理跨度，也可以满足管理和协调的需要；而群体凝聚力较弱的组织则应设置较窄的管理跨度。

此外，确定管理跨度还应考虑工作的标准化程度、工作环境以及信息沟通的难易程度等因素的影响。

一般认为，宽度大小应是个弹性限度。上层领导为 3 ~ 9 人，基层领导为 10 ~ 20 人，中层领导则居中。

(3)部门划分

部门划分是指在项目管理机构中设立多少部门和设立哪些部门。即将完成项目目标的总任务划分为许多具体的任务，然后把性质相似或具有密切关系的具体工作合并归类，建立起负责各类工作的相应的管理部门，并将一定的职责和权限赋予相应的单位或部门。

部门的划分应满足专业分工与协作的要求。部门划分有多种方法，如按职能划分、按产品划分、按地区划分、按技术或设备划分等。项目管理组织常用的是按职能划分和按产品划分两种。

①按职能划分

按职能划分就是按照为实现组织目标所需做的各项工作的性质和作用，把性质相同的或相似的具体工作归并为一个专门的单位负责。如建立计划、财务、技术、劳务、机械设备、材料、合同等部门。按职能划分是一种合乎逻辑并经过时间考验的方法，最能体现专业化分工的原则，因而有利于提高人力的利用效率。但是，按这种方法划分的部门，由于具有相对独立性，容易造成各部门之间的不协调，各部门往往只强调本部门目标的重要性而忽略组织的整体目标；而且由于协调功能较差，当组织环境变化时，应变能力较差。

②按产品划分

按产品划分就是以产品（如分项工程、结构构件、分部工程等）为中心，将为实现管理目标所需做的一切工作，按是否与该产品有关而进行分类，与同一产品有关的工作都归为一个部门。在这些产品部门下还可以按职能进一步划分职能部门。这种划分方法的优点是，有利于专用设备的使用、部门内部的协调及管理绩效的评价，有助于激发各个部门的主动性和创造性。缺点是，由于机构的重叠造成管理资源的浪费，由于部门独立性较强难以做到统一指挥。

（4）管理职责

管理职责是指部门所应完成的工作内容以及应当承担的责任范围。职责是责任、权力、利益系统的核心，职责的确定应目标明确，有利于提高效率，而且应便于考核。同时应授予与职责相应的权力和利益，以保证和激励部门完成其职责。

2. 组织结构设计的基本原则

要实现项目目标，项目组织必须是高效率的。所以项目组织结构的设计应遵循一定的组织原则。

（1）目的性原则

从"一切为了确保项目目标实现"这一根本目标出发，因目标而设事，因事而设人、设机构、分层次，因事而定岗定责，因责而授权。这是组织结构设计应遵循的客观规律，颠倒这种规律或离开项目目标，就会导致组织的低效或失效。

（2）集权与分权统一的原则

项目的任何组织单元在项目中为实现总目标承担一定的角色，有一定的工作任务和责任，因此必须拥有相应的权力、手段和信息去完成任务。根据项目的特点，项目组织是一种有较大分权的组织。

集权是指把权力集中在上级领导的手中，而分权是指经过领导的授权，将部分权利分派给下级。在一个健全的组织中不存在绝对的集权，绝对的集权意味着没有下属主管；也不存在绝对的分权，绝对的分权意味着上级领导职位的消失，也就不存在组织了。合理的分权既可以保证指挥的统一，又可以保证下级有相应的权力来完成自己的职责，能发挥下级的主动性和创造性。为了保证项目组织的集权与分权的统一，授权过程应包括确定预期的成果，委派任务，授予实现这些任务所需的职权，以及行使职责使下属实现这些任务。

（3）专业分工与协作统一的原则

分工就是为了提高项目管理的工作效率，把为实现项目目标所必须做的工作，按照专业化的要求分派给各个部门以及部门中的每个人，明确他们的工作目标、任务及工作方法。分工要严密，每项工作都要有人负责，每个人负责他所熟悉的工作，这样才能提高效率。

分工要求协作，组织中只有分工没有协作，组织就不能有效运转。为了实现分工协作的统一，组织中应明确部门和部门内部的协作关系与配合方法，各种关系的协调应尽量规范化、程序化。

（4）管理幅度与层次合理的原则

按照组织效率原则，应建立一个规模适度、组织结构层次较少、结构简单、能高效率运作的项目组织。由于现代工程项目规模大，造成组织结构非常复杂。组织结构设计常常在管理跨度与管理层次之间进行权衡。

①采用窄跨度、多层次的组织结构的优点及问题

a. 严密的监督和控制，一般不会出现失控现象。但项目组织层次多，则决策慢。

b. 上下级之间联络迅速，但上级往往过多地干预下级的工作，容易影响下级人员的积极性和创造性。

c. 层次多则管理费用多。信息处理量大，用于管理的精力多，设施费用增加，管理人员增加，协调各部门活动也增加。

d. 联络复杂化，最低层与最高层之间的距离过长。当信息按直线上下传达时便发生遗漏或曲解现象，常常会造成指挥失灵，或失去组织总目标的明确性和一贯性等。

e. 造成项目的低效率，工期延长，实施过程缓慢。例如需要多层次的检查验收，多层次的报告，多层次的分配和下达任务等。

②采用宽跨度、少层次的组织结构的优点及问题

采用宽跨度、少层次的组织结构，组织变得扁平化。现代大型特大型的项目，以及多项目的组织一般都是扁平化的。这种组织灵活、结构层次少，有许多优点。

矩阵式的项目组织形式和现代信息沟通技术的应用，可以大大地增加管理跨度，一个组织可以同时同步管理几十个子项目。实质上在这里已不再是传统的"管理跨度"的概念，而是"沟通跨度"或"协调跨度"。

当然宽跨度组织也有缺点：

a. 高层负担过重，容易成为决策的"瓶颈"，在这种组织中下级必须有较多的授权。

b. 有失控的危险。

c. 必须谨慎地选择下级管理人员，他们必须经过训练，有较高的素质。

d. 跨度大，协调困难，必须制定明确的组织运作规则和政策。

(5)系统化管理原则

系统化管理原则是由项目的系统性所决定的。项目是一个开放的系统，是由众多的子系统组成的有机整体，这就要求项目组织也必须是一个完整的组织结构系统，否则就会导致组织和项目系统之间不匹配、不协调。

(6)弹性结构原则

弹性结构是指一个组织的部门结构、人员职责和工作职位都是可以变动的，保证组织结构能进行动态的调整，以适应组织内、外部环境的变化。工程项目是一个开放的复杂系统，它以及它所处的环境的变化往往较大，所以弹性结构原则要求组织结构设计时，既要保证组织在外部环境和任务发生变化时，能够继续有序地正常运转；同时又要保证组织在运转过程中，能够根据变化了的情况做出相应的变更，即组织应具有一定的弹性和适应性。

(7)精简高效原则

项目组织结构设计应该把精简高效放在重要的位置。组织结构中的每个部门、每个人和其他的组织要素为了一个统一的目标，组合成最适宜的结构形式，实行最有效的内部协调，使决策和执行简捷而正确，减少重复和扯皮，以提高组织效率。在保证必要职能的履行前提下，尽量简化机构，这也是提高效率的要求。

3. 组织结构设计的程序

工程项目组织结构的设计一般按图 8-1 所示的程序进行。

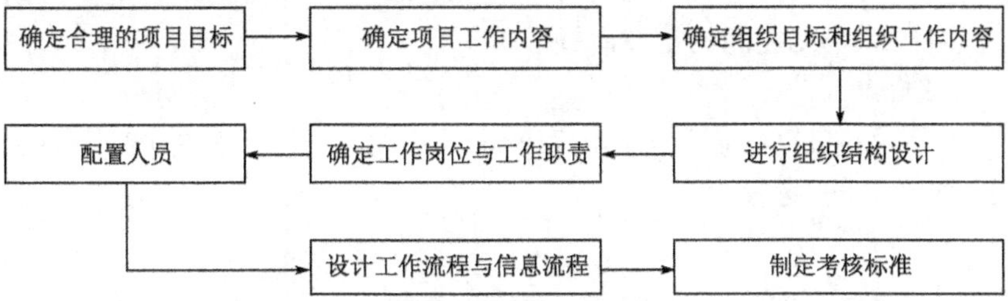

图 8-1 工程项目管理组织结构的建立步骤

(1)确定合理的项目目标

科学合理的项目目标是项目工作开展的基础,也是确定组织结构形式与机构的重要基础。对于项目完成者来说,同委托方进行讨论,明确主要矛盾,确定科学合理的项目目标至关重要。

(2)确定项目工作内容

确定项目具体工作内容,一般围绕项目工作目标与任务分解进行,并对这些工作进行分类和组合。在进行分类和组合时,应以便于目标实现为目的,考虑项目的规模、性质、复杂程度以及组织人员的技术业务水平、组织管理水平等因素。

从而使项目工作内容系统化。项目工作内容确定时,一般按类分成几个模块,模块之间可根据项目进度及人员情况进行调整。

(3)确定组织目标和组织工作内容

这一阶段首先要明确的是,在项目工作内容中,哪些是项目组织的目标和工作内容。不是所有的项目目标和项目工作都是项目组织所必须达到和完成的,有的可能是组织以外的部门负责进行的,而本组织只需掌握或了解。这一阶段,就是要明确在项目工作内容中,哪些是项目组织的目标和工作内容。

(4)进行组织结构设计

根据项目的特点和项目内外环境因素,选择一种适合项目工作开展的管理组织结构形式,并完成组织结构的设计。具体工作包括:组织结构形式、组织层次、各层次的组织单元(部门)、相互关系框架等。

(5)确定工作岗位与工作职责

工作岗位的确定原则是以事定位,要求岗位的确定能满足项目组织目标的要求。岗位的划分要有相对的独立性,同时还要考虑合理性与完成的可能性等。确定了岗位后,就要相应的确定各岗位的工作职责,总的工作职责能满足项目工作内容的需要,并做到权责一致。

(6)配置人员

以事设岗、以岗定人是项目组织机构设置中的一项重要原则。在项目人员配备时,要做到人员精干、以事选人,根据不同层次的事物安排不同层次的人。

(7)设计工作流程与信息流程

组织结构形式确定后,大的工作流程基本明确。但具体的工作流程与相互之间的信息流程要在工作岗位与工作职责明确后才能确定下来。工作流程与信息流程的确定要落实到书面文件上,确定团队内部的认知,并得以实施。

组织结构形式确定后,大的工作流程基本明确。但具体的工作流程与相互之间的信息流程要在工作岗位与工作职责明确后才能确定下来。工作流程与信息流程的确定不能只在口头形式上,而要落实到书面文件上,取得团队内部的认知,并得以实施。这里要特别注意各具体职能分工之间、各组织单元之间的接口问题。

(8)制定考核标准

为保证项目目标的最终实现和工作内容的全部完成,必须对组织内各岗位制定考核标准,包括考核内容、考核时间、考核形式等。

第二节　公路工程项目组织结构形式

为了实现项目的目标,必须要调配一定的人员,配备一定的资源,以某种形式的组织去实施项目,因此项目组织是实施项目的主体。项目组织同一般的组织一样,具有相应的领导(即项目经理)、组织的规章制度(即项目章程)、配备的人员(即项目团队)及组织文化等。

项目组织是按照项目的目标以一定的形式组建起来的。项目组织结构形式反映了一个组织系统中各子系统之间或各元素(各工作部门或各管理人员)之间的指令关系。指令关系指的是哪个工作部门或哪一位管理人员可以对哪一个工作部门或哪一位管理人员下达工作指令。

项目组织结构形式可按项目组织与企业组织的联系方式和组织的结构分类。按项目组织与企业组织的联系方式分,项目组织的常见形式有:职能式、项目式、矩阵式等;按组织的结构分,项目组织形式常见的有:直线制、职能制、直线职能制、矩阵制、事业部制等。

一、按项目组织与企业组织的联系方式分类

1. 职能式

职能式组织结构是当今世界上最为普遍的组织形式。职能式也称部门控制式,通常是指项目任务是以企业中现有的职能部门作为承担任务的主体来完成的。一个项目可能是由某一个职能部门负责完成,也可能是由多个职能部门共同完成。在这种情况下,各职能部门之间与项目相关的协调工作需在职能部门主管这一层次上进行。图 8-2 是职能式组织结构示意图。

(1)职能式组织结构的主要优点

①在人员的使用上具有较大的灵活性。

②技术专家可以同时被不同的项目使用。

③同一职能部门的专业人员在一起易于交流知识和经验。

④当有人员离开项目组织时,职能部门可作为保持项目技术连续性的基础。

⑤职能部门可以为本部门的专业人员提供一条正常的晋升途径。

(2)职能式组织结构的主要缺点

①由于各职能部门有自己的日常工作,使得项目的利益往往得不到优先考虑。

②没有一个直接对项目负责的强有力的权力中心或个人。

③对服务对象的要求响应迟缓或艰难。

④跨部门之间的交流沟通比较困难。

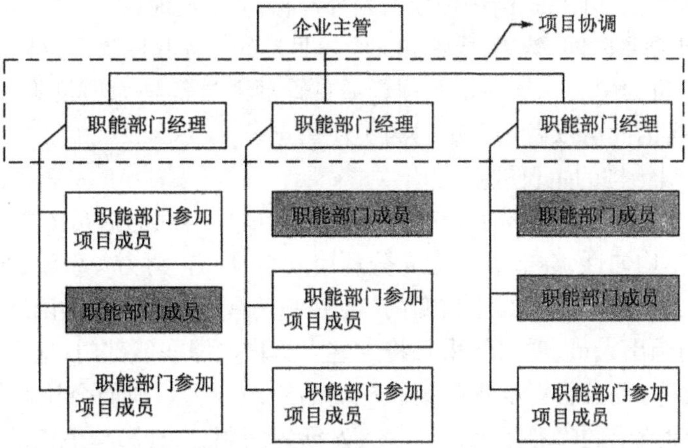

图 8-2　职能式组织结构示意图

职能式组织形式适宜于规模较小、以技术为重点的项目，不适宜时间限制性强或要求对变化快速响应的项目。

2. 项目式

项目式组织结构是指从现有的组织中选拔项目所需要的各种人员，成立专门的项目机构（或部门），独立地承担项目管理任务，对项目目标负责。所有项目组成人员在项目建设期间，中断与原部门组织的领导和被领导关系，原部门负责人只负责业务指导及考察，不得随意干预其工作或调回人员。项目结束后项目组织撤销，所有人员仍回原部门和岗位。即每个项目有完成项目任务所必需的所有资源，每个项目实施组织有明确的项目经理，对上直接接受企业主管或大项目经理领导，对下负责本项目资源的运用以完成项目任务。每个项目组之间是相对独立的。图 8-3 为项目式组织结构示意图。

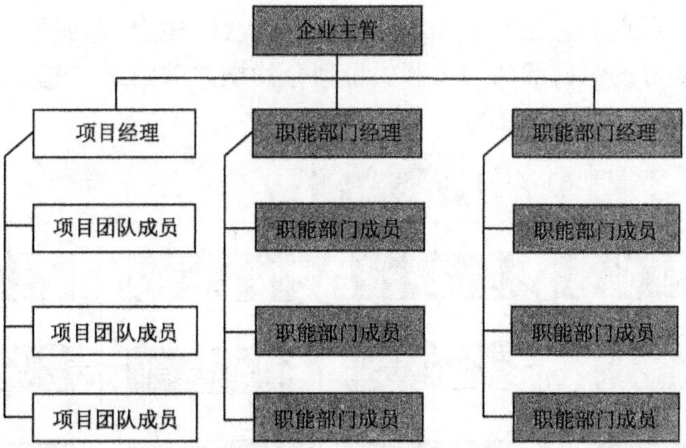

图 8-3　项目式组织结构示意图

（1）项目式组织结构的主要优点

①目标明确及便于统一指挥。项目式组织是基于某项目而组建的，圆满完成项目任务是项目组织的首要目标，而每个项目成员的责任及目标也是通过对项目总目标的分解而获得的。项目成员只受项目经理的领导，便于统一指挥。

②有利于项目管理。项目式组织按项目划分资源，项目经理在项目范围内具有控制权，决策速度快，这就有利于项目时间、费用、质量和安全等目标的管理和控制，有利于项目目标的实现。

③能做到以项目为中心。从项目经理到项目管理人员都是为项目服务的，实现项目目标是他们的唯一追求，因此可以做到以项目为关注焦点。

(2)项目式组织结构的主要缺点

①由于资源独占，可能造成资源浪费。由于不同项目组织的成员不能共享知识或专业技能，且项目过程的不均匀性，会造成不能充分利用人力、物力、财力等资源，带来不经济的后果。

②由于项目的任务是波动的、不均衡的，会带来资源计划和供应的困难。特别在项目开始时要从原职能部门调出人员，项目结束又将这些人员推向原职能部门，这种人事上的波动不仅会影响原部门的工作，而且会影响项目组织成员的组织行为。他们会比职能组织中的人员更感到失业的威胁、专业上的停滞不前以及个人发展的问题，这会影响他们的工作积极性。

③各部门之间的横向联系少。各类人员来自不同的部门，具有不同的专业背景，缺乏合作经验，难免配合不当。

项目式组织适用于包含多个相似项目的单位或组织，以及长期的、大型的、重要的和复杂的项目。

(3)矩阵式

矩阵式组织结构通常在以下两种情况下应用：

①企业同时承担许多项目的实施和管理，各个项目起始时间不同，规模及复杂程度也有所不同。

②进行一个特大型项目的实施，而这个项目可分为许多自成体系，能独立实施的子项目。将各子项目看作独立的项目，则相当于进行多项目的实施。

矩阵式组织结构是兼容了项目的职能组织结构和项目的线性组织结构的优点，从纵横向开展组织工作的一种组织结构，是一种多元化结构，力求最大限度地发挥项目化和职能化结构的优点并尽量避免其弱点。它在职能式组织的垂直层次结构上，叠加了项目式组织的水平结构。即将按照职能划分的纵向部门与按照项目划分的横向部门结合起来，以构成类似矩阵的管理系统。图8-4为矩阵式组织结构示意图。

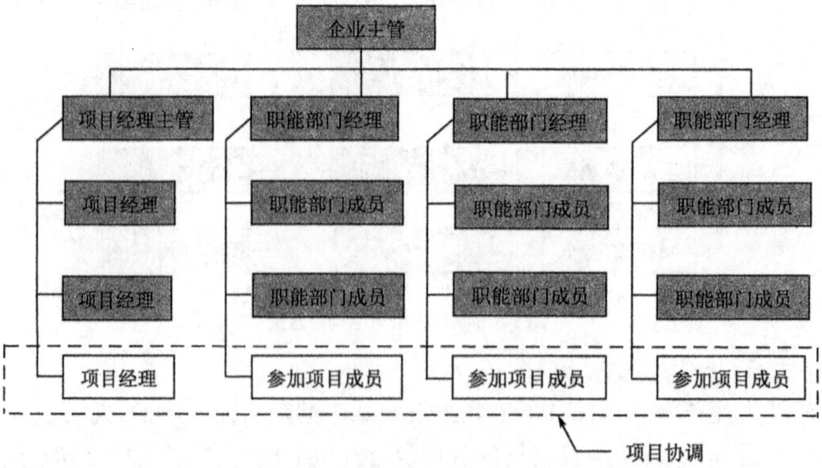

图8-4 矩阵式组织结构示意图

在图 8-4 所示的矩阵式组织结构中,资源均由职能部门所有和控制,项目经理根据项目需要向职能部门借用资源。项目组织是一个临时性组织,一旦项目完成,该组织则解体。项目经理向项目管理部门经理或总经理负责。项目经理领导本项目内的所有人员,通过项目管理职能,协调各职能部门安排的人员以完成项目任务。

(1)矩阵式组织结构的主要优点

①能做到以项目为关注焦点。

②能够避免资源的重置。

③矩阵组织的结构、权力与责任关系趋向于灵活,能在保证项目经理对项目最有控制力的前提下,充分发挥各专业职能部门的作用,保证有较短的协调、信息和指令的途径。

④项目人员有其职能归属,项目完成后可返回到原职能部门,忧虑较少。

⑤能同时兼顾项目和专业职能活动。职能组织和项目组织共同承担项目任务,共同工作,各参加者独立地追求不同部门和不同项目利益的平衡,能够发挥双方的积极性。

(2)矩阵式组织结构的主要缺点

①项目管理人员为两个以上部门的主管,当有冲突时,可能处于两难困境;处理不好会出现责任不明确、争抢功劳的现象。

②职能组织和项目组织之间的平衡需要持续地进行监管,以防止双方互相削弱对方。在一般情况下职能部门对项目组织成员的控制力大于项目经理的控制力,导致项目经理的责任大于权力,工作难以开展。项目组织成员受到职能部门的控制,所以凝聚在项目上的力量减弱,使项目组织的作用发挥受到影响。

③由于许多项目同时进行,导致项目之间竞争专业部门的资源。一个职能部门同时管理几个项目的相关工作,则它的资源的分配问题是关键。由于项目间的优先次序不易解决,所以带来协调上的困难。

④矩阵式组织对企业管理水平、项目管理水平、领导者的素质、信息沟通渠道的畅通等,均有较高要求。为此,层次、职责、权限要明确划分,有意见分歧难以统一时,企业领导要出面及时协调。

矩阵式组织适用于需要利用多个职能部门的资源而且技术相对复杂的项目。

根据项目组织中项目经理与职能经理权限的大小,可以将矩阵式组织结构分为弱矩阵式、平衡矩阵式和强矩阵式三种,如图 8-5 所示。

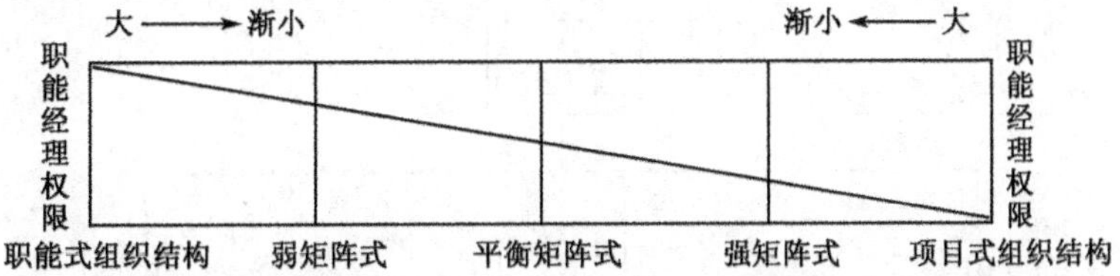

图 8-5　矩阵式组织结构项目经理与职能经理权限的变化趋势示意图

平衡矩阵式组织结构处于弱矩阵式组织结构与强矩阵式组织结构之间,此时项目经理与职能经理的权限相等;弱矩阵式组织结构接近于职能式组织结构,保持了职能式组织结构的许多特征;强矩阵式组织结构接近于项目式组织结构,具备了项目式组织结构的许多特征。

弱矩阵式组织:项目经理的权力 < 职能经理的权力。

平衡矩阵式组织:项目经理的权力≈职能经理的权力。

强矩阵式组织:项目经理的权力 > 职能经理的权力。

前面介绍的职能式、矩阵式和项目式三种项目管理组织形式中,矩阵式是介于职能式与项目式之间的一种组织模式。其实在职能式与矩阵式之间、矩阵式与项目式之间,并没有完全绝对的分界线,不同模式只是相对差别,是随着项目团队中职能部门和专职人员的多少而表现出的不同的组织结构形式。

根据国际上项目管理资料的介绍,项目组织结构形式与其特征关系的归纳如表 8-1 所示。

各种项目组织结构与其特征关系 表 8-1

特征组织结构	职能式	矩阵式			项目式
		弱矩阵式	平衡矩阵式	强矩阵式	
项目经理的权限	很少或没有	有限	小到中等	中等到大	很高甚至全权
全职人员比例(%)	几乎没有	0~25	15~60	50~95	85~100
项目经理的投入	兼职	兼职	专职	专职	专职
项目经理的角色	项目协调	项目协调	项目经理	项目经理	项目经理
项目管理行政人员	兼职	兼职	兼职	专职	专职

不同类型的项目结构形式适合不同类型的项目。一般地,小型、时间短、专业面窄的项目适宜采用职能式组织形式;而工作周期长,专业复杂或比较特殊的项目,投资或工程量较大的工程项目适宜采用强矩阵式或项目式的组织形式。因此在项目的组织设计中要根据项目的具体情况来决定项目的组织形式。如果项目在最初的组织设计时并没有依据项目的特点进行组织形式设计,那么就必须进行组织形式的调整。

二、按组织的结构分类

1. 直线制

直线制组织结构是一种最简单的集权式的组织机构形式,其领导关系按垂直系统建立,不设专门的职能机构,自上而下形同直线。

在直线制组织结构中,每一个工作部门只能对其直接的下属部门下达工作指令,每一个工作部门也只有一个直接的上级部门,因此,每一个工作部门只有唯一的指令源,避免了由于矛盾的指令而影响组织系统的运行。图 8-6 为某工程项目经理部直线制组织结构示意图。

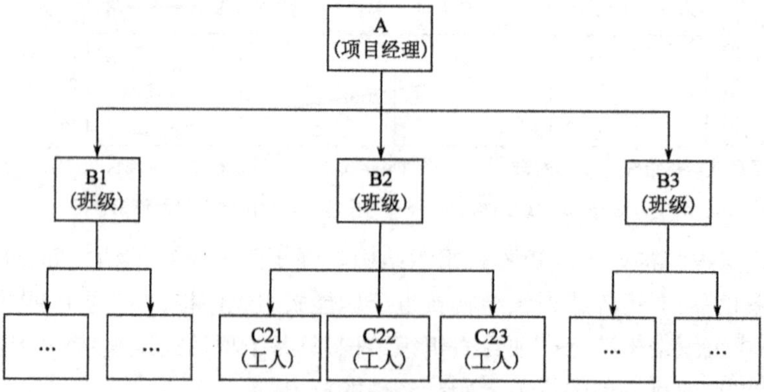

图 8-6 直线制组织结构示意图

在图 8-6 所示的线性组织结构中：

(1)项目经理 A 可以对其直接的下属部门 B1、B2、B3 下达指令。

(2)B2 可以对其直接的下属 C21、C22、C23 下达指令。

(3)虽然 B1 和 B3 比 C21、C22、C23 高一个组织层次，但是，B1 和 B3 并不是 C21、C22、C23 的直接上级部门，它们不允许对 C21、C22、C23 下达指令。

直线制组织结构的主要优点是结构简单，权力集中，易于统一指挥，隶属关系明确，职责分明，决策迅速。但由于不设职能部门，领导没有参谋和助手，要求领导者通晓各种业务，成为“全能式”人才。无法实现管理工作专业化，不利于管理水平的提高。

直线制组织适用于项目规模小，技术简单，协作关系少的工程。图 8-7 为某施工企业工程项目直线制组织形式图。

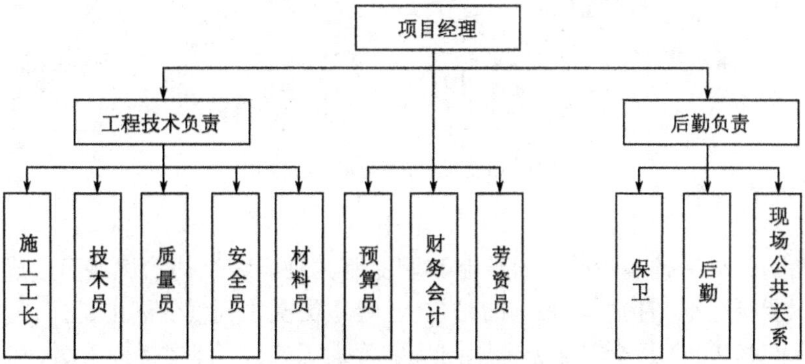

图 8-7 直线制施工企业项目组织结构图

2. 职能制

职能制组织结构是在各个管理层次之间设置职能部门，各职能部门分别从职能角度对下级执行者进行业务管理。在职能制组织机构中，各级领导不直接指挥下级，而是指挥职能部门。各职能部门可以在上级领导的授权范围内，就其所辖业务范围向下级执行者发布指令。图 8-8 为某工程项目经理部职能制组织结构示意图。

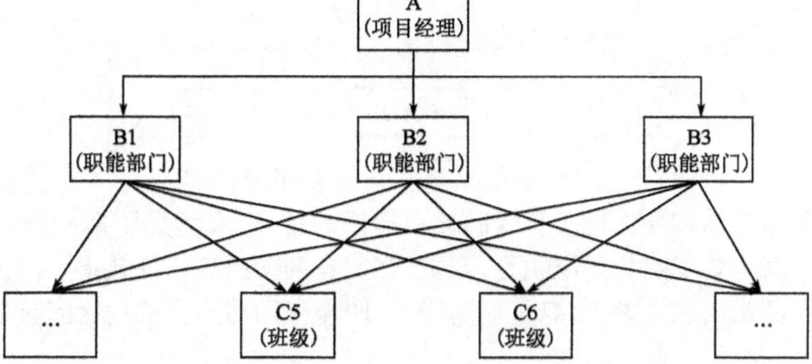

图 8-8 职能制项目经理部组织结构示意图

职能制是依据泰勒的管理思想，强调职能专业分工，因此组织系统是以职能作为划分部门的基础，将管理的职能授权给不同的职能部门。在图 8-8 所示的职能组织结构中，A、B1、B2、B3、C5 和 C6 都是工作部门，A 可以对 B1、B2、B3 下达指令；B1、B2、B3 都可以在其管理的职能范围内对 C5 和 C6 下达指令；因此 C5 和 C6 有多个指令源，其中有些指令可能是矛盾的。

职能制组织结构的主要优点是强调管理业务的专门化，注意发挥各类专家在项目管理中的作用。由于管理人员工作单一，易于提高工作质量，同时可以减轻领导者的负担。但是，由于这种组织结构没有处理好管理层次和管理部门的关系，形成多头领导，使下级执行者接受多方指令，容易造成职责不清。图 8-9 为某施工企业项目职能制组织形式图。

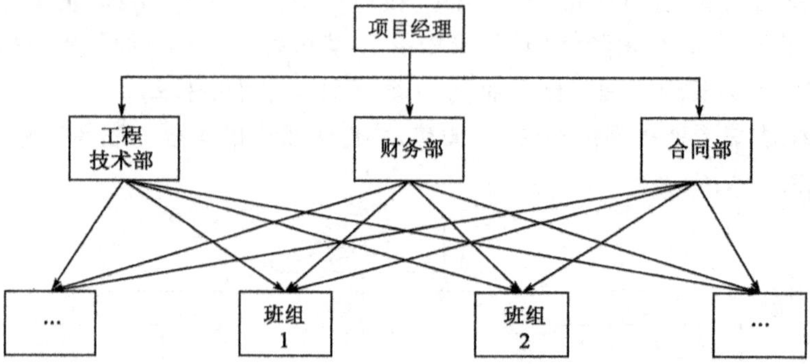

图 8-9 职能制施工企业项目组织结构图

3. 直线职能制

直线职能制组织结构是吸收了直线制和职能制两种组织结构的优点而形成的一种组织结构形式。与职能制组织结构形式相同的是，在各管理层次之间设置职能部门，但职能部门只作为本层次领导的参谋，在其所辖业务范围内从事管理工作，不直接指挥下级，和下一层次的职能部门构成业务指导关系。职能部门的指令，必须经过同层次领导的批准才能下达。各管理层次之间按直线制的原理构成直接上下级关系。图 8-10 为某施工企业工程项目直线职能制组织形式图。

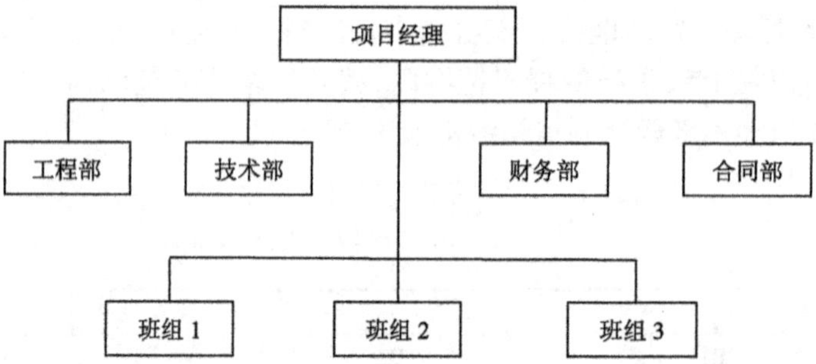

图 8-10 直线职能制施工企业项目组织结构图

直线职能制组织结构既保持了直线制统一指挥的特点，又满足了职能制对管理工作专业化分工的要求。其主要优点是集中领导、职责清楚，有利于提高管理效率。但这种组织结构内各职能部门之间的横向联系差，信息传递路线长，职能部门与指挥部门之间容易产生矛盾。

4. 矩阵制

矩阵制组织结构是在直线职能制垂直形态组织系统的基础上，再增加一种横向的领导系统。即在矩阵组织结构最高指挥者（部门）下设纵向和横向两种不同类型的工作部门。纵向工作部门如人、财、物、产、供、销的职能管理部门，横向工作部门如工程项目部等。图 8-11 为矩阵制组织结构示意图。

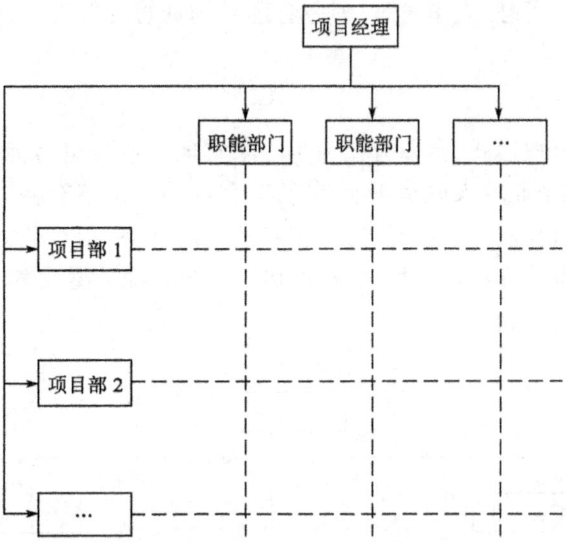

图 8-11　矩阵制组织结构示意图

在矩阵制组织结构中，每一纵向和横向交汇的工作指令来自于纵向和横向两个工作部门，因此其指令源为两个。当纵向和横向工作部门的指令发生矛盾时，由该组织系统的最高指挥者，即图 8-11 的项目经理进行协调或决策。

在矩阵组织结构中为避免纵向和横向工作部门指令矛盾对工作的影响，可以采用以纵向工作部门指令为主或以横向工作部门指令为主的矩阵组织结构模式，这样也可减轻该组织系统的最高指挥者（项目经理）的协调工作量。

矩阵制的优点是：专业设备和人员得到了充分利用；具有较大的机动性；促进了各种专业人员互相帮助，互相激发，相得益彰。矩阵制的缺点是：成员位置不固定，有临时观念，有时责任心不够强；人员受双重领导，有时不易分清责任。

图 8-12 为某大型建设项目的矩阵制组织结构图，纵向工作部门是投资控制、进度控制、质

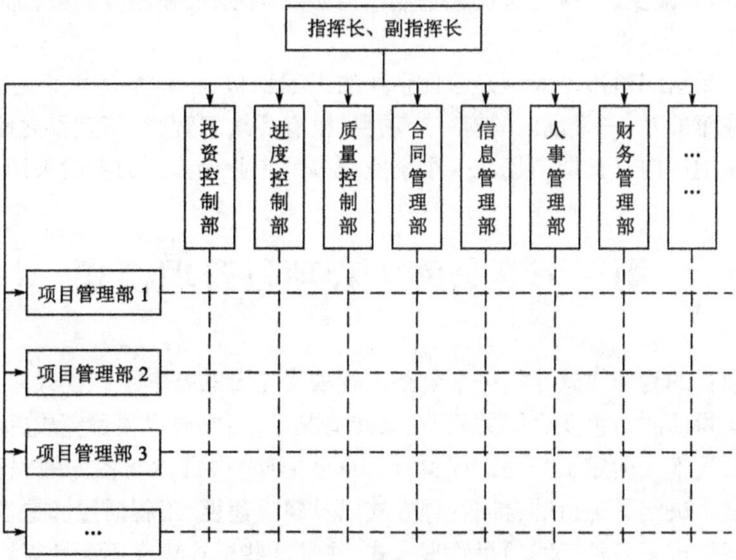

图 8-12　某大型建设项目矩阵组织结构模式示例

量控制、合同管理、信息管理、人事管理、财务管理和物资管理等部门，横向工作部门是各子项目的项目管理部。

5. 事业部制

事业部制是一种分权模式，是以分权为手段来实现企业战略目标的一种组织形式。企业成立事业部，事业部对企业内来说是职能部门，对企业外来说享有相对独立的经营权，可以是一个独立单位。它具有相对独立的自主权，相对独立的利益，相对独立的市场，这三者是构成事业部的基本要素。事业部可以按地区设置，也可以按工程类型设置。图 8-13 为事业部制组织结构示意图。

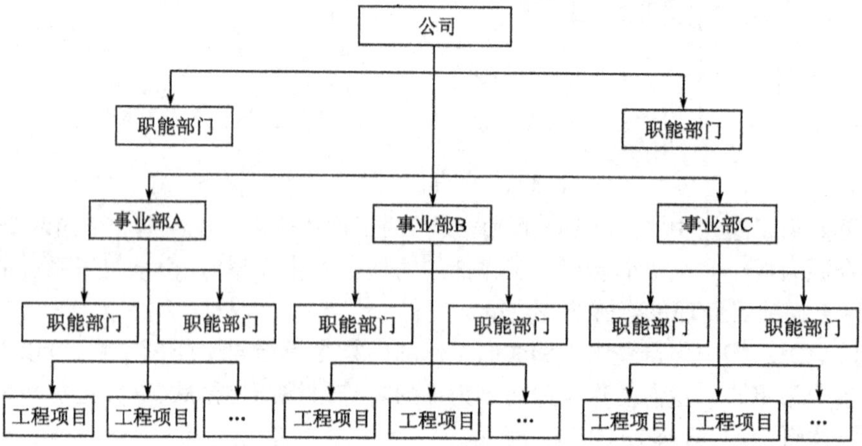

图 8-13　事业部制组织结构示意图

事业部制项目组织有利于延伸企业的经营职能，扩大企业的经营业务，便于开拓企业的业务范围；还有利于迅速适应环境变化以加强项目管理。缺点是企业对项目经理部的约束力减弱，协调指导的机会减少，故有时会造成企业结构松散，必须加强制度约束，加大企业的综合协调能力。

事业部制项目组织适用于大型经营性企业的工程承包，特别是适用于远离公司本部的工程承包。需要注意的是，一个地区只有一个项目，没有后续工程时，不宜设立地区事业部，也即它适用于在一个地区内有长期市场或一个企业有多种专业化施工力量时采用。

第三节　公路工程项目管理模式

公路工程项目的管理模式是指一个公路工程项目建设的基本组织模式以及在完成项目过程中各参与方所扮演的角色及合同关系，在某些情况下，还要规定项目完成后的运营方式。公路工程项目的管理模式确定了公路工程项目的总体框架、项目参与各方的职责、义务和风险，因而在很大程度上决定了项目的合同管理方式以及建设速度、工程质量和造价。

多年来已经形成了多种工程项目管理模式，并且这些模式正在不断地得到创新和发展，下面介绍几种通用的工程项目管理模式。

一、建设单位自管方式

工程建设项目的自管模式是指建设单位组织自有员工组建项目管理团队，设定目标，制订完善的项目管理计划，负责从项目立项开始一直到项目验收交付使用的全过程管理。业主自己设置基建机构负责支配建设资金、办理一切前期手续、委托设计、监理、采购设备、招标施工、验收工程等全部工作。业主与设计、施工单位及设备物资供应单位关系如图 8-14 所示。

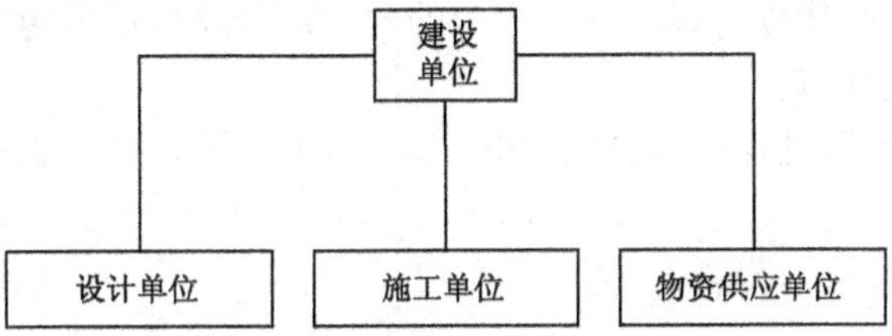

图 8-14 建设单位自管方式

多年来，我国建设项目的管理多采用这种模。随着市场化和专业化程度的不断提高，自管模式正在逐步地自我完善和进化。建设单位自管方式能够最大限度地满足业主需求，能够有效控制进度。自管模式组织机构庞大，专业团队有闲置风险，建设管理费用高等缺点，对于缺少连续性项目的业主而言，不利于管理经验的积累。

二、工程指挥部管理组织方式

工程指挥部由政府主管部门指令各有关方面派代表组成，主管部门和地方高级行政人员兼任正、副指挥长，用行政手段组织、指挥工程建设。指挥部的组成如图 8-15 所示。

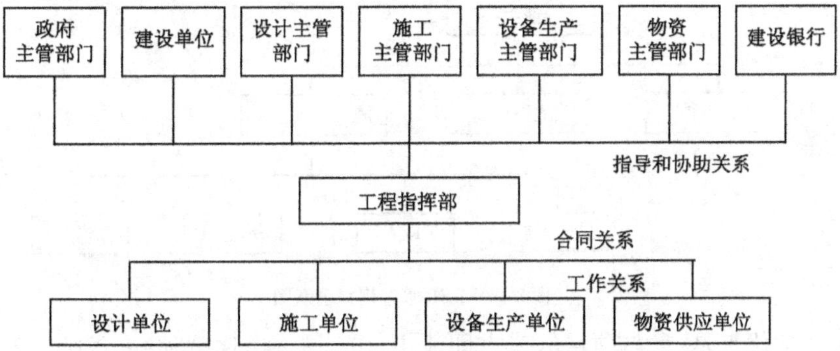

图 8-15 工程指挥部管理方式

工程指挥部形式可以较好地发挥参建各方的积极作用。但此种方式责任不明确，工程指挥部不承担经济责任，建设单位在指挥部中处于次要地位，无明确的经济责任，设计、施工单位与工程指挥部的关系大多属于行政隶属关系，无严格的承包合同，不承担履行合同的责任。常用于重点工程或政府项目。

三、总承包项目管理组织方式

总承包是指一家总承包人或承包人联合体，按照合同约定对工程项目的可行性研究、勘察、设计、材料设备采购、工程施工、竣工验收等实行全过程或若干阶段的承包。工程总承包企业对承包工程的质量、安全、工期、造价等全面负责。

由于工程项目本身具有实施时间长、合同各方关系复杂及一次性等特点,使得业主需要获得全面服务,业主更多的是要求承包人提供工程项目的一揽子解决方案。从另一个角度看,绝大多数的业主投资某一项目的目的是为了获得经济效益(有时也考虑社会效益),其投资的前提是基于项目的一个固定投资额和开始投产的确定时间。只要在预计的投资金额和投产时间范围内,业主就会盈利。对业主来说,该项目就是可行的。因此,业主希望承包人的投标价格是固定不变的包干总价,并将工程实施过程中的绝大部分风险让承包人来承担。于是,在实践中就逐渐出现了总承包模式。

工程总承包模式按照过程内容分为:DBB 模式、EPC 模式、CM 模式、DB 模式、BOT 模式及 PPP 模式等。

1. 设计—招标—建造(DBB)模式

设计—招标—建造模式(Design-Bid-Build,DBB)是一种传统的模式,在国际上比较通用,世界银行、亚洲开发银行贷款项目和采用国际咨询工程师联合会(FIDIC)的合同条件的项目均采用这种模式。这种模式最突出的特点是强调工程项目的实施必须按设计—招标—建造的顺序方式进行,只有一个阶段结束后另一个阶段才能开始。采用这种方法时,业主与设计机构(建筑师/工程师)签订专业服务合同,设计机构负责提供项目的设计和施工文件。在设计机构的协助下,通过竞争性招标将工程施工任务交给报价和质量都满足要求且最具资质的投标人(总承包人)来完成。在施工阶段,设计专业人员通常担任重要的监督角色,并且是业主与承包人沟通的桥梁。我国第一个利用世行贷款项目——鲁布革水电站工程实行的就是这种模式,目前我国大部分工程项目采用这种模式。这种管理组织形式如图 8-16 所示。

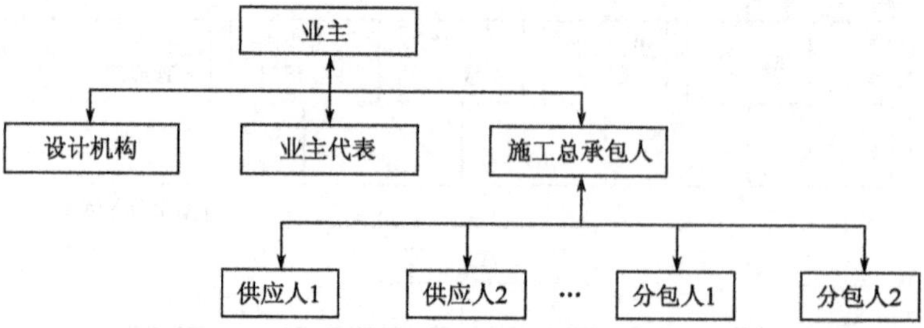

图 8-16 DBB 管理模式示意图

DBB 模式的优点是:参与项目的三方即业主、设计机构(建筑师/工程师)、承包人在各自合同的约定下,各自行使自己的权利和履行相应的义务。因而,这种模式可以使各方的权、责、利分配明确,避免了行政部门的干扰。DBB 模式由于长期地、广泛地在世界各地采用,因而管理方法较成熟,各方都对有关程序比较熟悉。

DBB 模式的缺点是:这种模式在项目管理方面的技术基础是按照线性顺序进行设计、招标、施工的管理,建设周期长,投资成本容易失控,业主单位管理的成本相对较高,前期投入较高;由于施工方无法参与设计工作,设计的“可施工性”差,设计变更频繁,导致设计与施工的协调困难,可能发生争端,使业主利益受损;变更时容易引起较多的索赔。

2. 设计采购施工/交钥匙总承包(EPC)模式

设计采购施工/交钥匙总承包[Engineering(设计)、Procurement(采购)、Construction(施

工)的组合,EPC]是指建设单位仅提出工程项目的使用要求,而将勘察设计、设备选购、工程施工、材料供应、试运行服务等全部工作都委托给一家承包公司(承包人)去做,竣工以后接过钥匙即可启用。承担这种任务的承包企业有的是科研—设计—施工一体化的公司,有的是设计、施工、物资供应和设备安装以及咨询公司等组成的联合集团。这种管理组织形式如图 8-17 所示。

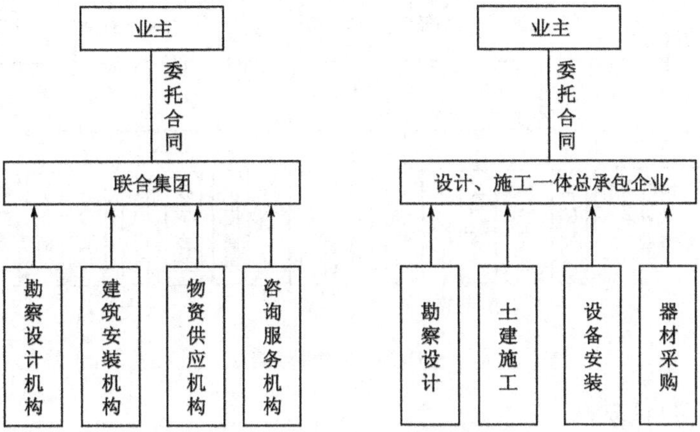

图 8-17　EPC 模式示意图

3. 建设管理(CM)模式

建设管理(Construction Management,CM)模式是国际建筑市场较为通行的项目支付与管理模式之一,也是我国目前推行总承包模式的一种。CM 模式是从建设工程的开始阶段就雇用具有施工经验的 CM 单位(或 CM 经理)参与到建设工程实施过程中来,以便为设计机构(建筑师/工程师)提供施工方面的建议且随后负责管理施工过程。

CM 模式是美国汤姆森(Charles B. Thomson)等人 1968 年在研究关于如何加快设计和施工进度及改进管理控制方法时,提出的快速路径施工管理方法(Fast Track Construction Management)的简称。CM 模式在国内被译为建设工程管理模式。这种模式改变了过去那种设计完成后才进行招标的传统模式,采取分阶段发包,由业主、CM 单位和设计单位组成一个联合小组,共同负责组织和管理工程的规划、设计和施工,CM 单位负责工程的监督、协调及管理工作,在施工阶段定期与承包人密切沟通,对成本、质量和进度进行监督,并预测和监控成本和进度的变化。

根据合同规定的 CM 经理的工作范围和角色,可将 CM 模式分为代理型建设管理("Agency"CM)和风险型建设管理("At – Risk"CM)两种模式,其管理组织形式如图 8-18 所示。

在代理型建设管理方式下,CM 经理是业主的咨询和代理。业主和 CM 经理的服务合同规定费用是固定酬金加管理费。业主与施工承包人签订工程施工合同。CM 经理为业主管理项目,但他与专业承包人之间没有任何合同关系。在风险型建设管理方式下,CM 经理同时也承担施工总承包人的角色,为促使 CM 单位加强费用控制工作,业主往往要求在 CM 合同中确定一个具体数额的保证最大价格(Guaranteed Maximum Price,简称 GMP,包括总的工程费用和 CM 费)。而且,合同条款中通常规定,如果实际工程费用加 CM 费超过了 GMP,超出部分由 CM 单位承担。在风险型 CM 中,各方的关系基本介于传统的 DBB 模式与代理型 CM 模式之间,风险型CM经理的地位实际上相当于一个总承包人,他与各专业承包人之间有着直接的合同关系。

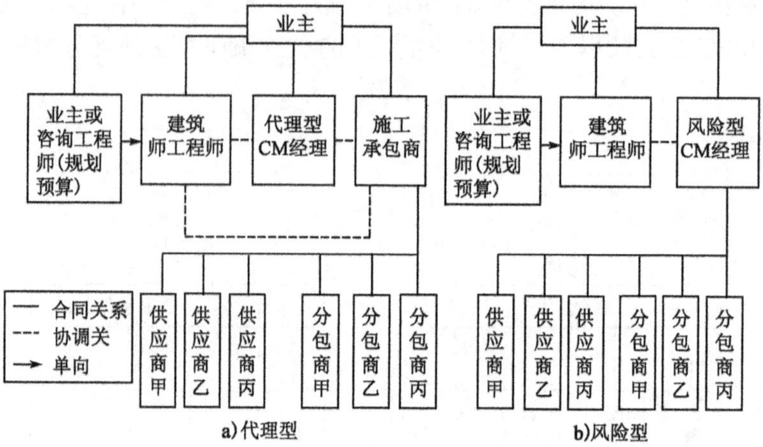

图8-18 CM模式示意图

CM管理模式的优点:

(1)建设周期短。这是CM模式的最大优点。在组织实施项目时,打破了传统的设计—施工的线性关系,代之以非线性的阶段施工法(Phased Construction)。其基本思想就是缩短工程从规划、设计、施工到交付业主使用的周期,即采用Fast-Track方法,设计一部分,招标一部分,施工一部分,实现有条件的“边设计、边施工”。在这种方法中,设计与施工之间在时间上产生了搭接,从而提高了项目的实施速度和缩短了项目的施工工期。

(2)CM经理的早期介入。CM模式改变了传统管理模式中项目涉及的各方关系依靠合同调解的做法,代之以依赖建筑师和(或)工程师、CM经理和承包人在项目中的合作。业主在项目初期就选定了建筑师和(或)工程师、CM经理和承包人,由他们组成具有合作精神的项目组,完成项目的投资控制、进度计划与质量控制和设计工作,这种方法被称为项目组法。CM经理与设计单位是相互协调的关系。CM单位在一定程度上不是单纯地按图施工,他可以通过合理化建议来影响设计。

CM管理模式的缺点:

(1)对CM经理的要求较高。CM经理所在单位的资质和信誉都应该比较高,而且具备高素质的从业人员。

(2)分项招标导致承包费高。

CM模式适用于:

(1)设计变更可能性较大的建设工程。

(2)时间因素最为重要的建设工程。

(3)因总的范围和规模不确定而无法准确定价的建设工程。

CM模式不适用:

(1)规模小、工期短的小型项目。

(2)设计已经标准化的项目。

(3)设计简单、技术成熟的项目。

4. 设计—建造总承包(DB)模式

设计—建造(Design-Build,DB)总承包模式是指工程承包人(工程项目管理公司)按照合同约定,承担工程项目设计和施工,并对承包工程的质量、安全、工期、造价全面负责。这种方式的基本特点是在项目实施过程中保持单一的合同责任,不涉及监理,大部分实际施工工作要以竞争性招标方式分包出去,如图 8-19 所示。

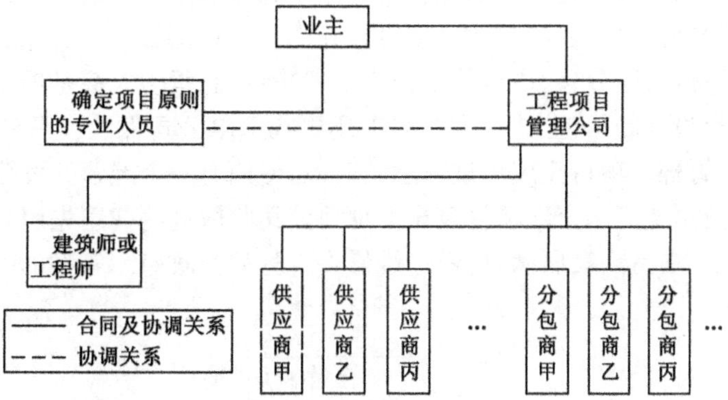

图 8-19 DB 管理模式示意图

DB 管理模式的主要特点是业主与项目管理实体采用单一合同的管理方法,由该实体负责实施项目的设计和施工。一般来说,该实体可以是大型承包人,具备项目管理能力的设计咨询公司,或者是专门从事项目管理的公司。这种模式主要有两个特点:

(1)高效率性。一旦和约签订以后,承包人就据此进行施工图的设计,如果承包人本身拥有设计能力,就促使承包人积极地提高设计质量,通过合理和精心的设计创造经济效益,往往达到事半功倍的效果。如果承包人本身不具备设计能力和资质,需要委托一家或几家专业的咨询公司来进行设计和咨询,承包人作为甲方的身份进行设计管理和协调,使得设计既符合业主的意图,又有利于施工和节约成本,使得设计更加合理和实用,避免了两者之间的矛盾。

(2)责任的单一性。从总体来说,建设项目的合同关系是业主和承包人之间的关系,业主的责任是按合约规定的方式付款,总承包人的责任是按时提供业主所要的产品。承包人对于项目建设的全过程负有全部的责任,这种责任的单一性避免了工程建设中各方的相互矛盾,也促使承包人不断提高自己的管理水平,通过科学的管理创造效益。相对于传统的管理方式来说,承包人拥有了更大的权利,它不仅可以选择分包人和材料供应商,而且还有权选择设计咨询公司,但最后需要得到业主的认可。这种模式解决了机构臃肿、层次重叠、管理人员比例失调的现象。

5. 建造—运营—移交(BOT)模式

建造—运营—移交(Build-Operate-Transfer,BOT)模式提出的目的是便于政府进行基础设施建设。基础设施工程的规模很大,要有政府用税收投资建设,由于税收有限,造成基础设施建造缓慢。如果将此项目交给某家公司(可以是外国公司)来建,建好后在一定期限内由这家公司来运营,并且允许盈利,期满后再移交给政府。这种借用私人资本或民间资本来修建基础工程的建设运营模式,称为建造—运营—移交模式,也即 BOT 模式,或"BOT 项目管理与融资模式",因为投资者既要做项目管理又要进行项目融资。

BOT具体的操作过程为:项目首先由地方政府提出,或由项目建议人提出。政府先要组织咨询设计公司编制招标文件,并且测算工程投入使用后怎样收取费用,以及需用多长时间收回投资。然后开始招标,项目发起人(某一财团或若干投资人)前来投标。投标结束后由政府与中标者(发起人联合其他各方组建的项目公司)签订特许权协议,这个协议规定了特许中标者来建造这个项目,并运行若干年。但一开始只起一个草稿,因为项目发起人投标前要找到几家大银行谋求大额贷款,并组建正式的项目公司。等到项目发起人组建好正式的项目公司,并同银行正式签订贷款协议后,才能与政府签订正式的特许权协议。融资完成后,项目公司先找一个总承包人来负责设计、分包、供应等工作。一般来说,总承包人都是项目公司的股东,但理论上还要招标,选择最好的承包人,这个过程中还要找保险公司保险。另外,有必要还要找咨询公司来进行工程管理。项目完成后进入运营阶段,专门有一个经营开发公司负责运营、管理和维修,它收取的费用要定期交给项目公司。项目公司收取这些费用先用来偿还贷款,在还完贷款后才开始分红。在特许期届满时,经过维修将工程移交政府。典型的BOT项目组织结构如图8-20所示。

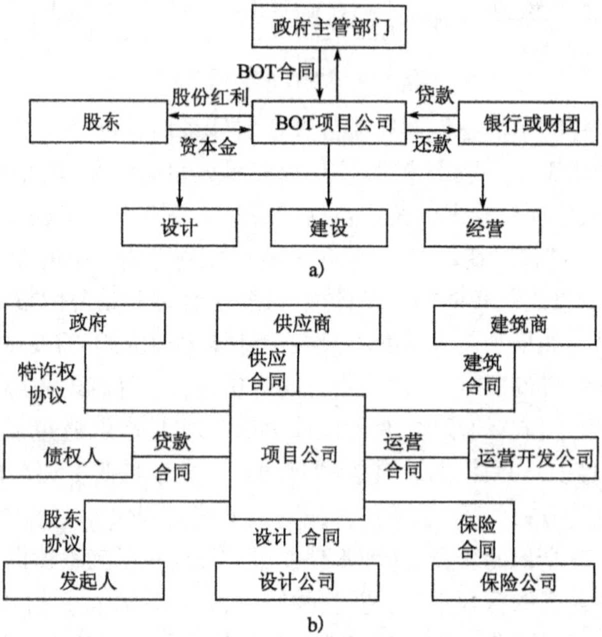

图8-20　BOT模式示意图

6. 公私合营(PPP)模式

公私合营(Public Private Partnership,PPP)模式是指政府与私人组织之间,为了合作建设基础设施项目,或是为了提供某种公共物品和服务,以特许权协议为基础,彼此之间形成一种伙伴式的合作关系,并通过签署合同来明确双方的权利和义务,以确保合作的顺利完成,最终使合作各方达到比预期单独行动更为有利的结果。

(1)PPP模式的结构

PPP模式的典型结构为:政府部门通过政府采购形式与中标单位组成的特殊目的公司签订特许合同(特殊目的公司一般有中标的建筑公司、服务经营公司或对项目进行投资的第三方组成的股份有限公司),由特殊目的公司负责筹资、建设及经营。政府通常与提供贷款的金融机构达成一个直接协议,这个协议不是对项目进行担保的协议,而是一个向借贷机构承诺将按与特殊目的公司签订的合同支付有关费用的协议,这个协议使特殊目的公司能比较顺利地获得金融机构的贷款。采用这种融资形式的实质是:政府通过给予私营公司长期的特许经营权和收益来换取基础设施加快建设及有效运营。

(2)PPP 模式的目标

PPP 模式的目标有两种,一是低层次目标,指特定项目的短期目标;二是高层次目标,指引入私人部门参与基础设施建设的综合长期合作的目标。机构目标层次如表 8-2 所示。

机构目标分解表 表 8-2

目标层次	机构之间		机构内部
	公共部门	私人部门	
低层次目标	增加或提供基础设施服务水平	获取项目的有效回报	分配责任和收益
高层次目标	资金的有效利用	增加市场份额或占有量	有效服务设施的供给

PPP 模式的组织形式非常复杂,既可能包括私人营利性企业、私人非营利性组织,同时还可能包括公共非营利性组织(如政府)。合作各方之间不可避免地会产生不同层次、类型的利益和责任的分歧。只有政府与私人企业形成相互合作的机制,才能使得合作各方的分歧模糊化,在求同存异的前提下完成项目的目标。PPP 模式的机构层次就像金字塔一样,金字塔顶部是政府,是引入私人部门参与基础设施建设项目的有关政策的制定者。政府对基础设施建设项目有一个完整的政策框架、目标和实施策略,对项目的建设和运营过程的参与各方进行指导和约束。金字塔中部是政府有关机构,负责对政府政策指导方针进行解释和运用,形成具体的项目目标。金字塔的底部是项目私人参与者,通过与政府的有关部门签署一个长期的协议或合同,协调本机构的目标、政府的政策目标和政府有关机构的具体目标之间的关系,尽可能使参与各方在项目进行中达到预定的目标。这种模式的一个最显著的特点就是政府或者所属机构与项目的投资者和经营者之间的相互协调及其在项目建设中发挥的作用。其运作思路如图 8-21所示。

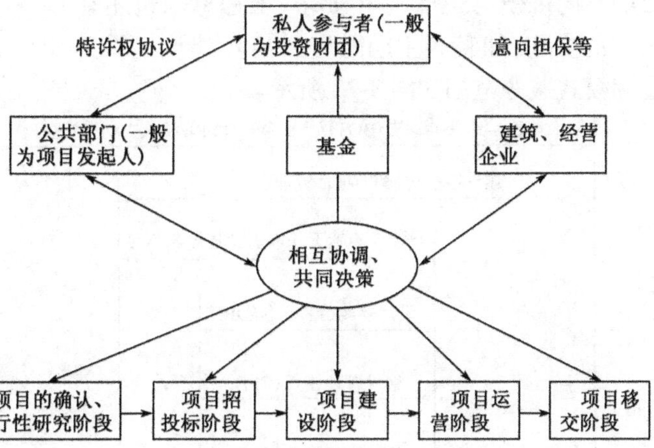

图 8-21 PPP 模式示意图

PPP 模式使政府部门和民营企业能够充分利用各自的优势,即把政府部门的社会责任、远景规划、协调能力与民营企业的创业精神、民间资金和管理效率结合到一起。

(3)PPP 模式的主要特点

PPP 模式的优点是：

①消除费用的超支。在项目初始阶段，私人企业与政府共同参与项目的识别、可行性研究、设计和融资等项目建设过程，保证了项目在技术和经济上的可行性，缩短前期工作周期，使项目费用降低。

②有利于转换政府职能，减轻财政负担。政府可以从繁重的事务中脱身出来，从过去的基础设施公共服务的提供者变成一个监管的角色，从而保证质量，也可以在财政预算方面减轻政府压力。

③促进了投资主体的多元化。利用私营部门来提供资产和服务能为政府部门提供更多的资金和技能，促进了投融资体制改革。同时，私营部门参与项目还能推动在项目设计、施工、设施管理过程等方面的革新，提高办事效率，传播最佳管理理念和经验。

④政府部门和民间部门可以取长补短，发挥政府公共机构和民营机构各自的优势，弥补对方的不足。双方可以形成互利的长期目标，可以以最有效的成本为公众提供高质量的服务。

⑤使项目参与各方整合组成战略联盟，对协调各方不同的利益目标起关键作用。

⑥政府拥有一定的控制权。由于政府分担了一部分风险，减少了承建商与投资商的风险，从而降低了融资难度，提高了项目融资成功的可能性。政府在分担风险的同时也拥有一定的控制权。

⑦应用范围广泛，该模式突破了目前引入私人企业参与公共基础设施项目组织机构的多种限制，可适用各类市政公用事业。

PPP 模式的缺点是：

①对于政府来说，如何确定合作公司给政府增加了难度，而且在合作中要承担一定的责任，增加了政府的风险负担。

②组织形式比较复杂，增加了管理上协调的难度，对参与方的管理水平有一定的要求。

③如何设定项目的回报率可能成为一个颇有争议的问题。

根据工程项目的不同规模、类型和业主要求，工程总承包还有一些其他的发展和变化，主要是承包和服务内容的变化，如私人主动融资(PFI)、建设—移交(BT)、项目管理(PM)等方式。各工程项目管理模式服务范围如图 8-22 所示。

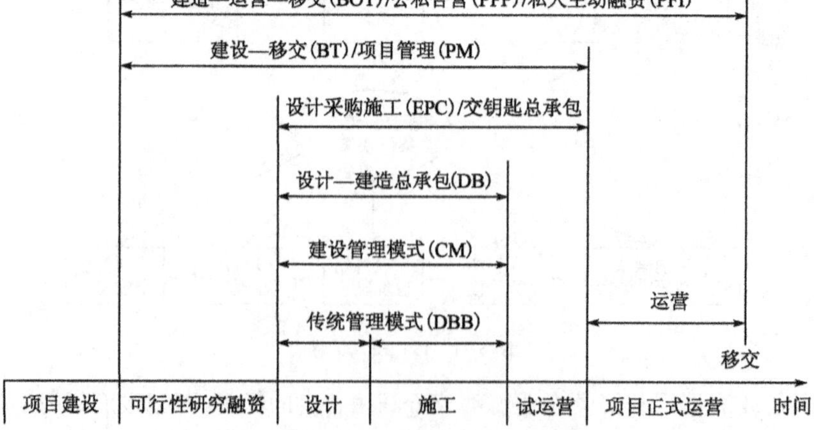

图 8-22　各工程项目管理模式服务范围示意图

四、工程托管组织方式

建设单位将整个工程项目的全部工作,包括可行性研究、场地准备、规划、勘察设计、材料供应、设备采购、施工监理、工程验收等全部任务,都委托给专门的项目管理公司(工程承发包公司或项目管理咨询公司)去做。项目管理公司派出项目经理,在进行招标或组织有关专业公司共同完成整个建设项目。这种组织管理形式如图 8-23 所示。

工程托管方式是国际工程项目管理的一种新的趋势,由于专业机构有丰富的项目管理经验,不仅可以大大减轻业主的负担,而且可以取得较好的投资效果。

五、三角式管理组织方式

由建设单位分别与承包单位和咨询单位签订合同,由咨询公司代表建设单位对承包单位进行管理。这是国际上通用的传统工程项目管理方式之一。三方关系如图 8-24 所示。

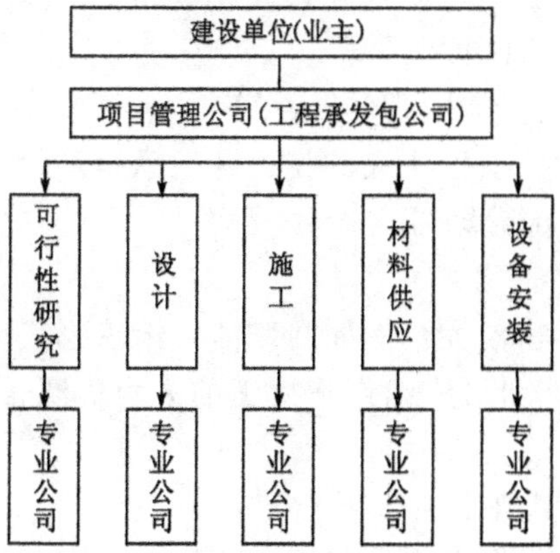

图 8-23 工程托管方式示意图

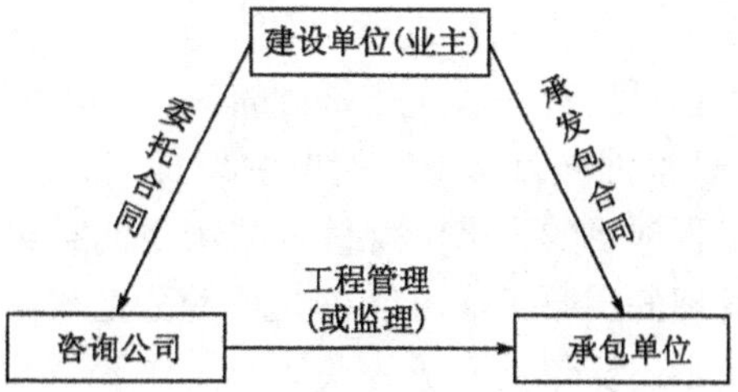

图 8-24 三角管理模式示意图

第四节 公路工程项目人力资源管理

一、工程项目人力资源管理概述

1. 工程项目人力资源的含义

一个建设工程项目的实施需要多种资源,其中人力资源是最基本、最重要、最具创造性的资源,是影响项目成效的决定因素。

关于人力资源的定义,学术界存在不同的说法。国外学者伊凡伯格认为,人力资源是人类可用于生产产品或提供各种服务的活动、技能和知识;雷西斯列科认为,人力资源是企业人力结构的生产力和顾客商誉的价值;内贝尔埃利斯认为,人力资源是企业内部成员及外部的人,即总经理、雇员及顾客等可提供潜在服务及有利于企业预期经营活动的总和。也有人认为,人力资源是指具有脑力劳动或体力劳动的人们的总称。

从工程项目管理实践的角度看,工程项目的人力资源无非是两种情况,一是已经得到配置于工程项目上的项目管理者团队和从事项目作业技术活动的劳动者团队；二是为项目实施需要拟选择或继续获得的潜在的项目管理者、技术工作者、作业劳动者及其他成员。

2. 工程项目人力资源管理的含义

工程项目人力资源管理属于微观人力资源管理范畴，是指为提高项目工作效率、高质量地完成项目任务，通过不断地获得人力资源，把得到的人力资源整合到项目中并融为一体，科学合理地分配人力资源，实现人力资源与工作任务之间的优化配置，调动其积极性，对工程项目团队人力资源进行计划、获取和发展的管理过程。

3. 工程项目人力资源管理的特点

工程项目人力资源管理与一般人力资源管理有所不同，有自己的特性，认识这些特点，对于更好地开展工程项目的人力资源管理具有重要意义。

(1)管理对象相对集中于工程项目所涉及的有关专业

工程项目人力资源管理的管理对象与一般意义上的人力资源管理比较而言，专业相对集中于工程勘察设计、工程技术、工程经济、工程施工、项目管理等。

(2)工程项目的人力资源管理有时只是企业人力资源管理的一部分

由于工程项目一部分人力资源管理工作已由承担项目法人的相关部门承担，项目的人力资源管理只进行一般人力资源管理工作内容中的一部分即可。

(3)根据项目所采取的组织模式不同而有所不同

工程项目的人力资源管理受项目的组织形式影响较大。例如在职能式组织形式下，人力资源管理的主要工作可能以人员的分工与协调为主；项目式组织形式下的人力资源管理的主要工作则还要包括人员的获取等工作。

(4)与工程项目的规模大小和工作周期长短密切相关

对于一个规模小、周期短的工程项目，其人力资源管理的内容可能不会考虑项目团队发展的相关内容；而对于一个规模较大、工作周期较长的项目来说，团队发展与调整则是必须进行的工作内容之一。

(5)管理的重点与工程项目的内容密切相关

例如，工程施工项目的人力资源管理，其管理对象除了管理人员与技术人员外，还有大量的建筑工人，人员的日常管理、工资、安全保障以及团队的发展等可能成为工作的重点；对于工程设计项目或其他工程咨询项目，人员的获取，分工和相互协作等可能成为其人力资源管理的重点。

4. 工程项目人力资源管理的内容

项目人力资源管理也可以理解为人力资源的取得、培训、保持和利用等方面所进行的计划、组织、指挥和控制的活动。具体而言，包括以下内容：

(1)人力资源规划。人力资源规划是指项目为了实现其目标而对所需人力资源进行预测，并为满足这些需要而预先进行系统安排的过程。

(2)工作分析。工作分析是指收集、分析和整理与工作有关的详细信息的过程，是对组织中某个特定职位的工作内容和职务规范的描述和研究过程，即制定职位说明和职务规范的系统过程。工作分析必须说明，为成功完成该项工作，每一个员工的具体的工作内容、必需的工作条件和员工资格。工作分析是用来规划和协调所有人力资源的管理活动。

(3)员工招聘。员工招聘是根据项目任务的需要,为实际或潜在的职位空缺找到合适的候选人。

(4)员工培训和开发。员工培训和开发是指为了使员工获得或改进与工作有关的知识、技能、动机、态度和行为,以利于提高员工的绩效以及员工对项目目标的贡献,所进行的培养、训练、能力的测评等活动。培训聚焦于目前的工作,而开发则为员工准备可能的未来工作。

(5)报酬。报酬是通过建立公平合理的薪水系统和福利制度,以起到吸引、保持和激励员工很好地完成其工作的激励作用的管理活动。

(6)绩效评估。绩效评估是对工作行为的测量过程,即用事先制定的标准来比较工作绩效的记录以及将绩效评估的结果反馈给员工的过程。

以上是项目人力资源管理的核心内容,它们从管理程序上来讲,已经在很大程度上规范化了;从管理部门上来讲,也有专门的人力资源管理部门,因此属于制度化的人力资源管理。除了有章可循,程序比较固定的部分外,还有一些无固定组织而言的内容,这一部分一般理解为非组织化的人力资源或更高层次的人力资源管理,主要包括领导艺术、群体激励、管理沟通、企业文化建设等内容。

二、工程项目劳动力资源管理

1.工程项目劳动力的优化配置

一个项目所需劳动力的种类、数量、时间、来源等问题,应就项目的具体状况做出安排,安排的合理与否将直接影响项目的实现。劳动力的合理安排需要通过对劳动力的优化配置得以实现。

(1)优化配置的依据

①劳动力优化配置的依据首先是项目。不同的项目所需劳动力的种类、数量是不同的。所以需要根据项目的具体情况以及项目的 WBS 分解结构来优化配置劳动力。

②项目的进度计划也是劳动力优化配置的重要依据。劳动力资源的时间安排主要取决于项目进度计划。例如,在某个时间段,需要什么工种的劳动力,需要量是多少,应根据在该时间段所进行的工作活动情况确定。当然,劳动力的优化配置和进度计划之间存在着综合平衡的优化问题。

③项目的劳动力资源供应环境是确定劳动力来源的主要依据。项目不同,其劳动力资源供应环境也不相同,项目所需劳动力取自何处,应在分析项目劳动力资源供应环境的基础上加以正确选择。

(2)优化配置方法

劳动力的优化配置首先应根据项目分解结构,按照充分利用、提高效率、降低成本的原则确定每项工作所需劳动力的种类和数量;然后根据项目的初步进度计划进行劳动力配置的时间安排,在此基础上进行劳动力资源的平衡和优化,同时考虑劳动力资源的来源,最终形成劳动力优化配置计划。

①应在劳动力需要量计划的基础上进一步具体化,以防漏配。必要时根据实际情况对劳动力计划进行调整。

②配置劳动力应积极可靠,使其有超额完成的可能以获得奖励,进而激发其劳动积极性。

③尽量保持劳动力和劳动组织的稳定,防止频繁变动。但是,当劳动力或劳动组织不能适应任务需要时,则应进行调整,并敢于改变原建制进行优化组合。

④工种组合、技术工种和一般工种比例等应适当、配套。

⑤力求使劳动力配置均匀,使劳动资源强度适当,以达到节约的目的。

2. 工程项目劳动力动态管理

劳动力的动态管理是指根据生产任务和施工条件的变化对劳动力进行跟踪平衡、协调,以解决劳务失衡、劳务与生产要求脱节的动态过程。其目的是实现劳动力动态的优化组合。

(1)企业劳动管理部门对劳动力的动态管理起主导作用

由于企业劳动管理部门对劳动力进行集中管理,故在动态管理中起着主导作用。企业劳动管理部门应做好以下几方面的工作:

①根据施工任务的需要和变化,从社会劳务市场中按合同招募和遣返(辞退)劳动力。

②根据项目经理部所提出的劳动力需要量计划与"项目管理目标责任书"向招募的劳务人员下达任务,派遣队伍。

③对劳动力进行企业范围内的平衡、调度和统一管理。施工项目中的任务完成后召回作业人员,重新进行平衡、派遣。

(2)项目经理部是项目施工范围内劳动力动态管理的直接责任者

项目经理部劳动力动态管理的责任是:

①按计划要求向企业劳务管理部门申请派遣劳务人员。

②按计划在项目中分配劳务人员,并下达施工任务书。

③在施工中不断进行劳动力的平衡、调整。解决施工要求与劳动力数量、工种、技术能力等相互配合中存在的矛盾。在此过程中与企业劳务部门保持信息沟通、人员使用和管理的协调。

④按合同支付劳务报酬,任务完成后,劳务人员遣归企业。

(3)劳动力动态管理的原则

①动态管理以进度计划与劳务合同为依据。

②动态管理应始终以劳动力市场为依托,允许劳动力在市场内做充分的合理流动。

③动态管理应以动态平衡和日常调度为手段。

④动态管理应以达到劳动力优化组合和充分调动作业人员的积极性为目的。

三、项目经理

工程项目管理是一件非常复杂的工作。项目的总任务包含了许多子任务,在不同阶段又有不同的阶段性任务,这些任务又是由许多单位共同完成的。在工程项目建设的全过程中,会有许多不可预见的因素。因此,设置和明确工程项目负责人就显得非常重要。工程项目负责人,即项目经理是工程项目管理的核心,是决定工程项目成败的关键人物。

项目经理制自 1941 年在美国产生以来,在国外工业发达国家得到普遍推广。我国在 1983 年 3 月由国家计委颁发的《关于建立健全前期工程项目经理的规定(草案)》中提出建立项目经理负责制,这是加强我国项目管理的一项有力的组织措施。

1. 项目经理的定义

项目经理由法定代表人任命,根据法定代表人授权的范围、时间和内容,对项目实施全过程、全面的管理。

项目经理是组织的法定代表人在项目上的一次性授权管理者和责任主体。项目经理通过实行项目经理责任制履行岗位职责,在授权范围内行使权力,并接受组织的监督考核。项目经理的聘用由企业决定,是一种行业规范化管理的组织行为。

2. 项目经理的分类

(1)建设单位的项目经理

建设单位的项目经理是指受项目法人的委托和授权,领导和组织一个完整工程项目建设的总负责人。一些规模小、技术简单的小型项目的项目经理可由一个人担任,负责全过程的项目管理。但对于一些规模大、工期长且技术复杂的工程项目,是由工程总负责人、工程投资控制者、进度控制者及合同管理者等人组成项目经理部,对项目建设进行全过程的项目管理。

(2)施工单位的项目经理

施工单位的项目经理是指受施工企业法定代表人的委托和授权,在工程项目施工中担任项目经理职务,直接负责工程项目施工的组织实施者,对工程项目施工全过程、全面负责的项目管理者。是工程项目的责任主体,是企业法人代表在工程项目上的委托代理人。

(3)设计单位的项目经理

设计单位的项目经理是指受设计单位法定代表人的委托和授权,领导和组织一个完整工程项目设计的总负责人。设计单位的项目经理对业主的项目经理负责,从设计角度控制工程项目的总目标。

(4)咨询单位的项目经理

咨询单位的项目经理是指受咨询单位法定代表人的委托和授权,根据业主需要进行全过程或其中某一阶段的咨询管理服务的总负责人。这种情况一般发生在项目比较复杂,而业主又没有足够能胜任的人员组建管理班子时,因此委托咨询机构来进行项目管理,向业主提供咨询服务。

(5)其他部门的项目经理

其他部门的项目经理指受企业法定代表人的委托和授权,对项目实行指导、监督等职能的总负责人。如政府派出的项目经理,银行派出的项目经理等。

3. 项目经理应具备的素质

(1)身体健康、精力充沛

项目管理是一项持久艰苦的工作,环境差,压力大,因此项目经理要有强健的体魄、旺盛的精力。

(2)良好的心理素质和个性特征

①坚毅。冲突、矛盾、变化、风险,这些都使得项目经理要承受相当大的压力,如果没有坚毅的性格,很难在项目中坚持原则,甚至可能会中途放弃,因此,坚毅对于项目经理,尤其是从事大型复杂项目的项目经理来说是第一位的。项目经理要性格坚毅、充满自信。

②果断。项目要在一定时间内完成,因此很多时候并没有太多时间去寻找完美的答案,拖延时间只会贻误时机,这个时候就需要能够果断地做出选择并实施,因此项目经理要果断行事,不犹豫,不冲动。

③冷静。项目实施过程中随时存在着冲突等问题,冷静是解决问题的第一保证。只有遇

事冷静、沉着,才能去正视问题,去思考为什么,才能充分发挥才干、创造力,挖掘潜力去解决问题。

④乐观。项目的特点决定了项目开展过程中存在不可预见性,冲突、矛盾、压力将接踵而来,项目经理不能因此而心浮气躁,必须以乐观向上的心态面对项目部成员及其他人,有条不紊地分析问题根源所在,直至彻底解决。

⑤开朗。项目管理的复杂性决定了项目经理需要做大量的协调和沟通工作,因此必须具备开朗的性格,容易与人相处,容易使别人理解自己的意图,这样便于项目的危机响应和文化管理。

(3)具有管理的基本技能、良好的知识结构

①项目管理的基础知识。如项目管理的特点、规律,管理思想、管理体制、管理程序等,进行项目管理的技能训练;懂得经济、法律、法规等相关知识;具备人力资源管理、成本管理、质量管理、合同管理、风险管理等良好的知识结构。

②相应的项目管理经验和业绩。项目经理应具有相应的工程管理经验和业绩,特别是同类项目的成功经验,对项目工作有成熟的判断能力和思维能力。

(4)综合素质较高

①良好的职业道德,遵纪守法,爱岗敬业,使命感较强。

②以身作则,树立良好榜样。

③言行一致,为人正直,公平无私。

④求贤若渴,重视人才,广纳良策。

⑤具有长远目光、大局观念。

⑥善于总结得失。

(5)能力全面

①组织协调能力。项目的相关方是很多的,同项目的相关方联系、协调工作是项目经理必须可少的工作内容之一,项目经理要在此过程中不断解决矛盾,处理冲突,尽量减少不利因素,争取项目相关方最大的支持。

②联系交际能力。所谓联系交际能力即与人打交道的能力,项目经理必须运用娴熟的交际技巧,处理好与各项目相关方的关系,营造融洽的工作氛围,才能保证项目的顺利实施。

③沟通能力。项目经理应具有亲和力,平易近人,积极地与团队成员进行沟通交流,真诚地听取他们的意见和建议,消除不必要的误解和矛盾。在沟通过程中,项目经理应善于提问,并做到有效聆听、换位思考,并善于激励成员。

④团队精神、合作能力。项目经理应具备团队合作精神,善于处理各种工作关系,维护建设项目相关者的利益,保守商业机密,通过运用自己的管理技能造就一个团结协作、充满活力、积极向上的团队。

⑤表达能力和谈判技巧。项目经理把自己的意图、想法向项目团队等表述清楚,是项目顺利实施的决定因素;在涉外项目或国际工程项目管理中,还要求项目经理具有应用外语的能力,还应不断积累涉外谈判经验,提高谈判技巧。

⑥分析与决策能力。项目经理必须具备敏锐的眼光和善于分析的能力,当碰到问题时候,项目经理应该能从拥有的信息中“去其糟粕,取其精华”,抓住本质,迅速决策。

⑦应急应变能力。项目经理应该能够根据项目的性质灵活运用自己的经验和技能,善于

变通，具有敏锐灵活的应急应变能力，能够从细微的先兆去感知未来的变化，做到对变化的预先准备，防微杜渐，确保变化对项目的影响最小、风险最小。

⑧开拓创新能力。由于一次性是项目最显著的特点，项目的开展不可能有完全一样的资料、经验可以照搬，项目经理必须根据本项目的特点，运用创新的思维，开拓新的领域，使项目的计划付诸实践。随着市场的发展和时代的进步，项目经理还应注重学习和研究项目管理的新理念、新技术、新方法，以不断提高自身的管理水平。

⑨系统思维能力。项目经理要把一个项目作为一个系统、一个整体来分析，既要考虑项目中各部分的相互联系和相互制约因素，又要考虑各部分之间的协调配合，以达到整体优化的目的。

4.项目经理的作用

(1)保证项目目标的实现

项目经理是项目的负责人。在项目进行当中，项目经理要根据项目进度及具体情况，及时与项目委托方进行沟通，调整项目的方向、工作重点和工作进度等，确保项目的实施成果满足委托方的需要，保证项目目标的实现。

(2)对项目进行有效的日常管理

项目经理是经过授权的项目负责人，对项目的各种事务进行全面、细致而有效的管理。项目经理对项目的工作必须进行周密的筹划，对其工作时间要进行认真的安排。在日常管理中，项目经理要充分发挥项目团队成员的主观能动性，同时，要加强对成员在项目工作中的指导，对项目运行中可能出现的问题做出准确的预测与判断。

(3)进行项目具体事务决策

项目在进行中经常有许多问题需要及时做出判断，决定在何时，采取何种具体行动，以及行动的具体方案。项目经理是项目的具体决策者与指挥者，在一定程度上相当于公司法人代表在项目中的代理人。对于项目运行中出现的矛盾，项目经理要及时处理，进行决策，必要时还要请示上级决策者。

需项目经理决策的问题一般有：计划进度的调整，项目工作方案的变更，项目团队人员分工的改变，项目技术方案的修改等。

与其他决策一样，项目经理在重大问题决策时，要注意调查研究，听取多方意见，必要时进行多方案比选和专家论证。

5.项目经理的主要工作

项目经理的工作程序从接受委托或任命起正式开始，在项目经理接受委托或任命时要注意在委托合同或任命文件中明确项目经理的工作职责、权限、工作任务及目标、报酬及奖罚等。项目经理正式开始工作后要经过建立工作基础(了解项目情况，研究工作任务、分析项目相关人员、编制项目工作计划)、组建项目团队、指导团队工作和结束项目等步骤。

(1)建立工作基础

①了解项目情况及工作任务

项目经理接受项目任务后，首先要了解项目情况，研究工作任务，将问题研究透彻，拟定初步的工作思路。分析了解项目的重要方法是对项目进行工作结构分解，并根据工作分解的最后结果进一步理顺工作思路，为下一步的工作计划做准备。

②了解项目相关人员

项目经理的另一项基础性工作就是要对项目相关人员进行分析。项目相关人员分析的目的一方面是为了使项目经理对项目所涉及的各方面的关系做到心中有数,以利于今后的协调工作;另一方面有利于确定项目团队成员,项目经理可以从其中选定合适的项目团队成员。

③编制项目工作大纲

项目工作大纲是指导项目工作的纲领性文件,是项目经理工作的重要内容之一。在实际工作中项目工作大纲的有关内容往往是在项目正式确定之前就明确下来了,项目经理往往是项目工作大纲准备者之一。在项目正式确定后,项目经理应尽快组织完成工作大纲的正式文件,并与项目委托方取得一致意见。

项目工作大纲主要包括:项目名称;项目基本情况;项目团队工作目标与任务;项目工作进度计划;项目团队组成与分工;项目费用预算计划;成果的形式、成果交付数量、时间及交付方式;项目费用的来源。

(2)正式启动项目

①组建项目团队

根据完成项目的任务需要,经过多方面的商讨等工作,项目经理确定了团队成员后,项目团队将正式成立。为此项目经理要完成以下工作:根据项目团队的工作目标与任务和人员的分析情况,进行权职划分,确定团队中每个人的工作职责;建立职责关系图,并进行工作流程设计。

在组建过程中项目经理要向入选的团队成员说明项目目标、项目的工作范围,还要说明项目的意义、选择团队成员的标准等。

②召开项目启动会议

项目启动会议的主要内容有:宣布项目正式开始工作;介绍项目团队成员;介绍项目基本情况;宣布工作计划;宣布并落实人员分工;公布工作程序与工作规则;明确内部沟通方式等。

③组织制订项目团队各项具体工作计划

项目具体工作计划有很多种,从不同的角度分类有不同的结果。从管理内容角度看有费用计划、进度计划、质量计划、人力资源计划、信息管理计划、沟通计划等;从项目要素构成方面看有项目技术计划、资金计划、原材料计划等。另外还可以根据项目进展阶段、时间等进行划分确定。

项目经理要根据项目的具体情况或简或繁地组织建立项目的计划系统,根据项目的总体要求和工作实际,组织落实好各项具体工作计划的编制工作。

(3)管理团队工作

团队组建后,项目工作正式开始,这时管理的计划、执行、检查、调整与处理的过程将贯穿在每一项工作中。为此项目经理要注意跟踪和预测项目变化,对项目全过程进行有效的控制,并协调好相关关系,以确保项目的最终成果满足项目的预定目标。

①开展项目实施中的指导

a.对项目团队中每个成员的工作提出具体要求。根据项目工作结构分解确定的各项工作任务,项目经理对项目团队中各成员进行工作任务分工,进而提出具体的工作要求,包括工作任务、工作进度、工作质量,以及与其他成员的相互承接关系等,特别是要清晰地提出其工作成果在时间、进度和质量方面的标准要求。

b. 对团队成员工作的方法进行指导。项目团队成员可能来自不同的部门,在某一方面的专业能力较强,但对于目前需完成的项目方向不一定有很好的把握。

c. 解决团队工作中的困难与问题。项目团队在工作中出现一些困难与问题是正常的,一些问题团队成员自己可以解决,有些问题则必须由项目经理出面解决,但无论谁出面,解决问题的基本原则与出发点一定是要有利于项目目标的完成。有时团队成员中出现工作分歧与矛盾,或与合作方有了一定的利害关系,往往容易使工作带有很大的感情色彩,这种情况下,项目经理应当及时察觉,进行调整解决。

d. 培养团队精神。项目经理对项目团队进行指导的另一个重要方面就是团队精神的形成。项目经理要不断倡导自己的团队精神,并通过工作中的身体力行和对团队成员的引导使团队精神得以形成和发展。

②对项目全过程进行全面控制

对项目进度、质量、费用三个方面的控制是我们通常所说的项目三大控制,但这三大控制在实际工作中往往不是单独存在的,是相互联系的,有时还会发生冲突。因此项目经理在工作中应对项目全过程进行全面而有效地控制与管理。

项目经理进行全过程控制的关键是对团队成员的工作进行有效的控制,重点需把握以下几个方面:

a. 进行合理的分工与适度的授权,这是实现有效控制的前提。只有进行了合理的分工和适度的授权,项目工作才有完成的可能,才能谈得上有效的控制。

b. 建立和保持有效、畅通的信息通道,这是实现有效控制的基础。信息是有效情报的载体,通过信息不但可以发现存在的问题,更重要的是可以预测可能出现的问题,对出现的问题及时进行解决,对将出现的问题提前采取防范措施,这是实现全过程控制的重要一环。

c. 经常性的检查,是对固定信息渠道的重要补充。检查可以及时发现问题,可以修正和补充正常渠道上来的信息,从而使项目经理的工作更加富有成效。

d. 及时进行必要的调整是实现全过程有效控制的重要手段。控制过程是一个动态的过程,为保证项目在进度、质量、费用三方面实现预期目标,根据项目的实际进展情况和可能出现的问题,项目经理在项目组织安排、项目进度、人员配置、经费投入等方面都应进行必要的调整。

③做好内外关系的协调

项目经理的重要工作之一就是为项目正常和良好地进行创造一个比较顺畅的内外环境,同时也可以使项目团队能及时和准确地掌握有关各方对项目的要求的变化,并将项目团队面临的困难与取得的进展传递给有关方面,以便取得其良好的支持与配合。

项目经理协调内外关系的主要工作包括:与委托方及时有效的沟通;与项目所在单位的有关领导保持信息的畅通;与项目所在单位的职能部门保持适当的互动关系;在团队内部形成统一、有序、高效的工作氛围。

除上述工作外,项目经理的另一项重要工作就是搞好项目团队建设。

(4)项目结束

项目结束阶段对于团队来说是休整阶段。在这一阶段中,项目经理要注意稳定团队成员的工作情绪,巩固工作成果,保证项目工作最后阶段的工作质量。对项目的相关资料进行整理

与归档,注意保密。同时,项目经理还要注意关心团队成员的未来去向,尽可能为团队成员解决实际问题。主要工作有:

①项目成果总结与报送。

②项目资料整理。

③项目后续工作安排。

④宣布项目团队工作结束。

需要说明的是,项目经理的上述工作内容与工作程序是相互联系与渗透的,不能截然割裂开来,有的工作需要交叉进行。

四、项目团队建设

项目团队,又叫项目组,是指一组项目个体成员为了实现一个共同的目标,按照一定的分工和工作程序,协同工作而组成的有机整体。团队可以是现有组织中的一个组成单元,也可能是在现有组织构架下新成立的组织单元。构成团队的基本条件是:成员之间必须有一个共同的目标;团队内有一定的分工和工作程序。上述两项条件缺一不可,否则只能称为群体,不能称之为团队。

1. 项目团队的特点

有效的项目团队应具有以下特点:

(1)共同的目标

为使项目团队工作有效就必须明确项目目标,并在这一目标的感召下,使项目团队成员凝聚在一起,并为之共同努力。

(2)合理分工与协作

团队中的每个成员都应明确自己的责任、任务和权力,并为之努力工作;但同时应注意团队成员之间的相互协作,以形成真正意义上的团队。

(3)高度的凝聚力

凝聚力是指团队成员之间的团结与团队的吸引力和向心力。团队对成员的吸引力越强,成员的积极性和创造性就越能得到有效发挥。一个有效的项目团队,一定是具有高度凝聚力的团队。团队的凝聚力来源于团队成员共同的愿望、共同的利益和共同的目标,来源于团队成员之间的相互交往、相互合作和有效沟通,来源于团队成员自身愿望的实现。

(4)团队成员的相互信任

在一个有效的项目团队中,成员之间应相互信任、相互关心,并承认彼此存在的差异,信任其他人所做和所要做的事情。团队成员应通过公开交流、自由交换意见等方式推进彼此之间的信任。

(5)有效的沟通

有效的团队需要有效的沟通。项目团队应具备全方位、多种多样、正式的和非正式的沟通渠道,具有开放、坦诚的沟通氛围。

2. 项目团队的发展

一个项目团队从开始到终止经历了不断成长和变化的过程,这一过程可以描述为五个阶段:组建阶段、磨合阶段、稳定阶段、成效阶段和解散阶段,如图 8-25 所示。

图 8-25 项目团队的成长发展阶段

(1)组建阶段

团队的组建阶段主要是形成团队的过程。在这一过程中,主要是依靠项目经理来指导和构建团队。团队形成的基础有两种:一是以整个运行的组织为基础,即一个组织构成一个团队的基础框架,团队的目标为组织的目标,团队的成员为组织的全体成员;二是在组织内的一个有限范围内为完成某一特定任务或为一共同目标等形成的团队。在项目管理中,这两种团队的形式都会出现,具体根据项目的大小、项目采取的组织形式而有所不同。

(2)磨合阶段

项目团队形成后,团队成员明确了自己在项目中的工作及应承担的责任,开始执行分配的任务。这时矛盾开始显露,预示着磨合阶段的到来。这一阶段的一个显著特点是团队的冲突和不和谐。

在实际工作中应尽可能缩短磨合时间,以便使团队早日形成合力。

(3)稳定阶段

经过磨合,团队成员之间、成员与项目经理之间的关系已基本理顺,团队成员的不满情绪得以减少,凝聚力开始形成,团队进入稳定阶段。

(4)成效阶段

相互的理解、高效的沟通、密切的协作和配合、充分的授权,项目团队作用得以充分发挥,团队精神在该阶段得到了充分的体现,促进了项目的有效实施和目标的实现。

(5)解散阶段

随着项目的完成,团队面临解散,团队成员开始考虑自身今后的发展,并开始做离开团队的准备。

在团队的成长发展过程中,团队精神和工作绩效将会发生相应的变化,如图 8-26 所示。

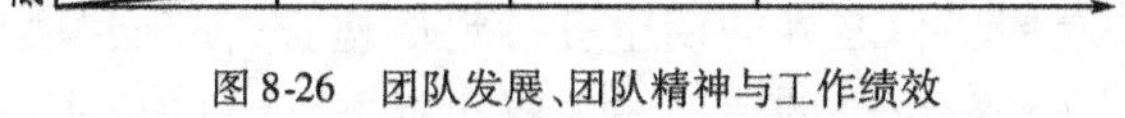

图 8-26 团队发展、团队精神与工作绩效

3. 项目团队能力的开发

项目团队能力的开发包括两个方面:一是提高项目参与者个人的贡献力;二是提高项目团队整体能力。个人能力在管理和技术方面的提高是项目团队发展的基础。为了使项目团队能力满足项目要求,团队作为一个完整的整体来开发是项目团队实现预定目标的关键。开发项目团队和成员能力的途径主要有:

(1)改善环境

工作环境是指团队成员工作地点的周围情况和工作条件。工作环境的状况可以影响人的

工作情绪、工作效率、工作的主动性和创造性，进而影响工作质量与工作进度。一个良好的工作环境可以使团队成员有良好、健康的工作热情，可以使人产生工作的愿望，是使团队保持和发展工作动力的一个很重要的方面。因此，作为团队的负责人应注意通过改善团队的工作环境来提高团队的整体工作质量与效率，特别是对于工作周期较长的项目。

（2）培训

培训包括为提高项目团队技能、知识和能力而设计的所有活动。项目培训可以是正式的，例如有培训教室和计算机等；也可以是非正式的，例如通过其他项目团队成员的反馈进行非正式培训。在项目开展初期以及项目工作过程中都应根据实际情况通过不同方式对项目团队成员进行培训。

（3）开展团队建设性活动

团队建设性活动是指以提高项目团队的能力而设计和组织的各项团队活动。团队建设性活动可以结合实际工作进行，例如，让项目团队计划执行链中处于最末端的团队成员参与团队计划的制定过程；让那些没有管理能力和处理问题经验的项目团队成员参加为暴露和解决矛盾的一些基本规则的制定过程；组织一个正规的工作检查会议或专业性的经验交流会等。

（4）评价

评价是指对员工的工作业绩、工作能力、工作态度等方面进行调查与评定。评价是激励的方式之一。正确地开展评价可以使团队内形成良好的团队精神和团队文化，可以树立正确的是非标准，可以让人产生成就与荣誉感，从而使团队成员能够在一种竞争的激励中产生工作动力，提高团队的整体能力。团队评价的具体方式可以采取指标考核、团队评议、自我评价等多种方式。

（5）表彰与奖励体系

表彰与奖励体系是正式管理活动的重要组成部分之一，它可以提高或强化管理者所希望的行为。要使表彰与奖励成为行之有效的工具，就必须在取得的成绩与奖励之间建立起清晰的、明确的、有效的联系。否则，一旦表彰与奖励让人产生模糊的甚至是错误的理解，就可能产生反向的引导，使表彰与奖励活动对整个项目团队士气与团队精神产生消极的影响。例如，如果要使通过奖励一个降低了项目成本的项目管理者来带动整个项目成本控制水平有一个大的提高的话，就应至少具备两个方面的前提条件：一是有一个公认的或事先经过公布的成本降低标准及奖励标准；二是被奖励者在成本控制方面确实达到了上述规定的水平。

（6）外部反馈

前述项目人员配备、项目计划、项目执行报告都只反映了项目内部对团队发展的要求，除此之外项目团队还必须对照项目之外的期望进行定期检查，使项目团队建设尽可能符合团队外部对其发展的期望。在外部反馈的信息中主要包括委托方的要求，项目团队领导层的意见及其他合作方的评价与建议等。

（7）调整

项目团队成员不是不可改变的，由于各种原因，项目团队成员表现不能满足项目的要求或不适应团队的环境时，项目经理不得不对项目团队成员进行调整。对这种调整项目经理要及早准备，及早发现问题，早做备选方案，以免影响项目工作的顺利开展。

除上面的内容外，项目团队调整的另一项内容是对团队内的分工进行调整，这种调整有时是为了更好地发挥团队成员的专长，或为了解决项目中的某一问题，也可能是为了化解团队成员之间出现的矛盾。

五、项目成员激励

激励就是激发和鼓励,是指项目团队通过某种方式来调动人员的积极性和创造性。科学有效的激励,可以提高项目团队成员的工作效率,从而提高整个团队的绩效,有利于项目目标的实现。

1. 激励的原则

为了充分发挥激励的作用,在对项目团队成员进行激励时,必须遵循一定的原则:

(1)目标原则

激励是否有效的衡量标准是:是否有利于项目目标的实现。如果激励有效,就能促进项目目标的实现;如果激励不当,就会适得其反,阻碍项目目标的实现。

(2)公平原则

在对项目团队成员进行激励时,要遵循公平的原则,即反对平均主义,对项目团队成员的激励要与其绩效直接挂钩。

(3)按需激励原则

由于项目团队成员的需求不同,而激励的关键在于满足项目团队成员的需求。因此,在采取激励措施时,项目管理人员应该不断了解项目团队成员的需求层次和需求变化,根据各个团队成员需求的不同区别对待。

2. 激励的方式

在对项目团队成员进行激励时,还要注意选择适当的激励方式:

(1)行为激励

行动是无声的命令,领导的行为对团队成员具有很强的导向作用。一位杰出的领导者,不仅能够正确地运用手中的权力,树立领导权威,还会以身作则、率先垂范,用自己的实际行动,激励广大员工去扎实工作。那么,作为项目的各级领导,就必须做到:要求团队成员做到的,自己首先做好;禁止团队成员去做的,自己首先不做。

(2)文化激励

项目文化是项目的灵魂,一个项目没有文化,就像一个人没有了灵魂一样可怕。优秀的项目文化是一双无形的手,无时不在,无处不在,不断激励着团队成员为项目发展竭尽全力、不懈奋斗。要深入挖掘长期以来形成的项目精神和经营理念,以行业共同价值观为核心,积极构建符合项目实际,具有鲜明的地方和行业特色的优秀项目文化。通过加强项目文化建设,进一步增强团队成员的归属感和自豪感,用项目文化规范团队成员日常行为,靠项目文化激发团队成员工作激情,逐渐把项目文化变成团队成员的自觉行动,不断推动项目持续健康发展。

(3)物质激励

物质激励是最为直接有效的激励方式,而收入分配机制是否科学合理,则是决定物质激励成效的关键。因此,项目必须通过建立科学的绩效考核体系,严格考核流程管理,实施公正的绩效考核,并把考核结果直接与团队成员工资收入挂钩,用利益杠杆激励团队成员加倍努力,取得更好的业绩。同时,要积极开展评优树先活动,评选出责任心强、工作扎实、业绩突出的先进典型人物,享受更加优厚的经济待遇,充分发挥先进典型的带动和激励作用。

(4)目标激励

20世纪美国著名社会心理学家马斯洛,把人的各种需要归结为生理的需要、安全的需要、社交的需要、尊重的需要和自我实现的需要五个层次,其中自我实现的需要是人的需要的最高层次。目标激励就是通过制订科学的发展目标,激励团队成员为之奋斗,最终达成目标,满足自我实现需要的一种激励方式。确立了发展目标,就明确了工作方向,促使团队成员在实现发展目标的过程中,不断提高自身素质,实现自身价值。在进行目标激励时要注意两个方面:一是要注意根据岗位职责和工作任务,制订一个科学合理、切实可行的量化目标,防止目标不切实际、遥不可及。二是要注意将团队成员在实现目标过程中的绩效情况进行动态的反馈,并做出公正的评价,进一步坚定团队成员的信心,激励团队成员的热情,同时纠正工作中的偏差。

(5)参与激励

参与激励是指让项目团队成员了解项目团队的运作情况,使他们以不同的方式参与到项目的管理中来,从而激发他们的主人翁责任感。

(6)赞美激励

肯定与赞美是最强有力的激励方式,也是最有效的激励方式。

六、项目团队冲突管理

1.冲突概述

冲突指有关双方在观念和行为上的对立或对抗,是一种在满足各自需要的过程中遇到挫折、阻力或力图超越现状时的心理紧张和压力及其外部表现。

对于冲突的看法,存在着两种观念:传统观念认为所有的冲突都是不好的、有害的,应尽量避免和消灭它;而现代观念认为冲突是任何群体与生俱来的、不可避免的。冲突本身并不可怕,可怕的是处理不当。对有些冲突,可等其发展到一定阶段再进行处理;但对另外一些冲突,如果处理不及时就可能会造成危害,甚至会影响组织的长远发展。

2.项目团队冲突管理的定义

项目团队冲突指的是两个或两个以上的项目团队成员在目标、利益、认知等方面互不相容或互相排斥,从而产生心理或行为上的矛盾。

项目冲突管理就是指分析冲突并解决冲突的过程。

项目冲突管理的作用是使项目冲突的结果向积极的、合作的而非破坏性的方向发展。在这个过程中,项目经理是解决冲突的关键,他的职责是在项目冲突发生时,分析冲突的来源和程度,并运用正确的方法来化解冲突。

3.项目冲突的来源

在项目的执行过程中,冲突可能来源于以下几个方面:

(1)人力资源冲突。人力资源冲突是指由于项目团队成员来自不同的职能部门所引起的有关人员支配方面的冲突。特别是在矩阵制的组织结构中,这种冲突尤为突出。由于职能部门经理和项目经理都具有项目团队成员的支配权,他们很可能就用人问题产生冲突。

(2)成本费用冲突。成本费用冲突一般是指在费用分配问题上产生的冲突。比如,由于经费紧张,项目经理缩减了各部门的预算,而各部门的负责人都希望能够获得充足的预算,这就可能导致成本费用冲突的产生。

(3)技术冲突。技术冲突是指在技术性能要求、实现手段和相关技术问题上产生的冲突。如项目的技术部门为了达到项目的技术要求,主张采用先进的性技术,而项目经理考虑到项目的成本、进度和风险等因素,建议采用较为成熟的技术方法。

(4)管理程序冲突。管理程序冲突技术冲突是围绕项目管理问题所产生的冲突。在管理部门发生的冲突包括发生在项目经理的权力和责任、不同部门之间或项目团队与合作方的冲突等。

(5)项目优先权冲突。项目优先权冲突是指项目参加者由于对实现项目目标应该完成的工作活动的先后次序存在不同的看法所产生的冲突。

(6)管理进度冲突。管理进度冲突是指项目工作活动的完成次序、所需时间与进度计划不一致所产生的冲突。

(7)成员个性冲突。项目团队成员个性冲突是指由于项目团队成员的价值观不同、个性差异等方面所产生的冲突。相对于其他冲突来说,个性冲突的强度最小,但却是最难解决的。

4. 项目冲突的解决

项目通常处于冲突的环境中,但冲突并不可怕,如果处理得当,反而能促进项目工作的完成。冲突能帮助项目团队尽早发现项目所存在的问题并引起有关人员的注意;冲突有利于项目团队的建设,能激发团队成员进行讨论,这样可以形成一种比较民主的工作氛围;冲突能培养团队成员的积极性和创造性,促进项目团队寻找新的解决办法,从而实现项目创新。面对众多冲突,常有的基本方式有以下几种:

(1)回避。回避是指卷入冲突的项目团队成员从这种状态中撤出,从而避免发生实际的或潜在的争端。但这种方式并不是一种积极的解决方法,它可能会使冲突积累起来,并逐步升级。

(2)竞争。这种方法的实质是“非赢即输”。它认为在冲突中取得胜利要比勉强保持人际关系更为重要。这是一种积极的解决冲突的方式。但可能会导致团队成员之间产生怨恨,恶化工作环境。

(3)缓和。这种方法的实质是“求同存异”,即在冲突中找出一致的方面,忽视两者之间的矛盾。这种方式认为,维持人际关系比解决问题更为重要,强行解决问题可能会伤害团队成员之间的感情,降低团队的凝聚力。尽管这一方法能避免一些矛盾,但它并不能彻底解决问题。

(4)妥协。这是一种通过协商使冲突双方在一定程度上获得满意的折中方法。尤其是在冲突双方势均力敌、难分胜负时,妥协也许是较为恰当的解决方式,但是这种方法并非永远可行。

(5)正视。正视就是直接面对冲突,这是一种解决冲突的有效方式。它既要求有效地解决问题,又要求维持良好的人际关系。

(6)防范。防范是对可能产生的冲突进行处理的最佳方法。为了做好冲突防范,项目经理必须确保所有的项目团队成员都清楚地理解项目目标和项目计划,在团队建设中强调成员间的信任和成员的自信,形成一个融洽的工作氛围等,这样就可以在某种程度上防范冲突。

【复习思考题】

1. 何为组织？其特点有哪些？
2. 组织结构的构成因素有哪些？如何把握管理层次与管理跨度的关系？
3. 组织结构设计的基本原则是什么？
4. 简述工程项目管理组织结构的建立步骤。
5. 项目管理组织形式的类型有哪些？各自的优缺点是什么？
6. 项目管理组织各种形式的适用条件是什么？
7. 工程项目人力资源管理的内容是什么？
8. 工程项目劳动力优化配置的依据和方法有哪些？
9. 项目经理的定义是什么？
10. 项目经理有哪几种？
11. 项目经理应具备的素质是什么？
12. 项目经理的主要工作是什么？
13. 简述项目团队的概念及特点。
14. 简述项目团队的发展与建设过程。
15. 项目团队成员激励的原则与方式是什么？
16. 项目团队冲突管理的定义是什么？
17. 项目团队冲突的解决方式有哪些？

第九章

招投标与合同管理

【学习目的与要求】

本章依据公路工程招投标、公路工程合同范本相应规定编写，应了解公路工程招标、投标、合同管理的目标及要求，重点学习公路工程分类招投标的特点，招投标的流程、公路评标的要求、不同工程合同的类型、合同管理内容及合同变更、索赔等，学习中必须掌握招投标的流程、类型、合同管理内容、变更控制。

第一节　公路工程招投标管理

公路工程招投标管理应依据《中华人民共和国公路法》《中华人民共和国合同法》《中华人民共和国招标投标法》《中华人民共和国招标投标实施条例》等法律法规，遵循公开、公平、公正及诚实信用的原则，择优选择工程项目的参建单位，并按招标要求保护招标投标当事人的合法权益。公路工程数据电文形式的招投标与纸质形式的招投标具有同等法律效力。公路建设项目鼓励采用地方统一公共交易平台开展招标投标工作，地方公共交易平台招投标模块应满足公路建设项目招投标的相关要求。

一、公路工程招投标类型

1. 按投标人划分

公路工程项目招标分为公开招标、邀请招标和竞争性谈判招标。

公开招标是指招标人以公开招标公告的方式邀请特定的法人或其他组织投标。大部分公路工程招标都要求采用公开招标的形式。采用公开招标方式的,应当发布招标公告。依法必须进行招标项目的招标公告,应当通过国家指定的报刊、信息网络或者其他媒介发布。招标公告应当载明招标人的名称和地址,招标项目的性质、数量、实施地点和时间以及获取招标文件的办法等事项。

邀请招标是指招标人以邀请投标书的方式邀请特定的法人或者其他组织投标。采用邀请招标方式的,应当向三个以上具备承担招标项目的能力、资信良好的特定法人或者其他组织发出投标邀请书。

满足以下条件,经过核准或备案可以采用邀请招标。

(1)施工(设计、货物)技术复杂或有特殊要求的项目,符合条件的投标人数量有限。

(2)受自然条件、地域条件约束。

(3)如采用公开招标所需费用占施工(设计、货物)比例较大。

(4)涉及秘密不适宜公开。

(5)法律规定其他不适宜公开招标。

竞争性谈判是指采购人邀请特定的对象谈判,并允许谈判对象二次报价确定签约人的采购方式。竞争性谈判通常适用于 PPP、BOT 公路项目的投资人招标。

竞争性谈判须满足下述四个条件:

(1)招标后没有供应商投标或者没有合格的供应商或者重新招标未能成立的。

(2)技术复杂或者性质特殊,不能确定详细规格。

(3)采用招标所需时间不能满足用户需求。

(4)不能事先计算出价格总额。

2. 按组织形式划分

按照招标组织形式可分自行招标和委托招标。

招标人具有编制招标文件和组织评标能力的,可以自行办理招标事宜。任何单位和个人不得强制其委托招标代理机构办理招标事宜。依法必须进行招标的项目,招标人自行办理招标事宜的,应当向有关行政监督部门备案。

招标人有权自行选择招标代理机构,委托其办理招标事宜。任何单位和个人不得以任何方式为招标人指定招标代理机构。招标代理机构是依法设立、从事招标代理业务并提供相关服务的社会中介组织。招标代理机构应当具备下列条件:

(1)有从事招标代理业务的营业场所和相应资金。

(2)有能够编制招标文件和组织评标的相应专业力量。

(3)有可以作为评标委员会成员人选的技术、经济等方面的专家库。

3. 按公路工程工作流程划分

依据公路工程建设的流程,工程招标包括勘察招标、设计招标、技术采购招标、施工招标、监理招标以及与工程建设有关的重要设备、材料的采购、服务招标等，经营性公路项目还应对项目投资人进行投资人招标。

二、公路工程招投标范围

(1)公路工程的勘察、设计、施工、监理以及与公路建设有关的重要设备、材料等的采购招标，达到下列标准之一的，必须进行招标：

①施工单项合同估算价在200万元人民币以上的。

②重要设备、材料等货物的采购，单项合同估算价在100万元人民币以上的。

③勘察、设计、监理等服务的采购，单项合同估算价在50万元人民币以上的。

④单项合同估算价低于上述三项规定的标准，但项目总投资额在3 000万元人民币以上的。

公路工程项目的勘察、设计，采用特定专利或者专有技术的，或者其建筑艺术造型有特殊要求的，或者其他符合国家法律法规可不招标项目规定的，经项目主管部门批准，可以不进行招标。

(2)有下列情形之一的公路工程建设项目，可以不进行招标：

①涉及国家安全、国家秘密、抢险救灾或者属于利用扶贫资金实行以工代赈、需要使用农民工等特殊情况。

②需要采用不可替代的专利或者专有技术。

③采购人自身具有工程施工或者提供服务的资格和能力，且符合法定要求。

④已通过招标方式选定的特许经营项目投资人依法能够自行施工或者提供服务。

⑤需要向原中标人采购工程或者服务，否则将影响施工或者功能配套要求。

⑥国家规定的其他特殊情形。

三、公路工程招投标流程

按照国家有关规定需要履行项目审批、核准手续的依法必须进行招标的公路工程建设项目，招标人应当按照项目审批、核准部门确定的招标范围、招标方式、招标组织形式开展招标。

公路工程建设项目履行项目审批或者核准手续后，方可开展勘察设计招标；初步设计文件批准后，方可开展施工监理、设计施工总承包招标；施工图设计文件批准后，方可开展施工招标、主要设备采购招标。

施工招标顺序为：先进行施工准备工程招标，后进行主体工程招标；先进行土建工程招标，后进行设备安装工程招标；先进行结构工程招标，后进行装饰工程招标；先进行制约后续的工程招标，后进行紧前的工程招标。

公路工程建设项目采用资格预审方式公开招标的，应当按照下列程序进行：

(1)编制资格预审文件。

(2)发布资格预审公告，发售资格预审文件，公开资格预审文件关键内容。

(3)接收资格预审申请文件。

(4)组建资格审查委员会对资格预审申请人进行资格审查，资格审查委员会编写资格审查报告。

(5)根据资格审查结果，向通过资格预审的申请人发出投标邀请书；向未通过资格预审的申请人发出资格预审结果通知书,告知未通过的依据和原因。

(6)制招标文件。

(7)发售招标文件,公开招标文件的关键内容。

(8)需要时,组织潜在投标人踏勘项目现场,召开投标预备会。

(9)接收投标文件,公开开标。

(10)组建评标委员会评标,评标委员会编写评标报告、推荐中标候选人。

(11)公示中标候选人相关信息。

(12)确定中标人。

(13)编制招标投标情况的书面报告。

(14)向中标人发出中标通知书,同时将中标结果通知所有未中标的投标人。

(15)与中标人订立合同。

采用资格后审方式公开招标的,在完成招标文件编制并发布招标公告后,按程序第(7)项至第(15)项进行。

采用邀请招标的,在完成招标文件编制并发出投标邀请书后,按照程序第(7)项至第(15)项进行。

公路工程招标的招标人应当对潜在投标人进行资格审查。资格审查方式分为资格预审和资格后审。资格预审是招标人在发布招标公告后,发出投标邀请书前对潜在投标人的资质、信誉和能力进行的审查。招标人只向通过资格预审的潜在投标人发出投标邀请书和发售招标文件。资格后审是招标人在收到投标人的投标文件后,对投标人的资质、信誉和能力进行的审查。

资格审查方法分为强制性条件审查法和综合评分审查法。强制性条件审查法是指招标人只对投标人或者潜在投标人的资格条件是否满足招标文件规定的投标资格、信誉要求等强制性条件进行审查,并得出“通过”或者“不通过”的审查结论,不对投标人或潜在投标人的资格条件进行具体量化评分的资格审查方法。综合评分审查法是指在投标人或者潜在投标人的资格条件满足招标文件规定的最低资格、信誉要求的基础上,招标人对投标人或者潜在投标人的工作能力、管理能力、履约情况和相关工程经验等进行量化评分并按照分值进行筛选的资格审查方法。

四、公路工程分类招标重点

1. 投资人招标

PPP、BOT等经营性公路建设项目应进行投资人招标,择优选择项目投资人。投资人招标的招标人是依照相关规定提出经营性公路建设项目、组织投资人招标工作的交通主管部门。国务院交通主管部门负责全国经营性公路建设项目投资人招标投标活动的监督管理工作,省级人民政府交通主管部门负责本行政区域内经营性公路建设项目投资人招标投标活动的监督管理工作。

经营性公路建设项目投资人招标实行资格审查制度。资格审查方式采取资格预审或资格后审。经营性公路建设项目投资人招标资格审查的基本内容应包括投标人的财务状况、注册资本、净资产、投融资能力、初步融资方案、从业经验和商业信誉等情况。

需要进行投资人招标的经营性公路建设项目应当符合下列条件:

(1)符合国家和省、自治区、直辖市公路发展规划。

(2)符合《收费公路管理条例》第十八条规定的技术等级和规模。

(3)已经编制项目可行性研究报告。

招标人编制招标文件时应充分考虑项目投资回收能力和预期效益的不确定性,合理分配项目的风险,并对特许权内容、最长收费期限、相关政策等予以说明。

经营性公路建设项目中标人在签订项目投资协议后90日内到工商行政管理部门办理项目法人的工商登记手续,完成项目法人组建。

2. 勘察设计招标

公路工程勘察设计招标是指招标人按照国家基本建设程序,依据批准的可行性研究报告,对公路工程初步设计、施工图设计通过招标活动选定勘察设计单位。公路建设项目的勘察、设计单项合同估算价在50万元人民币以上,或者建设项目总投资额在3000万元人民币以上的,必须进行勘察设计招标。

公路工程勘察设计招标可以实行一次性招标、分阶段招标,有特殊要求的关键工程可以进行方案招标。勘察设计招标标段的划分应当有利于设计各阶段、各专业的衔接与配合,不得利用划分标段规避招标。分专业或者同一专业分标段进行招标的,招标人应当在招标文件中明确总体设计单位和其他设计单位各自的责任和义务。

工程设计招标的商务因素一般包括投标人的设计资质等级、管理体系认证、类似项目设计业绩、拟投入的设计团队人员的资格、业绩、经验,特别是总设计师等人的资格、业绩、经验,投标人的设计服务承诺和建议,投标人的设计周期和设计进度安排等内容。

工程设计招标的技术因素一般包括项目的规划设计指标、总平面布局、单体平面布置、功能分区、立体空间设计、建筑创意造型、主要技术经济指标、节能环保、交通和结构、可实施性和持续性等内容。

公路工程的勘察任务可由具有相应能力的设计单位完成或由其选择承担勘察任务的专业勘察分包单位承包。一般由方案设计中标的设计单位承担初步设计或施工图设计任务。建设单位应依据工程项目的具体特点决定发包的工作范围,可以采用设计全过程总发包的一次性招标,也可以选择分单项工程或分专业的发包招标。

3. 施工招标

公路工程施工招标的项目应当具备下列条件:

(1)初步设计文件已被批准。

(2)建设资金已经落实。

(3)项目法人已经确定,并符合项目法人资格标准要求。

公路工程施工招标,可以对整个建设项目分标段一次招标,也可以根据不同专业、不同实施阶段分别进行招标,但不得将招标工程化整为零或者以其他任何方式规避招标。公路工程施工招标标段,应当按照有利于对项目实施管理和规模化施工的原则,合理划分。施工工期应当按照批复的初步设计建设工期,结合项目实际情况,合理确定。

公路工程施工招标应当根据招标项目的特点和需要,由招标人编制招标文件。二级及以上公路和大型桥梁、隧道工程的主体工程施工招标文件,应当按照《公路工程标准施工招标文件》(2009年版)的格式和要求编制。招标文件中关于投标人的资质要求,应当符合法律、行政法规的规定。招标人不得在招标文件中制定限制性条件阻碍或者排斥投标人，不得规定以获得本地区奖项等要求作为评标加分条件或者中标条件。

招标文件应当载明以下主要内容：

(1)投标邀请书。

(2)投标人须知。

(3)公路工程施工合同条款。

(4)招标项目适用的技术规范。

(5)施工图设计文件。

(6)投标文件格式，包括投标书格式及投标书附录格式、投标书附表格式、工程量清单格式、投标担保文件格式、合同格式等。

投标人须知应当载明以下主要内容：

(1)评标标准和方法。

(2)工期要求。

(3)提交投标文件的起止时间、地点和方式。

(4)开标的时间和地点。

招标公告、投标邀请书应当载明下列内容：

(1)招标人的名称和地址。

(2)招标项目的名称、技术标准、规模、投资情况、工期、实施地点和时间。

(3)获取资格预审文件或者招标文件的办法、时间和地点。

(4)对潜在投标人的资质要求。

(5)招标人认为应当公告或者告知的其他事项。

4. 监理招标

公路工程施工监理，包括路基路面(含交通安全设施)工程、桥梁工程、隧道工程、机电工程、环境保护配套工程的施工监理以及对施工过程中环境保护和施工安全的监理。

公路工程监理招标可以将整个公路工程项目的施工监理作为一个标一次招标，也可以按不同专业、不同阶段分标段进行招标。分标段进行施工监理招标的，标段划分应当充分考虑有利于对招标项目实施有效管理和监理企业合理投入等因素。

公路工程监理招标的核心因素是监理大纲、监理人员配备、监理业绩与经验、监理试验或检测设备、仪器、工具满足工程要求。

对于无监理的公路工程建设项目，可以不进行招标，但是必须通过自管、社会监管等方式产生“监管”的行为。

监理招标采用技术评分合理低价法和综合评标法的，投标文件由商务文件、技术建议书和财务建议书组成；采用固定评标价法的，投标文件由商务文件和技术建议书组成。

5. 重要物资(进口机电除外)采购招标

重要物资(进口机电除外)采购的招标活动应严格按照相关规定执行。根据货物技术复杂程度和技术规格、性能、制作工艺的要求确定评标方法，一般采用最低投标价法和综合评估法进行评标。

建设单位可要求投标人在提交符合招标文件要求的投标文件外，提交备选投标方案，但应当在招标文件中做出说明。

6. 机电产品国际招标

机电产品国际招标应严格按照相关规定执行。一般采用最低评标价法评标;需使用综合评价法进行评标的招标项目,招标文件应根据规定载明评标方法和标准。

评标结束后招标机构应在招标网进行为期7日的评标结果公示,投标人如对评标结果有异议,可按程序进行质疑。

7. 利用外资项目招标

使用国际金融组织或者外国政府贷款的公路建设项目施工招标由审批制改为备案制,并且招标人应加强与贷款方或者资金供应方的沟通和协调。

8. 代建制项目招标

代建制公路工程建设项目以公开招标的方式进行招标。

建设单位应在对参与投标的代建单位进行资格审查时,需妥善处理代建单位的资质设定标准。综合考虑代建单位的资产、能力、信誉、内部管理制度、人员配备等条件,合理选择代建单位。

主要评审因素:投标人资格资质、代建工作大纲和实施方案、管理机构和资源安排、业绩、代建费报价。

9. 设计施工总承包项目招标

公路工程总承包招标应在初步设计文件获得批准并落实建设资金后进行。设计施工总承包招标文件中,应对投标人的资质、财务、业绩、信誉、项目经理资格、设计负责人资格、施工负责人资格、施工机械设备、项目管理机构及人员组成等做出明确规定。

设计施工总承包招标应择优选取资质、财务、业绩、信誉良好,设计方案合理,技术力量、管理力量达标的投标单位。

招标人应根据工程地质条件、技术特点和施工难度确定评标方法。评标委员会应包含勘察设计、施工等专家。

五、公路工程投标

1. 经营性公路投资人投标

经营性公路投资人招标的投标人应当具备以下基本条件:

(1)总资产六亿元人民币以上,净资产二亿五千万元人民币以上。

(2)最近连续三年每年均为盈利,且年度财务报告应当经具有法定资格的中介机构审计。

(3)具有不低于项目估算的投融资能力,其中净资产不低于项目估算投资的百分之三十五。

(4)商业信誉良好,无重大违法行为。

经营性公路投资人招标的招标人也可以根据招标项目的实际情况,提高对投标人的条件要求。

两个以上的国内外经济组织可以组成一个联合体,以一个投标人的身份共同投标。联合体各方均应符合招标人对投标人的资格审查标准。以联合体形式参加投标的,应提交联合体各方签订的共同投标协议。共同投标协议应当明确约定联合体各方的出资比例、相互关系、拟承担的工作和责任。联合体中标的,联合体各方应当共同与招标人签订项目投资协议,并向招标人承担连带责任。联合体的控股方为联合体主办人。

2. 勘察设计投标

勘察设计投标联合体成员各方应当签订共同投标协议,明确联合体主办人和成员各方拟承担的工作和责任,并将共同投标协议连同投标文件一并提交招标人。招标人不得强制投标人组成联合体共同投标,不得限制投标人之间的竞争。

投标人拟将部分非主体、非关键工作进行分包的,必须向招标人提交分包计划,并在投标文件中载明。分包单位的资质应当与其承担的工程规模标准相适应。投标人应当按照招标文件要求编制投标文件,投标文件应当对招标文件提出的实质性要求和条件做出响应。

勘察设计投标文件由商务文件、技术文件和报价清单组成。投标文件应当采用双信封密封,第一个信封内为商务文件和技术文件,第二个信封内为报价清单。上述两个信封应当密封于同一信封中,作为一份投标文件。

商务文件包括投标书、授权书、项目负责人及主要技术人员基本情况、勘察设计工作大纲。投标文件中的商务文件应当包括资格预审文件规定的主要内容以及通过资格预审后的更新材料,勘察设计工作大纲应当包括勘察设计周期、进度和质量保证措施、后续服务措施。

技术文件包括对招标项目的理解、对招标项目特点、难点、重点等的技术分析和处理措施、拟进行的科研课题、工程造价初步测算。

报价清单包括勘察设计费报价、勘察设计费计算清单。投标文件的报价清单中,对勘察设计取费应当按照现行公路工程勘察设计费收费标准进行计算。

3. 公路工程施工投标

施工招标的投标人是响应招标、参加投标竞争的公路工程施工单位。投标人应当具备招标文件规定的资格条件,具有承担所投标项目的相应能力。

两个以上施工单位可以组成联合体参加公路工程施工投标。联合体各成员单位都应当具备招标文件规定的相应资质条件。由同一专业施工单位组成的联合体,按照资质等级较低的单位确定资质等级。以联合体形式参加公路工程施工投标的单位,应当在资格预审申请文件中注明,并提交联合体各成员单位共同签订的联合体协议。联合体协议应当明确主办人及成员单位各自的权利和义务。

4. 公路施工监理投标

公路工程施工监理投标人是依法取得交通主管部门颁发的监理企业资质,响应招标、参加投标竞争的监理企业。投标人应当按照招标文件的要求编制投标文件,并对招标文件提出的实质性要求和条件做出响应。技术评分合理标价法和综合评标法的项目,投标文件由商务文件、技术建议书、财务建议书组成。商务文件和技术建议书应当密封于一个信封中,财务建议书密封于另一个信封中。采用固定标价评分法的项目,投标文件由商务文件、技术建议书组成。商务文件和技术建议书应当密封于一个信封中,成为一份投标文件。投标文件及任何说明函件应当经投标人盖章,投标文件内的任何有文字页须经其法定代表人或者其授权的代理人签字。

六、公路开标、评标和中标

开标应当在招标文件确定的提交投标文件截止时间的同一时间公开进行。投标人少于3个的，不得开标，投标文件应当场退还给投标人；招标人应当重新招标。开标由招标人主持，邀请所有投标人参加。投标人对开标有异议的，应当在开标现场提出，招标人应当当场做出答复，并制作记录。未参加开标的投标人，视为对开标过程无异议。投标文件按照招标文件规定采用双信封形式密封的，开标分两个步骤公开进行。

招标人应当按照国家有关规定组建评标委员会负责评标工作。国家审批或者核准的高速公路、一级公路、独立桥梁和独立隧道项目，评标委员会专家应当由招标人从国家重点公路工程建设项目评标专家库相关专业中随机抽取；其他公路工程建设项目的评标委员会专家可以从省级公路工程建设项目评标专家库相关专业中随机抽取，也可以从国家重点公路工程建设项目评标专家库相关专业中随机抽取。对于技术复杂、专业性强或者国家有特殊要求，采取随机抽取方式确定的评标专家难以保证胜任评标工作的特殊招标项目，可以由招标人直接确定。评标委员会应当民主推荐一名主任委员，负责组织评标委员会成员开展评标工作。评标委员会主任委员与评标委员会的其他成员享有同等权利与义务。

评标委员会应当根据招标文件规定，全面、独立评审所有投标文件，并对招标人提供的上述相关信息进行核查，发现错误或者遗漏的，应当进行修正。公路工程勘察设计和施工监理招标，应当采用综合评估法进行评标，对投标人的商务文件、技术文件和报价文件进行评分，按照综合得分由高到低排序，推荐中标候选人。评标价的评分权重不宜超过10%，评标价得分应当根据评标价与评标基准价的偏离程度进行计算。公路工程施工招标，评标采用综合评估法或者经评审的最低投标价法。综合评估法包括合理低价法、技术评分最低标价法和综合评分法。

合理低价法，是指对通过初步评审的投标人，不再对其施工组织设计、项目管理机构、技术能力等因素进行评分，仅依据评标基准价对评标价进行评分，按照得分由高到低排序，推荐中标候选人的评标方法。

技术评分最低标价法，是指对通过初步评审的投标人的施工组织设计、项目管理机构、技术能力等因素进行评分，按照得分由高到低排序，对排名在招标文件规定数量以内的投标人的报价文件进行评审，按照评标价由低到高的顺序推荐中标候选人的评标方法。招标人在招标文件中规定的参与报价文件评审的投标人数量不得少于3个。

综合评分法，是指对通过初步评审的投标人的评标价、施工组织设计、项目管理机构、技术能力等因素进行评分，按照综合得分由高到低排序，推荐中标候选人的评标方法。其中评标价的评分权重不得低于50%。

经评审的最低投标价法，是指对通过初步评审的投标人，按照评标价由低到高排序，推荐中标候选人的评标方法。

公路工程施工招标评标，一般采用合理低价法或者技术评分最低标价法。技术特别复杂的特大桥梁和特长隧道项目主体工程，可以采用综合评分法。工程规模较小、技术含量较低的工程，可以采用经评审的最低投标价法。

实行设计施工总承包招标的，招标人应当根据工程地质条件、技术特点和施工难度确定评标办法。

设计施工总承包招标的评标采用综合评分法的，评分因素包括评标价、项目管理机构、技术能力、设计文件的优化建议、设计施工总承包管理方案、施工组织设计等，评标价的评分权重不得低于50%。

评标委员会应当查询交通运输主管部门的公路建设市场信用信息管理系统，对投标人的资质、业绩、主要人员资历和目前在岗情况、信用等级等信息进行核实。

评标完成后，评标委员会应当向招标人提交书面评标报告。评标报告中推荐的中标候选人应当不超过3个，并标明排序。评标报告应当载明下列内容：

(1)招标项目基本情况。

(2)评标委员会成员名单。

(3)监督人员名单。

(4)开标记录。

(5)符合要求的投标人名单。

(6)否决的投标人名单以及否决理由。

(7)串通投标情形的评审情况说明。

(8)评分情况。

(9)经评审的投标人排序。

(10)中标候选人名单。

(11)澄清、说明事项纪要。

(12)需要说明的其他事项。

(13)评标附表。

依法必须进行招标的公路工程建设项目，有下列情形之一的，招标人在分析招标失败的原因并采取相应措施后，应当依照相关管理规定重新招标：

(1)通过资格预审的申请人少于3个的。

(2)投标人少于3个的。

(3)所有投标均被否决的。

(4)中标候选人均未与招标人订立书面合同的。

重新招标的，资格预审文件、招标文件和招标投标情况的书面报告应当按照相关管理规定重新报交通运输主管部门备案。

七、公路工程投标担保

招标人应当严格遵守有关法律、行政法规关于各类保证金收取的规定，在招标文件中载明保证金收取的形式、金额以及返还时间。

招标人不得以任何名义增设或者变相增设保证金或者随意更改招标文件载明的保证金收取形式、金额以及返还时间。招标人不得在资格预审期间收取任何形式的保证金。

招标人在招标文件中要求投标人提交投标保证金的，投标保证金不得超过招标标段估算价的2%。投标保证金有效期应当与投标有效期一致。

依法必须进行招标的公路工程建设项目的投标人，以现金或者支票形式提交投标保证金的，应当从其基本账户转出。投标人提交的投标保证金不符合招标文件要求的，应当否决其投标。

招标人不得挪用投标保证金。

第二节 公路工程合同管理

公路工程合同管理应遵循依法履约、诚实信用、协调合作、动态管理的原则。合同管理包括合同评审、合同签订、合同实施、合同变更、合同备案、合同履行、合同纠纷处理、合同终止、合同后评价等内容。合同管理应设立专门的组织机构或委派专职人员进行合同管理工作，并建立合同档案、台账、报表等管理制度，采用信息化管理手段，提高合同信息共享水平。合同管理应按照相关规定，接受工商行政管理部门和其他有关行政主管部门对合同登记审查等的监督管理工作。工商行政管理部门和其他有关行政主管部门，应依照相关规定，承担公路工程合同的登记、审查等监管工作，加强对公路工程合同管理的监督管理。

一、公路工程合同类型

1. 按合同协议内容划分

按合同协议内容划分公路工程合同类型主要包括特许经营合同、勘察设计合同、监理合同、施工合同、设备仪器材料采购合同、设计施工总承包合同、EPC 合同、代建合同、劳务合同、分包合同以及工程安全生产合同、廉政合同等。

2. 按合同计价方式划分

按合同协议内容划分公路工程合同类型主要包括单价合同、总价合同和成本加酬金合同。单价合同又细分为工程量清单合同和单价一览表合同。总价合同按照合同是否允许调价又可划分为可调价总价合同和不可调价总价合同。成本加酬金合同也可细分为成本加固定酬金合同、成本加浮动酬金合同等。

二、合同工作范围分解

公路工程项目范围分解应以确保公路项目建设目标实现为根本目的，通过明确项目参建各方的职责、权利、风险界限，以保证项目建设管理工作充分、科学、高效、透明。项目范围管理的对象包括完成项目建设所必需实施的建设项目各项工作内容。

项目实施前，公路项目建设单位应明确界定公路建设项目的范围，提出项目范围说明文件，作为项目建设管理的依据。项目范围确定主要依据下列资料：

(1)项目目标的定义或范围说明文件。

(2)环境条件调查资料。

(3)项目的限制条件和制约因素。

(4)同类项目的相关资料。

公路项目建设管理单位应根据公路项目范围说明文件，组织开展项目范围划分工作。公路建设管理内容可划分为前期工作管理、资金管理、工程建设管理、交竣工及缺陷责任期等。

前期工作包括项目规划、项目建议书、项目前置手续审批。资金管理包括项目投资估算、建设资金筹集、建设投资控制、工程费用决算。工程建设管理主要包括招投标、工程设计、土地征迁、工程施工、环境保障等。竣工及缺陷责任期管理包括交工验收、缺陷责任与保修、竣工验收、项目后评价。工程项目的招投标、验收管理工作,项目应按照临时工程、路基工程、路面工程、桥梁涵洞工程、交叉工程、隧道工程、公路设施及预埋管线工程、绿化及环境保护工程及服务区划分。

工程设计、质量、费用、进度管理工作,项目宜按照单项工程、单位工程、分部工程、分项工程层次实施项目分解。公路工程项目分解应符合下列原则:

(1)内容完整,不重复,不遗漏。

(2)一个工作单元只能从属于一个上层单元。

(3)每个工作单元应有明确的工作内容和责任者,工作单元之间的界面应清晰。

(4)项目分解应有利于项目实施和管理,便于考核评价。

工作界面分解应达到工作单元之间的接口合理,应对工作界面进行书面说明。在项目的实施中应考虑变更对界面的影响。公路项目建设单位应严格按照项目的范围划分和项目结构分解文件进行项目的范围控制。在项目范围控制中,跟踪检查,记录检查结果,建立文档,判断工作范围有无变化,对范围的变更和影响进行分析与处理。

三、合同管理内容

合同管理应依据根据合同文件内容、工程结果、变更请求、承包人单据等进行合同管理工作。其中,合同文件解释的优先顺序为合同协议书、中标通知书、投标函及投标函附录、专用合同条款、通用合同条款、技术标准和要求、图纸、已标价工程量清单、其他合同条件。合同管理部门单位应全面收集并分析合同实施的情况,定期诊断合同履行情况,并采取措施及时纠正偏差。合同管理的内容包括:

1.合同谈判

合同谈判应遵循依法客观、求同存异、公平竞争、妥协互补的原则进行,合同双方共同商谈合作细节和重点,明确所有合同参与方的权利与义务,以及各方违约的处理方式。

2.合同交底

合同实施前,应组织专业人员进行合同交底。合同交底应包括合同的主要内容、合同实施的主要风险、合同签订过程中的特殊问题、合同实施计划和合同实施责任分配等内容。

3.合同履行

合同各方应遵循全面适当、诚实守信、公平合理的原则,根据公路工程项目特点、周边环境、工期要求、自身条件等建立合理的实施计划,并与安全管理、质量管理、进度管理、现场管理、环境保护等协调一致。

合同履行过程中,合同各方应及时对工程变更事项或者合同约定允许调整的内容如实记录并履行书面确认手续,并作为合同的组成部分。涉及工程价款调整的,建设单位、其他参建单位应及时确认相应的工程变更价款。

4.合同控制

合同管理人员应依据合同范围内的各种文件和合同分析资料,监督合同执行,防止违约,确保完成合同规定的各项责任。

5. 合同终止和评价

合同履行结束即合同终止。合同管理机构应及时进行合同评价,总结合同签订和执行过程中的经验教训,提出总结报告。

合同管理应针对勘察、设计、监理、施工等专业,就工程安全、质量、进度、现场管理等方面建立一套符合实际情况的动态履约考核和奖惩机制。合同管理应注意建立合同档案、台账、报表等管理制度,采用信息化管理手段,提高合同信息共享水平。

四、合同变更

建设单位应根据相关规定,结合建设项目的特点,制定工程变更管理办法,明确变更分类标准、变更审批流程,实现专业化管理。除专用合同条款另有约定外,在履行合同时一旦发生以下情形之一,应按相关规定进行变更。

(1)取消合同中任何一项工作,但被取消的工作不能由发包人或其他人实施。

(2)改变合同中任何一项工作的质量或其他特性。

(3)改变工程的基线、高程、位置或尺寸。

(4)改变合同中任何一项工作的施工时间或改变已批准的施工工艺或顺序。

(5)为完成工程需要追加的额外工作。

合同在履行施工合同过程中,经发包人同意,或承包人提出的变更建议经监理工程师和发包人协商同意,监理工程师按规定程序向承包人做出变更指示,承包人应遵照执行。设计变更按变更类别依据相关规定实行审批审查制。合同履行过程中发生的工程变更应按相关规定进行变更,不得擅自变更。建设单位应根据相关法律法规要求,结合工程项目特点,统一变更报告格式,并存档管理。因变更引起的价格调整,承包人应在规定期限内,向监理工程师提交变更报价书,因变更引起的工期调整,承包应提出调整工期的具体细节。监理工程师收到变更报价书后应在规定的期限内商定或确定变更价格。

五、合同索赔

索赔是指在合同履行过程中,对于并非自己的过错,而是应由对方承担责任的情况造成的实际损失向对方提出经济补偿和(或)时间补偿的要求。索赔是工程承包中经常发生的正常现象。由于施工现场条件、气候条件的变化,施工进度、物价的变化,以及合同条款、规范、标准文件和施工图纸的变更、差异、延误等因素的影响,使得工程承包中不可避免地出现索赔。

在合同履行过程中,一方因对方不履行或者未能正确履行合同中规定的义务,或未能保证承诺的合同条件时间受损时,向对方提出索赔要求。提出索赔的一方必须按照相关法律法规规定,完成结合工程实际的合法的索赔报告,作为索赔文件的一部分。

承包人要求索赔必须具备条件:

(1)与合同相比较已经造成实际的额外费用增加或工期损失。

(2)造成费用增加或工期损失的原因不是由于承包人的过失。

(3)按合同规定不应由承包人承担的风险。

(4)承包人在事件发生后的规定时限内提出了书面的索赔意向通知。

索赔事件发生后,提出索赔的一方应根据相关规定及合同条款,在要求的期限内向相应负责人员提交索赔意向通知书、索赔报告及有关资料。提出索赔的一方填报索赔申请表,双方协定后由监理工程师和总监理工程师核签后生效,并签发索赔审批表。建设单位应通过加强合同管理,采取一系列预防对方索赔的措施,防止和减少索赔的发生。

六、合同争议处置

合同争议发生于合同的订立、履行、变更、解除以及合同权利的行使过程之中,合同当事人对于自己和他人之间的权利行使、义务履行与利益分配有不同的观点意见。

建设单位及施工单位可以通过协商、评审、仲裁、诉讼的方式解决合同争议。项目监理机构依法调节建设单位与施工单位的合同争议,处理工程索赔。

申请人向争议评审组提交附有相关材料的申请报告,并同时向被申请工程师和监理工程师提交上述报告的副本,被申请人在规定期限内向相关人员提交答辩报告,争议评审组在规定的期限内调查争议细节,进行评审,做出书面评审意见并说明理由。

争议双方接受评审意见的,由监理工程师根据评审意见拟定执行协议,经争议双方签字后作为合同的补充文件,并遵照执行;争议双方不接受评审意见,并按要求提起仲裁或诉讼的,应按规定向相关负责人递交书面通知。

合同当事人可根据合同条款处理争议,也可在发生争议后就解决办法达成协议。

【复习思考题】

1. 简述我国公路工程项招投标的类型及其特点。
2. 如何组建公路工程招标评标委员会?
3. 如何做好公路工程施工招标组织?
4. 简述公路工程项目招投标的流程。
5. 我国公路工程项目评标模式主要有哪些?
6. 我国公路工程合同管理内容有哪些?
7. 合同出现争议如何解决?

第十章

公路工程质量管理

【学习目的与要求】

本章主要讲述了公路工程质量管理基本原理、公路勘察设计质量管理、公路施工质量管理、公路质量验收管理以及公路质量事故管理。通过本章的学习，应了解工程质量的概念，熟悉公路工程项目质量管理方法、要求、目标及其管理体系，掌握公路工程勘察、设计及施工阶段的质量管理内容及重点，掌握公路工程竣(交)工验收的主要条件、依据及内容，熟悉公路工程质量事故特点、分类及防治。

第一节　概　　述

一、工程质量基本概念

工程质量:承建工程的使用价值，是工程满足社会需要所必须具备的质量特征。就公路工程而言，质量特征体现在工程的性能、寿命、可靠性、安全性和经济性五个方面。

工作质量:生产部门为了达到产品质量标准所做的管理工作、技术工作、组织工作的完善程度及其所具有的生产力水平的客观反映。

质量管理：在明确的质量目标条件下，通过行动方案和资源配置的计划、实施、检查和监督来实现预期目标的过程。

二、公路工程质量管理的内容与特点

1. 公路工程质量管理内容

公路工程质量管理包括的内容如图 10-1 所示。

- 公路工程质量
  - 工程质量
    - 决策质量
    - 设计质量
    - 施工质量
    - 竣工验收质量
  - 工作质量
    - 社会工作质量
      - 社会调查工作质量
      - 质量回访工作质量
      - 市场预测工作质量
      - 其他工作质量
    - 生产过程工作质量
      - 技术工作质量
      - 管理工作质量
      - 其他工作质量
  - 人的素质

图 10-1　公路工程质量管理的内容

2. 公路工程质量管理特点

由于项目施工涉及面广，是一个极其复杂的综合过程，再加上项目位置固定、生产流动、结构类型不一、质量要求不一、施工方法不一、体型大、整体性强、建设周期长、受自然条件影响大等特点，因此，公路工程项目的质量管理比一般工业产品的质量管理更难以实施，其特征主要表现在以下几个方面：

（1）影响因素多。如设计、材料、机械、地形、地质、水文、气象、施工工艺、操作方法、技术措施、管理制度等，均直接影响施工项目的质量。

（2）质量变异大。材料性能微小的差异、机械设备正常的磨损、操作微小的变化、环境微小的波动等，均会引起偶然性因素的质量变异；使用材料的规格、品种有误，施工方法不妥，操作不按规程，机械故障，仪表失灵，设计计算错误等，则会引起系统性因素的质量变异，造成工程质量事故。因此，在施工中要严防出现系统性因素的质量变异，要把质量变异控制在偶然性因素范围内。

（3）质量隐藏性。施工项目由于工序交接多，中间产品多，隐蔽工程多，如不及时检查实质，事后再看表面，容易将不合格的产品认为是合格的产品。这点在进行质量检查验收时，应特别注意。

（4）质量检查不能解体、拆卸。公路工程项目建成后，不可能向某些工业产品那样，再拆卸或解体检查内在的质量，或重新更换零件；即使发现质量有问题，也不可能像工业产品那样实行“包换”或“退款”。

(5)质量受投资、进度的制约。公路工程施工项目的质量受投资、进度的制约较大。一般情况下,投资大、进度慢,质量就好;反之,质量则差。因此,在项目施工中,还必须正确处理质量、投资、进度三者之间的关系,使其达到对立的统一。

三、公路工程质量管理方法

公路工程质量管理应按下列方法进行:

1. 审核有关技术文件、报告或报表

(1)审查进入施工单位的资质证明文件。

(2)审查开工申请书,检查、核实与控制其施工准备工作质量。

(3)审查施工方案、施工组织设计或施工计划,保证工程施工质量的技术组织措施。

(4)审查有关材料、半成品和构配件质量证明文件(出厂合格证、质量检验或试验报告等),确保工程质量有可靠的物质基础。

(5)审核反映工序施工质量的动态统计资料或管理图表。

(6)审核有关工序产品质量的证明文件(检验记录及试验报告)、工序交接检查(自检)、隐蔽工程检查、分部分项工程质量检查报告等文件、资料,以确保和控制施工过程的质量。

(7)审查有关设计变更、修改设计图纸等,确保设计及施工图纸的质量。

(8)审核有关应用新技术、新工艺、新材料、新结构等的应用申请报告后,确保新技术应用的质量。

(9)审查有关工程质量缺陷或质量事故的处理报告,确保质量缺陷或事故处理的质量。

(10)审查现场有关质量技术签证、文件等。

2. 实行阶段管理

施工质量管理的中心任务是要通过建立健全有效的质量监督工作体系来确保工程质量达到合同规定的标准和等级要求。根据工程质量形成的时间阶段,施工质量管理又可分为事前质量管理、事中质量管理、事后质量管理。其中,工作的重点应是事前质量管理。

(1)事前质量管理

①确定质量标准,明确质量要求。

②建立本项目的质量监理控制体系。

③施工场地质检验收。

④建立完善质量保证体系。

⑤检查工程使用的原材料、半成品。

⑥施工机械的质量控制。

⑦审查施工组织设计或施工方案。

(2)事中质量管理

①施工工艺过程质量控制:现场检查、旁站、量测、试验。

②工序交接检查:坚持上道工序不经检查验收不准进行下道工序的原则,检验合格后签署认可才能进行下道工序。

③隐蔽工程检查验收。

④做好设计变更及技术核定的处理工作。

⑤工程质量事故处理：分析质量事故的原因、责任；审核、批准处理工程质量事故的技术措施或方案；检查处理措施的效果。

⑥进行质量、技术鉴定。

⑦建立质量监理日志。

⑧组织现场质量协调会。

(3)事后质量管理

①组织试车运转。

②组织单位、单项工程竣工验收。

③组织对工程项目进行质量评定。

④审核竣工图及其他技术文件资料，做好工程竣工验收工作。

⑤整理工程技术文件资料并编目建档。

3. 现场质量检查

(1)现场质量检验工作的作用

要保证和提高工程施工质量，质量检验与控制是施工单位保证施工质量的十分重要的、必不可少的手段。质量检验的主要作用如下：

①它是质量保证与质量控制的重要手段。

②质量检验为质量分析与质量控制提供了所需依据的有关技术数据和信息。

③保证质量合格的材料与物资，避免因材料、物资的质量问题而导致工程质量事故的发生。

④在施工过程中，可以及时判断质量，采取措施，防止质量问题的延续与积累。

⑤在某些工序施工过程中，通过旁站监督，在施工过程中采取某些检验手段及所显示的数据，可以判断其施工质量。

(2)现场监督检查的内容

①开工前的检查。主要是检查开工前准备工作的质量，能否保证正常施工及工程施工质量。

②工序施工中的跟踪监督、检查与控制。主要是监督、检查在工序施工过程中，人员、施工机械设备、材料、施工方法及工艺或操作以及施工环境条件等是否均处于良好的状态，是否符合保证工程质量的要求，若发现有问题应及时纠偏和加以控制。

③对于重要的和对工程质量有重大影响的工序，还应在现场进行施工过程的旁站监督与控制，确保使用材料及工艺过程质量。

④工序的检查、工序交接检查及隐蔽工程检查。在施工单位自检与互检的基础上，隐蔽工程须经监理人员检查确认其质量后，才允许加以覆盖。

⑤复工前的检查。当工程因质量问题或其他原因停工后，在复工前应经检查认可后，下达复工指令，方可复工。

⑥分项、分部工程完成后，应检查认可后，签署中间交工证书。

(3)现场质量控制的方法

施工现场质量控制的有效方法就是采用全面质量管理。全面质量管理的基本方法，可以概括为四个阶段、八个步骤和七种工具。

①四个阶段

质量管理过程可分成四个阶段，即计划、执行、检查和措施，简称 PDCA 循环。PDCA 循环的特点有三个：

a. 各级质量管理都有一个 PDCA 循环，形成一个大环套小环，一环扣一环，互相制约，互为补充的有机整体。在 PDCA 循环中，一般来说，上一级的循环是下一级循环的依据，下一级的循环是上一级循环的落实和具体化。

b. 每个 PDCA 循环，都不是在原地周而复始运转，而是像爬楼梯那样，每一循环都有新的目标和内容，这意味着质量管理，经过一次循环，解决了一批问题，质量水平有了新的提高。

c. 在 PDCA 循环中，计划是一个循环的关键，这是因为在一个循环中，从质量目标计划的制定，质量目标的实施和检查，到找出差距和原因。

②八个步骤

为了保证 PDCA 循环有效地运转，有必要把循环的工作进一步具体化，一般细分为以下八个步骤：

a. 分析现状，找出存在的质量问题。

b. 分析产生质量问题的原因或影响因素。

c. 找出影响质量的主要因素。

d. 针对影响质量的主要因素，制定措施，提出行动计划，并预计改进的效果。

以上四个步骤是“计划”阶段的具体化。

e. 质量目标措施或计划的实施，这是“执行”阶段。在执行阶段，应该按上一步所确定的行动计划组织实施，并给以人力、物力、财力等保证。

f. 调查采取改进措施以后的效果，这是“检查”阶段。

g. 总结经验，把成功和失败的原因系统化、条例化，使之形成标准或制度，纳入到有关质量管理的规定中去。

h. 提出尚未解决的问题，转入到下一个循环。

最后两个步骤属于“措施”阶段。

③七种工具

七种工具是指在质量管理中广泛应用的直方图、控制图、因果图、排列图、相关图、分层法和统计分析表。

四、公路工程项目质量要求

公路工程项目质量必须满足以下要求：

(1) 明确的要求：合同、规范、标准、设计文件。

明示要求是指在合同环境和法规环境下，用户明确提出的要求和需求以及法规规定的要求，如合同、规范、标准、设计文件、技术文件、图纸中明文规定的质量要求。

(2) 隐含的要求：公认的、惯例、习惯、不言而喻、公众的期望。

隐含要求是指在非合同环境下，用户未明确提出要求，而是由生产方通过市场调研探明的要求和需求，以及人们公认的、不言而喻的那些要求和需求，如组织惯例、一般习惯。

(3) 必须履行的要求：法律、法规、行业规则。

必须履行的要求是指法律、法规、符合国家法律、法规、行业规则规定的要求和期望。

五、公路工程项目质量的形成过程

公路工程项目质量形成的全过程，就是建设程序全过程不同的建设阶段，公路工程建设的不同阶段，对工程项目质量的形成起着不同的作用和影响。公路工程质量主要由以下各阶段的质量总和形成。

1. 前期策划

(1)项目可行性研究

项目可行性研究是在项目建议书和项目策划的基础上，运用经济学原理对投资项目的有关技术、经济、社会、环境及所有方面进行调查研究，对各种可能的拟建方案和建成投产后的经济效益、社会效益和环境效益等进行技术经济分析、预测和论证，确定项目建设的可行依据。在此过程中，需要确定工程项目的质量要求，并与投资目标相协调。因此，项目的可行性研究直接影响项目的决策质量和设计质量。

(2)项目决策

项目决策阶段是通过项目可行性研究和项目评估，对项目的建设方案做出决策，使项目的建设充分反映业主的意思，并与地区环境相适应，做到投资、质量、进度三者协调统一。所以，项目决策阶段对工程质量的影响主要是确定工程项目应达到的质量目标和水平。

2. 工程勘察、设计

工程的地质勘察是为建设场地的选择和工程的设计与施工提供地质资料依据。而工程设计师根据建设项目总体需求(包括已确定的质量目标和水平)和地质勘察报告，对工程的外形和内在的实体进行筹划、研究、构思、设计和描绘，形成设计说明书和图纸等相关文件，使得质量目标和水平具体化，为施工提供直接依据。

工程设计质量是决定工程质量的关键环节，工程采用什么样的平面图布置和空间形式、选用什么样的结构类型、使用什么样的材料、构配件及设备等，都直接关系到工程主体结构的安全可靠，关系到建设投资的综合功能是否充分体现规划意图。在一定程度上，设计的完美也反映了一个国家的科技水平和文化水平。设计的严密性、合理性，也决定了工程建设的成败，是建设工程的安全、适用、经济与环境保护等措施得以实现的保证。

3. 工程施工

工程施工是指按照设计图纸和相关文件的要求，在建设场地上将设计意图付诸实践的测量、作业、检验，形成工程实体建成最终产品的活动。任何优秀的勘察设计成果，只有通过施工才能变为现实。因此工程施工活动决定了设计意图能否体现，它直接关系到工程的安全可靠、使用功能的保证，以及外表观管能否体现设计的艺术水平。在一定程度上，工程施工是形成实体质量的定性环节。

4. 工程竣工验收

工程竣工验收就是对项目施工阶段的质量通过检查评定、试车运转，考核项目质量是否达到设计要求，是否符合决策阶段确定的质量目标和水平，并通过验收确保工程项目的质量。所以工程竣工验收对质量的影响是保证最终产品的质量。

六、公路工程质量管理目标

公路工程质量管理目标如表10-1所示。

公路工程质量管理目标 表10-1

公路性能	满足要求
安全可靠性	强度、刚度、稳定性、使用寿命、耐久性
环境协调性	生态环境、社会环境协调,基础设施协调,与周围建筑、环境协调
美观性	线形美观,引导视线
经济性	维修费少,使用费少,造价低
适用性	整体布置合理,满足国民经济要求及周围交通需求

七、公路工程质量管理体系

1. 公路工程质量管理原则

公路工程项目质量控制过程中应遵循以下原则:

(1)坚持质量第一原则。公路工程产品作为一种特殊的商品,使用年限长,并直接关系到人民生命财产的安全。所以,监理工程师应自始至终地把"质量第一"作为对工程质量的控制的基本原则。

(2)坚持以人为控制核心。人是质量的创作者,质量控制必须"以人为核心":

①把人作为质量控制的动力,发挥人的积极性和创造性。

②处理好与业主、承包人等各方面的关系。

③增强人的责任感,树立"质量第一"的思想。

④提高人的素质,避免人的失误。

⑤以人的工作质量保工序质量、保工程质量。

(3)坚持以预防为主。预防为主是指要重点做好质量的事前控制,事中控制,同时严格检查工作质量、工序质量和中间产品的质量。这是确保工程质量的有效措施。

(4)坚持质量标准。质量标准是评价产品质量的尺度,数据是质量控制的基础。产品质量是否符合合同规定的质量标准,必须通过严格检查,以数据为依据。

(5)贯彻科学、公正、守法的职业规定。监理人员在监控和处理质量问题的过程中,应尊重事实,尊重科学,客观公正,不持偏见,遵纪守法,坚持原则,严格要求,秉公监理。

(6)以专项施工技术规范、检验评定标准、本项目的承包合同、招标文件为依据,实现业主要求的质量控制目标;业主满意率95%,工程优良率95%,合同履约率100%。

(7)对工程进行全过程质量控制,以预防质量事故为主,加强隐蔽工程项目的监理力度。

(8)加强人、机、物的进度安排监理,检查承包人的技术人员责任及岗位责任制建设,强调质量保证体系的建立和在各工序中发挥其应有作用。

(9)要求承包人完善材料进场、材料检测及各施工工序的自检、互检工作,做到各工序不出现死角，人员落实、资料落实，坚持不合格材料不进场、不使用，发现问题及时返工的监理原则。

(10)对各工序采用眼看、手量、试验检测，坚持监理程序，以数据说话，以理服人的监理原则。

2. 全面质量管理

(1)全面质量管理特点

①对象的全面性。主要是针对广义的质量要求进行管理。

②范围的全面性。从可行性研究、勘察设计、现场施工、竣工验收等全过程进行管理。

③参与者的全面性。全面质量管理是各个部门、各个岗位的全体成员都参与的质量管理。

④手段的全面性。针对具体情况采用技术的、经济的、管理的、组织的、制度的手段进行管理。

(2)全面质量管理观点

质量第一、服务用户、预防为主、实事求是、全面管理。

(3)全面质量管理的基础工作

开展全面质量管理，必须抓好工作标准化、管理计量化、信息工作、管理责任制及质量教育等几个方面的基础工作。

①工作标准化

工作标准化包括业务标准化和作业标准化。业务标准，是指对各部门业务工作的一些具体规定，如技术管理规定、设备管理规定等。作业标准包括工艺流程、操作规程、装配作业程序等。

②管理计量化

计量工作包括计量、测试、化验、分析工作，是保证零部件互换，确保产品质量的重要手段和方法。没有计量的准确性，就不能保证技术工作的准确性，就不可能正确地贯彻执行技术标准。

③信息工作

信息工作指的是反映在产品质量和产品生产全过程中，各个环节工序质量、工作质量的信息，其中包括各种有关的基本数据、原始记录，直至产品使用过程中反映出来的各种情报资料。信息工作就是及时收集上诉情报，并掌握国内外产品质量发展动向和市场营销动态，为保证和提高产品质量提供依据。

④管理责任制

管理责任制要求每个员工都处于自我控制状态，充分了解自己所应达到的目标，如质量成本、计划完成时间、质量标准等；充分了解自己正在做的事情，如实际成本、实际进度、实际达到的标准等。当实际与目标发生偏差时，能够自己控制和调节。这就是质量责任制的中心思想，以及使产品质量落实到实处的根本保证。

⑤质量教育工作

质量教育工作是实行全面质量管理的一项根本性的基础工作。质量管理要“始于教育，终于教育，贯彻始终”。

第二节 公路勘察设计质量管理

一、勘察设计质量的概念及管理依据

1. 勘察设计质量的概念

勘察设计质量，是指在严格遵守技术标准、法规的基础上，对工程地质条件做出及时、准确的评价，正确处理和协调经济、资源、技术、环境条件的制约，使设计项目能更好地满足业主所需要的功能和使用价值，能充分发挥项目投资的经济效益。

2. 勘察设计质量管理的依据

(1)有关公路工程建设及质量管理方面的法律、法规、城市规划、交通规划、公路工程勘察设计深度要求。

(2)有关公路工程建设的质量标准，如勘察和设计的工程建设强制性标准、规范规程、设计参数、定额等。

(3)项目批准文件，如项目可行性研究报告、项目评估报告及选址报告。

(4)体现建设单位建设意图的勘察、设计规划大纲、纲要和合同文件。

(5)反映项目建设过程中和建成后所需要的有关技术资源、经济、社会协作等方面的协议、数据和资料。

二、勘察设计单位资质管理及个人职业资格管理

1. 勘察单位资质管理

勘察单位资质分为综合类、专业类、劳务类三类。综合类包括工程勘察所有方向，只设甲级；专业类指岩土工程、水文地质勘察、工程测量等专业的某一项，原则上设甲、乙两个级别，确有必要设置丙级勘查资质的地区经建设部批准后方可设置；劳务类是指岩土工程治理、工程钻探、凿井等，其资质不分级别。取得勘察三项专业中任意两项的专业类甲级资质即可申请勘察综合类资质。

综合类工程勘察单位承担工程勘察业务范围和地区不受限制；专业类甲级工程勘察单位承担本专业工程勘察业务范围和地区不受限制，乙级工程勘察单位可承担本专业工程勘察中、小型工程项目，承担工程勘察业务的地区不受限制，丙级工程勘察单位可承担本专业工程勘察小型工程项目，承担工程勘察业务限定在省、自治区、直辖市所辖行政区范围内；劳务类工程勘察单位只能承担岩土工程治理、工程钻探、凿井等工程勘察劳务工作，承担工程勘察劳务工作的地区不受限制。

勘察单位资质分级标准如下：

(1)综合类

①资历和信誉

a. 具有独立法人资格，3 个主专业中有不少于 2 个具有 10 年及以上工程勘察资历，是行业的骨干单位，在国内外同行业中享有良好信誉。

b. 至少2个专业分别独立承担过本专业甲级工程专业任务不少于5项,其工程质量合格、效益好。

c. 单位有良好的社会信誉并有相应的经济实力,工商注册资本金不少于800万元人民币。

②技术力量

3个主专业中不少于2个专业各有能力同时承担2项甲级工程任务,每专业至少有5名具有本专业高级技术职称的技术骨干和级配合理的技术队伍。在国家实行注册岩土工程师执业制度以后,岩土工程专业至少有5名注册岩土工程师。

③技术装备及应用水平

有足够数量、品种、性能良好的室内试验、原位测试及工程物探等测试监测检测设备或测量仪器设备,或有依法约定能提供满足专项勘察、测试监测检测等质量要求的协作单位。应用计算机出图率达100%。有满足工作需要的固定工作场所。

④管理水平

有健全的生产经营、财务会计、设备物资、业务建设等管理办法和完善的质量保证体系,并能有效地运行。

⑤业务成果

a. 近10年内获得不少于3项国家级或省部级优秀工程勘察奖。

b. 主编过1项或参编过3项国家、行业、地方工程勘察技术规程、规范、标准、定额、手册等工作。

(2)专业类

①甲级

a. 资历和信誉

a)具有5年以上的工程勘察资历,近5年独立承担过不少于3项的甲级工程勘察业务。

b)具有法人资格,单位有良好的社会信誉,有相应的经济实力,注册资本不少于150万元。

b. 技术力量

有能力同时承担2项甲级工程专业任务。至少有5名具有本专业高级技术职称(其中有2名可以是从事本专业工作10年以上的中级技术职称)的技术骨干和级配合理的技术队伍。在国家实行注册岩土工程师执业制度以后,岩土工程专业至少有5名注册岩土工程师,单独从事岩土工程勘察的、岩土工程设计的、岩土工程咨询监理的至少有3名注册岩土工程师。

c. 技术装备及应用水平

有足够数量、品种、性能良好的从事专业勘察的机械设备、测试监测检测设备或测量仪器设备,或有依法约定能提供满足专业勘察和测试监测检测等质量要求的协作单位。应用计算机出图率达100%。有满足工作需要的固定工作场所。

d. 管理水平

有健全的生产经营、财务会计、设备物资、业务建设等管理办法和完善的质量保证体系,并能有效地运行。

e. 业务成果

主专业(主要是指岩土工程勘察、水文地质勘察、工程测量)单位近10年内获得不少于2项国家或省、部级优秀工程勘察奖;或参加过1项国家级、行业、地方工程勘察技术规程、规范、标准、定额、手册等编制工作(该项内容作为评价单位技术水平的参考,下同)。

②乙级

a. 资历和信誉

a)具有5年以上的工程勘察资历,独立承担过不少于3项乙级工程勘察业务。

b)具有法人资格,单位社会信誉较好,有相应的经济实力,注册资本不少于80万元。

b. 技术力量

有能力同时承担2项乙级工程专业任务。至少有3名具有本专业高级技术职称(其中有1名可以是从事本专业工作10年以上的中级技术职称)的技术骨干和级配合理的技术队伍。在国家实行注册岩土工程师执业制度以后,从事岩土工程勘察的、岩土工程设计的至少有2名注册岩土工程师。

c. 技术装备和应用水平

有一定数量、品种、性能良好的从事专项勘察的机械设备、测试监测检测设备或测量仪器设备,或有依法约定能提供满足专业勘察和测试监测检测等质量要求的协作单位。应用计算机出图率达80%,有满足工作需要的固定的工作场所。

d. 管理水平

有健全的生产经营、财务会计、设备物资、业务建设等管理办法和完善的质量保证体系,并有效地运行。

e. 业务成果

岩土工程勘察、水文地质勘察、工程测量诸专业近10年内获得不少于1项国家级或省、部级、计划单列市工程勘察奖(含表扬奖)。

③丙级

a. 资历和信誉

a)具有5年以上的工程勘察资历,独立承担过不少于3项丙级工程勘察业务。

b)具有法人资格,单位有社会信誉,有相应的经济实力,注册资本不少于50万元。

b. 技术力量和水平

有编制在册的专业技术人员,其中具有本专业高级技术职称的不少于1名,从事本专业工作不少于5年的中级技术职称的技术骨干不少于4名;有配套的技术人员,工程质量合格。

c. 技术装备和应用水平

有一定数量、品种、性能良好的与从事专业任务相应的机械设备和测试监测检测仪器设备或测量仪器设备。有满足工作需要的固定工作场所,应用计算机出图率达50%。

d. 管理水平

有健全的生产经营、财务会计、设备物资、业务建设等管理办法和完善的质量保障体系并有效地运行。

(3)劳务类

①资历和信誉

a. 具有3年以上从事与岩土工程治理、工程钻探、凿井相关的劳务工作资历。

b. 具有法人资格,有一定的社会信誉,有相应的经济实力,注册资本不少于50万元,岩土工程治理不少于100万元。有满足工作需要的固定工作场所。

②技术力量

有符合规定并签订聘用合同的技术人员和技术工人等技术骨干。

③技术装备

有一定数量、品种、性能良好的与从事承担任务范围所需的相应仪器设备。

④管理水平

有相应的生产经营、财务会计、设备物资、业务建设等管理办法和完善的质量保证体系，并有效地运行。

2.设计单位资质管理

设计单位资质分为综合类、专项类、行业类三类。工程设计综合资质只设甲级；工程设计专项资质设甲、乙两个级别；工程设计行业资质根据其工程性质划分为煤炭、电力、冶金、建筑等21个行业，设甲、乙、丙三个级别。

取得工程设计综合甲级资质证书的单位可承担各行业建设工程项目的设计业务，其规模不受限制，但在承接工程项目设计时，需满足《工程设计资质标准》（建市〔2007〕86号）中与该工程项目对应的设计类型对人员配置的要求，承担其取得的施工总承包（施工专业承包）一级资质证书许可范围内的工程施工总承包（施工专业承包）业务。取得工程设计专项甲级资质证书的单位可承担大、中、小型专项工程设计项目，不受地区限制；乙级资质证书的单位可承担中、小型专项工程设计项目，不受地区限制；持工程设计专项甲、乙级资质的单位可承担相应的咨询业务。取得工程设计行业甲级资质证书的单位可承担相应行业建设项目的工程设计范围和地区不受限制；乙级资质证书单位可承担相应行业的中、小型建设项目的工程设计任务，承担工程设计任务的地区不受限制；丙级资质证书单位可承担相应行业的小型建设项目的工程设计任务，承担工程设计任务限定在省、自治区、直辖市所辖行政区范围内；具有甲、乙级资质的单位，可承担相应的咨询业务，除特殊规定外，还可承担相应的工程设计专项资质的业务。

1）设计单位综合甲级资质标准

（1）资历与信誉

①具有独立企业法人资格。

②注册资本不少于6 000万元人民币。

③近3年年平均工程勘察设计营业收入不少于10 000万元人民币，且近5年内2次工程勘察设计营业收入在全国勘察设计企业排名列前50名以内；或近5年内2次企业营业税金及附加在全国勘察设计企业排名列前50名以内。

④具有2个工程设计行业甲级资质，且近10年内独立承担大型建设项目工程设计每行业不少于3项，并已建成投产。或同时具有某1个工程设计行业甲级资质和其他3个不同行业甲级工程设计的专业资质，且近10年内独立承担大型建设项目工程设计不少于4项。其中，工程设计行业甲级相应业绩不少于1项，工程设计专业甲级相应业绩各不少于1项，并已建成投产。

（2）技术条件

①技术力量雄厚，专业配备合理。

企业具有初级以上专业技术职称且从事工程勘察设计的人员不少于500人，其中具备注册执业资格或高级专业技术职称的不少于200人，且注册专业不少于5个，5个专业的注册人员总数不低于40人。企业从事工程项目管理且具备建造师或监理工程师注册执业资格的人员不少于10人。

②企业主要技术负责人或总工程师应当具有大学本科以上学历、15年以上设计经历,主持过大型项目工程设计不少于2项,具备注册执业资格或高级专业技术职称。

③拥有与工程设计有关的专利、专有技术、工艺包(软件包)不少于3项。

④近10年获得过全国优秀工程设计奖、全国优秀工程勘察奖、国家及科技进步奖的奖项不少于5项,或省部级(行业)优秀工程设计一等奖(金奖)、省部级(行业)科技进步一等奖的奖项不少于5项。

⑤近10年主编2项或参编过5项以上国家、行业工程建设标准、规范。

(3)技术装备及管理水平

①有完善的技术装备及固定工作场所,且主要固定工作场所建筑面积不少于10 000m^2。

②有完善的企业技术、质量、安全和档案管理,通过ISO9000族标准质量体系认证。

③具有与承担建设项目工程总承包或工程项目管理相适应的组织机构或管理体系。

2)设计单位专项资质分级标准

(1)甲级

①资历和信誉

a.具有独立法人资格和5年及以上专项工程设计资历,并具备一定的工程项目管理能力。

b.独立承担过专项工程设计不少于3项,已建成投产,工程设计质量合格、效益好。

c.单位有一定的社会信誉并有必要的经济实力,工商注册资本金不少于100万元人民币。

②技术力量

有一定的技术力量,专业配备合理,具备同时承担2项大型专项工程设计的能力。每个主要专业的专职技术骨干配备不少于3人,其中至少有1名主持或参加过2项大型专项工程设计业务。

③技术水平

a.拥有主专业或相关专业的专利、专有技术包、工艺包(软件包),不少于2项。

b.具有在专项工程设计中应用计算机的能力,并取得显著效果。

c.具有与国(境)外合作或独立承担国(境)外专项工程设计和项目管理的技术能力。

④技术装备及应用水平

a.有必要的技术装备,基本达到国家建设行政主管部门规定的甲级设计单位技术装备及应用水平考核标准:

a)施工图CAD出图率100%。

b)可行性研究、方案设计的CAD技术应用达90%。

c)方案优化(优选)的CAD技术应用达90%。

d)文件和图档实行计算机管理。

e)能应用工程项目管理软件,逐步实现工程设计项目的计算机管理。

b.有固定的工作场所,专职技术骨干人均建筑面积不少于10m^2。

⑤管理水平

a.建立了以设计项目管理为中心,以专业管理为基础的管理体制,实行设计质量、进度、费用控制。

b.企业管理的组织结构、标准体系、质量管理体系运行有效,并能实行动态管理。

(2)乙级

①资历和信誉

a. 具有独立法人资格和3年及以上的专项工程设计资历,并具备一定的工程项目管理能力。

b. 独立承担过专项工程设计不少于2项,并已建成投产,工程设计质量合格、效益较好。

c. 单位有较好的社会信誉并有一定的经济实力,工商注册资本金不少于50万元人民币。

②技术力量

有一定的技术力量,专业配备合理,具备同时承担2项中型专项工程设计的能力。每个主要专业的专职技术骨干配备不少于2人,其中至少有1名主持或参加过2项中型专项工程设计的业务。

③技术水平

a. 拥有主行业或相关行业的专利、专有技术、工艺包(软件包)不少于2项。

b. 具有在专项工程设计中应用计算机的能力,并取得效果。

④技术装备及应用水平

a. 有必要的技术装备,基本达到国家建设行政主管部门规定的乙级设计单位技术装备及应用水平考核标准:

a)施工图CAD出图率达到100%。

b)可行性研究、方案设计的CAD技术应用达到80%。

c)方案优化(优选)的CAD技术应用达到80%。

d)文件和图档实行计算机管理。

e)能应用计算机进行工程设计和设计管理。

b. 有固定的工作场所,专职技术骨干人均建筑面积不少于$10m^2$。

⑤管理水平

a. 建立以设计项目管理为中心的管理体制,实行设计质量、进度、费用控制。

b. 有健全的质量管理体系和技术、经营、人事、财务、档案等管理制度。

3)设计单位行业资质分级标准

(1)甲级

①资历和信誉

a. 具有独立法人资格和15年及以上工程设计资历,是行业的骨干单位,并具备工程项目管理能力,在国内外同行业中享有良好信誉。

b. 独立承担过行业大型工程设计不少于3项,并已建成投产。其工程设计项目质量合格、效益好。

c. 单位有良好的社会信誉并有相应的经济实力,工商注册资本金不少于600万元人民币。

②技术力量

a. 技术力量强,专业配备齐全、合理,单位的专职技术骨干不少于80人(不含返聘人员)。具有同时承担2项大型工程设计任务的能力。

b. 单位主要技术负责人(或总工程师)应是具有12年及以上的设计经历,且主持或参加过2项(主持至少1项)及以上大型项目工程设计的高级工程师。

c. 在单位专职技术骨干中:

a)主持过2项以上行业大型项目的主导工艺或主导专业设计的高级工程师(或注册工程师)不少于10人。

b)二级注册建筑师不少于2人(其中返聘人员不得超过1人)。

c)二级注册工程师(结构)不少于4人(其中返聘人员不得超过1人)。

d)主持或参加过2项以上行业大型项目的公用专业设计的高级工程师(或一级注册工程师)不少于20人。

③技术水平

a.拥有与工程设计有关的专利、专有技术、工艺包(软件包)不少于1项,并具有计算机软件开发能力,达到国内先进型的基本要求,并在工程设计应用中取得显著效果。

b.能采用国内外专利、专有技术、工艺包(软件包)、新技术,独立完成工程设计。

c.具有与国(境)外合作设计或独立承担国(境)外工程设计和项目管理的技术能力。

④技术装备及应用水平

a.有先进、齐全的技术装备,已达到国家建设行政主管部门规定的甲级设计单位技术装备及应用水平考核标准:

a)施工图CAD出图率100%。

b)可行性研究、方案设计的CAD技术应用达90%。

c)方案优化(优选)的CAD技术应用达90%。

d)文件和图档存储实行计算机管理。

e)应用工程项目管理软件,逐步实现工程设计项目的计算机管理。

f)有较完善的计算机网络管理。

b.有固定的工作场所,专职技术骨干人均建筑面积不少于$12m^2$。

⑤管理水平

a.建立了以设计项目管理为中心,以专业管理为基础的管理体制,实行设计质量、进度、费用控制。

b.企业管理组织结构、标准体系、质量体系健全,并能实行动态管理,宜通过IS09001标准质量体系认证。

⑥业务成果

a.获得过近四届省部级及以上优秀工程设计、优秀计算机软件、优秀标准设计三等奖及以上奖项不少于3项(可含与工程设计有关的省、部级及以上的科技进步奖2项)。

b.近15年主编2项或参编过3项及以上国家、行业、地方工程建设标准、规范、定额、标准设计。

(2)乙级

①资历和信誉

a.具有独立法人资格和10年及以上工程设计资历,并具备一定的工程项目管理能力。

b.独立承担过行业中型及以上工程设计不少于3项,并已建成投产。其工程设计项目质量合格、效益较好。

c.单位有较好的社会信誉并有一定的经济实力,工商注册资本金不少于200万元人民币。

②技术力量

a.技术力量较强,专业配备齐全、合理。单位的专职技术骨干人员不少于30人(不含返聘人员)。具有同时承担2项行业中型工程设计任务的能力。

b.单位的主要技术负责人(或总工程师)应是具有10年及以上的设计经历,且主持、参加过2项(主持至少1项)及以上行业中型项目工程设计的高级工程师。

c.在单位专职技术骨干中:

a)主持过2项以上行业中型项目的主导工艺或主导专业设计的高级工程师(或注册工程师)不少于5人。

b)二级注册建筑师不少于1人(非返聘人员)。

c)二级注册工程师(结构)不少于2人(其中返聘人员不得超过1人)。

d)主持或参加过2项以上中型项目的公用专业设计的高级工程师(或一级注册工程师)不少于10人。

③技术水平

a.能采用国内外先进技术,独立完成工程设计。

b.具有项目管理的技术能力。

c.具有计算机应用的能力,达到发展提高型的基本要求,并取得效果。

④技术装备及应用水平

a.有必要的技术装备,达到国家建设行政主管部门规定的乙级设计单位技术装备及应用水平考核标准:

a)施工图CAD出图率100%。

b)可行性研究、方案设计的CAD技术应用达80%。

c)方案优化(优选)的CAD技术应用达80%。

d)文件和图档存储实行计算机管理。

e)能广泛应用计算机进行工程设计和设计管理。

f)有较完善的计算机网络管理。

b.有固定的工作场所,专职技术骨干人均建筑面积不少于$10m^2$。

⑤管理水平

a.建立以设计项目管理为中心的管理体制,实行设计质量、进度、费用控制。

b.有健全的质量体系和技术、经营、人事、财务、档案等管理制度。

⑥业务成果

参加过国家、行业、地方工程建设标准、规范、定额及标准设计的编制工作或行业的业务建设工作。

(3)丙级

①资历和信誉

a.具有独立法人资格和6年及以上工程设计资历,并具备一定的工程项目管理能力。

b.独立承担过行业小型及以上工程设计不少于3项,并已建成投产。其工程设计项目质量合格、效益较好。

c.单位有一定的社会信誉并有必要的经济实力,工商注册资本金不少于80万元人民币。

②技术力量

a.单位的专职技术骨干人数不少于15人。有一定的技术力量,专业配备齐全。有同时承担2项行业小型工程设计任务的能力。

b. 单位的主要技术负责人(或总工程师)应是具有 10 年及以上的设计经历,且主持或参加过 2 项及以上行业小型项目工程设计的高级工程师。

c. 单位专职技术骨干中:

a) 主持过 2 项以上行业小型项目的主导工艺或主导专业设计的工程师(或注册工程师)不少于 4 人。

b) 二级注册建筑师不少于 2 人(或一级注册建筑师不少于 1 人)。

c) 二级注册工程师(结构)不少于 4 人(或一级注册工程师(结构)不少于 2 人,其中返聘人员不得超过 1 人)。

d) 主持或参加过 2 项以上行业小型项目的公用专业设计的工程师(或一、二级注册工程师)不少于 5 人。

③技术水平

a. 能采用先进技术,独立完成工程设计。

b. 具有一定的项目管理的技术能力。

④技术装备及应用水平

a. 有必要的技术装备,达到以下指标:

a) 施工图 CAD 出图率 50%。

b) 文件和图档实行计算机管理。

c) 能应用计算机进行工程设计和设计管理。

b. 有固定的工作场所,专职技术骨干人均建筑面积不少于 $10m^2$。

⑤管理水平

a. 建立设计项目管理为中心的管理体制。

b. 质量体系能有效运行,有健全的技术、经营、人事、财务、档案等管理制度。

3. 个人职业资格管理

对国家要求持证上岗的工种,职工应持相应资格证书方能上岗。对已在该岗工作,但尚未取得资格证书的人员,要进行强化训练,限期达到要求。经培训后仍不能取得资格者,必须调离该岗位。

三、勘察阶段质量管理要点

1. 建设单位选择勘察单位

(1) 确定勘察单位的资质证书类别和等级及所规定的适用业务范围与拟建工程的类型、规模、地点、行业特性及要求的勘察任务是否相符,资质证书所规定的有效期是否已过期,其资质年检结论是否合格。

(2) 检查勘察单位的营业执照,重点检查有效期和年检情况。

(3) 对参与拟建工程的主要技术人员的执业资格进行审查,对专职技术骨干比例进行考察,重点确定其注册证书是否有效,签字权的级别是否与拟建工程相符。

(4) 对勘察单位实际的建设业绩、人员素质、管理水平、资金情况、技术装备进行实地考察。

(5) 确定勘察单位的管理水平,重点考察是否达到了与其资质等级相应的要求水平。

2. 勘察工作方案审查和管理

建设单位委托勘查文件审查应提供以下资料：

(1)勘察任务委托书或勘察合同。

(2)勘察纲要(大纲)。

(3)野外钻探原始记录(含单孔验收记录表,取样、送样见证表)。

(4)勘察成果报告(含文字、图标、照片)。

(5)原位测试成果图表。

(6)室内试验成果图表(含开工记录)。

(7)规划部门批准的设计方案等。

(8)审查机构任务需要的其他资料。

勘察文件审查内容包括:是否符合法律法规、工程建设强制性标准和有关规范规程;是否满足业主或设计单位提出的勘查技术要求;是否正确反映场地的工程地质条件;资料和内容是否完整;建议是否合理等。

勘察文件完成后,建设单位应委托审查机构进行审查并按要求提供相关材料,审查机构接受委托后,应在7个工作日内(含复审2个工作日)向建设单位出具勘察文件审查意见书。建设单位收到审查意见书后,通知勘察单位按照审查意见书的要求做出修改调整,并书面回复审查机构。勘察文件审查不合格的,审查机构应当书面说明不合格原因,并将审查中发现的建设单位、勘查企业和注册执业人员违反法律、法规和工程建设强制性标准的问题,报告工程所在地建设行政主管部门。建设单位应当要求原勘察企业进行修改,并将修改后的勘查文件报原审查机构审查。勘查文件审查通过后,审查机构在勘察文件上加盖"审查合格"章。

勘查文件经审查合格后,如遇特殊情况需进行修改的,凡涉及工程建设强制性标准条文以及进行下列变更时,建设单位必须将修改后的勘查文件重新报审查机构审查,需要对施工图设计进行相应变更的,审查机构应提出意见,由建设单位提交施工图,设计单位按规定办理变更手续。

(1)更改地质年代、地貌单元及重新划分岩土分层。

(2)修改或提供新的有关岩土层的物理力学指标。

(3)施工时发现与勘察报告不相符需进行的工程勘察补勘或施工勘察。

(4)设计文件在建筑规模、平面形状和尺寸、结构的抗震设防等级、结构体系、荷重、基础形式、基础埋深等方面的重大变更造成原勘察报告不能满足要求时而进行的工程勘察补勘察。

3. 勘察现场作业的质量管理

(1)加强勘察钻探机具、仪器设备的管理,确保其性能完好。

①工程勘察企业要加强勘察仪器、设备的管理,现场钻探、取样的机具设备、岩土工程原位测试及工程测量仪器等应符合有关规范、规程的要求,并定期进行检定或校准,确保其性能完好、运行正常。

②从事工程勘察的钻机应配备符合适合当地地层要求的钻探机具。

③工程勘察企业要积极采用新技术、新工艺、新设备,在保证勘察质量的基础上,逐步提高

作业效率和勘察水平。

(2)严格勘察现场作业质量控制,主要从业人员要持证上岗。

工程勘察企业要严格勘察现场作业质量的控制和管理,应重点做好以下几个方面工作:

①工程的勘察方法、手段及使用的仪器设备应当正确、合理,且与场地地层特点相适应。

②工程勘察工作的原始记录应当在勘察过程中及时整理、核对,确保取样、记录的真实、准确,严禁离开现场追记或者补记。原始记录表格应按要求认真填写清楚,并经有关作业人员检查、签字。

③项目负责人应每天至少一次在作业现场进行指导、督促检查,并对各项作业资料检查、验收签字。

④加强对现场作业人员业务知识和专业技能培训,记录员、机长、岩土工程测试试验人员等主要现场作业人员要持证上岗。

⑤进行工程勘察的钻机须配备满足工作需要的操作人员。

(3)强化监督检查,切实提高勘察现场工作质量。

①取得工程勘察资质或勘察劳务类资质的企业方可从事工程勘察钻探业务,其他未列入上述范围的钻机一律不得从事勘察钻探工作。勘察报告签发之日起5日内应到建设局备案。

②勘察企业应把符合机具设备和人员条件的钻机纳入本单位的质量管理和质量控制程序,并报建设行政主管部门备案。符合要求的,发放工程勘察现场作业备案证。未取得备案证的,不得进行任何工程勘察现场作业活动。监管部门要认真组织勘察企业做好勘察钻机的机具配套和人员管理工作。

③各监管部门要加强对工程勘察企业现场作业质量的监督检查,对机具设备和人员条件不符合要求的作业队伍,责令其限期改正,对逾期达不到要求的,要清除出勘察市场,并将与企业年检和日常资质动态管理挂钩。通过监督检查切实提高勘察质量和技术水平。

4.勘察文件的质量管理

勘察文件应当符合国家规定的勘察深度要求,必须真实、准确,有关质量管理文件、文字报告、计算书、图纸图表和原始资料等应符合有关规定和标准。勘察文件必须有责任人签字。原始记录应当在勘察过程中及时整理、核对,确保取样、记录的真实和准确,严禁离开现场追记或者补记。

5.后期服务质量保证

开工前,勘察单位应派主要设计人员参加由业主组织、监理主持的图纸会审,接受业主方、施工方和监理方提出的有关方便施工操作、节省投资的合理修改意见,及时完成设计变更。积极配合业主、监理和施工方完成工程验收工作,在施工过程中遇到意外情况所做的修改设计不收取任何费用,直至最后参加竣工验收。

勘察单位应做到以下后期服务措施及承诺:

(1)认真及时将业主提出的各项成熟可靠的技术和经验用于设计和施工建设中。

(2)选择优秀的设计人员,组成最佳的项目设计团队,为该项目的设计及后期施工服务安排设计经验丰富且沟通、协作能力强的工程师作为现场代表进驻工地,进行全过程的技术服务。

(3)加强该项目设计人员与业主、各职能部门等的配合与沟通，认真听取各方合理建议，不断优化设计。从设计、校对、审核、到审定的每一工作环节，严格执行质量保证体系，精心设计、细化设计、优化设计。

(4)协助业主编制设备采购、土建、安装招标文件，配合业主做好招投标工作。为建设单位及时提供必要的技术文件及相关资料，完成与项目有关的其他设计技术工作。

(5)严格管理设计变更，在施工过程中加强与建设单位的沟通与协调，对设计变更进行严格控制，避免或减少由于设计变更引起工程造价的增加。

(6)在施工过程中提供保姆式服务，切实做好施工交底工作，密切配合工程施工，充分采纳合理化建议，根据实际情况做好设计变更工作，参与工程各项主要验收工作，进一步完善建设质量。

(7)在工程施工完成后，积极配合业主和有关部门做好工程的竣工验收工程，以便工程按进度投入使用。

(8)提供优质、高效的服务，及时处理施工现场相关技术问题。

(9)除正常的施工服务外，不定期派人到施工现场进行技术回访。

6. 勘察技术档案管理

工程勘察企业应当加强技术档案的管理工作。工程项目完成后，必须将全面资料分类编目，装订成册，归档保存。项目完成后，勘察文件不归档保存的，由工程勘察质量监督部门责令改正，并处1万元以上3万元以下的罚款。

四、设计阶段质量管理内容

1. 初步设计的质量管理

(1)设计文件的审定：方案经政府行政主管部门认可。

(2)收集基础材料：项目概况、设计依据、总体设计要求、建筑设计、设计概算、图纸及文件要求等。

(3)设计条件的确定：

①土地条件：用地范围、土地使用性质。

②市政条件：给水、排水、污水、中水、煤气、电力、电信、电视、消防。

③规划条件：用地红线及坐标、建筑退红线要求、建筑高度、容积率等。

④交通条件：道路允许开口的位置。

⑤地质条件：地形图、勘察报告。

⑥其他条件。

(4)设计文件内容：文字说明、扩初设计各专业图纸、概算。

(5)设计准备：报批手续的办理(人防、园林、交管、消防、环保、文物、水利、卫生、教育)。

(6)设计文件确认：行政主管部门的批文或文件确认材料。

①设计文件应符合住建部《建筑工程设计文件编制深度规定》的要求。

②应满足行政主管部门批审的要求。

③设计概算应控制在设计现价范围内。

④主要设备、材料选型应符合设计任务书要求，并应进行性能、价格比选。

2. 施工图设计管理

施工图设计管理主要由业主图纸审核和图纸会审两部分组成。

(1)业主图纸审核

①施工图纸下发一周内，业主单位项目部、工程技术部、经营部依照合同约定、国家规程规范、行业标准等对图纸进行审核，并及时汇总于工程技术部项目责任人。

②工程技术部汇总施工单位、监理单位及各部门自审内容后，报分管领导审核，审核完毕后发项目部及监理部，并确定施工图纸会审的时间计划安排。

(2)图纸会审

①图纸会审由业主单位工程技术部组织，公司工程技术部、经营部、项目部、分管领导、设计单位、监理单位、施工单位及其他相关单位参加。

②图纸会审由监理工程师负责进行现场记录汇总整理。

③由监理单位形成图纸会审纪要(附带施工图纸会审记录)，报业主单位项目部、工程技术部、经营部、分管领导审定后才能成文下发。

④会审记录作为结算的重要资料，应在图纸会审完毕后一个月内，将通过审核的记录文件由设计单位、业主单位、监理单位、施工单位四方共同会签并加盖公章，作为指导工程施工和工程结算的依据；图纸会审记录一式八份，施工单位四份；监理单位，业主单位项目部、工程技术部、经营部各一份。

(3)施工图纸审核内容

①施工图纸是否完整和齐全，施工图纸是否符合国家有关工程设计和施工的规程规范。

②施工图纸是否与其说明书在内容上一致，施工图纸及其各组成部分间有无冲突和错误。

③建筑图与其相关的结构图，在尺寸、坐标、高程和说明书方面是否一致，技术要求是否明确。

④熟悉建设、施工、安装目标，施工生产工艺流程和技术要求，掌握配套施工的先后次序和相互关系，审查设备安装图纸与其相配合的土建图纸，在坐标和高程尺寸上是否一致，土建施工的质量标准能否满足设备安装的工艺要求。

⑤基础设计或地基处理方案同建造地点的工程地质和水文地质条件是否一致，理清建筑物与地下构筑物、管线间的相互关系。

⑥掌握拟建工程的建筑和结构的形成和特点，及需要采用的技术、工艺和措施，提出对工程建设整体有益的改善建议。

⑦复核主要承重结构或构件的强度、刚度和稳定性能否满足施工和使用要求。

⑧对于工程复杂、施工难度大和技术要求高的分部分项工程，要审查现有施工技术和管理水平能否满足工程质量和工期要求。

⑨建筑设备和加工订货有无特殊要求。

⑩防火、消防是否满足消防验收规定。

3. 施工图设计管理方法

施工图设计要遵循跟踪式设计、多方案比较、各单位协调的原则。某单位施工图管理流程如图 10-2 所示。

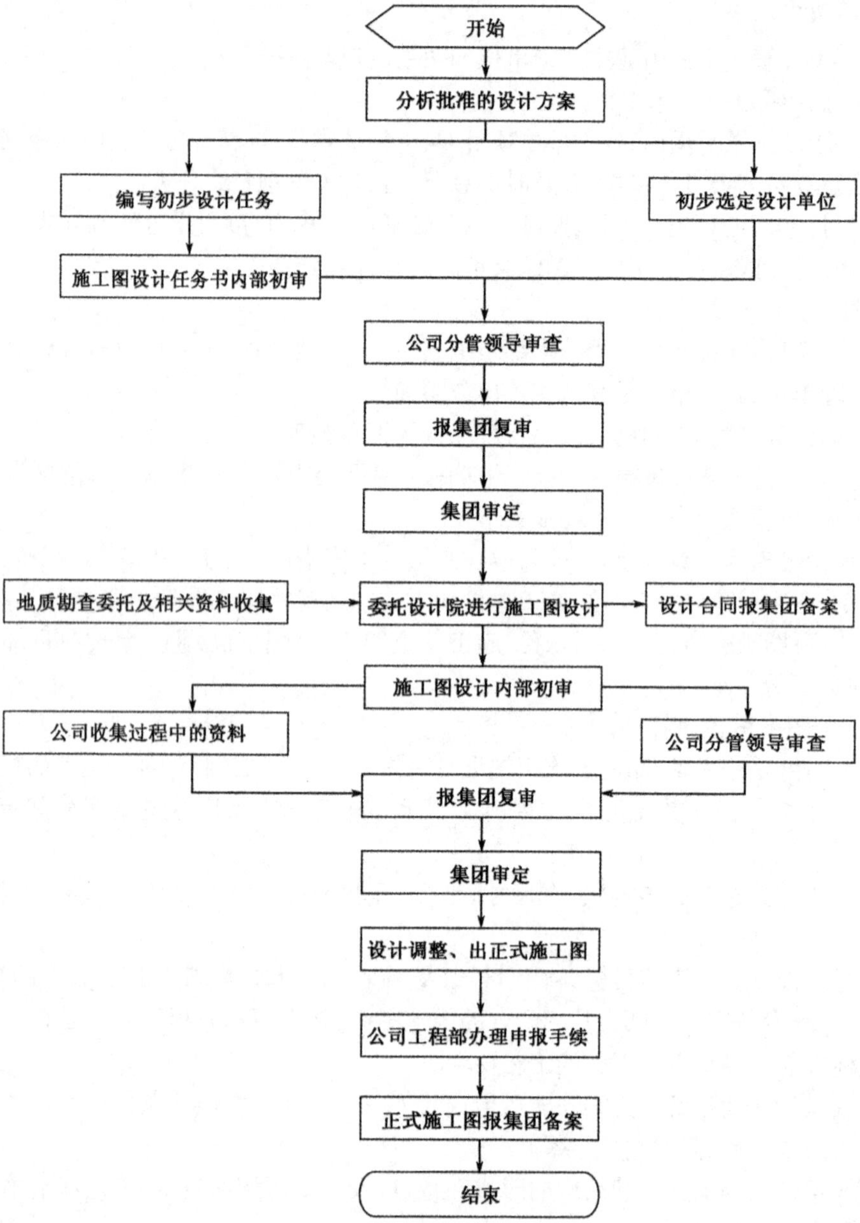

图 10-2　某单位施工图设计管理流程示例

五、公路工程勘察设计质量案例

1. 案例一：边坡滑塌

北京市西六环某段在施工中边坡滑塌，如图 10-3 所示。

原因分析：设计、勘察单位缺乏沟通，设计成果与勘察成果脱节，勘察成果深度不足、准确性不够或滞后，未明确指出“膨胀土”相关设计，导致施工中边坡滑塌。

解决方案：深度勘察，设计变更。费用由勘察单位和设计单位共同承担。

2. 案例二:基层设计验算承载力不足

房山良三路大修水泥冷再生基层设计验算承载力不足,造成新铺路面大量破损(图 10-4),重新做路面结构约 2km。

图 10-3 北京市西六环某段在施工中边坡滑塌

图 10-4 房山良三路大修水泥冷再生基层路面大量破损

原因分析:设计单位对设计规范的学习理解不够,设计运用技术标准和指标不合理,存在生搬硬套、大量采用极限指标等现象。

3. 案例三:路线规划未进行现场调查

怀柔怀长路桥梓镇段原规划线位沿桥梓镇北侧山前路布线,该线位穿越了某部队靶场(图 10-5)。

设计方案线位采用了规划线位,没有进行现场调查,直到方案专家审查会才发现该问题。

原因分析:规划成果深度不足,设计单位生搬硬套,导致设计成果与实际情况或地方意见不符。

4. 案例四:路线规划未就排水工程与业主和地方政府进行很好的沟通

北京顺义规划一路因设计未就排水工程与业主和地方政府进行很好的沟通,导致施工阶段新增多处涵洞(图 10-6)。

图 10-5 怀柔怀长路桥梓镇段穿越某部队靶场

图 10-6 顺义规划一路施工阶段新增多处涵洞

原因分析:设计单位与业主和相关部门沟通、协调不够,导致一些设计问题在前期过程中未能得到很好地解决,施工阶段出现工程变更。

第三节 公路施工质量管理

一、施工质量管理概述

1. 施工质量管理的目标

各参建单位施工质量管理目标如表 10-2 所示。

参建单位施工质量管理目标 表 10-2

单　位	质量管理目标
建设单位	通过施工过程的全面质量监督管理、协调和决策，保证竣工项目达到顺利通车所确定的质量标准
设计单位	通过设计变更管理及纠正施工中所发现的设计问题等，保证竣工道路的使用性能与设计文件所规定的标准相一致
施工单位	通过施工过程的全面质量全面管理，保证交付满足施工合同及设计文件所规定的质量标准的道路
监理单位	通过审核施工质量文件、施工指令和结算支付管理等手段的应用，监控施工承包单位的质量活动行为，正确履行工程质量的监督责任，以保证道路使用质量达到施工合同和设计文件所规定的质量标准

2. 施工质量管理的依据

(1)工程合同文件

①加强合同管理知识培训。建立专门的合同管理机构，合同管理是工程项目管理的一个重要组成部分，贯穿于工程建设的全过程，涉及工程的招投标、合同的履行、变更索赔、争议处理等诸多方面。

②认真审核招标文件、仔细分析合同条款。在公路工程投标签约阶段，合同管理人员应该认真钻研招标文件及其合同条款，在商签合同过程中，应对明显把重大风险转嫁给承包人的合同条件提出修改的要求，对其达成修改的协议以“谈判纪要”形式写出，作为该合同条件的有效组成部分。

③做好工程量清单复核，严格履行合同。施工企业应该根据施工阶段发放的图纸，及时复核工程量清单，对变更工程量及单价及时申报，使已完工程能得到及时计量，从而缓解施工企业中后期资金压力，增加工程现值。同时注意收集索赔资料，及时进行施工索赔。

④不断总结经验，提高合同管理水平。公路工程完工后，合同管理人员应该仔细分析合同执行情况，认真总结合同管理经验，对合同管理好的经验加以推广，对过时、不符合现行法律法规，以及不严谨、容易被对方索赔的条款要加以改正，并在以后工程合同中加以明示或制订相应的预防措施，提高公司合同管理水平。

(2)工程设计文件

公路工程设计文件是安排建设项目、控制投资、编制招标文件、组织施工和竣工验收的重要依据。公路工程施工必须严格按照设计文件和技术标准规范，采取正确的施工方案，合理组织施工,严格落实各项管理制度和措施,明确责任,加强质量管理工作。

(3)国家有关法规性文件

公路建设项目的施工,须按国务院交通主管部门的规定报请县级以上地方人民政府交通主管部门批准。承担公路建设项目的施工单位应当按照国家有关规定建立健全质量保证体系,落实岗位责任制,并依照有关法律、法规、规章以及公路工程技术标准的要求和合同约定进行施工保证公路工程质量。

(4)质检专业法规性文件

施工单位应严格履行工程合同文件、设计文件,并遵循国家有关法律、法规,完成公路建设项目,保证工程质量,使其符合质检相关法规的要求。

3. 施工质量管理的阶段划分及内容

准备阶段:工程项目开工前的全面施工准备和施工过程中各分部分项工程施工作业准备的质量管理。

施工过程:施工作业技术活动的投入与产出过程的质量管理。

验收阶段:对已完工程验收时的质量管理,即道路的质量管理。

4. 质量管理的原理过程

公路施工质量管理原理过程分以下几个步骤:

(1)确定管理对象。

(2)规定管理标准。

(3)制订具体的管理方法。

(4)明确所采用的检验方法。

(5)实际进行检验。

(6)分析实测数据与标准之间差异的原因。

(7)解决差异所采取的措施、方法。

5. 施工质量管理原则

(1)贯彻"质量第一、预防为主"的方针

好的质量不是检验出来的,而是生产出来的。质量是企业信誉的基础,也是市场竞争的需要,所以质量问题应引起全体员工的足够的重视。质量管理并不是仅靠对产品的严格检验(当然成品检验也是必要的),更重要的是在产品形成过程中进行严格的控制,对产品质量形成全过程的每个环节采取预防措施,来保证产品的质量。

(2)坚持"用户至上、全面管理"的原则

建筑产品是一种特殊的商品,使用年限长,直接关系到人民生命财产的安全。所以,工程项目在施工阶段,必须始终把"用户至上、全面管理"作为质量控制首要原则。

(3)坚持质量标准、严格检查,一切用数据说话

质量标准是评价产品质量的尺度,数据是质量控制的基础和依据。在质量管理中,要尽可能地运用质量检验和实验数据来判别质量的优劣,采用数理统计的方法对质量进行控制,使质量管理科学化。

(4)以人为核心

项目管理的工作质量涉及各个部门和每位职工,广大职工是质量的创造者。工程质量过

程管理必须“以人为核心”，把广大职工作为管理的动力，调动职工积极性、创造性，增强职工责任感，树立“质量第一”的观念，提高职工素质，避免人为失误，以职工工作质量保证工序质量、促进工程质量。

（5）贯彻科学、公正、守法的职业规范，尊重事实

建筑施工管理人员，在处理问题过程中，应尊重客观事实，尊重科学，正直、公正，不持偏见；遵纪、守法，杜绝不正之风；既要坚持原则、严格要求、秉公办事，又要谦虚谨慎、实事求是。

二、施工准备的质量管理

1. 施工承包单位资质的核查

（1）施工承包单位资质的分类

施工企业按照其承包工程能力，划分为施工总承包、专业承包和劳务分包三个序列，如表10-3所示。

施工承包单位资质 表10-3

资质等级	内容
施工总承包企业	可对工程实行施工总承包或者对主体工程实行施工承包，将承包的工程全部自行施工，也可将非主体工程或者劳务作业分包给具有相应专业承包资质或者劳务分包资质的其他建筑业企业。按专业类别共分为12个资质类别，每一个资质类别又分成特级、一级、二级、三级
专业承包资质的企业	可承接施工总承包企业分包的专业工程或者建设单位按照规定发包的专业工程。可对所承接的工程全部自行施工，也可将劳务作业分包给具有相应劳务分包资质的劳务分包企业。按专业类别共分为60个资质类别，每一个资质类别又分为一级、二级、三级
劳务分包企业	可承接施工总承包企业或者专业承包企业分包的劳务作业。劳务承包企业有13个资质类别

（2）招投标阶段对承包单位资质的审查

①根据工程的类型、规模和特点，确定参与投标企业的资质等级，并取得招投标管理部门的认可。

②对符合参与投标承包企业的考核。

a. 查对《营业执照》及《建筑业企业资质证书》。并了解其实际的建设业绩、人员素质、管理水平、资金情况、技术装备等。

b. 考核承包企业近期的表现，查对年检情况，资质升降级情况，了解其有否工程质量、施工安全、现场管理等方面的问题，企业管理的发展趋势，质量是否是上升趋势，选择向上发展的企业。

c. 查对近期承建工程，实地参观考核工程质量情况及现场管理水平。在全面了解的基础上，重点考核与拟建工程类型、规模和特点相似或接近的工程。优先选取创出名牌优质工程的企业。

（3）对中标进场的企业质量管理体系的核查

①了解企业的质量意识，质量管理情况，重点了解企业质量管理的基础工作、工程项目管理和质量控制的情况。

②贯彻国际质量标准、体系建立和通过认证的情况。

③企业领导班子的质量意识及质量管理机构落实、质量管理权限实施的情况等。

④审查承包单位现场项目经理部的质量管理体系。

2. 公路工程技术准备

(1)图纸会审及技术交底

①图纸会审

图纸会审是一项极其严肃和重要的技术工作,认真做好图纸会审,对于减少施工图纸中的差错,保证和提高工程质量有重要作用。

在图纸会审以前,施工单位必须组织人员学习施工图纸,熟悉图纸的内容要求和特点,并由设计单位进行设计交底,以达到弄清设计意图、发现问题、消灭差错的目的。

施工图纸会审要点:除细致审核细部尺寸及研究操作上的问题外,还应对技术复杂、要求严格、施工操作困难的分部分项工程采取放大样、做模型或另绘大样图的方法进行核对;对缺乏经验的新技术、新结构,可先做实物试点,取得经验后进行施工。

图纸会审后,有关人员应在图上签章,将发现的问题,遗漏之处应在原图上更正补充或作变更设计处理。会审后,应填写图纸会审记录表存查,必要时还要写成文件抄送有关单位。图纸未经会审不得施工。

②技术交底

技术交底是为了使参与施工任务的全体职工明确所担负工程任务的特点、技术要求、施工工艺等,做到心中有数,以利于有计划、有组织、顺利地完成任务。技术交底工作原则上应在正式施工前完成。

技术交底的主要内容:工程数量,施工期限,施工设计意图,施工工艺,规范要求,质量标准及技术安全措施等。对于重点工程、重点部位、特殊工程、新结构、新工艺、新材料的工程,更需要做详细的技术交底。

技术交底工作应分级进行,分级管理。凡技术复杂(包括推行新技术)的重点工程、重点部位,应由总工程师向主任工程师、技术队长及有关职能部门负责人交底,明确关键性的施工技术问题,对主要项目的施工方法和特殊工程的技术、材料提出试验项目、技术要求及注意事项等内容。普通工程应由主任工程师参照上述内容进行。施工队一级的技术交底工作,由施工技术队长负责向技术员、施工员、质量检查员、安全员以及班组长进行交代所承担的工程数量、要求期限、图纸内容、测量放样、施工方法、质量标准、技术措施操作要求和安全措施等方面技术交底工作。

(2)编制施工组织设计

施工组织设计是组织工程施工总的指导性文件,应在正式开工前编制并审批完毕。编制施工组织设计应该根据业主的工期要求,制订合理的施工进度计划;针对主要工序制订先进的施工方法和工程质量目标、安全目标、环境保护目标,并保证质量管理体系的有效运行,以求实现优质、安全、环保、高效、低耗,取得最大的经营效果,全面地完成施工任务。

①施工组织设计的分类

按时间阶段分为可行性分析阶段、施工组织条件阶段和施工组织设计阶段,如表10-4所示。

按时间段划分施工组织设计　　表 10-4

分　类	内　容
可行性分析阶段	项目的拟建阶段,由建设单位编制项目的总体安排,包括:可行性研究,项目的前期准备,项目的规划、设计,项目的招投标,项目的施工及项目的投入使用的总体规划和组织
施工组织条件阶段	一般为初步设计和扩大初步设计,主要是设计阶段的建筑、结构、设备设计组织。一般由设计单位编制,作为初步设计的组成部分
施工组织设计阶段	在进入施工阶段,施工单位为完成施工合同要求而编制的;在此之前为响应招标文件,还要编制投标施工组织设计

按编制对象分为施工组织总设计、单位工程施工组织设计和分部(分项)工程施工组织设计,如表 10-5 所示。

按编制对象划分施工组织设计　　表 10-5

分　类	内　容
施工组织总设计	对整个群体工程的施工进行通盘考虑、全面规划;用以指导全场性的施工现场布局、施顺序、施工工期及各单位工程之间的资源调配(材料、机械、场地等),保证各个项目按合同要求完成
单位工程施工组织设计	以一个单位工程为对象而编制的,是用以直接指导单位工程施工的指导性文件;是具体的安排人力、物力和建筑安装工作;是施工单位组织施工,制订施工计划、施工方案、管理方案的重要依据
分部(分项)施工组织设计	主要是以某些特别重要的、特别复杂的或者缺少施工经验分部(分项)工程(复杂的地基基础、特大的构件吊装等);或者是因设计图纸的不全原因而编制(如仅有基础图纸,所做的基础工程施工组织设计)

一般情况下,施工组织总设计是对整个群体项目的总体规划、通盘考虑,是带有全局性的技术经济文件。单位工程施工组织设计,在施工组织总设计的指导下,在施工组织总设计的原则下,针对单位工程进行更深入、细致地设计。特殊情况下编制分部(分项)施工组织设计。

②施工组织设计的内容

根据工程特点的不同,施工单位的不同,对施工组织设计编制的顺序、内容多不相同,但主要内容有如下点:

a. 编制依据。

b. 工程概况。

c. 施工准备(技术、劳动力、材料、设备)。

d. 施工部署(组织机构、施工组织、流水段分、进度计划等)。

e. 主要施工技术方案(测量、试验、临水、临电)。

f. 主要项目的施工方法(土方、防水、钢筋、设备安装等)。

g. 主要管理措施(技术、质量、安全、消防文明施工、总承包等)。

h. 主要技术经济指标。

3.公路工程施工硬件准备

(1)严格控制材料质量

公路工程施工需要大量材料,除水泥、木材、钢材、沥青等主要外购材料外,还有砂、石、石灰等大宗的地方材料,材料费占到工程总费用的三分之二左右,因此,其费用高低直接关系到工程造价。同时,材料的品质、数量以及能否及时供应也是决定工程质量和工期的重要环节。材料准备工作的要点是:品质合格、数量充足、价格低廉、运输方便、不误使用。在保证材料品质的前提下,本着就地取材的原则,广泛调查料源、价格、运输道路、工具和费用等,做好技术经济比较,择优选用,同时根据使用计划组织进场,力争节省投资。

此外,材料准备管理也应做到以下几点:

①场地水泥混凝土硬化,分堆堆放,采用挡墙隔开避免混料。

②细集料均采用大棚覆盖,避免受潮。

③原材料要求分层堆放,高度不宜太高,避免堆料离析。

④设置专门废料堆放区。

(2)施工机械设备选用

公路工程施工需要大量的机械设备和运输车辆,其中大、中型机械设备和运输车辆更是施工的主力。在以往施工时,常因某一关键机械(或设备、车辆)跟不上而严重影响施工,造成很大浪费。这种现象多为准备工作不充分或计划不落实所致。因此,施工单位根据现有装备的数量、质量情况和周密的计划,分期、分批地组织进场。其中需要维修、租赁和购置的,应按计划落实,并要适当留有备份,以保证施工的需要。

(3)施工现场准备

施工单位接到中标通知后,与业主进行合同签订的同时,开始施工现场准备工作,施工现场准备工作主要应做好以下几项工作:

①复查和了解现场

复查和了解现场的地形、地质、文化、气象、水源、电源、料源或料场、交通运输、通信联络以及城镇建设规划、农田水利设施、环境保护等有关情况。

对于扩(改)建工程,应将拟保留的原有通信、供电、供水、供暖、供油、排水沟管等地下设施复查清楚,在施工中要采取保护措施,防止损坏。

②确定工地范围

施工单位应根据施工图纸和施工临时需要确定工地范围,及在此范围内有多少土地,哪些是永久占地、哪些是临时占地,并与地方有关人员到现场一一核实(是荒地或是良田、果园等)、绘出地界、设立标志。

③清除现场障碍

施工现场范围内的障碍如建筑物、坟墓、暗穴、水井、各种管线、道路、灌溉渠道、民房等必须拆除或改建,以利施工的全面展开。

④办妥有关手续

上述占地、移民和障碍物的拆迁等都必须事先与有关部门协商,办妥一切手续后方可进行。

⑤作好现场规划

施工单位按照施工总平面图搭设工棚、仓库、加工厂和预制厂；安装供水管线、架设供电和通信线路；设置料场、车场、搅拌站；修筑临时道路和临时排水设施等。在有洪水威胁的地区，防洪设施应在汛期前完成。

⑥道路安全畅通

道路施工需要许多大型的车辆机械和设备，原有道路及桥涵能否承受此种重载，需要进行调查、验算，不合要求的应作加宽或加固处理，保证道路安全畅通。

4. 公路工程施工组织准备

(1)建立工程项目部组织机构

根据工程规模、结构特点和复杂程度，确定工程项目部的人选和名额；遵循合理分工与密切协作、因事设置与因职选人的原则，建立有施工经验、有开拓精神和工作效率高的工程项目部，施工管理人员迅速到位开展各项准备工作。

(2)集结施工队伍

集结施工力量，组织劳动力进场。按照开工日期和劳动力需要量计划，组织工人进场，安排好职工生活，并进行安全、防火和文明施工等教育。

(3)施工队伍入场教育

学习贯彻安全生产管理条例，严格遵守本企业安全生产相关的各项规章制度，坚持持证上岗。同时健全各项规章制度，加强遵纪守法教育。

(4)管理队伍任务分配

任务分配应依据先内部后外部原则，充分合理利用资源优势，同时兼顾和发展有资信能力的外部资源，以利公司长远发展，并根据专长定向分配施工任务，以提高专项施工机具、手段用料重复利用率，提高工人熟练程度和技术水平，降低工程成本，加快施工速度，增强企业市场竞争力。

三、施工过程质量管理

1. 施工过程质量管理内容

施工过程质量管理内容主要有施工材料、机械设备、施工方法、施工环境、施工人员。

(1)施工材料。材料的控制包括对原材料、成品、半成品、构配件等的控制，要严格检查验收、正确合理地使用材料和构配件等，建立材料管理台账，认真做好收、储、发、运等各环节的技术管理，避免混料、错用和将不合格的原材料、构配件用到工程上去。

(2)机械设备。包括对所有施工机械和工具的控制。根据不同工艺特点和技术要求，选择合适的机械设备，正确使用、管理和保养机械设备；要健全“操作证”制度、岗位责任制度、“技术、保养”制度等，确保机械设备处于最佳使用状态。

(3)施工方法。主要包括对施工方案、施工工艺、施工组织设计、施工技术措施等的控制，应切合工程实际，能解决施工难题，技术可行，经济合理，有利于保证质量、加快进度、降低成本。

(4)施工环境。影响工程质量的环境因素较多,主要有技术环境,如地质、水文、气象等;管理环境,如质量保证体系、质量管理制度等;劳动环境,如劳动组合、作业场所、工作面等。环境因素对工程质量的影响,具有复杂而多变的特点,如气象条件就千变万化,温度、湿度、大风、严寒酷暑都直接影响工程质量;又如,前一工序往往就是后一工序的环境。因此,应对影响工程质量的环境因素采取有效的措施予以严格控制,尤其是施工现场,应建立文明施工和安全生产的良好环境,始终保持材料堆放有序、道路畅通、工作场所清洁整齐、施工秩序井井有条,为确保工程质量和安全施工创造条件。

(5)施工人员。充分调动人员的积极性,发挥其主导作用。为此,除了加强政治思想教育、劳动纪律教育、专业技术和安全技术培训,健全岗位责任制、改善劳动条件外,还应根据工程特点,从确保工程质量出发,在人的技术水平、生理缺陷、心理行动、错误行为等方面来控制对人的使用。例如:对技术复杂、难度大、精度要求高的工序,应由技术熟练、经验丰富的工人来完成;对某些要求万无一失的工序,一定要分析操作者的心理活动,稳定人的情绪;对具有危险源的作业现场,应严控人的错误行为,严禁吸烟、嬉戏、打赌等。此外,还应严禁无技术资质的人员上岗操作;对不懂装懂、碰运气、有违章行为的,应及时制止。总之,只有提高人的素质,才能确保建筑产品的质量。

2. 施工作业过程的质量管理顺序

施工作业过程质量管理顺序见如图10-7所示。

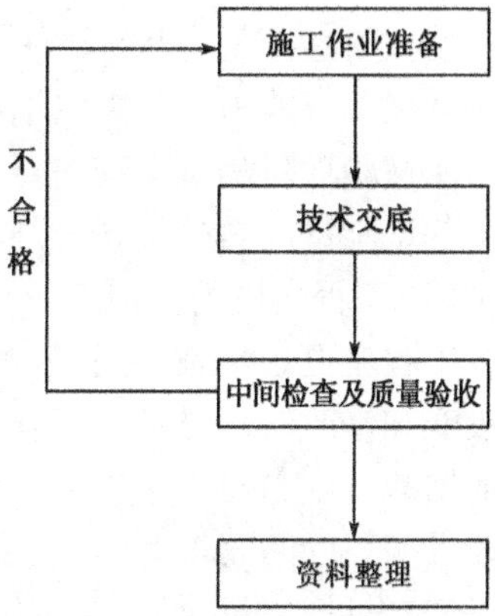

图10-7 施工作业过程质量管理顺序流程图

3. 施工作业过程质量的实时监控

(1)承包单位的自检系统与监理工程师的检查

承包单位是施工质量的直接实施者和责任者。监理工程师的质量监督与控制就是使承包单位建立起完善的质量自检体系并运转有效。

承包单位的自检体系表现在以下几点:

①作业活动的作业者在作业结束后必须自检。

②不同工序交接、转换必须由相关人员交接检查。

③承包单位专职质检员的专检。

为实现上述三点,承包单位必须有整套的制度及工作程序;具有相应的试验设备及检测仪器,配备数量满足需要的专职质检人员及试验检测人员。

监理工程师的质量检查与验收,是对承包单位作业活动质量的复核与确认;监理工程师的检查不能代替承包单位的自检,而且,监理工程师的检查必须是在承包单位自检并确认合格的基础上进行的。专职质检员没检查或检查不合格不能报监理工程师,不符合上述规定,监理工程师一律拒绝进行检查。

(2)施工作业技术复核工作与监控

凡涉及施工作业技术活动基准和依据的技术工作,都应该严格进行专人负责的复核性检查,以避免基准失误给整个工程质量带来难以补救的或全局性的危害。技术复核是承包单位应履行的技术工作责任,其复核结果应报送监理工程师复验确认后,才能进行后续相关的施工。监理工程师应把技术复验工作列入监理规划及质量控制计划中,并看作是一项经常性工作任务，贯穿于整个的施工过程中。

(3)见证取样、送检工作及其监控

见证取样是指对工程项目使用的材料、半成品、构配件的现场取样、工序活动效果的检查实施见证。

见证取样的工作程序如下：

①施工开始前，项目监理机构要督促承包单位尽快落实见证取样的送检。

②项目监理机构要将选定的试验室到负责本项目的质量监督机构备案并得到认可。要将项目监理机构中负责见证取样的监理工程师在该质量监督机构备案。

③承包单位实施见证取样前，通知见证取样的监理工程师，在该监理工程师现场监督下，承包单位完成取样过程。

④完成取样后，承包单位将送检样品装入木箱，由监理工程师加封，不能装入箱中的试件，如钢筋样品、钢筋接头，则贴上专用加封标志，然后送往试验室。

(4)见证点的实施控制

施工开始前，项目监理机构要督促承包单位尽快落实见证取样的送检试验室。其要求如下：

①见证试验室一般是和承包单位没有行政隶属关系的第三方。

②试验室要具有相应的资质。

③经国家或地方计量、试验主管部门认证。

④试验项目满足工程需要。

⑤试验室出具的报告对外具有法定效果。

(5)工程变更的监控

工程变更是指施工期间，对于设计单位在设计图纸和设计文件中所表达的设计标准状态的改变和修改。总监理工程师在签发《工程变更单》之前，应就工程变更引起的工期改变及费用的增减分别与建设单位和承包单位进行协商，力求达成双方均能同意的结果。承包单位应就要求变更的问题填写《工程变更单》，送交项目监理机构。总监理工程师根据承包单位的申请，经与设计、建设、承包单位研究并做出变更的决定后，签发《工程变更单》，并应附有设计单位提出的变更设计图纸。承包单位签收后按变更后的图纸施工。承包单位提出技术修改的要求时，应向项目监理机构提交《工程变更单》，在该表中应说明要求修改的内容及原因或理由，并附图和有关文件。

(6)质量记录资料的控制

检查施工现场质量管理检查记录资料、工程材料质量记录和施工过程作业活动质量记录资料，要求施工质量记录资料真实、齐全、完整，相关各方人员签字齐备、字迹清楚、结论明确，与施工过程进展同步。在对作业活动效果的验收中，如缺少资料或资料不全，监理工程师坚决拒绝验收。

4. 施工作业过程质量检验方法

(1)目测法。用看、摸、敲、照四种方法进行外观目测、手感检查、听音检查和用镜子反射或灯光照射检查。看就是根据质量标准进行外观目测；摸就是手感检查，主要用于装饰工程的默写检查项目；敲就是运用工具进行声感检查；照就是对于难以看到或光线较暗的部位，则可采用镜子反射或灯光照射的方法进行检查。

(2)实测法。通过实测数据与施工规范及质量标准所规定的允许偏差对照来判断质量是否合格。实测检查法也可用“靠”“吊”“量”“套”四个字来概括:“靠”就是用直尺、塞尺检查墙地面、屋面等的平整度;“吊”就是用托线板、线坠吊线检查垂直度;“量”就是用测量工具和计量仪表等检查断面尺寸、轴线、高程、温湿度等的偏差;“套”就是用方尺套方,检查阴阳角的方正、踢脚线的垂直度、预制构件的方正等项目。

(3)试验法。是指必须通过试验手段才能对产品质量做出判断的检查方法。例如,对桩基或地基的静载试验,以确定其承载力;对钢筋对焊接头进行拉力试验,检验焊接质量;对钢结构进行稳定性试验,以确定是否产生失稳现象等。

四、公路工程质量管理重点

1. 公路工程宏观质量管理

(1)建立健全质量保证体系,加强合同管理

一旦进入工程质量管理过程,首先审查承施工现场质量管理是否有相应的施工技术标准、质量管理体系、施工质量检验制度和综合施工质量水平评定考核制度,并督促施工队落实到位。仔细审查施工组织设计和施工方案、工程材料、设备质量,杜绝质量事故的隐患。针对工程特点和合同中签订的质量等级、业主的要求、施工单位的资质等情况,确定监控目标和标准,确保监控的内容和各自的职责、权利,制订出监控的工作制度、工作程序,做到施工质量管理工作程序化、正常化、正规化。

(2)加强对工程质量的政府监督和社会监督

工程质量的政府监督是一种强制性的监督管理工作,是一种政府的行政执法行为。强化政府对建设工程质量监督,是在工程建设领域中对建筑市场的宏观管理的重要手段。政府对工程质量实行监督,可有效地把工程质量纳入法制管理轨道,加强了企业质量管理,促进了工程质量的稳定提高。工程质量的社会监督是一种社会服务性质的监督监测行为,监理单位和建设单位之间是一种委托合作关系,两者之间的权利义务由签订的合同来确定。它是一种细化的监督管理工作,属于社会行为,质量监督工作对建设单位负责。其主要目的是控制工程的造价、质量安全和工期进度。

(3)建立工程质量优劣的奖罚制度

为使工程施工质量能顺利达到预期制定的质量目标,可对为施工质量的提高做出贡献的班组及个人进行奖励;对于执法不严、质量管理不到位以及不按图纸、方案施工造成质量问题或质量事故的分包单位及个人进行相应处罚。以鞭策和鼓励员工积极向上,充分发挥员工的积极性与创造性,提高工作效率,强化纪律意识,维护正常工作秩序。

(4)实行工程保修期和索赔制度

建设工程承包单位在向建设单位提交工程竣工验收报告时,应向建设单位出具工程质量保修书,质量保修书中应明确建设工程保修范围、保修期限和保修责任等。同时推行工程担保制度,加强施工合同索赔管理工作,充分考虑各种不利因素,为合同履行时制造索赔机会,以保护好自己的合法权益。

2. 公路工程现场质量管理

(1)路基检测

路基实测项目分别如表 10-6 ~ 表 10-9 所示。

土方路基实测项目　　表 10-6

检查项目			规定值或允许偏差			检查方法和频率
			高级、一级公路	其他公路		
				二级公路	三级、四级公路	
压实度(%)	零填及挖方(m)	0～0.30	—	—	94	密度法:每200m每压实层测4处
		0～0.80	≥96	≥95	—	
	填方(m)	0～0.80	≥96	≥95	≥94	
		0.80～1.50	≥94	≥94	≥93	
		>1.50	≥93	≥92	≥90	
弯沉(0.01mm)			不大于设计要求值			贝克曼梁或自动弯沉仪
纵断高程(mm)			+10，-15	+10，-20		水准仪:每200m测4断面
中线偏位(mm)			50	100		经纬仪:每200m测4点,弯道加HY、YH两点
宽度(mm)			不小于设计			米尺:每200m测4处
平整度(mm)			15	20		3m直尺:每200m测2处
横坡(%)			±0.3	±0.5		水准仪:每200m测4个断面
边坡			不陡于设计值			尺量:每200m测4处

石方路基实测项目　　表 10-7

检查项目		规定值或允许偏差		检查方法和频率
		高级、一级公路	其他公路	
压实		层厚和碾压遍数符合要求		查施工记录
纵断高程(mm)		+10，-20	+10，-30	水准仪:每200m测4断面
中线偏位(mm)		50	100	经纬仪:每200m测4点,弯道加HY、YH两点
宽度(mm)		不小于设计		米尺:每200m测4处
平整度(mm)		20	30	3m直尺:每200m测2处
横坡(%)		±0.3	±0.5	水准仪:每200m测4断面
边坡	坡度	不陡于设计值		每200m抽查4处
	平顺度	符合设计要求		

砂垫层实测项目　　表 10-8

检查项目	规定值或允许偏差	检查方法和频率
砂垫层厚度	不小于设计	每200m检查4处
砂垫层宽度	不小于设计	每200m检查4处
反滤层设置	符合设计要求	每200m检查4处
压实度(%)	90	每200m检查4处

碎石桩(砂桩)实测项目 表 10-9

检查项目	规定值或允许偏差	检查方法和频率
桩距(mm)	±150	抽查2%
桩径(mm)	不小于设计	抽查2%
桩长(m)	不小于设计	查施工记录
竖直度(%)	1.5	查施工记录
灌石(砂)量	不小于设计	查施工记录

(2)路面检测

路面实测项目分别如表10-10~表10-13所示。

水泥混凝土面层实测项目 表 10-10

检查项目		规定值或允许偏差		检查方法和频率
		高级、一级公路	其他公路	
弯拉强度(MPa)		在合格标准之内		—
板厚度(mm)	代表值	-5		每200m每车道2处
	合格值	-10		
平整度	σ(mm)	1.2	2.0	平整度仪:全线每车道连续检测,每100m计算σ、IRI
	IRI(m/km)	2.0	3.2	
	最大间隙h(mm)	—	5	3m直尺:半幅车道板带每200m测2处×10尺
抗滑构造深度(mm)		一般路段不小于0.7且不大于1.1;特殊路段不小于0.8且不大于1.2	一般路段不小于0.5且不大于1.0;特殊路段不小于0.6且不大于1.1	铺砂法:每200m测1处
相邻板高差(mm)		2	3	抽量:每条胀缝2点;每200m抽纵、横缝各2条,每条2点
纵、横缝顺直度(mm)		10		纵缝20m拉线,每200m测4处;横缝沿板宽拉线,每200m测4条
中线平面偏位(mm)		20		经纬仪:每200m测4点
路面宽度(mm)		±20		抽量:每200m测4处
纵断高程(mm)		±10	±15	水准仪:每200m测4断面
横坡(%)		±0.15	±0.25	水准仪:每200m测4断面

沥青混凝土面层和沥青碎(砾)石面层实测项目 表 10-11

检查项目	规定值或允许偏差		检查方法和频率
	高级、一级公路	其他公路	
压实度(%)	试验室标准密度的96%;最大理论密度的92%;试验段密度的98%		每200m测1处

续上表

检查项目		规定值或允许偏差		检查方法和频率
		高级、一级公路	其他公路	
平整度	σ(mm)	1.2	2.5	平整度仪:全线每车道连续按每100m计算*IRI*或σ
	IRI(m/km)	2.0	4.2	
	最大间隙h(mm)	—	5	3m直尺:每200m测2处×10尺
弯沉值(0.01mm)		符合设计要求		贝克曼梁或自动弯沉仪
渗水系数		SMA路面200mL/min; 其他沥青混凝土路面 300mL/min	—	渗水试验仪:每200m测1处
抗滑	摩擦系数	符合设计要求	—	摆式仪:每200m测1处; 摩擦系数测定车:全线连续
	构造深度			铺砂法:每200m测1处
厚度(mm)	代表值	总厚度:设计值的-8%; 上面层:设计值的-10%	-8%H	双车道每200m测1处
	合格值	总厚度:设计值的-10%; 上面层:设计值的-20%	-15%H	
中线平面偏位(mm)		20	30	经纬仪:每200m测4点
纵断高程(mm)		±10	±15	水准仪:每200m测4断面
宽度(mm)	有侧石	±20	±30	尺量:每200m测4断面
	无侧石	不小于设计		
横坡(%)		±0.3	±0.5	水准仪:每200m测4处

沥青贯入式面层(或上拌下贯式面层)实测项目 表10-12

检查项目		规定值或允许偏差	检查方法和频率
平整度	σ(mm)	3.5	平整度仪:全线每车道连续按每100m计算*IRI*或σ
	IRI(m/km)	5.8	
	最大间隙h(mm)	8	3m直尺:每200m测2处×10尺
弯沉值(0.01mm)		符合设计要求	贝克曼梁或自动弯沉仪
厚度(mm)	代表值	-8%H或-5mm	每200m每车道1点
	合格值	-15%H或-10mm	
沥青总用量(kg/m^2)		±0.5%	每工作日每层洒布查1次
中线平面偏位(mm)		30	经纬仪:每200m测4点
纵断高程(mm)		±15	水准仪:每200m测4断面
宽度(mm)	有侧石	±30	尺量:每200m测4处
	无侧石	不小于设计	
横坡(%)		±0.5	水准仪:每200m测4断面

沥青表面处治面层实测项目 表 10-13

检查项目		规定值或允许偏差	检查方法和频率
平整度	σ(mm)	4.5	平整度仪:全线每车道连续按每100m计算 *IRI* 或 σ
	IRI(m/km)	7.8	
	最大间隙 h(mm)	10	3m 直尺:每 200m 测 2 处 × 10 尺
弯沉值(0.01mm)		符合设计要求	贝克曼梁或自动弯沉仪
厚度(mm)	代表值	-5	每 200m 每车道 1 点
	合格值	-10	
沥青总用量(kg/m²)		±10%	每工作日每层洒布查 1 次
中线平面偏位(mm)		30	经纬仪:每 200m 测 4 点
纵断高程(mm)		±15	水准仪:每 200m 测 4 断面
宽度(mm)	有侧石	±30	尺量:每 200m 测 4 处
	无侧石	不小于设计	
横坡(%)		±0.5	水准仪:每 200m 测 4 断面

五、施工质量管理案例

1. 案例一:某地区路基边坡施工标准工法

(1)施工工艺

①路基填筑高度为 2 ~ 3m 时开始进行边坡刷坡。测量放线完成后,首先用挖掘机对边坡进行初次整修,以高出设计坡面 10 ~ 15cm 作为初次整修的控制线并人工用白灰打出控制标线以利于机械刷坡,刷出的土方用自卸汽车外运,机械修坡时,注意避免超挖(图 9-8)。机械刷坡时要高出设计坡面 3 ~ 5cm,以利于人工修整和机械夯实。

②人工精修及机械夯实,人工精修过程中对局部亏坡或松散处分层修补夯实(图 9-9);坡面整体夯实时,相邻夯实面需重叠 1/4 宽度,夯实应缓慢匀速。

图 10-8 机械刷坡

图 10-9 人工精修路基边坡

(2)操作要点

①边坡是路基的一部分,路基填筑时其填筑厚度、压实度等应符合设计要求,填筑宽度较设计宽度每侧宽出不小于50cm,填筑至路床顶后及时进行边坡整修已达到满足设计要求的坡率。边坡夯实前严格按设计坡度进行刷坡,严禁贴坡。

②机械刷坡后路基边坡有松散浮层时宜采用小型夯实机具进行夯实,边坡夯实时相邻夯实面要重叠1/4。

③与设有防护面的边坡衔接处,夯实时应注意控制,减少对已有防护面的破坏;边坡夯实完毕后急流槽反开槽进行施工,与急流槽衔接处的边坡(即急流槽施工时的支模宽度及工作空间处)等急流槽养护完成后人工填土用橡皮锤分层夯实至原设计坡面以防止边坡损坏。

④雨季施工时,为了防止雨水冲坏边坡,应在路基外侧每隔100m用M10砂浆(水泥:砂=1:5)或砖砌一道临时急流槽将路基地表水引至路外。

2. 案例二:某道路工程沥青面层施工标准工法

(1)混合料拌和

①拌和温度

应按照《公路沥青路面施工技术规范》(JTG F40—2004)及目标配合比要求进行温度控制,偏差应控制在设定温度的±3℃内。

②拌和时间

普通沥青混合料的拌和时间不宜少于45s(其中干拌时间不少于5~10s),对于改性沥青混合料的拌和时间不宜少于60s(其中干拌时间不少于10s);沥青混合料拌和应调整沥青、矿粉添加的延迟时间,确保沥青先与集料接触,添加沥青中途才开始添加矿粉,使所有集料颗粒全部裹覆沥青结合料,并确保沥青混合料的拌和均匀。

③拌和计量控制

根据生产配合比确定各热仓料比例,输入电脑控制系统,拌和过程中,严格控制各种材料称量准确。

④混合料出厂检测

沥青混合料出厂时应逐车检测沥青混合料的重量和温度,记录出厂时间,签发出料单。

⑤拌和过程操作要点

a. 严格按照试验室提供的配比通知单准确配料。

b. 温度较低时,适当提高集料加热温度以保证出料温度。

c. 矿粉仓应配备振动装置,以防止矿粉起拱。

d. 含水量过大(>5%)的细集料禁止使用。

(2)混合料运输

①运输车辆

应使用20t以上自卸汽车,运料车车厢两侧及底板应有保温设施。运输车辆的车厢应严密干净,底部平整,涂刷隔离剂并防止隔离剂积聚。每次卸料后,安排专人检查,车厢内必须保证卸料干净,防止剩余的料硬结。

②装车顺序

装车时,运输车前后移动,按前、后、中顺序多次装满,每装一次移动一个位置,以减少离析。

③运输车辆的保温

运输车车厢顶部采取苫布+棉被双层保温措施:先在混合料顶部盖一层苫布,再盖1层厚棉被。到达施工现场后,在等候卸料及卸料时只掀开棉被,苫布一直覆盖,以减少混合料温度损失。

④运输车卸料

运料车在卸料时,将车倒至距离摊铺机前20~30cm处停车,严禁撞击摊铺机,挂空挡轻带刹车靠摊铺机推动前进,等待指挥人员指挥卸料,卸完料后迅速驶离。

(3)混合料摊铺

①摊铺前准备工作

检查验收下承层各项技术指标是否合格,清扫表面杂物、冲洗灰尘,吹干、吹净。摊铺前1d,喷洒透层、下封层或黏层油并封闭交通,以免破坏或污染。

②测量放样

a.摊铺下面层时,采用接触式传感器走钢丝的控制方式。施工前恢复中线,直线段每10m设一桩,平曲线段每5m设一桩。根据测量放样的位置,每10m或5m打一根钢钎,钢钎固定后,测量固定横板外侧端部高程,以作为控制高程(设计高程+虚铺厚度+施工高度),用紧线器拉紧钢丝绳,然后,挂在已固定好的横板端部外侧,钢丝绳挂好后,在施工前应进行标高复测,以避免人为造成的各种高程偏差。

b.摊铺中面层、上面层时,采用非接触式平衡梁控制方式,施工放样只需控制平面轮廓或放出导向线即可。在摊铺面上控制好摊铺厚度和横坡度。

③摊铺机使用参数的选择及调整

摊铺前,对摊铺机熨平板的宽度、拱度、仰角进行调整,保证熨平板的几何工作性能;对熨平板前缘与分料螺旋的距离以及分料螺旋的高度进行调整。分料螺旋吊架两侧安装反向叶片,分料螺旋长度应不小于摊铺宽度的90%;在摊铺机分料螺旋前方加装弹性橡胶板作为前挡板,将离地间隙调为最小;对振捣梁振幅和频率进行调整,保证初始压实度不低于85%。

④沥青混合料摊铺

摊铺速度控制必须考虑与碾压速度相匹配,应满足"摊铺用时大于碾压用时"的原则,才能保证碾压作业紧跟摊铺作业(图10-10)。在4级大风以上天气不宜进行沥青施工。

a)

b)

图10-10　摊铺作业

同时要求运输车辆对摊铺机持续不断供料,做到缓慢、均匀、不间断摊铺;摊铺的混合料未压实前,施工人员不得进入踩踏。如局部离析,需在现场主管人员指导下,允许用人工找补或更换混合料,缺陷较严重时应予铲除,并调整摊铺机或改进摊铺工艺;当采用两台摊铺机实施摊铺施工时，靠中央分隔带的摊铺机应在前，两台摊铺机摊铺层的纵向接缝应采用热接缝，避免出现缝痕；摊铺机应调整到最佳工作状态，调好螺旋布料器两侧的自动调位器，并使料门开度、链板送料器的速度和螺旋布料器的转速相匹配。螺旋布料器内混合料高度应不小于分料螺旋高度的2/3，熨平板的挡板前混合料的高度应在全宽范围内保持一致，避免摊铺层出现离析现象；松铺厚度应及时检测和调整。摊铺前0.5～1h就应对熨平板预热和加温，使其温度不低于100℃。

⑤操作要点

a.摊铺机就位时应使熨平板前缘和路面横向接缝对齐，为保证摊铺时初始摊铺温度，开机时应先摊铺最后到达的运输车辆。

b.摊铺机因故障或等料时应将预热器打开，停机超过半小时或料温低于100℃应立即抬机做横向接缝。

c.摊铺加宽位置时，应采用3台摊铺机同时摊铺。

d.提前关注天气预报，在4级以上大风天气、气温低于10℃以及阴雨天不得进行沥青混合料摊铺作业。

(4)混合料碾压

①在碾压过程中要严格贯彻"紧跟、慢压、高频、低幅"的原则，由低到高、由外向内进行碾压，严格控制碾压速度和碾压遍数，严防过压，造成粗集料棱角的破坏。

②严格按照试验段确定的碾压工艺进行碾压施工。

③碾压时应将驱动轮朝向摊铺机，严禁突然改变碾压路线及方向，起动、停止必须减速缓行，不准刹车制动。压路机折回不应处在同一横断面上，应成阶梯状。

④碾压前，应在碾压段落前段铺设彩条布，钢轮压路机在彩条布上不开振动前后走几遍，以清除钢轮上的泥土、铁锈等，防止污染面层，如图10-11所示。

⑤碾压过程中为防止黏轮，对双钢轮压路机，喷洒或涂刷含有隔离剂的水溶液，喷洒应呈雾状，用量以不黏轮为度；对胶轮压路机，涂刷少量隔离剂或防黏结剂，并先到高温区碾压使胶轮尽快升温；胶轮压路机胶轮外围宜加设围裙保温。

⑥沥青混合料碾压按初压、复压、终压三个阶段进行，各阶段应设置明显标志，便于司机辨认，如图10-12所示。对松铺厚度、碾压顺序、压路机组合、碾压遍数、碾压速度及碾压温度应设专岗管理和检查，使面层做到既不漏压也不超压。

图10-11　碾压前铺设彩条

图10-12　碾压各阶段设置标志

第四节 公路质量验收管理

一、基本术语

(1)验收:在施工单位自行质量检查评定的基础上,参与建设的有关单位共同对检验批、分项工程、分部工程、单位工程的质量进行抽样复验,根据相关标准以书面形式对工程质量达到合格与否做出确认。

(2)主控项目:公路工程中对质量、安全、经济、环境保护和公共利益起决定性作用的检验项目。

(3)返工:对不合格的路段、工序采取重新操作、重新施工等措施。

二、质量验收评定

1. 公路质量验收评定标准

公路质量验收评定标准主要有以下两个文件:

(1)《公路工程竣(交)工验收办法实施细则》(交公路发〔2010〕65 号)。

(2)《公路工程竣(交)工验收办法》(交通部 2004 年第 3 号令)。

2. 公路建设项目质量评定

(1)评定单元划分

根据建设任务、施工管理和质量检验评定的需要,在施工准备阶段将公路建设项目划分为单位工程、分部工程和分项工程。施工单位、工程监理单位和建设单位应按相同的工程项目划分进行工程质量的监控和管理。

单位工程是在建设项目中,根据签订的合同,具有独立施工条件的工程。

分部工程是在单位工程中,应按结构部位、路段长度及施工特点或施工任务划分为若干个分部工程。

分项工程是在分部工程中,应按不同的施工方法、材料、工序及路段长度等划分为若干个分项工程。

公路工程单位工程、分部工程、分项工程的划分具体如表 10-14 所示。

单位、分部及分项工程的划分 表 10-14

单位工程	分部工程	分项工程
路基工程(每 10km 或每标段为单元)	路基土石方工程(1~3km 路段)	土方路基,石方路基,软土地基,土工合成材料处治层等
	排水工程(1~3km 路段)	管道基础及管节安装,检查(雨水)井砌筑,土沟,浆砌排水沟,盲沟,跌水,急流槽,水簸箕,排水泵站等
	小桥(每座为单元)	基础及下部构造,上部构造预、安装或浇筑,桥面,栏杆,行道等
	涵洞(1~3km 路段)	管涵,盖板涵,箱涵,拱涵、倒虹吸管,通道,顶入法施工的桥涵等

续上表

单位工程	分部工程	分项工程
路基工程（每 10km 或每标段为单元）	砌筑工程（1～3km 路段）	挡土墙，锚喷支护，护坡，丁坝等
	大型挡土墙（每处为单元）	基础，墙身，面板预制，面板安装，加筋土挡土墙总体等
路面工程（每 10km 或每标段为单元）	路面工程（1～3km 路段）	底基层，基层，面层，垫层，联结层，路缘石，人行道，路肩等
交通安全设施等（每 20km 或每标段为单元）	标志标线（1～3km 路段）	标志，标线，视线诱导标等
	防护栏、栅（1～3km 路段）	护栏和柱预制，波形梁护栏，混凝土护栏，缆索护栏，防眩设施，隔离栅等
	紧急电话（1～3km 路段）	紧急电话
	照明设施（1～3km 路段）	照明设施

工程质量检验评分以分项工程为单元，采用 100 分制进行。在分项工程评分的基础上，逐级计算各相应分部工程、单位工程、合同段和建设项目评分值。

工程质量评定等级分为合格与不合格，按分项、分部、单位工程、合同段和建设项目逐级评定。

施工单位应对各分项工程按本标准所列基本要求、实测项目和外观鉴定进行自检，按“分项工程质量检验评定表”及相关施工技术规范提交真实、完整的自检资料，对工程质量进行自我评定。工程监理单位应按规定要求对工程质量进行独立抽检，对施工单位检评资料进行签认，对工程质量进行评定。建设单位根据对工程质量的检查及平时掌握的情况，对工程监理单位所做的工程质量评分及等级进行审定。质量监督部门、质量检测机构可依据本标准对公路工程质量进行检测评定。

（2）工程质量评分

①分项工程质量评分

分项工程质量检验内容包括基本要求、实测项目、外观鉴定和质量保证资料四个部分。只有在其使用的原材料、半成品、成品及施工工艺符合基本要求的规定，且无严重外观缺陷和质量保证资料真实并基本齐全时，才能对分项工程质量进行检验评定。

涉及结构安全和使用功能的重要实测项目为关键项目，其合格率不得低于 90%（属于工厂加工制造的桥梁金属构件不低于 95%，机电工程为 100%），且检测值不得超过规定极值，否则必须进行返工处理。

实测项目的规定极值是指任一单个检测值都不能突破的极限值，不符合要求时该实测项目为不合格。

采用统计方法进行评定的关键项目，不符合要求时则该分项工程评为不合格。

分项工程的评分值满分为 100 分，按实测项目采用加权平均法计算。存在外观缺陷或资料不全时，须予减分。

$$\text{分项工程得分} = \frac{\sum[\text{检查项目得分} \times \text{权值}]}{\sum \text{检查项目权值}}$$

$$\text{分项工程评分值} = \text{分项工程得分} - \text{外观缺陷减分} - \text{资料不全减分}$$

a. 基本要求检查

分项工程所列基本要求，对施工质量优劣具有关键作用，应按基本要求对工程进行认真检查。经检查不符合基本要求规定时，不得进行工程质量的检验和评定。

b. 实测项目计分

对规定检查项目采用现场抽样方法，按照规定频率和下列计分方法对分项工程的施工质量直接进行检测计分。

检查项目除按数理统计方法评定的项目以外，均应按单点（组）测定值是否符合标准要求进行评定，并按合格率计分。

$$\text{检查项目合格率} = \frac{\text{检查合格的点（组）数}}{\text{该检查项目的全部检查点（组）数}} \times 100\%$$

$$\text{检查项目得分} = \text{检查项目合格率} \times 100$$

c. 外观缺陷减分

对工程外表状况应逐项进行全面检查，如发现外观缺陷，应进行减分。对于较严重的外观缺陷，施工单位须采取措施进行整修处理。

d. 资料不全减分

分项工程的施工资料和图表残缺，缺乏最基本的数据，或有伪造涂改者，不予检验和评定。资料不全者应予减分，减分幅度可按公路工程质量检验评定标准所列各款逐款检查，视资料不全情况，每款减 1 ~ 3 分。

②分部工程和单位工程质量评分

分项工程和分部工程区分为一般工程和主要（主体）工程，分别给予 1 和 2 的权值。进行分部工程和单位工程评分时，采用加权平均值计算法确定相应的评分值。

$$\text{分部（单位）工程评分值} = \frac{\sum[\text{分项（分部）工程评分值} \times \text{相应权值}]}{\sum \text{分项（分部）工程权值}}$$

③合同段和建设项目工程质量评分

合同段和建设项目工程质量评分值按《公路工程竣（交）工验收办法》计算。

④质量保证资料

施工单位应有完整的施工原始记录、试验数据、分项工程自查数据等质量保证资料，并进行整理分析，负责提交齐全、真实和系统的施工资料和图表。工程监理单位负责提交齐全、真实和系统的监理资料。质量保证资料应包括以下 6 个方面：

a. 所用原材料、半成品和成品质量检验结果。

b. 材料配比、拌和加工控制检验和试验数据。

c. 地基处理、隐蔽工程施工记录和大桥、隧道施工监控资料。

d. 各项质量控制指标的试验记录和质量检验汇总图表。

e. 施工过程中遇到的非正常情况记录及其对工程质量影响分析。

f. 施工过程中如发生质量事故，经处理补救后，达到设计要求的认可证明文件等。

（3）工程质量等级评定

①分项工程质量等级评定

分项工程评分值不小于 75 分者为合格，小于 75 分者为不合格；机电工程、属于工厂加工制造的桥梁金属构件不小于 90 分者为合格，小于 90 分者为不合格。

评定为不合格的分项工程，经加固、补强或返工、调测，满足设计要求后，可以重新评定其质量等级，但计算分部工程评分值时按其复评分值的90%计算。

②分部工程质量等级评定

所属各分项工程全部合格，则该分部工程评为合格；所属任一分项工程不合格，则该分部工程为不合格。

③单位工程质量等级评定

所属各分部工程全部合格，则该单位工程评为合格；所属任一分部工程不合格，则该单位工程为不合格。

④合同段和建设项目质量等级评定

合同段和建设项目所含单位工程全部合格，其工程质量等级为合格；所属任一单位工程不合格，则合同段和建设项目为不合格。

三、质量验收的组织程序

公路工程质量验收分为交工验收和竣工验收两个阶段。交工验收是检查施工合同的执行情况，评价工程质量是否符合技术标准及设计要求，是否可以移交下一阶段施工或是否满足通车要求，对各参建单位工作进行初步评价。竣工验收是综合评价工程建设成果，对工程质量、参建单位和建设项目进行综合评价。

公路工程竣（交）工验收的依据是：

(1)批准的工程可行性研究报告。

(2)批准的工程初步设计、施工图设计及变更设计文件。

(3)批准的招标文件及合同文本。

(4)行政主管部门的有关批复、批示文件。

(5)交通运输部颁布的公路工程技术标准、规范、规程及国家有关部门的相关规定。

公路工程竣（交）工验收工作应当做到公正、真实和科学。

交工验收由项目法人负责。竣工验收由交通主管部门按项目管理权限负责。交通运输部负责国家、部重点公路工程项目中100km以上的高速公路、独立特大型桥梁和特长隧道工程的竣工验收工作；其他公路工程建设项目，由省级人民政府交通主管部门确定的相应交通主管部门负责竣工验收工作。

四、公路工程交工验收

1. 公路工程（合同段）进行交工验收应具备的条件

(1)合同约定的各项内容已完成。

(2)施工单位按《公路工程质量检验评定标准　第一册　土建工程》(JTG F80/1—2004)及相关规定的要求对工程质量自检合格。

(3)监理工程师对工程质量的评定合格。

(4)质量监督机构按交通部规定的公路工程质量鉴定办法对工程质量进行检测（必要时可委托有相应资质的检测机构承担检测任务），并出具检测意见。

(5)竣工文件已按交通运输部规定的内容编制完成。

(6)施工单位、监理单位已完成本合同段的工作总结。

公路工程各合同段符合交工验收条件后，经监理工程师同意，由施工单位向项目法人提出申请，项目法人应及时组织对该合同段进行交工验收。

根据交通运输部《公路工程竣(交)工验收办法》的有关规定，工程交工验收工作由建设中心主办，交委规划发展处、建设管理处配合。工程管理部根据验收的内容，组织相关人员成立验收小组，验收小组组长由工程管理部负责人担任。

2. 交工验收的主要工作内容

(1)检查合同执行情况。

(2)检查施工自检报告、施工总结报告及施工资料。

(3)检查监理单位独立抽检资料、监理工作报告及质量评定资料。

(4)检查工程实体，审查有关资料，包括主要产品质量的抽(检)测报告。

(5)核查工程完工数量是否与批准的设计文件相符，是否与工程计量数量一致。

(6)对合同是否全面执行、工程质量是否合格做出结论，按交通主管部门规定的格式签署合同段交工验收证书。

(7)按交通运输部规定的办法对设计单位、监理单位、施工单位的工作进行初步评价。

项目法人负责组织公路工程各合同段的设计、监理、施工等单位参加交工验收。拟交付使用的工程，应邀请运营、养护管理单位参加。

3. 参加验收单位的主要职责

(1)项目法人负责组织各合同段参建单位完成交工验收工作的各项内容，总结合同执行过程中的经验，对工程质量是否合格做出结论。

(2)设计单位负责检查已完成的工程是否与设计相符，是否满足设计要求。

(3)监理单位负责完成监理资料的汇总、整理，协助项目法人检查施工单位的合同执行情况，核对工程数量，科学公正地对工程质量进行评定。

(4)施工单位负责提交竣工资料，完成交工验收准备工作。

(5)项目法人组织监理单位按《公路工程质量检验评定标准　第一册　土建工程》(JTG F80/1—2004)的要求对各合同段的工程质量进行评定。

(6)监理单位根据独立抽检资料对工程质量进行评定，当监理按规定完成的独立抽检资料不能满足评定要求时，可以采用经监理确认的施工自检资料。

(7)项目法人根据对工程质量的检查及平时掌握的情况，对监理单位所做的工程质量评定进行审定。

各合同段工程质量评分采用所含各单位工程质量评分的加权平均值。即：工程各合同段交工验收结束后，由项目法人对整个工程项目进行工程质量评定，工程质量评分采用各合同段工程质量评分的加权平均值。即：

$$合同段工程质量评分值=\frac{\sum(单位工程质量评分值\times 该单位工程投资额)}{合同段总投资额}$$

工程各合同段交工验收结束后，由工程管理部对整个工程项目进行工程质量评定，工程质量评分采用各合同段工程质量评分的加权平均值。即：

$$工程项目质量评分值=\frac{\sum(合同段工程质量评分值\times 该合同段投资额)}{\sum 施工合同段投资额}$$

工程质量等级评定分为合格和不合格，工程质量评分值大于等于 75 分的为合格，小于 75

分的为不合格。

公路工程各合同段验收合格后,项目法人应按交通运输部规定的要求及时完成项目交工验收报告,并向交通主管部门备案。国家、部重点公路工程项目中100km以上的高速公路、独立特大型桥梁和特长隧道工程向省级人民政府交通主管部门备案,其他公路工程按省级人民政府交通主管部门的规定向相应的交通主管部门备案。公路工程各合同段验收合格后,质量监督机构应向交通主管部门提交项目的检测报告。交通主管部门在15d内未对备案的项目交工验收报告提出异议,项目法人可开放交通进入试运营期。试运营期不得超过3年。交工验收提出的工程质量缺陷等遗留问题,由施工单位限期完成。

五、公路工程竣工验收

1. 公路工程进行竣工验收应具备的条件

(1)通车试运营2年后。

(2)交工验收提出的工程质量缺陷等遗留问题已处理完毕,并经项目法人验收合格。

(3)工程决算已按交通部规定的办法编制完成,竣工决算已经审计,并经交通主管部门或其授权单位认定。

(4)竣工文件已按交通运输部规定的内容完成。

(5)对需进行档案、环保等单项验收的项目,已经有关部门验收合格。

(6)各参建单位已按交通运输部规定的内容完成各自的工作报告。

(7)质量监督机构已按交通部规定的公路工程质量鉴定办法对工程质量检测鉴定合格,并形成工程质量鉴定报告。

公路工程符合竣工验收条件后,项目法人应按照项目管理权限及时向交通主管部门申请验收。交通主管部门应当自收到申请之日起30日内,对申请人递交的材料进行审查,对于不符合竣工验收条件的,应当及时退回并告知理由;对于符合验收条件的,应自收到申请文件之日起3个月内组织竣工验收。

2. 竣工验收的主要工作内容

(1)成立竣工验收委员会。

(2)听取项目法人、设计单位、施工单位、监理单位的工作报告。

(3)听取质量监督机构的工作报告及工程质量鉴定报告。

(4)检查工程实体质量、审查有关资料。

(5)按交通运输部规定的办法对工程质量进行评分,并确定工程质量等级。

(6)按交通运输部规定的办法对参建单位进行综合评价。

(7)对建设项目进行综合评价。

(8)形成并通过竣工验收鉴定书。

竣工验收委员会由交通主管部门、公路管理机构、质量监督机构、造价管理机构等单位代表组成。大中型项目及技术复杂工程,应邀请有关专家参加。国防公路应邀请军队代表参加。项目法人、设计单位、监理单位、施工单位、接管养护等单位参加竣工验收工作。

3. 参加竣工验收工作各方的主要职责

(1)竣工验收委员会负责对工程实体质量及建设情况进行全面检查。按交通运输部规定的办法对工程质量进行评分,对各参建单位进行综合评价,对建设项目进行综合评价,确定工程质量和建设项目等级,形成工程竣工验收鉴定书。

(2)项目法人负责提交项目执行报告及验收所需资料,协助竣工验收委员会开展工作。

(3)设计单位负责提交设计工作报告,配合竣工验收检查工作。

(4)监理单位负责提交监理工作报告,提供工程监理资料,配合竣工验收检查工作。

(5)施工单位负责提交施工总结报告,提供各种资料,配合竣工验收检查工作。

竣工验收工程质量评分采取加权平均法计算,其中交工验收工程质量得分权值为0.2,质量监督机构工程质量鉴定得分权值为0.6,竣工验收委员会对工程质量评定得分权值为0.2。工程质量评定得分大于等于90分为优良,小于90分且大于等于75分为合格,小于75分为不合格。

竣工验收委员会按交通运输部规定的办法对参建单位的工作进行综合评价。评定得分大于等于90分且工程质量等级优良的为好,大于等于75分为中,小于75分为差。

竣工验收建设项目综合评分采取加权平均法计算,其中竣工验收工程质量得分权值为0.7,参建单位工作评价得分权值为0.3(项目法人占0.15,设计、施工、监理各占0.05)。评定得分大于等于90分且工程质量等级优良的为优良,大于等于75分为合格,小于75分为不合格。

负责组织竣工验收的交通主管部门对通过验收的建设项目按交通运输部规定的要求签发《公路工程竣工验收鉴定书》。通过竣工验收的工程,由质量监督机构依据竣工验收结论,按照交通运输部规定的格式对各参建单位签发工作综合评价等级证书。

第五节 公路质量事故管理

一、公路工程质量事故的相关概念

公路工程质量事故是指由于勘测、设计、施工、监理、试验、检测等责任过失而使公路工程在通车后两年内遭受损毁或产生不可弥补的本质缺陷,或因构造物倒塌造成人身伤亡或财产损失以及需要加固、补强、返工处理的事故。

(1)公路工程质量问题:公路工程质量不合格必须进行返工、加固或报废处理,由此造成直接经济损失(包括修复费用)在20万元以下。

(2)公路工程质量事故:公路工程质量不合格必须进行返工、加固或报废处理,由此造成直接经济损失(包括修复费用)20万元以上者。

二、公路工程质量事故分类及其分级标准

公路工程质量事故分质量问题、一般质量事故及重大质量事故三类。

1. 质量问题

质量较差,造成直接经济损失(包括修复费用)在20万元以下。

2. 一般质量事故

质量低劣或达不到合格标准,需加固补强,直接经济损失(包括修复费用)在20万~300

万元之间的事故。一般质量事故分三个等级：

(1)一级一般质量事故：直接经济损失在150万～300万元之间。

(2)二级一般质量事故：直接经济损失在50万～150万元之间。

(3)三级一般质量事故：直接经济损失在20万～50万元之间。

3. 重大质量事故

由于责任过失造成工程倒塌、报废和造成人身伤亡或者重大经济损失的事故。重大质量事故分为三个等级：

(1)具备下列条件之一者为一级重大质量事故：

①死亡30人以上。

②直接经济损失1 000万元以上。

③特大型桥梁主体结构垮塌。

(2)具备下列条件之一者为二级重大质量事故：

①死亡10人以上,29人以下。

②直接经济损失500万元以上,不满1 000万元。

③大型桥梁主体结构垮塌。

(3)具备下列条件之一者为三级重大质量事故：

①死亡1人以上,9人以下。

②直接经济损失300万元以上,不满500万元。

③中小型桥梁主体结构垮塌。

国务院交通主管部门管理全国公路工程质量事故,省级交通主管部门管理本辖区内的公路工程质量事故。质量事故的调查处理实行统一领导、分级负责的原则。重大质量事故由国务院交通主管部门会同省级交通主管部门负责调查处理;一般质量事故由省级交通主管部门负责调查处理;质量问题原则上由建设单位或企业负责调查处理。

任何单位和个人均有权力和义务将工程质量事故的情况及时报告有关部门。公路工程在建项目,施工单位为事故报告单位;交付使用的工程,接养单位为事故报告单位。

质量事故发生后,事故发生单位必须以最快的方式,将事故的简要情况同时向建设单位、监理单位、质量监督站报告。在质量监督站初步确定质量事故的类别性质后,再按下述要求进行报告：

(1)质量问题：问题发生单位应在2d内书面上报建设单位、监理单位、质量监督站。

(2)一般质量事故：事故发生单位应在3d内书面上报质量监督站,同时报企业上级主管部门、建设单位、监理单位和省级质量监督站。

(3)重大质量事故：事故发生单位必须在2h内速报省级交通主管部门和国务院交通主管部门,同时报告省级质量监督站和部质监总站(传真号：010—65261138),并在12h内报出《公路工程重大质量事故快报》。

质量事故书面报告的内容如下：

(1)工程项目名称,事故发生的时间、地点,建设、设计、施工、监理等单位名称。

(2)事故发生的简要经过、造成工程损伤状况、伤亡人数和直接经济损失的初步估计。

(3)事故发生原因的初步判断。

(4)事故发生后采取的措施及事故控制情况。

(5)事故报告单位。

发生重大质量事故的现场保护措施如下:

(1)事故发生后,事故发生单位和该工程的建设、施工、监理等单位,应严格保护事故现场,采取有效措施抢救人员和财产,防止事故扩大。

(2)因抢救人员、疏导交通等原因,需要移动现场物件时,应当做出标志,绘制现场简图并做出书面记录,妥善保存现场重要痕迹、物证,并应采取拍照或录像等直录方式反映现场原状。

质量事故处理实行"三不放过"原则:事故原因不清不放过;事故责任者和群众没有受到教育不放过;没有防范措施不放过。

公路工程质量事故建立定期报告制度:各级质量监督站每季末将《公路工程质量事故情况季报》报上一级交通主管部门和质量监督站。

质量事故发生后事故发生单位隐瞒不报、谎报、故意拖延报告期限的,故意破坏现场的,阻碍调查工作正常进行的,拒绝提供与事故有关情况、资料的,提供伪证的,由上级主管部门按有关规定给予行政处分。构成犯罪的,由司法机关依法追究刑事责任。

三、公路工程质量问题与质量事故的成因分析

引发公路工程质量问题及质量事故的常见原因有以下几个方面:

1. 设计质量问题

在我国现行公路建设体制下,基本采用设计与施工相互分离的承包方式,设计人员缺少施工实践经验,只知查手册、套标准图,照抄照搬,导致设计与施工的相互脱节,设计文件的错、漏、缺、不符实际是设计中的常见病,导致设计的质量问题相对比较突出。

2. 施工质量问题

由于施工企业经营责任制的推行,承包人实行工程独立核算,自负盈亏。因而,部分承包人为取得中标,有意压低投标价使标价偏低,在施工过程中出现成本与质量的矛盾,少数承包人还暗中分包,偷工减料现象时有发生;个别施工队伍缺乏施工经验,致使施工质量得不到保证。目前,我国建设市场领域一些人靠权力、关系、金钱承包工程已成为公开的"秘密"。许多承包单位将项目转包出去,以致造成层层承包、层层剥皮,制造了一个个偷工减料、以次充好的"豆腐渣工程"。施工质量问题是公路工程质量事故发生的最主要原因,必须引起相关部门的重视和认真对待。

3. 监理队伍素质问题

在当前不规范的建设市场中,部分施工企业在工程招标中违背游戏规则,以超低价中标后,便想通过降低工程质量、不合格的变更索赔、无根据地增加工程量等途径来实现"失之东隅,收之桑榆"的目的,此时监理工程师如果立场不坚定、缺乏职业道德、丧失诚信原则,就很有可能被主动射过来的"糖衣炮弹"俘获。

4. 建设单位管理问题

有的建设单位肢解工程,把路基工程、路面工程、桥梁工程、交通工程等分别包给不同的施工单位,加上施工单位之间很少联系,建设单位和监理单位协调不到位,使得路基工程和路面工程配合不好,交通工程和桥梁工程出现矛盾。另外,多数建设单位没有懂土建的技术人员和对工程的检测手段、对施工不熟悉,对施工单位的施工质量检查、监督不够,从而造成工程质量隐患。

上述原因导致了公路工程质量事故的频繁发生。

四、公路工程质量事故防治

为了确保公路工程质量,建设单位、设计单位、施工单位和监理单位应依据有关公路工程建设的法律、法规、技术标准和规范的规定,实行“谁设计、谁施工、谁负责”的利益约束机制,严格施工和管理,加强工程检测和监督,采取切实有效的措施,遏制公路工程质量事故的频繁出现。

1. 建设单位质量管理

建设单位应严格履行基本建设程序,根据公路工程特点和技术要求,确定合理标段、合理工期、合理造价,并按国务院交通主管部门的规定,通过项目招投标选择具有相应资格的勘测设计、施工和监理单位,并应分别签订合同,实行合同管理。公路工程的合同文件,必须有工程质量条款,明确各项工程和材料的质量标准和合同双方的质量责任。要做好一个工程,关键在于选择一个较好的有资质的施工单位,作为一个合格的施工单位必须通过公开招标来选择,必须具备承担该项目的施工能力和管理能力、足够的工程技术和管理人才以及合格的配套机具设备。

建设单位应依照有关公路工程建设的法律、法规、规章、技术标准、规范和合同文件,组织进行设计、施工和监理。开工前应组织施工图设计审查和设计交底;施工中应对工程质量进行检查;工程完工后应及时组织交工验收,并做好竣工验收的准备工作。同时加强建设单位规范管理,使工程招标领域内各种不规范行为大大减少,并且对建设单位队伍建设引起足够的重视,才能为减少工程质量事故发生起到重要的作用。

2. 设计阶段质量管理

设计单位必须建立健全设计质量保证体系,加强设计全过程的质量控制,建立完整的设计文件的编制、复核、审核、会签和批准制度,明确各阶段的责任人,并对公路工程设计质量负责。

解决建设项目设计工作各阶段设计质量问题的具体技术措施有:结合项目特点,收集详实的设计所需技术资料;开展技术经济分析,做好设计方案比较及优化设计工作;配合设计进度,及时与有关部门进行协调;严格控制主要经济技术指标;推行优化设计,认真编制、审核设计概算;编制设计阶段的进度控制计划,定期检查,控制设计进度;做好施工图纸的自审工作;认真做好设计交底的准备和交底工作;认真做好图纸会审,努力吸收施工单位的合理意见。

3. 施工单位质量管理

施工单位必须按资质、资信等级确定的业务范围参加投标、承揽工程施工任务,并接受质监机构对其资质和质量保证体系的监督检查;必须依据有关公路工程建设的法律、法规、规章、技术标准和规范的规定,按照设计文件、施工合同和施工工艺要求组织施工,并对其施工的工程质量负责;严格控制公路工程的分包,不得二次分包;必须建立施工质量保证体系,推行全面质量管理,制定和完善岗位质量规范、质量责任及考核办法。同时建立工地试验室,加强施工过程中的自检、互检和交接检工作;对交付监理签认的工程,要落实质量责任制。

在施工过程中,应严格按照施工规范、设计要求和其他相应规则进行施工,认真细致检查每一道工序、每一个结构部位,尤其应加强隐蔽工程的自检力度,及时发现施工中的缺陷,并迅速排除掉;一旦工程不合格不要抱有侥幸心理,应马上进行返工处理,避免因此而引起的质量事故。

4. 监理单位质量管理

监理单位必须根据所承担监理任务和监理合同的要求，向工程施工现场派驻相应的监理机构、人员和设备。监理工程师上岗必须持有交通主管部门核发的监理工程师证书，其他监理人员上岗，必须经过岗前培训，具有公正、有效地开展监理业务的能力和责任。

在公路工程建设过程中，监理工程师应对公路工程技术规范和规程、合同文件、设计文件熟练掌握，融会贯通，严格按技术规范的要求，从原材料、施工工艺、施工过程进行全面的监控和管理，加强自己的工作责任心和主动性；并且做到分工明确，责任到人，对每道工序全方位、全过程的控制和管理；做到事前控制、事中控制、事后控制，对工程施工中的每道工序都要巡视、旁站、抽样和检查试验，及时发现问题，及时采取有效的处理措施，使质量误差控制在允许范围内；做到身正行严，立场坚定，加强职业道德和监理素质，以便充分行使监理权力，保证工程施工质量。

五、公路质量事故案例

1. 案例一：甘肃天定高速质量事故

(1)工程简介

天水至定西高速公路全长235.086km，概算总投资87.5亿元；平均每公里造价约3 700万元。建设工期4年，质量缺陷责任期2年。其中，路面工程划分为6个施工标段，总投资13.6亿元，平均每公里造价约580万元。天定路面1标段全长52.9km，中标价2.58亿元。此次沥青路面病害主要集中在该标段K131+100～K162+100约31km路段内。2010年12月底，除秦州隧道外，全线经交工验收后投入试运营。

(2)质量问题

2011年6月，天定项目办在工程质量缺陷责任期例行巡查时，发现天定路面1标段存在病害，立即通知施工、监理、设计单位，并联合成立病害调查组，进行初步调查。从兰州出发，经定西进入天定高速，首先遭遇的就是大大小小的坑槽，大的如脸盆，小的如盘子，常常接连出现几个坑，高速行驶的车辆很难避开，危机四伏。在通安驿出口附近，路中央突然出现数十米长的裂缝。仔细查看发现，最宽处有两指宽(图10-13)。路段时有塌陷等病害。其中一段路中央，立了一块大大的警示牌“前方路基沉降，限速20km”(图10-14)。

图10-13 天定路面裂缝

图10-14 天定路面警示牌

(3)参建单位

该项目建设单位为甘肃省高等级公路建设开发有限公司。

路面1标施工单位为国有独资企业西安萌兴高等级公路工程有限公司。

路面监理1标为国有独资企业甘肃省交通科学研究院有限公司。

(4)质量问题分析

经专家调查组现场调查和试验分析,初步认定出现路面病害的主要原因是:

①进场原材料把关不严,路面用碎石含泥量及针片状含量超标。

②施工单位施工过程控制不严,压实度不足造成局部路面空隙率大,局部渗水,沥青混合料部分筛孔超出规范控制范围。

③在不良环境下施工,存在将雨水封入路面结构内部及低温施工导致路面空隙率偏大问题,为路面出现坑槽埋下隐患。

(5)质量事故处理结果

该项目于2011年7月14日开始返工处治,截至9月26日,此次返工费用约1.2亿元,由施工单位全部承担。

2. 案例二:湖南省凤凰县堤溪沱江大桥"8·13"特别重大坍塌事故(图10-15)

(1)工程及事故简介

堤溪沱江大桥工程是湖南省凤凰县至贵州省铜仁大兴机场凤大公路工程建设项目中一个重要的控制性工程。大桥全长328.45m,桥面宽度13m,设3%纵坡,桥型为4孔65m跨径等截面悬链线空腹式无铰拱桥,大桥桥墩高33m,且为连拱石拱桥。2003年6月,湖南省交通运输厅批准了凤大公路工程项目初步设计,并于同年12月批复了凤大公路项目开工报告。堤溪沱江大桥于2004年3月12日开工,计划工期16个月。

事故发生时,大桥腹拱圈、侧墙的砌筑及拱上填料已基本完工,拆架工作接近尾声,计划于2007年8月底完成大桥建设所有工程,9月20日竣工通车,为湘西自治州50周年庆典献礼。

a)

b)

图10-15 湖南省凤凰县堤溪沱江大桥特别重大坍塌事故

(2)参建单位

该项目建设单位为湘西自治州凤大公路建设有限责任公司。

设计和地质勘察单位为华罡设计院。

施工单位为湖南路桥建设集团公司。

监理单位为湖南省金衢交通咨询监理有限公司。

(3)质量问题分析

①直接原因

由于大桥主拱圈砌筑材料未满足规范和设计要求,拱桥上部构造施工工序不合理,主拱圈砌筑质量差,降低了拱圈砌体的整体性和强度,随着拱上荷载的不断增加,造成1号孔主拱圈靠近0号桥台一侧3~4m宽范围内,即2号腹拱下的拱脚区段砌体强度达到破坏极限而坍塌,受连拱效应影响,整个大桥迅速坍塌。

②间接原因

施工单位擅自变更原主拱圈施工方案,现场管理混乱,违规乱用料石,主拱圈施工不符合规范要求,在主拱圈未达到设计强度的情况下就开始落架施工作业。

建设单位项目管理混乱,对发现的施工质量问题未认真督促施工单位整改,未经设计单位同意擅自与施工单位变更原主拱圈设计施工方案,盲目倒排工期赶进度,越权指挥,甚至要求监理工程师不要上桥检查。

工程监理单位未能制止施工单位擅自变更原主拱圈施工方案,对发现的主拱圈施工质量问题督促整改不力,在主拱圈砌筑完成但强度资料尚未测出的情况下即签字验收合格。

设计和地质勘察单位违规将勘察项目分包给个人,地质勘察设计深度不够,现场服务和设计交底不到位。

湖南省、湘西州交通质量监督部门对大桥工程的质量监管严重失职。

湘西自治州、凤凰县两级政府及湖南省有关部门对工程建设立项审批、招投标、质量和安全生产等方面的工作监管不力。州政府要求盲目赶工期,向"州庆"50周年献礼。

(4)质量事故处理结果

①对事故发生负有直接责任,涉嫌重大安全事故罪、滥用职权罪、玩忽职守罪等被移送司法机关处理的有24人。其中,政府公职人员8人,包括县处级3人,科级及以下5人;企业人员16人,包括包工头4人,建设、施工单位7人,监理单位5人。

②给予党纪、政纪处分的政府公职人员和国有企业人员共33人(11人被撤职)。其中,政府公职人员17人,包括厅局级6人、县处级9人、科级及以下2人;企业人员16人,包括施工单位9人、设计单位2人、监理单位5人。

③对施工单位和建设单位各给予500万元的经济处罚。暂扣施工单位湖南路桥建设集团公司《建筑企业资质证书》《安全生产许可证》等有关证照半年,其所属的道路七公司依《中华人民共和国公司法》等有关法律法规给予解散;暂扣监理单位湖南省金衢交通咨询监理有限公司《工程监理证书》等有关证照。

④对施工单位和建设单位主要负责人以个人2006年年收入基数的80%给予经济处罚。对施工单位所属七公司经理、项目经理部经理兼安全部负责人,施工单位安全生产部副部长、项目管理部部长、总工程师,监理单位董事长兼总经理、副经理、总工程师、驻地高监吊销有关执业资格和岗位证书。对涉案追究刑事责任以及追究行政责任的建设、施工、监理单位9人,自刑罚执行完毕或者受处分之日起,5年内不得担任任何生产经营单位的主要负责人。

【复习思考题】

1. 如何理解工程项目的质量管理？原则是什么？
2. 影响公路工程质量的因素包括哪些？应如何控制？
3. 全面质量管理的主要观点与特点是什么？
4. 公路勘察设计质量管理的要点有哪些？
5. 如何控制公路施工质量？
6. 公路施工质量管理的重点有哪些？
7. 公路工程竣(交)工验收主要条件有哪些？
8. 公路工程交竣工验收的依据有哪些？
9. 公路工程交竣工验收的内容有哪些？
10. 工程项目质量问题产生的最主要原因是什么？如何控制工程质量事故？

第十一章

公路工程(项目)费用管理

【学习目的与要求】

本章根据工程项目费用的多义性特点,按公路工程项目投资管理、造价管理和成本管理分节编写;要求掌握三种含义的费用组成、管理主体、管理对象、管理内容及管理方法,达到全面掌握公路工程项目费用管理理论的目的。

第一节 工程项目费用管理概述

PMI(Project Management Institute)定义项目费用管理为:为确保完成项目的总费用不超过批准的预算所需的一系列过程,包括工程项目费用构成、资源计划、费用估算、费用计划和费用控制。

工程建设项目实施过程中,由于不同的费用使用性质、不同的费用管理主体及其管理目标,使工程项目费用具有多义性,具体表现为围绕建设投资、工程造价和施工成本进行的管理和目标控制,三者既有管理内涵的区别也有管理重点和性质的差异,如表 11-1 所示。三者的联系与区别如下:

1.三者反映不同的经济含义

项目投资是建设项目决策与管理的一个经济参数;工程造价是工程产品交易中使用的经

济概念;成本是与商品生产者相联系的一个经济概念,是指在产品生产过程中所有劳动消耗的货币表现,包括活劳动消耗和物化形态的过去劳动消耗;工程产品成本包括企业生产经营管理费用和工程产品生产的现场施工成本。

2. 三者费用构成的范围、确定依据和条件不同

项目投资是指项目的全部投资,其投资大小取决于整个项目的建设需要,包括项目建设规模、功能构成和技术标准等;列入工程造价的费用只是与承、发包合同标的有关的费用,并非相应工程项目的全部投资,取决于工程承、发包合同标的的内容、施工条件、工期与质量要求,以及工程招投标的博弈和竞争状态;施工成本是与工程承包合同造价相对应范围的现场施工成本,包括直接生产、辅助生产及组织管理过程所消耗的人工、材料、机械使用等的费用,其大小取决于不同承包人的自身施工技术与管理水平。

3. 三项费用管理相辅相成、密切相关

投资管理和造价管理是相辅相成的两个方面,前者是从整个建设项目的角度,按照建设投资的构成进行费用的计划和总体控制;后者则在总投资及其分解目标的约束下,从各项建筑安装工程的造价管理角度进行具体落实和控制,是项目投资控制的基础。二者共同构成了整个工程项目的费用管理格局。

工程造价管理与工程成本管理密切相关,工程成本是决定工程造价的核心。发包商无法控制也不该控制承包商的实际成本,但在工程招标发包过程中可通过竞争机制,排斥低于成本的报价,做到公正、公平、公开;在合同造价确定的前提下,承包人只有通过有效的成本控制,才能提高工程经营效益。

工程项目费用管理的多义性对比　　表 11-1

类型内容	管理主体	管理对象	管理涉及的范围	管理的核心问题
建设投资管理	业主方	整个建设项目	全部建设工程的所有建设活动	建设项目的科学决策和实施过程的投资控制
工程造价管理	承发包双方	合同标的造价	合同标的涉及的所有建造活动	公开、公正、公平交易,按照有序竞争、互利互惠、规范诚信的行为原则,合理确定和有效控制工程造价
工程成本管理	承包方	与工程造价相对应	与工程造价相对应	以最经济合理的施工方案,在规定的工期内完成质量符合标准的工程施工任务,并取得预期的经济效益

第二节　公路建设项目投资管理

一、公路建设项目投资的构成

建设项目的投资是指一个工程建设项目花费的全部费用。生产性建设项目总投资包括建设投资和铺底流动资金两部分;非生产性建设项目总投资只包括建设投资。公路建设项目属于非生产性建设项目。

我国现行公路建设项目投资由工程费、土地征用及拆迁补偿费、工程建设其他费用、预备费和建设期贷款利息五部分组成,见图 11-1 ~ 图 11-4。

图 11-1　公路建设项目投资总额的构成

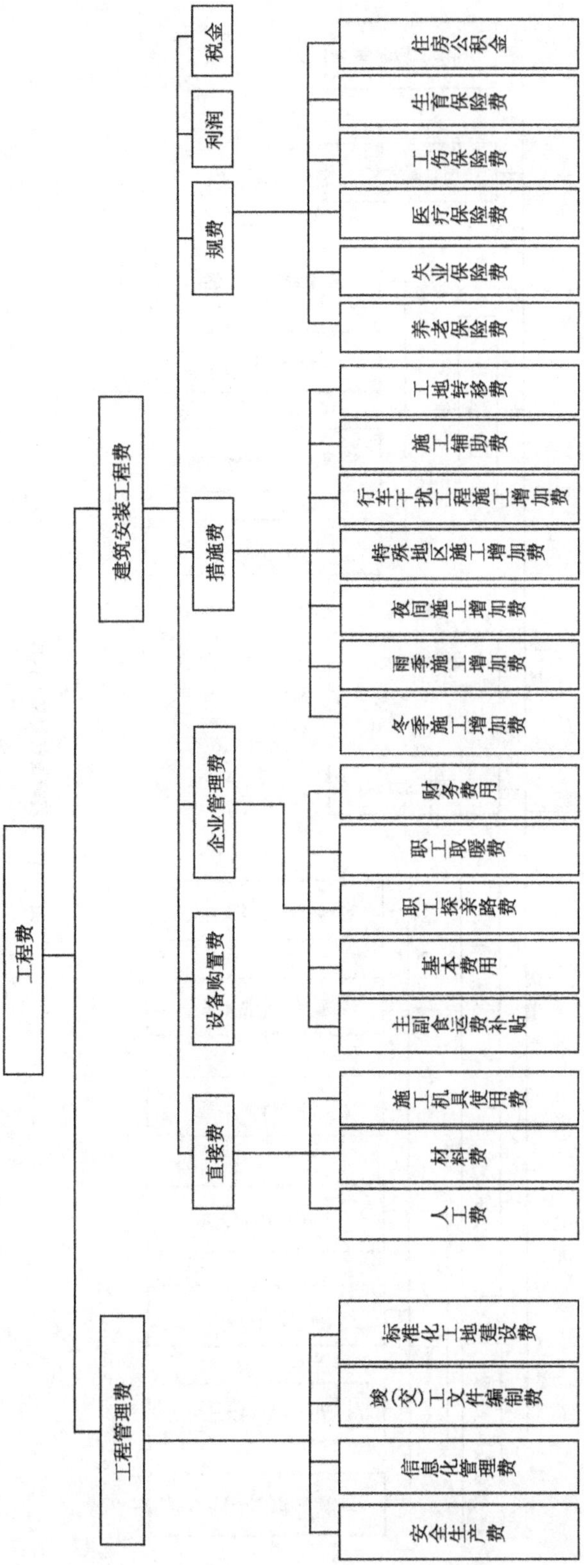

图 11-2　工程费的构成

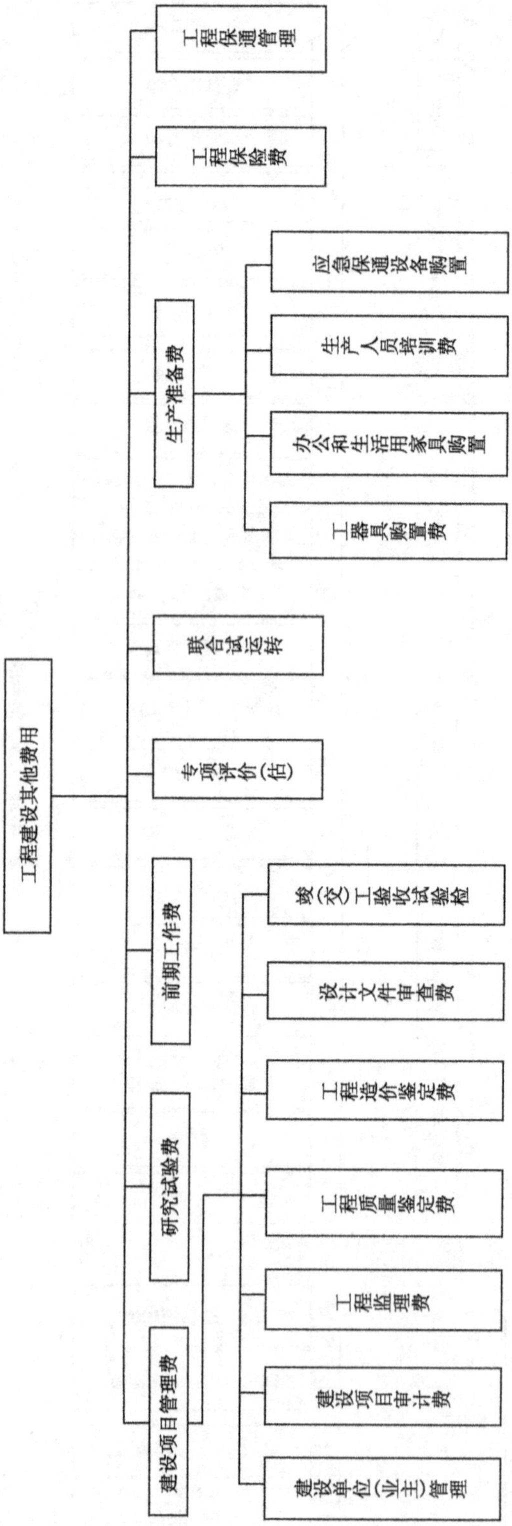

图 11-3　工程建设其他费的构成

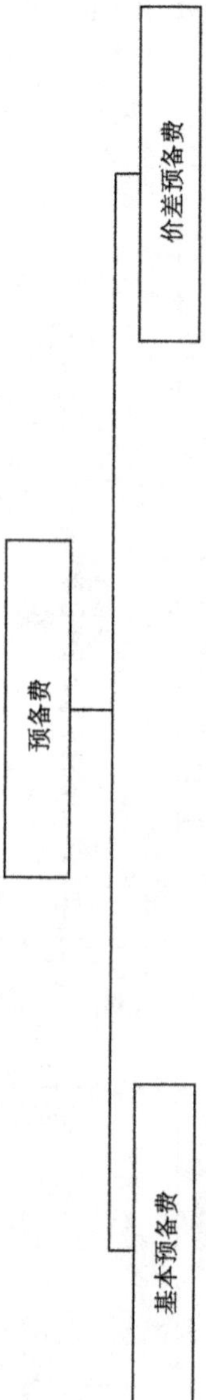

图 11-4　预备费的构成

二、公路建设项目投资的确定

公路工程项目的建设须按基本建设程序的规定进行,其投资费用的确定也与基本建设程序一一对应,形成其多次性计价的特点,如图 11-5 所示。公路建设项目投资有计划投资和实际投资之分,一般情况下,建设项目投资的确定是指计划投资的计算过程,这个过程包括决策阶段的项目投资估算文件的编制和设计阶段建设投资总概算文件的编制。

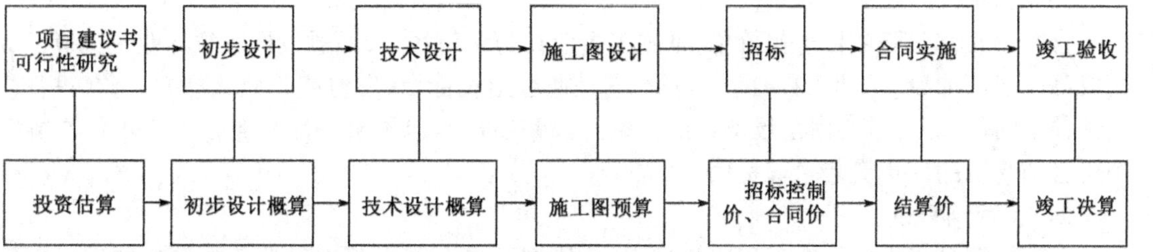

图 11-5　公路工程估价体系与基本建设程序的对应关系

为了对公路基本建设工程进行全面而有效的经济管理,在项目的各阶段都必须编制有关的造价文件,这些文件的编制依据、内容和要求是不相同的。

1. 项目决策阶段投资费用的确定

公路工程投资估算是公路项目前期决策阶段编制的造价文件,其编制依据是《公路工程估算指标》(JTG/T M21—2011)、《公路工程投资估算编制办法》(JTG M20—2011)、项目建设方案等,其费用组成即公路建设项目投资的构成内容。

2. 项目设计阶段工程费用的确定

按照工程的难易程度,其设计可以是一阶段施工图设计、两阶段设计(包括初步设计和施工图设计)、三阶段设计(初步设计、技术设计和施工图设计);设计阶段造价的费用组成即公路建设项目投资的构成内容。

初步设计概算是初步设计阶段编制的造价文件,其编制依据是《公路工程概算定额》(JTG/T B06-01—2007)、《公路基本建设工程概预算编制办法》(JTG M20—2011)、初步设计文件等。

技术设计概算是对初步设计概算的初步和完善,其编制依据同初步设计概算。

施工图预算是施工图设计阶段编制的造价文件,其编制依据是《公路工程预算定额》(JTG/T B06-02—2007)、《公路基本建设工程概预算编制办法》(JTG M20—2011)、施工图设计文件等。

3. 项目施工阶段工程费用的确定

我国目前对于公路建设项目实行工程招投标制度、合同管理制度、工程监理制度等管理制度,公路施工项目在此阶段编制的造价文件有招标控制价、投标报价、合同价、工程结算价。

(1)招标控制价

招标控制价是招标人根据国家或省级、行业建设行政主管部门颁发的有关计价依据和办法以及招标人发布的工程量清单,对招标工程限定的最高价格。公路工程项目招标控制价根据为《公路工程标准施工招标文件》和《公路工程工程量清单计量规则》、拟定的招标文件、相关设计文件、有关技术标准和质量验收规范、价格信息、施工期间的风险因素等。其费用内容包括人工费、材料费、机械使用费、管理费、利润、税金、风险费、暂估价、暂列金额。

(2)投标报价

投标报价是施工单位是指承包人采取投标方式承揽工程项目时，计算和确定承包该工程的投标总价格。建筑安装工程费是施工单位在施工中所花费的全部费用，从报价的角度看可以划分为直接工程费、待摊费、分包费和暂列金额。

(3)合同价

合同价又称公路项目承包价格，是施工企业在建筑市场上，通过投标竞争与业主达成的为完成某一建设项目(单项工程)的合同价，它是通过招投标、承发包或其他交易方式，在进行多次性预估的基础上，最终由市场形成的价格。公路项目承包价格一般只包括施工单位在施工中所必须花费的建筑安装工程费用。

(4)工程结算价

工程结算是指承包人在工程实施过程中，依据承包合同中关于付款条款的规定和已经完成的工程量，按照规定的程序向建设单位收取工程价款的一项经济活动。

①工程结算从时间角度可分为预结算、期中结算、交工结算和最后结算四种。

a. 预结算(支付)：即施工前的预付款，有开工预付款和材料预付款两类。在开工前，承包商履行了合同规定的义务后，由监理工程师签发支付证书，发包商付款。施工中按规定扣回。

b. 期中结算：即施工中进行的结算，一般按月进度支付，是根据每月完成的工程量，按清单价格计算的工程价款及合同规定应结算(支付)的其他款项。

c. 交工结算：即在本合同段完工或基本完工，监理工程师签发交工证书后办理的结算工作。

d. 最后结算：即在缺陷责任期结束，监理工程师签发缺陷责任证书后办理的最后一次结算(支付)工作。

②工程结算按结算的内容可分为工程量清单内的结算和工程量清单外、合同内的结算。

a. 工程量清单内的结算是按合同条件和技术规范，通过监理工程师的质量检查、计量，确认已完的工程量，然后按确认的工程数量与报价单中的单价，结算和支付工程量清单中的各项工程费用，简称清单支付。清单支付是期中支付中的主要项目，占有很大的比重。

b. 工程量清单外、合同内的结算是按合同规定，并且监理工程师根据工程实际情况和现场证实资料，确认清单以外的各项工程费用，如索赔费用、工程变更费用、价格调整等，简称附加支付。附加支付在期中支付中虽然占的比重较小，却是比较难以控制和掌握的，它一方面取决于合同规定，另一方面取决于工程施工中实际遇到的客观条件和各种干扰。

4. 项目竣工验收阶段工程费用的确定

项目竣工验收阶段编制的费用文件是竣工决算。竣工决算的编制，是以建设单位为主，在监理工程师和施工单位的配合下，共同完成的，它是建设工程所特有的多次性计价环节中的最后一次计价。根据《交通基本建设项目竣工决算报告编制办法》《公路建设项目工程决算编制办法》等有关规定编制竣工决算，其编制原则、程序和方法，既不同于估算、概算和预算，也不同于招标控制价和投标报价。

从估算到报价的多次造价的编制，都是在工程开工之前进行的，按照一定的编制程序和方法，通过各种计算表格进行大量的分析和累计计算，并经过一定的审批程序，才能成立；而竣工决算则是在工程竣工之后,根据实际发生的工程量和大量的施工统计原始资料,以工程承包合同价为依据来编制的,其主要表现形式是要进行大量的统计分析而不是计算来重新确定工程造价文件。

三、公路建设项目投资的控制

图 11-5 显示公路工程建设中从投资决策至竣工验收的全过程均存在工程费用的确定、控制工作,这些费用之间存在着前者控制后者、后者补充前者的相互作用关系。按照“前者控制后者”的制约关系,意味着投资决策对其后面的各个阶段起着制约作用。因此,只有加强项目决策的深度,采用科学的估算方法和可靠的数据资料,合理地计算投资估算,保证投资估算打足,才能保证其他阶段的费用被控制在合理范围,使投资控制目标能够实现,避免“三超”现象的发生。

1. 公路建设项目投资控制的主要内容

公路建设项目投资的高低受建设时期、地形条件、车道数、桥隧比、路基宽度等因素的影响,研究表明:对于山岭区四车道高速公路,在相同桥隧比情况下,“十一五”时期比“十五”时期建设投资每公里增加约 500 万元;“十一五”时期,路基宽度为 26m 的高速公路平均投资比路基宽度 24.5m 的高速公路约高 450 万元;且桥隧比越大,高速公路建设投资越高,二者呈二次曲线关系;山岭区六车道高速公路建设投资桥隧比每增加 15%,高速公路平均投资增加约 1 330 万元/km;“十一五”时期修建的平原区六车道高速公路平均投资比“十五”时期的高 1 000万元/km 左右;相同桥隧比情况下,山岭区 6 车道高速公路平均投资约是 4 车道的 1.40 倍,平原区 6 车道高速公路的平均投资约是 4 车道的 1.46 倍;“十一五”与“十五”时期相比,四车道高速公路征迁费用每公里增加约 227.18 万元,增长幅度为 100.40%;征迁费用攀升的主要原因是征地补偿标准、政策性缴费标准及建筑物、构筑物拆除标准的提高,“十一五”与“十五”时期相比,征地补偿标准平均每亩增加 1.75 万元,政策性缴费标准每亩增加 0.32 万元,建筑物、构筑物拆除补偿标准每平方米增加 186 元;公路项目投资大的原因有桥隧比例大、征地拆迁费用较高、景观设计新理念、新技术和新材料的应用。

因此,对业主方公路建设投资控制而言,主要途径是对各单项或单位工程的造价控制、土地征用及拆迁、建设投资的融资成本和建设单位组织建设的管理费用的控制等,以达到控制项目总投资的目的。

(1)项目决策阶段投资控制的主要内容

公路建设项目决策阶段的主要任务是科学合理地确定公路建设规模以及技术标准。不同建设规模和技术标准,对应不同工程投资。公路建设项目在确定建设规模和技术标准时,应综合考虑成本效益,根据公路的功能、交通量服务水平以及安全环保、可持续发展等社会效益进行全过程、全方位的综合论证,使公路的综合效益最佳。具体包括:

①公路等级选用原则

公路的等级应根据公路网的规划和远景交通量,从全局出发,结合公路的使用任务和性质,并充分考虑项目所在地区的综合运输体系、远期发展等,经论证后确定。

②建设地点及工程方案

公路建设地点的选择即路线方案的选择。选择路线方案是一项复杂的、技术经济综合性很强的系统工程,它不仅涉及项目建设条件、生产要素、生态环境等重要问题,受社会、政治、经济、国防等多因素的制约，而且还直接影响到项目建设投资、建设速度和施工条件，以及未来运营、养护管理，沿线的城乡建设规划与发展。因此，必须从国民经济和社会发展的全局出发，运用系统观点和方法分析决策。

③设备方案

为了满足公路的营运、管理、养护，公路建设项目需要购置的设备包括渡口设备、隧道照明、通风的动力设备、高等级公路的监控设备，养护用的机械等。特别是高等级公路，其设备购置费用在公路建设项目总投资中的比例较高，需要在优化建设方案和工程设计的基础上，确定投资目标和费用安排，通过设备选型、询价等环节有效控制投资。

④工程项目融资成本

公路建设投资大、建设周期长，贷款利息及其他形式融资成本高。因此，合理的融资方案和资金使用计划的编制，加强资金使用的管理、调度与控制，会对项目投资产生重要影响，也是构成建设项目投资控制不可忽视的内容之一。

(2)项目设计阶段投资控制的主要内容

公路工程设计中影响投资的主要因素包括总体设计、路线设计、路基路面及排水、桥涵、隧道、路线交叉、交通工程设施以及施工组织设计等。公路项目设计阶段投资控制的主要内容是对以上各主要因素进行设计方案的技术经济比选，即对设计方案进行技术与经济的分析、计算、比较和评价，从而选出功能上适用、结构上坚固耐用、技术上先进、造型上美观、环境上自然协调以及经济合理的最优设计方案。为了提高工程建设投资效果，在设计中应进行多方案比选，比选时应遵循以下原则：

①设计方案必须要处理好技术先进性与经济合理性之间的关系。

技术先进性与经济合理性有时是一对矛盾，设计时应妥善处理好二者的关系，一般情况下，要在满足使用者要求的前提下，尽可能降低工程投资，或在资金限制范围内，尽可能提高项目功能水平。

②设计方案必须兼顾建设与使用，考虑项目全寿命费用。

项目投资的变化，可能会影响到将来的使用成本。如果单纯为了降低投资而使建造质量得不到保障，就会导致使用过程中的维修费用很高，甚至有可能发生重大事故，给社会财产和人民安全带来严重损害。因此，在设计过程中应兼顾建设过程和使用过程，力求项目寿命周期费用最低。

③设计必须兼顾近期与远期的要求。

一项工程建成后，往往会在很长的时期内发挥作用。如果仅按照目前的要求设计工程，可能会出现以后由于项目功能水平无法满足需要而重新建造的情况。但是如果按照未来的需要设计工程，又会出现由于功能水平过高而造成资源闲置浪费的现象。所以，设计时要兼顾近期和远期的要求，选择项目合理的功能水平。同时也要根据远景发展需要，适当留有发展余地。

2. 公路建设项目投资控制的基本方法

公路项目投资控制的基本方法，就是按照总投资目标分解，抓住设计阶段控制投资的关键环节，实施全程跟踪、三算两对比分析、动态控制。

(1)工程项目投资总目标的分解

公路项目投资目标的分解可根据项目管理的需要，按以下途径进行分解：

①按费用构成分解

项目总费用可以分解成建筑安装工程费用、设备工器具及家具购置费以及其他费用等。

②按子项目构成分解

将项目总费用分解成若干有数量、单价、合价的细部小块,以便于将来分析与控制。实践中可以以费用计划表的形式体现按子项目构成分解的成果,费用计划表形式如表11-2所示。

子项目费用计划表 表11-2

项目名称	工程分项编码	工程内容	计量单位	工程数量	计划综合单价	本分项总计
子项目1						
…						
子项目 n						

③按时间进度分解

公路工程项目的投资费用是分阶段、分期支出的,按时间进度分解工程项目投资计划更有利于对工程投资费用进行控制。

通常编制按时间进度的费用计划,可利用控制项目进度的网络图扩充得到,即在绘制时标网络图后,根据每单位时间完成的实物工程量,计算单位时间的费用支出(图11-6),进而计算得到某一时间点时的累计费用,也可据此绘制时间—费用累计曲线(图11-7)。

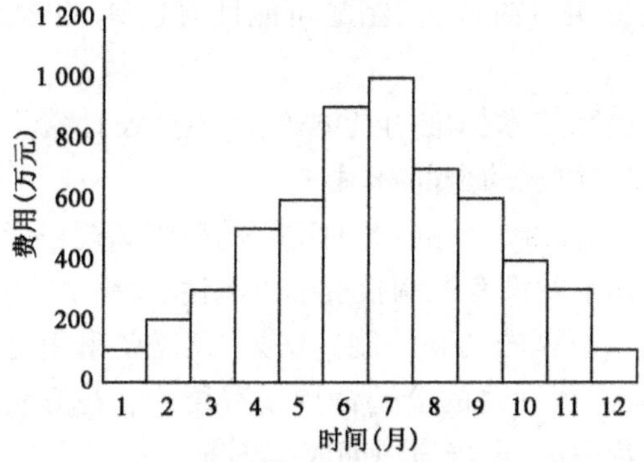

图11-6 单位时间费用支出图

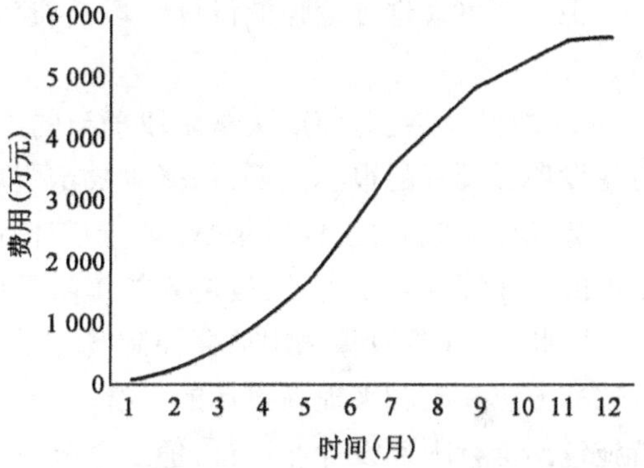

图11-7 时间—费用累计曲线图

时间—费用累计曲线是一条S形曲线,根据工程项目进度管理理论,每一工作单元都有最早开始时间和最早完成时间、最迟开始时间和最迟完成时间,因此,时间—费用累计曲线可按各项工作的最早开始时间安排进度绘制,称为ES曲线,也可按各项工作的最迟开始时间安排进度绘制,称为LS曲线;而ES曲线和LS曲线都是从计划的开始时刻开始和完成时刻结束,因此两条曲线是闭合的,形成一个形如香蕉的曲线,又称为香蕉形曲线。

(2)动态控制方法

工程项目管理理论强调动态控制是项目目标控制的基本方法论,其基本思想是:

①预先确定项目的建设投资计划值,落实控制措施和相关责任。

②跟踪项目实施过程,收集工程进展状况和实际投资数据。

③将相应的投资实际值与目标计划值进行比较,发现有无偏差。

④分析偏差产生的原因和控制条件,采取相应的有效纠偏措施。

⑤落实纠偏措施,继续跟踪控制,并分析和评价措施的有效性。

⑥重复以上过程，循环推进。

费用控制原理图如图 11-8 所示。

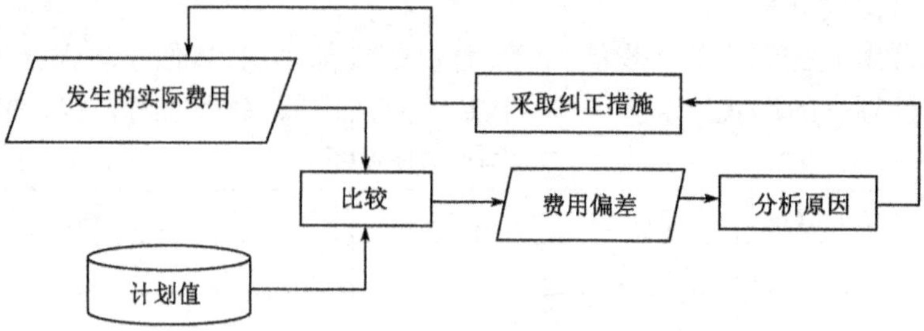

图 11-8　费用控制原理图

(3)三算两对比分析

在工程项目管理实践中，"三算两对比"是指项目的预算投资与概算投资的对比、决算投资与预算投资的对比；对比结果的分析包括预算投资与概算投资差异的原因分析、决算投资与预算投资差异的原因分析，当决算投资超预算时，还需分析决算投资是否超概算投资及其原因分析，总结投资控制的基本经验和存在的问题，为今后的项目投资管理提供借鉴。

(4)加强设计管理

工程项目管理理论强调设计阶段是投资控制的关键阶段，控制的可能性要达到 90%，这是因为：

①设计阶段是对前期决策阶段确定的建设规模和技术标准的具体落实，虽然设计费用只占建设项目投资的很小比例，却基本决定了项目以后阶段的全部费用。

②设计完成后，设计成果是确定施工任务和施工标准的依据，此时工程的范围和规格标准变更的可能性就很小了，一旦进入施工阶段后期，几乎就没有控制投资的可能性。

因此，设计阶段除采用估算控制概算、概算控制预算的动态控制方法外，还需要采用各种有效的方法和措施来提高设计的经济合理性，降低工程项目的全寿命周期费用。这些方法和措施包括推行限额设计、进行价值工程分析、最小费用法、全寿命周期成本法等。

(5)实施建筑安装工程造价管理

虽然建设工程设计阶段是投资控制的关键性环节，但设计阶段基于设计文件所进行的投资计算属于事前的投资确定，真正的投资执行是在建设工程的招标采购和施工阶段，直至各项建筑安装工程的最终结算和决算之后才形成投资的实际值。因此，加强建设项目各单项及单位建安工程的造价管理是落实建设投资控制的主要途径。

第三节　公路建设项目造价管理

工程造价是工程的建造价格。价格是商品流通或交易过程中的一个经济指标，不存在流通也就不存在价格管理的问题。我国的工程造价管理是在确立市场经济体制的条件下形成的一项专业管理理论与实践体系，是建设项目投资控制在各个单位或单项建筑安装工程项目中的具体落实。工程造价管理的主要职能包括工程造价的合理确定和有效控制两个方面。

一、公路建设项目造价的构成

单位或单项建设工程是承、发包合同标的和造价管理的基本单元,有建筑安装工程的单位单项工程和设备安装工程的单位单项工程之分。因此,工程造价也有建筑安装工程造价与设备安装工程造价之分。从造价的费用构成来看二者都包括劳务、材料、机械、质检(自检)、安装、缺陷修复、管理、保险、税费、利润等费用。

二、公路建设项目造价的确定

工程造价的确定是指在工程项目招投标时,对承、发包合同标的所进行的计价,是工程造价管理的重要环节,其科学性、合理性直接关系到工程承、发包双方的利益。

公路工程造价类标准体系中的《公路工程工程量清单计价规范》(DB32/T 1553—2009)是编制、计算公路工程造价的依据,为工程承、发包合同价的正确确定以及项目实施过程中的造价控制、变更调整和费用结算等提供了管理的依据,必须认真贯彻执行。

三、公路建设项目造价的控制

公路工程项目造价控制对于发包方和承包方来说,其动机和要求是不同的。发包方是工程造价控制的直接施控者和受益者,并发挥主导作用。因此,工程造价管理首先是属于业主方工程项目管理任务的范畴。承包人与发包人相反,总是期望在同样的质量标准和合理工期的条件下,尽可能提高价格,获得更大的盈利空间。由此可见,双方在工程造价管理方面的行为取向不同。

工程造价的有效控制,首先必须坚持公开、公平、公正的招投标,其次是在项目实施过程中,双方都必须诚信地履行合同义务,实现合同造价的预期目标。

1. 业主方工程造价的控制

业主方是工程造价的施控主体,起主导作用,其主要的控制途径和措施有以下几个方面:

(1)工程发包前的预控

工程发包前的造价预控,是指在建设项目的投资估算、概算和预算阶段,加强投资预测、分析、比较和方案优化,把工作做实、做深,使预算投资控制在设计概算的范围内,并为工程项目招标阶段合同造价的合理确定,提供依据和相关的技术经济资料。

(2)工程招标阶段的控制

招标人应通过正确选择承发包方式、合理划分工程标段的招标范围、适当设置投标人入围条件、科学制定评标方法等管理途径,正确利用投标竞争机制,引导技术实力竞争和价格竞争的互动,遴选合适的中标单位。

(3)工程实施阶段的控制

工程合同造价是事前价格,在工程项目实施过程中,实际造价要受各种因素的影响发生变化和调整,变更是引起实际造价变更的最主要因素,是实施阶段需重点控制的内容。

工程变更通常是指合同文件中“设计图纸”“技术规范”或工程量清单的改变,包括设计变更、进度计划变更、施工条件变更以及工程量清单中工作内容或数量的变更,如取消某工作或新增某工作等。工程变更的目的是为了使工程更完善、合理或有利于工程的实施。因此,一旦发生工程变更,应遵循《公路工程标准施工招标文件》中相应合同条款的规定进行。

按照交通运输部《公路工程设计变更管理办法》,公路工程设计变更分为重大设计变更、较大设计变更和一般设计变更。公路工程重大、较大设计变更实行审批制;重大设计变更由交通运输部负责审批;较大设计变更由省级交通主管部门负责审批;项目法人负责对一般设计变更进行审查。

严格设计变更管理,是有效控制工程造价的重要手段,业主方可通过以下途径加强公路工程设计变更费用管理:

①制订设计变更管理办法,严格规定变更审核程序、变更审批权限,减少各种人为因素对工程投资的影响,以保证将项目投资控制在合理范围内。

②明确监理人员在核实变更工程数量工作上的责任,并实施责任追究制制度。

③加强对变更数量现场抽查的工作力度,发现有虚报工程量行为,坚决予以查处。

④造价管理部门加强定额基础资料收集整理工作,及时发布补充定额,解决因无定额可用导致难以合理确定变更单价的问题。

⑤在进行变更设计时要结合合同文件规定,尽量避免采用会导致新增支付号的设计方案。

⑥在合同中约定单价核定的第三方调解机构,对双方意见相差过大的单价变更,按约定的第三方调解机构核定的价格执行。

2. 承包方工程造价的控制

业主方控制工程造价的基本出发点在于:一是通过优化选择合理最低标价的承包人,有效控制合同总价不突破工程项目的预算投资或概算投资目标;二是通过项目实施过程中的费用控制,使项目最终的结算总造价不突破合同总造价目标。在这个过程中,承包方处于被控的地位。承包方作为建筑产品的生产者,是以产品的价格、质量和服务决定其竞争力和企业生存发展的。因此,对承包方而言,加快技术进步、提高科学管理水平、形成企业的技术和管理综合实力或核心竞争力、降低成本和工程造价,是伴随生产经营而必须长期坚持的任务,这种经营思想贯穿于工程承包和项目实施的过程中,具体包括:

(1)工程投标阶段尽可能采用最优化的工程实施方案和使资源优化配置,以其技术先进、管理科学、报价合理且相对最低,在竞争中获得中标机会。

(2)在合同价确定的前提下,把管理的工作重心放在有效的成本控制上。全面正确履行工程承包合同,大规定的工期内完成质量满足要求的工程任务,获得最大的经营效益。

四、公路建设项目造价控制方法

工程造价控制和投资控制一样,基本方法是"三算两对比分析",即设计预算价、合同价、结算价进行两两对比和分析。但这种对比分析只能用在分部分项工程以及总造价的控制,而且一旦合同价和结算价确定下来,对比和分析都已成为事后的结果,不利于对造价形成过程的指导与控制。因此,还应结合下述方法进行有效控制:

1. 差额统筹控制法

在合同造价确定后,当工程量清单列项与设计预算(招标控制价)列项口径一致时,编制各分部分项工程的合同价与设计预算价差额对比表,通过两者正负差额的大小与分布,确定控制重点及项目费用节超统筹平衡的可能性。

2. 结算预警控制法

在各分部分项工程量价款连续结算过程中,每次检查分析累计结算数额与其剩余合同价款,与剩余工程量之间的比例关系是否受控;一旦出现合同价款余额已不足以完成剩余工程量的情况,应及时分析原因,采取有效的措施进行补救和控制。

3. 重点跟踪控制法

将合同价值大、施工持续时间长的分部分项工程列为重点跟踪控制的对象,采用“S 形曲线”跟踪记录工程量清单项目费用的累计完成和累计结算的状况,分析累计偏差及其发展变化趋势,及时分析偏差原因并采取措施,保持合同价与结算价的一致。

第四节 公路工程项目成本管理

工程项目成本管理是工程承包企业进行的工程产品成本管理。因此,工程项目成本管理的主体是工程承包企业。

工程项目产品成本包括企业生产经营管理费用和工程产品生产的现场施工成本。一般情况下,成本管理的对象是指与工程承包合同造价相对应范围的现场施工成本。在工程项目总承包的情况下,仍以现场施工成本作为工程项目成本管理对象,工程勘察、设计以及总承包管理费用等则可进行单列管理与核算。

一、公路工程项目成本构成

公路工程项目成本包括工程实体建造中的人工、材料、施工机械使用等的费用,以及为了完成工程实体建造所必需的各种技术措施与组织管理措施费用。工程项目成本是决定工程造价的基础,根据管理范围可分为企业的项目成本和现场的项目成本,如图 11-9 所示。

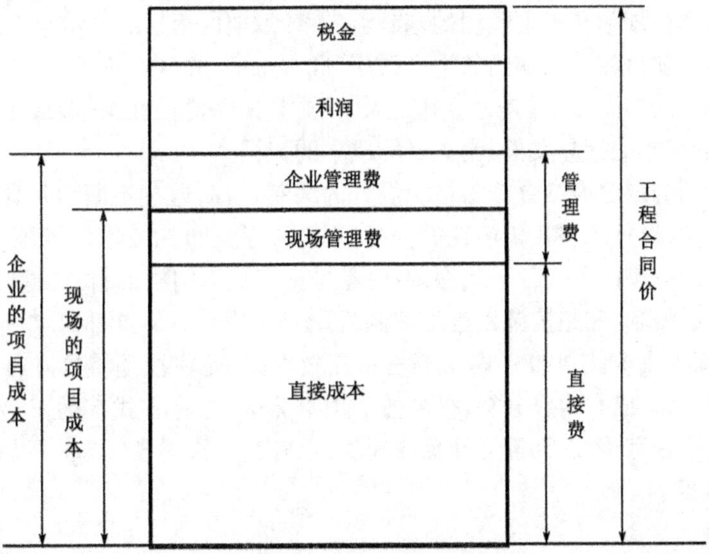

图 11-9 工程项目成本构成图

1. 企业的项目成本

企业的项目成本是指建造该工程项目所花费的全部生产费用和经营管理费用，即直接费和间接费总和，它是工程项目的完全成本。工程项目完全成本是在工程招投标时，按照工程量清单计价规范要求确定的工程造价中的成本部分。

2. 现场的项目成本

现场的项目成本是指工程项目现场的全部生产费用，属于工程项目的生产成本或制造成本。承包企业在实行施工项目经理责任制的条件下，现场成本属于施工项目成本管理的范围。通常情况下，公路承包企业在工程投标中标后，要进行标后预算，对承包合同造价进行分解，将各项工程量清单中的费用进行划分，以便下达给施工项目经理组织实施和控制。

二、公路工程项目成本管理的任务

公路工程项目施工成本管理就是要在保证工期和质量满足要求的情况下，采取相应管理措施，包括组织措施、经济措施、技术措施、合同措施，把成本控制在大计划范围内，并进一步寻求最大程度的成本节约。施工成本管理的任务和环节由施工成本预测、施工成本计划、施工成本控制、施工成本核算、成本分析、施工成本考核组成。加强工程项目成本管理，有助于强化经营管理，完善成本管理制度，提高成本核算水平，降低工程成本，实现目标利润，创造良好的经济效益。

1. 成本预测

施工项目成本预测是指凭借历史数据和工程经验，运用一定的方法，对工程项目未来的成本水平及可能的发展趋势做出科学估计。预测时，通常对项目计划工期内影响成本的因素进行分析，预测这些因素对工程成本的影响程度，估算出工程的单位成本或总成本。施工项目成本预测是施工项目成本决策与计划的依据。

2. 成本计划

施工项目成本计划是在成本预测的基础上，对计划期内项目的成本水平所做的筹划，是以货币形式编制施工项目在计划期内的生产费用、成本水平、成本降低率以及为降低成本所采取的主要措施和规划的书面方案；是建立施工项目成本管理责任制，开展成本控制和核算的基础；也是项目降低成本的指导文件，设立目标成本的依据。

施工成本计划的制定需结合施工组织设计的编制过程，通过不断地优化施工技术方案和合理配置生产要素，进行工、料、机消耗的分析，制订一系列节约成本的措施，确定施工成本计划。施工成本计划可按以下三种形式编制：一是按施工成本构成编制；二是按施工项目的分部分项工程构成组成编制；三是按施工进度编制，可绘制如图 11-6 和图 11-7 所示的进度图。实践中，三种编制施工成本计划的方式并不是相互独立的，而往往是将这几种方式结合起来使用。例如：横向按施工成本构成分解，纵向按子项目分解，这种方式有助于检查各分部分项工程施工成本构成是否完整，有无重复计算或漏算，也有助于检查各项具体的施工成本支出的对象是否明确或落实。

3. 成本控制

施工项目成本控制是指项目在施工过程中，对影响施工项目成本的各种因素加强管理，并采取各种有效措施,将施工中实际发生的各种消耗和支出严格控制在成本计划范围内,保证项目成本目标的实现,是企业全面成本管理的重要环节。施工承包企业项目成本控制应贯穿于施工项目从投标阶段开始直到项目交工验收的全过程,可分为事前控制、事中控制和事后控制。具体的施工成本控制方法有赢得值法和偏差分析法(按表达方式不同分为横道图法、表格法和曲线法),两种方法的实质相同,此处重点介绍赢得值法。

赢得值法(Earned Value Management,EVM)作为一项先进的项目管理技术,最初是美国国防部于1967年首次确立的,20世纪80年代以后在国际上工程公司普遍采用赢得值原理对项目执行效果进行评价,对项目进行费用和进度综合控制,从而使得工程项目建设的经济效益显著提高,能否采用赢得值原理进行项目管理和控制,已经成为衡量工程公司项目管理水平和项目控制能力的标志之一。

(1)赢得值法的三个参数

①拟完工程计划费用(BCWS)

拟完工程计划费用(Budgeted Cost of Work Scheduled,简称BCWS),即根据进度计划,在某一时刻应当完成的工作(或部分工作),以预算为标准所需要的资金总额,又称"计划投资额"。这个值对衡量项目进度和项目费用都是一个标尺或基准。一般来说,除非合同有变更,BCWS在工作实施过程中应保持不变;如果合同变更影响了工作的进度和费用,经过批准认可,相应的BCWS基线也应做相应的更改。

$$BCWS = 计划工程量 \times 计划单价 \tag{11-1}$$

②已完工程实际费用(ACWP)

已完成工作实际费用(Actual Cost of Work Performed,简称ACWP),即到某一时刻为止,已完成的工作(或部分工作)所实际花费的总金额,又称"消耗投资额"。

$$ACWP = 已完工程量 \times 实际单价 \tag{11-2}$$

③已完工程计划费用(BCWP)

已完工程计划费用(Budgeted Cost of Work Performed,简称BCWP),是指在某一时刻已经完成的工作(或部分工作),以批准认可的预算为标准所需要的资金总额,又称"已完成投资额"。由于业主正是根据这个值为承包商完成的工作量支付相应的费用,也就是承包人获得(挣得)的金额,故称挣得值。当然,已完成工作必须经过验收,符合质量要求。

$$BCWP = 已完工程量 \times 计划单价 \tag{11-3}$$

(2)赢得值法的四个评价指标

①费用偏差(CV)

费用偏差(Cost Variance,简称CV),是指检查期间已完工程计划费用(BCWP)与已完成实际费用(ACWP)之间的差异。由于BCWP与ACWP之间只包含实际单价与计划单价的偏差,故称为费用偏差。

$$CV = BCWP - ACWP = (计划单价 - 实际单价) \times 已完工程量 \tag{11-4}$$

当 $CV<0$ 时,表示项目运行超支,实际费用超出预算费用;当 $CV>0$ 时,表示项目运行节支,实际费用没有超出预算费用。

②进度偏差(SV)

进度偏差(Schedule Variance,简称SV),是指检查日期的已完工程计划费用(BCWP)与拟完工程计划费用(BCWS)之间的差异。由于BCWP与BCWS之间只包含已完工程量与拟完工程量的差异,故称为进度偏差。

$$SV = BCWP - BCWS = (\text{已完工程量} - \text{拟完工程量}) \times \text{计划单价} \tag{11-5}$$

当 $SV<0$ 时,表示进度延误,即实际进度落后计划进度;当 $SV>0$ 时,表示进度提前,即实际进度快于计划进度。

③费用绩效指数(CPI)

费用绩效指数(Cost Performance Index,简称 CPI),是指费用实际值对计划值的偏离程度,是挣得值与实际费用值之比,即:

$$CPI = \frac{BCWP}{ACWP} \tag{11-6}$$

当 $CPI<1$ 时,表示超支,即实际费用高于预算费用;当 $CPI>1$ 时,表示节支,即实际费用低于预算费用。

④进度绩效指数(SPI)

进度绩效指数(Schedule Performance Index,简称 SPI),是指项目挣得值与计划值之比,其计算式如下:

$$SPI = \frac{BCWP}{BCWS} \tag{11-7}$$

当 $SPI<1$ 时,表示进度延误,即实际进度比计划进度拖后;当 $SPI>1$ 时,表示进度提前,即实际进度比计划进度快。

费用偏差和进度偏差反映的是绝对偏差,结果很直观,有助于费用管理人员了解项目费用出现偏差的绝对数额,并以此采取一定措施,制订或调整费用支出计划和资金筹措计划。但是,绝对偏差有其局限性:比如同样是 20 万元的费用偏差,对于总费用 1 000 万元的项目和总费用 1 亿元的项目而言,其严重性显然是不同的。因此,费用偏差和进度偏差仅适合于对同一项目做偏差分析。

费用绩效指数和进度绩效指数反映的是相对偏差,它不受项目层次的限制,也不受项目实施时间的限制,因而在同一项目和不同项目比较中均可应用。

【例 11-1】 某挖土方工程计划 3 个月,每月计划完成工程量依次为 $600m^3$、$1\,000m^3$、$800m^3$,计划单价为 20 元/m^3;工程按计划开工,但工期延长 1 个月,每月实际完成工程量依次为 $300m^3$、$800m^3$、$900m^3$、$400m^3$,每月实际单价依次为 20 元/m^3、20 元/m^3、23 元/m^3、23 元/m^3。则该工程第 3 月末的费用偏差和进度偏差分别是多少?

解:$CV = BCWP - ACWP = (300+800+900)\times 20 - (300\times 20 + 800\times 20 + 900\times 23) = -2\,700$(元)

$SV = BCWP - BCWS = (300+800+900)\times 20 - (600+1\,000+800)\times 20 = -8\,000$(元)

费用偏差和进度偏差均小于零,表示费用超支,进度拖延。

(3)赢得值法评价曲线

赢得值法评价曲线如图 11-10 所示,横坐标表示时间,纵坐标表示费用。*BCWS* 曲线为计划工作量的预算费用曲线,表示项目投入的费用随时间的推移在不断积累,直至项目结束达到它的最大值,所以曲线呈 S 形状,也称为 S 曲线。*ACWP* 为已完成工作量的实际费用,同样是进度的时间参数,随项目推进而不断增加的,也是呈 S 形的曲线。利用挣值法评价曲线可进行费用进度评价,图中所示的项目,$CV<0$,$SV<0$,这表示项目执行效果不佳,即费用超支,进度

延误,应采取相应的补救措施。

在实际执行过程中,最理想的状态是 ACWP、BCWS、BCWP 三条曲线靠得很近并平稳上升;如果三条曲线离散度不断增加,预示可能发生关系到项目成败的重大问题。

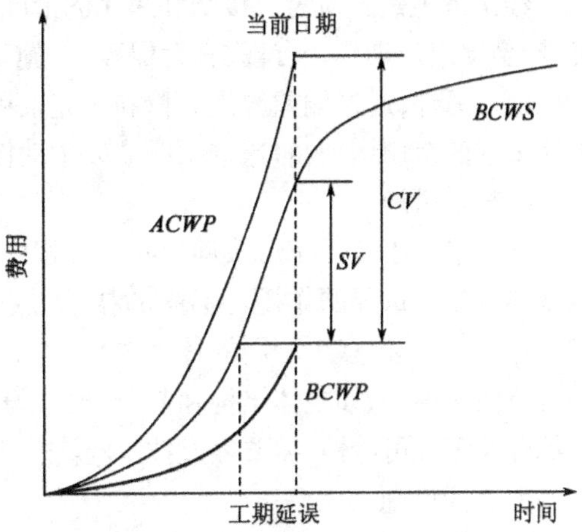

图 11-10 挣值法评价曲线

(4)成本控制的结果

①修订费用计划

修订费用计划是为了管理项目的需要而修改费用信息,费用计划的修订可以不必调整整个项目计划的其他方面。

②预算更新

对于费用预算,无论为一个合理和准确的预算付出了多大的努力,预算依然只是在各种不确定情况和假设条件下做出的估算。只要未来情况的发展偏离了假设,预算就有可能需要变更。只有用变更了的新预算与实际成本比较,我们才能获得反映费用变化的实时信息,这种信息才有可信度,所以费用控制必须一直跟踪最新的预算。更新预算主要有三种方法:

a. 如果变化是由项目早期因素引起,不会影响项目的剩余部分,则新预算可以用老预算加上那些早期因素引起的变化部分。

b. 如果变化是由某些系统性因素引起的,则这种变化将延续到项目的剩余部分。这种情况下,新预算应该是迄今为止的累计成本加上原来项目预算的剩余部分与系统性的某个修正系数的乘积。

c. 如果变化只是正常的波动,则新预算是目前为止累计成本加上剩余预算,总的预算额不变。

③纠正措施

所谓纠偏,是对系统实际运行状态偏离标准状态的纠正,以使实际运行状态恢复到或保持在标准状态。偏差分析的一个重要目的,就是要找出引起偏差的具体原因,从而采取有针对性的措施,减少或避免损失。

进行偏差原因分析,应将已经导致和可能导致偏差的各种原因一一列举出来,并加以适当的归纳或分类。从"共性"出发,可以把工程费用偏差原因先分为四个方面,即客观原因、发包人原因、设计原因和施工原因,再对每一类原因进行细分,这样既可以对每一个具体原因进行个别分析,又可以将每一类原因汇总进行综合分析。

在确定了纠偏的主要对象之后,就需要采取针对性的纠偏措施。通常将纠偏措施归纳为组织措施、经济措施、技术措施和合同措施四个方面。

a. 组织措施

所谓组织措施,是从工程费用控制的组织管理方面采取的措施,如落实工程费用控制的组织机构和人员,明确各级工程费用控制人员的任务和职能分工、权力和责任、改善工程费用控制的工作流程等。组织措施是其他各类措施的前提和保障,一般不需要增加什么费用,运用得当可以收到良好的效果。

b. 经济措施

经济措施是最易为人接受和采用的措施。例如,检查工程费用目标的分解是否合理、是否正确,资金支出计划是否合理、有无保障、与施工进度是否协调,设计修改和变更是否必要、是否超标准等。另外,通过偏差原因分析和未完工程费用预测,可以发现一些现有和潜在的问题将引起未完工程的费用增加,对这些问题应以主动控制为出发点,及时采取预防措施。

c. 技术措施

技术措施不仅对于解决项目实施过程中的技术问题是不可缺少的,而且对于纠正工程费用偏差亦有相当重要的作用。不同的技术方案就有着不同的经济效果,因此,运用技术措施纠偏时,一是要能提出多个不同的技术方案,二是要对不同的技术方案进行技术经济分析。技术措施的具体内容很多,如主体结构和基础形式、设备选型、结构材料选用、施工方案选择等,在这些方面都存在多种可能性,需要经过技术经济分析慎重地加以选择。

d. 合同措施

合同措施在纠偏方面主要是索赔管理。如在施工过程中,承包人有时会提出索赔要求;工程费用控制人员或合同管理人员要审查承包商的索赔依据是否符合合同有关条款的规定,索赔事件是否属实,是否确实属于非承包商的责任,索赔的计算方法是否合理等。从主动控制的要求出发,应做好日常的合同管理,着重根据偏差原因分析的结果研究合同的有关内容而采取针对性的措施,特别要注意合同中所规定的发包人和监理工程师的责任,并切实予以履行。

④按照完成情况的估计

按照完成情况估计在目前实施情况下完成项目所需的总成本费用(The Estimate at Completion,简称 EAC),有以下三种常用的预测技术。

a. EAC = 实际支出 + 按照实施情况对剩余预算所做的修改,这种方法通常用于当前的变化可以反映未来的变化时。

b. EAC = 实际支出 + 对未来所有剩余工作的新估计,这种方法通常用于当过去的执行情况显示了原有的估计假设条件基本失效的情况下或者由于条件的改变原有的假设不再适用时。

c. EAC = 实际支出 + 剩余的预算,适用于现在的变化仅是一种特殊的情况,认为未来的实施不会发生类似的变化。

⑤案例学习课程

成本控制中所遇到的各种情况,如导致成本变化的原因、各种纠正措施等,对于以后项目的实施与执行是一个非常好的案例课程,应该以数据库的形式保存下来,供本项目及以后其他项目实施时参考。

【例 11-2】 假设某项目由 A、B、C、D、E、F 六项工作组成,项目目前执行到了第 6 周末,各工作在其工期内每周计划费用、实际费用及计划工作量完成百分比见表 11-3,表中横线上数字表示每周计划费用,括号内数字分别为实际完成费用和计划工作量完成百分比。试计算 *ACWP*、*BCWP* 及 *EAC*,并对该项目在进度和费用控制方面的执行状况进行分析。

解:(1)$BCWP = 10 \times 2 \times 100\% + 20 \times 1 \times 100\% + 20 \times 3 \times 100\% + 15 \times 4 \times 75\% + 25 \times 4 \times 40\% + 20 \times 4 \times 0\% = 185$

$ACWP = 20 + 25 + 60 + 50 + 50 = 205$

$BCWS = 20 + 20 + 60 + 15 \times 4 + 25 \times 2 = 210$

某项目的实际执行情况 表 11-3

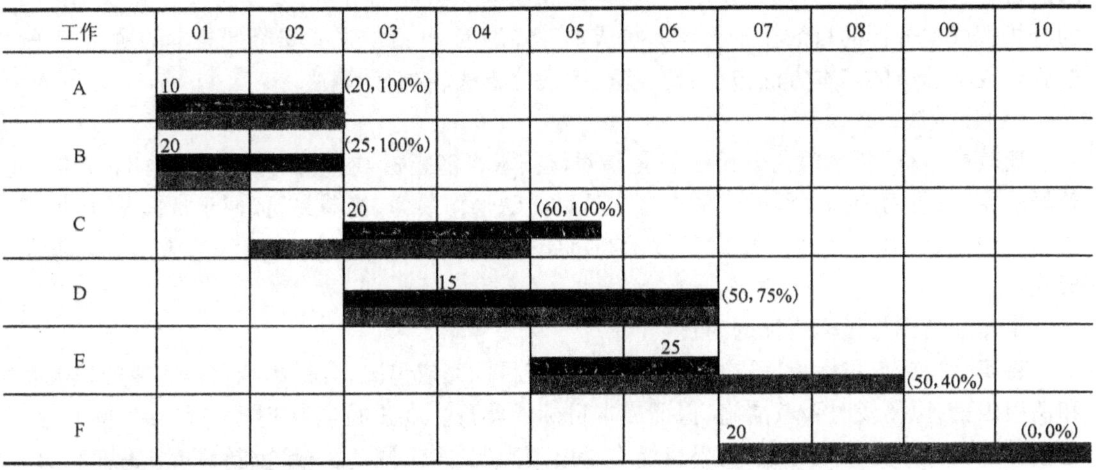

注：1. 黑线：实际执行时间。
2. 灰线：计划执行时间。

(2) EAC 的计算：

①假设项目先前的变化可以反映未来项目的发展趋势，则

$$EAC = 实际费用 + (总预算成本 - BCWP) \times (ACWP/BCWP)$$

$$EAC = 205 + (340 - 185) \times 205/185 = 378$$

或者

$$EAC = 总预算成本 \times (ACWP/BCWP)$$

$$EAC = 340 \times 205/185 = 378$$

②如果现在产生的偏差只是暂时情况，则

$$EAC = 205 + (340 - 185) = 360$$

(3) $SV = 185 - 210 = -20 < 0$ 进度拖后；

$CV = 185 - 205 = -25 < 0$ 费用超支。

$CPI = 185/205 < 1$ 实际费用高于预算费用；

$SPI = 185/210 < 1$ 实际进度比计划进度慢。

4. 成本核算

成本核算是承包企业对项目建设过程中所发生的各项费用进行归集，统计其实际发生额，并计算项目总成本和单位工程成本的管理工作。项目成本核算是承包企业成本管理最基础的工作，它所提供的各种信息是成本预测、成本计划、成本控制和成本考核的依据。

施工成本核算一般以单位工程为对象，也可以按照承包工程项目的规模、工期、结构类型、施工组织和施工现场等情况，结合成本管理需要，灵活划分成本核算对象。施工成本核算的基本内容包括人工费、材料费核算、机械使用费、措施费、分包工程费核算、企业管理费核算等。施工承包企业应建立健全企业和项目两个层次的成本核算组织体制。

项目施工成本核算的基本方法是跟踪检查各分部分项工程的施工进度，收集实际成本数据，按月进行实际成本与计划目标成本的比较分析，编制当月现场施工成本报告。

5. 成本分析

工程项目成本分析是根据成本核算及其他有关资料，揭示项目成本变化情况及其变化原因的过程，包括对施工成本偏差的数量、来源和原因所进行的分析，以及对施工成本变化趋势的分析。成本分析的目的在于确定影响成本升降的因素，寻求进一步降低成本的途径、手段和措施。成本分析的基本方法包括：比较法、因素分析法、差额计算法。

(1)比较法

比较法又称"指标对比分析法"，是指对比技术经济指标，检查目标的完成情况，分析产生差异的原因，进而挖掘降低成本的方法。这种方法通俗易懂、简单易行、便于掌握，因而得到了广泛的应用，但在应用时应注意各技术经济指标的可比性。通常，比较法的应用有以下几种形式：

①实际指标与目标指标的对比

将实际指标与目标指标进行对比，以此检查目标完成情况，分析影响目标完成的积极因素和消极因素，以便及时采取措施，保证成本目标的实现。在进行实际指标与目标指标对比时，还应注意目标本身有无问题，如果目标本身出现问题，则应调整目标，重新评价实际工作，以免挫伤人的积极性。

②本期实际指标与上期实际指标的对比

将同一研究对象在不同时间上的同类指标对比而得到的相对指标，用来表示某一技术经济指标在不同时间上的发展方向和变化的程度。通常将作为比较标准的时期称为基期，把同基期对比的时期称为报告期；根据基期选择的不同，又可分为定基相对指标和环比相对指标。定基相对指标是报告期实际水平与固定期实际水平之比，表明现象在较长暑期内总的发展程度；环比相对指标是报告期实际水平与前期实际水平之比，表明现象逐期发展的速度。

③与本行业平均水平、先进水平的对比

通过与本行业平均水平、先进水平的对比，可以反映项目的技术和经济管理水平与行业的平均及先进水平的差距，进而采取措施提高本项目管理水平。

(2)因素分析法

因素分析法又称连环置换法，可用来分析各种因素对成本的影响程度。在进行分析时，假定众多因素中的一个因素发生了变化，而其他因素不变，然后逐个替换，分别比较其计算结果，以确定各个因素的变化对成本的影响程度。因素分析法的步骤如下：

①确定分析对象，即所分析的成本指标，并计算出实际与计划数的差异。

②确定该指标由哪几个因素组成，并按其相互关系进行排序(排序规则是：先实物量，后价值量；先绝对值，后相对值)。

③以目标数为基础，将各因素的目标数相乘，作为替代的基数。

④将各因素的实际数按排列顺序依次替换其目标数，并将替换后的实际数计算结果保留下来。

⑤将每次替换计算所得的结果，与前一次的计算结果相比较，两者的差异即为该因素对成本的影响程度。

⑥各因素的影响程度之和，应与分析对象的总差异相等。

必须说明，在应用因素分析法时，各个因素的排列顺序应该固定不变，否则就会得出不同的计算结果，产生不同的结论。

【例 11-3】 商品混凝土目标成本为 443 040 元，实际成本为 473 697 元，比目标成本增加

30 657 元,具体资料见表 11-4,分析成本增加的原因。

商品混凝土目标成本与实际成本对比表　　表 11-4

项　目	单　位	目　标	实　际	差　额
产量	m^3	600	630	+30
单价	元	710	730	+20
损耗率	%	4	3	-1
成本	元	443 040	473 697	+30 657

解:(1)分析对象是商品混凝土的成本,实际成本与目标成本的差额为 30 657 元,该指标是由产量、单价、损耗率三个因素组成的,其排序如表 10-4 所示。

(2)以目标数 443 040 元为分析替代的基础,具体替代分析过程如表 10-5 所示。

商品混凝土成本变动因素分析表　　表 10-5

顺　序	连环替代计算	差异(元)	因 素 分 析
目标数	600		
第一次替代	630 × 710 × 1.04	+22 152	由于产量增加 30m^3,成本增加了 22 152 元
第二次替代	630 × 730 × 1.04	+13 104	由于单价提高 20 元,成本增加 13 104 元
第三次替代	630 × 730 × 1.03	-4 599	由于损耗率下降 1%,成本减少 4 599 元
合计	22 152 + 13 104 - 4 599 = 30 657	30 657	

(3)差额计算法

差额计算法是因素分析法的简化形式,是利用各影响因素的实际数与计划数的差异,直接计算出各因素变动对分析成本指标的影响。

【例 11-4】 采用差额计算法分析过程如下:

(1)产量增加 30m^3,使成本增加了 30 × 710 × 1.04 = 22 152(元)。

(2)单价提高 20 元,使成本增加了 20 × 630 × 1.04 = 13 104(元)。

(3)损耗率下降 1%,使成本减少了 630 × 730 × (-1%) = 4 599(元)。

施工项目成本涉及范围较广,需要分析的内容很多,因此,以上介绍的成本分析基本方法还可用于分部分项工程成本分析、月(季)度成本分析、年度成本分析、竣工成本分析等综合成本分析,人工费、材料费、机械使用费、管理费等构成成本项目的成本内容分析,成本盈亏异常分析、工期成本分析、资金成本分析等专项成本分析。

6. 成本考核

施工项目成本考核是指施工项目完成后,对施工项目成本形成中的各责任者,按施工项目成本目标责任制的有关规定,将成本的实际指标与计划、定额、预算进行对比和考核,评定施工项目成本计划的完成情况和各责任者的业绩,并以此给予相应的奖励和处罚,目的是调动责任者成本管理的积极性。

施工成本考核是衡量成本降低的实际成果,也是对成本指标完成情况的总结和评价。成本考核制度包括考核的目的、时间、范围、对象、方式、依据、指标、组织领导、评价与奖惩原则等内容。成本考核可分别考核公司层和项目经理部,也可由项目经理部分别考核项目经理部的各职能部门、各生产班组、各施工队等。

施工成本管理的每一个环节都是相互联系和相互作用的。成本预测是成本决策的前提，成本计划是成本决策所确定目标的具体化。成本计划控制则是对成本计划的实施进行控制和监督，保证决策的成本目标的实现。成本核算又是对成本计划是否实现的最后检验，它所提供的成本信息又将为下一个施工项目成本预测和决策提供基础资料。成本考核是实现成本目标责任制的保证和实现决策目标的重要手段。

【复习思考题】

1. 公路工程投资费用的组成有哪些？如何实现公路工程项目投资费用控制的目的？

2. 公路工程造价管理涉及的管理主体有哪些？各方如何实现公路工程造价控制的目的？

3. 公路工程施工成本管理的环节有哪些？如何实现施工成本管理目标？

4. 某工程计划进度与实际进度如表 11-6 所示。表中实线表示计划进度（进度线上方的数据为每周计划投资），虚线表示实际进度（进度线上方的数据为每周实际投资），设各分项工程每周计划进度与实际进度均为匀速进度，而各分项工程实际完成总工程量与计划总工程量相等。

问题：绘制该工程三种投资曲线，即：①拟完工程计划投资曲线；②已完工程实际投资曲线；③已完工程计划投资曲线。

5. 如表 11-6 所示，分析第 6 周末和第 10 周末的投资偏差和进度偏差。

某工程计划进度与实际进度表（万元）　　　　表 11-6

分项工程	进度计划（周）											
	1	2	3	4	5	6	7	8	9	10	11	12
A	5	5	5									
	5	5	5									
	5	5	5									
B		4	4	4	4	4						
			4	4	4	4	4					
			4	4	4	4	4					
C				9	9	9	9					
						9	9	9	9			
						8	7	7	7			
D						5	5	5	5			
							4	4	4	4	4	
							4	4	4	5	5	
E								3	3	3		
										3	3	3
										3	3	3

第十二章

公路工程项目进度管理

【学习目的与要求】

本章结合公路建设项目特点,主要介绍公路工程项目进度计划编制与管理的相关内容。通过本章的学习,应熟悉工程项目进度管理的主要内容,掌握横道图、双代号网络图和单代号网络图等工作排序方法、工作持续时间的估算方法、常用进度计划的表示方法,了解进度计划实施中的控制方法、合同中的进度管理条款、常用项目管理软件的基本功能及其进度计划管理过程。

第一节　概　　述

一、进度的概念

进度通常是指工程项目实施结果的进展情况,在工程项目实施过程中要消耗时间(工期)、劳动力、材料、成本等才能完成项目的任务。当然项目实施结果应该以项目任务的完成情况,如工程的数量来表达。但由于工程项目技术系统的复杂性,常常很难选定一个恰当的、统一的指标来全面反映工程的进度。有时时间和费用与计划吻合,但工程实物进度(工程量)

未达到目标，则后期就必须投入更多的时间和费用。

在现代工程项目管理中，人们已赋予进度以综合的含义，它将工程项目任务、工期、成本有机地结合起来，形成一个综合的指标，能全面反映项目的实施情况。进度控制已不只是传统的工期控制，而是将工期与工程实物、成本、劳动消耗、资源等统一起来。

二、进度指标

进度控制的基本对象是工程活动。项目进度状况通常是通过各工程活动完成程度（百分比）逐层统计汇总计算得到的。进度指标的确定对进度的表达、计算、控制有很大影响。由于一个工程有不同的子项目，它们的工作内容和性质不同，必须挑选一个共同的，对所有工程活动都适用的计量单位。

（1）持续时间。持续时间（工程活动的或整个项目的）是进度的重要指标。人们常用已经使用的工期与计划工期相比较以描述工程完成程度。

（2）按工程活动的结果状态数量描述。这主要针对专门的领域，其生产对象简单、工程活动简单。例如，混凝土工程按体积，预制件按数量或重量、体积。

（3）已完成工程的价值量，即用已经完成的工作量与相应的合同价格，或预算价格计算。这是常用的进度指标。

（4）资源消耗指标，最常用的有劳动工时、机械台班、成本的消耗等。它们有统一性和较好的可比性，即各个工程活动直到整个项目都可用它们作为指标，这样可以统一分析尺度。

三、进度控制和工期控制

工期和进度是两个既互相联系，又有区别的概念。

由工期计划可以得到各项目单元的计划工期的各个时间参数。它分别表示各层次的项目单元（包括整个项目）的持续时间、开始和结束时间、时差等。它们作为项目的目标之一。

工期控制的目的是使工程实施活动与上述工期计划在时间上吻合，即保证各工程活动按计划及时开工、按时完成，保证总工期不推迟。

进度控制的总目标与工期控制是一致的，但控制过程中它不仅追求时间上的吻合，而且还追求在一定的时间内工作量的完成程度（劳动效率和劳动成果）或消耗的一致性。

（1）工期常常作为进度的一个指标，它在表示进度计划及其完成情况时有重要作用，所以进度控制首先表现为工期控制。有效的工期控制才能达到有效的进度控制，但仅用工期表达进度会产生误导。

（2）进度的拖延最终一定会表现为工期的拖延。

（3）对进度的调整常常表现为对工期的调整，为加快进度，改变施工次序、增加资源投入，则意味着通过采取措施使总工期提前。

所以本章的重点还是放在对工期控制的描述上。

四、工程项目进度目标

项目进度目标就是项目所要达到的工期结果。项目进度目标通常是一个目标体系，这个目标体系具有一定的层次性。项目的最高层是总体目标，最下层是具体目标。上级目标控制下级目标,下级目标保证上级目标,最终实现施工项目进度的总目标。

有了明确的进度目标,才能为制订项目进度计划打下基础,并为项目进度计划指明方向。

五、工程项目进度管理

工程项目进度管理包括为确保项目按期完成所必需的所有工作过程。主要有:工作定义、工作逻辑关系分析、工作持续时间估算、进度计划编制和进度实施与控制。

1. 工作定义

工作定义就是找出为完成各种项目可交付成果而必须进行的具体工作。

2. 工作逻辑关系分析

工作逻辑关系分析也被称为排序,就是找出工作之间的逻辑关系,并形成文件(图、表、文字资料等)。

3. 工作持续时间估算

工作持续时间估算就是对完成各项工作所需的时间进行估算。

4. 进度计划编制

进度计划编制就是在分析工作逻辑关系、工作持续时间和资源要求的基础上,编制出项目进度的计划安排。

5. 进度实施与控制

进度实施与控制就是在确保每项工作按进度计划进行的同时,不断掌握计划实施情况,并通过各种纠偏措施,控制进度计划的变化,保证进度计划目标的实现。

第二节 工程项目工作定义与工作逻辑关系分析

一、工作定义

所谓工作定义,就是对工作分解结构(WBS)中规定的可交付成果或半成品的生产所必须进行的具体工作(活动,作业或工序)进行定义,并形成相应的文件,包括工作清单和工作分解结构的更新。

在工程项目中,工作的范围可大可小,需根据具体情况和需要来定。例如,准备工作、钻孔、灌注水下混凝土、清理现场各是一项工作,也可以把上述四项工作综合为一项钻孔灌注桩基础工程。

1. 工作定义的依据

(1)工作分解结构(WBS)

工作分解结构(WBS)是工作定义的基本依据。WBS 通过子单元来表达主单元,每一工作的编码都是唯一的,因此十分明确。任何工作项目都可通过计算其下层工作的费用、进度而得到该工作的费用和进度。由于 WBS 是从粗到细分层划分的树状结构,因此根据 WBS 可以列出不同粗细程度的工作清单。

(2)项目范围说明书

项目范围说明书详细说明了为什么要进行这个项目,明确了项目的目标和主要的可交付成果。

在工作定义期间必须明确考虑范围说明书列入项目的合理性说明和项目目标。

(3)历史资料

尽管项目具有一次性和独特性的特点,但不同项目的 WBS,在某些部分可能很相似,工作内容也很接近。所以,在进行工作定义时应该考虑历史资料,尤其是类似项目的历史资料。

2. 工作定义的方法

工作定义的方法有以下两种:

(1)分解。即将项目组成部分细分为更小、更易于管理的单元,以便更好地进行管理和控制。分解的最后结果是工作(或工作步骤)。这与工作分解结构(WBS)不同,WBS 的结果是可交付成果(有形物品)。

(2)借用历史资料,参照过去的样板。前一项目的工作清单或部分清单经常可作为一个新项目的工作清单样板。利用这些类似的清单作为样板,可以大大加快工作分解的进程。

3. 工作定义的成果

工作定义的成果是一份工作清单和工作分解结构的更新。

(1)工作清单

工作清单必须包括本项目中将要进行的所有工作。与工作分解结构相似,工作清单应该包括每项工作的说明,这样才能使项目团队成员知道如何完成该项工作。

(2)工作分解结构的更新

在利用工作分解结构找出完成某一项目而必须进行的工作时,项目管理人员可能发现需要附加一些可交付成果或重新编写可交付成果说明,增加某一工作或对某一工作进行细化,形成新的工作分解结构。

二、工作逻辑关系分析

工作逻辑关系分析就是确定各工作之间的依赖关系,并形成文档。

1. 工作逻辑关系的概念

工程项目各工作之间相互制约或相互依赖的先后顺序关系称为逻辑关系,有了正确的逻辑关系才能编制进度计划。

逻辑关系分析的依据包括:已设计的工作方案、项目已分解的工作、收集到的有关信息、编制计划人员的专业工作经验和管理工作经验等。

2. 工作逻辑关系类型

逻辑关系包括工艺关系和组织关系。

(1)工艺关系

工艺关系是项目中各项工作之间固有的依赖关系,是一种不可违背的先后顺序。在工程项目中的施工工艺即是这种逻辑关系,一般来说是固定的。如图 12-1 所示,挖基 1→模板 1→混凝土 1 为工艺关系。

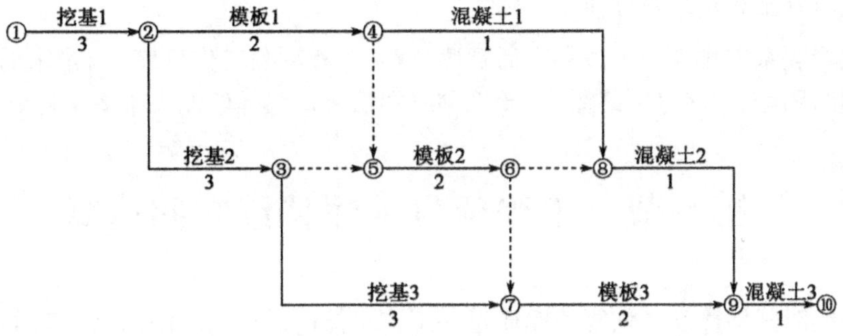

图 12-1　基础工程网络图

(2)组织关系

组织关系是由项目管理人员确定的项目工作之间的先后顺序,一般不是固定的,会随现场的情况或资源状况而改变。例如,在施工过程中,由于劳动力、机械、材料和构配件等资源的组织与安排需要而形成的各工作之间的先后顺序关系。这种关系不是由工程项目本身决定的,而是人为安排的。组织方式不同,组织关系也不同,所以它不是一成不变的。如图 12-1 所示,挖基 1→挖基 2→挖基 3,混凝土 1→混凝土 2→混凝土 3 等为组织关系。

因此在确定工作之间的逻辑关系时,首先应考虑工艺关系,然后再考虑组织关系。

3. 逻辑关系的表达形式

逻辑关系的表达分为平行、顺序和搭接三种形式,如图 12-2 所示。

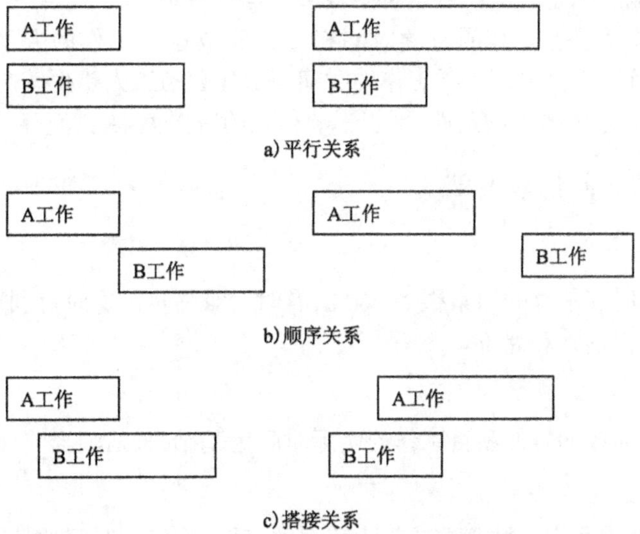

图 12-2　平行、顺序、搭接关系横道图

(1)平行关系:两项或两项以上工作同时开始即为平行关系。

(2)顺序关系:两项工作先后进行即为顺序关系。如前一工作结束,后一工作马上开始则为紧连顺序关系;若后一工作在前一工作结束后隔一段时间才开始则为间断顺序关系。

(3)搭接关系:两项工作有一段时间是平行进行的则为搭接关系。

4. 工程项目工作排序的方法

根据逻辑关系安排各项工作的先后顺序,就是工程项目工作排序。工作排序的方法很多,如双代号网络图法、单代号网络图法、条件网络图法等。具体绘制见本章第五节。

第三节　工程项目工作持续时间估算

工作持续时间估算就是估算为完成每一工作可能所需要的时间。这项工作一般由项目管理人员中最熟悉某一具体工作性质的个人或集体来完成。

一、影响工作持续时间估算的因素

工作持续时间估算是编制项目进度计划的一项重要基础工作,对工作持续时间估算的基本要求是客观、公正。估算时间过长,会影响项目工期目标的实现;估算时间过短,会造成项目运作的被动紧张。在进行工作持续时间估算时,应考虑的因素包括:

(1)作业制度安排。一班制与两班、三班制的时间是不一样的。

(2)工程量。工程量的大小直接影响工作持续时间的多少。

(3)采用的技术、工艺方案。方案不同,所需的时间则不同。如施工中采用现浇方案与预制装配方案所需的时间就不一样。

(4)各种资源的供应情况。大多数工作的持续时间都受分配给它们的资源数量的影响。例如,当机械设配减少一半时工作持续时间就可能延长一半。

(5)资源效率。大多数工作的持续时间将受到完成这一工作的人员和设备生产率的影响。例如,一名熟练工人完成某一项工作的时间一般比普通工人要少。

(6)现场条件。恶劣的现场条件,可能影响相互的协作关系,甚至降低工作效率。

二、工作持续时间估算方法

1. 专家评估法

影响工作持续时间估算的因素很多,因此,有时较难估算。这时可利用专家的知识和经验对工作持续时间做出估计和评价。

2. 类比法

类比法是以已完成的类似项目工作的实际时间为基础,来估测当前项目工作的持续时间。

3. 定额计算法

在工程项目中,采用定额计算法是较为普遍的,其工作持续时间的计算公式是:

$$D = \frac{Q}{R \cdot C} \tag{12-1}$$

式中:D——工作持续时间;

Q——该项工作的工程量,以实物度量单位表示;

R——投入该项工作的人数或机械设备的数量,以人或台数表示;

C——产量定额,以单位时间完成的工程量表示。

4. 三时估计法

三时估计法多适用于采用新工艺、新方法、新材料而无定额可循的项目。在进行估计时要根据过去的经验，把工作持续时间作为随机变量，应用概率统计理论，估计出下面三种时间。

(1)最短工作时间 a

即在最有利的工作条件下，完成该工作的最短必要时间，因此也称为最乐观时间。

(2)最可能工作时间 m

即在正常工作条件下，完成该工作所需的时间。它是在同样条件下，多次进行某一工作时出现频率最多的时间值。

(3)最长工作时间 b

即在最不利的工作条件下，完成该工作所需的时间。因此也称为最保守时间。

对估计出的 a、b、m 三个时间值，利用概率论中期望值的概念，加权平均算出一个期望平均值作为工作的持续时间。

假定 m 发生的可能性两倍于 a 和 b，则用加权平均方法求出：

$$(a、m)\text{之间的平均值} = \frac{a + 2m}{3}$$

$$(b、m)\text{之间的平均值} = \frac{b + 2m}{3}$$

设这两个平均值又一同等的可能性出现，则又得到的加权平均值 d，即为工作所需时间的期望值。

$$d = \frac{1}{2}\left(\frac{a + 2m}{3} + \frac{b + 2m}{3}\right) = \frac{a + 4m + b}{6}$$

第四节　工程项目施工进度计划编制

一、进度计划的编制依据

1. 工程项目网络图

工程项目网络图即根据项目工作顺序及相互间的逻辑关系绘制的网络图。

2. 工程项目工作持续时间的估算

工程项目工作持续时间的估算是指对工程项目中的各项工作，应用定额计算法或三时估计法等确定其工作持续时间。

3. 资源需求

资源需求即对资源数量和质量的要求，也就是说明什么资源在什么时间用在什么工作中。当有多个工作同时需要某种资源时，需要做出合理的安排。

4. 作业制度安排

明确项目作业制度是十分必要的，它直接影响到进度计划的安排。例如，有些地方规定，某些项目只能在正常时间工作，夜间不允许施工，而另外一些项目则可分三班倒。

5. 约束条件

在项目执行过程中总会存在一些关键事件或里程碑事件，这些都是项目执行过程中必须考虑的约束条件。例如，项目业主或其他利害关系者可能要求在某一规定日期前完成某些可交付成果。最常用的约束条件是“开始不早于……”和“完成不迟于……”。

6. 项目工作的提前和滞后要求

为了准确地确定工作关系，有些逻辑关系需要规定提前或滞后的时间。例如，规定在雨季到来之前必须完成路基土方工程；某些设备的安装，允许有几周的滞后量。

二、编制进度计划的工具与方法

进度计划通常采用形象的图表形式表达，最常用的工具与方法有：横道图计划、网络计划、双代号时标网络计划和里程碑计划等。

1. 横道图计划

横道图是一种最简单、运用最广泛的传统的进度计划方法，尽管有许多新的计划技术，横道图在工程建设领域中的应用仍非常普遍。

横道图是用横向线条结合时间坐标形象地表示出项目各项工作的起讫时间和先后顺序，整个计划由一系列横道组成。横道线的长度表示施工期限，横道线所在的位置表示施工的内容，线上可以用数字标出劳动力或其他资源的需要数量。图 12-3 为某公路工程（总长度 80km）的施工总进度横道计划。

按照所表示工作的详细程度，时间单位可以为小时、天、周、月等。这些时间单位经常与日历对应，此时可表示非工作时间，如：停工时间、公众假日、假期等。根据横道图使用者的要求，工作可按照时间先后、责任、项目对象、同类资源等进行排序。

横道图计划的优点是较易编制，且简单、明了、直观、易懂；因为有时间坐标，故各项工作的开始时间、持续时间、工作进度、总工期等一目了然；对资源需要量的计算也便于据图叠加。

横道图计划的缺点是不能全面地反映出各项工作之间的相互关系和影响，也不便于进行各种时间参数的计算，不能客观地突出关键工作，计划调整只能用手工方式进行，工作量较大；难以适应大的进度计划系统。

横道图常用于小型项目或大型项目的子项目，或用于计算资源需要量和概要预示进度，也可用于其他计划技术的结果表示。

2. 网络计划

网络计划是以箭线和节点组成的网状流程图来表示项目进度的计划，包括双代号网络图和单代号网络图。图 12-3 所示同一公路工程项目的施工进度图用双代号网络图形式表示，其结果如图 12-4 所示。

网络计划的优点是把项目过程中的各有关工作组成了一个有机整体，因而能全面而明确地反映出各项工作之间相互依赖、相互制约的生产和协作关系；它可以进行各种时间参数的计算，能在活动繁多、错综复杂的计划中找出影响工程项目进度的关键工作，便于管理人员集中精力抓住项目实施中的主要矛盾，保证进度目标的完成；还可以利用时间参数计算反映出来的时差，更好地配备各种资源，达到节省人力、物力和降低成本的目的；能用电算分析并进行施工进度计划的优化。

序号	工作名称	工程量		起止时间		××年								
						月份								
		单位	数量	开始	结束	2	3	4	5	6	7	8	9	10
1	临时通讯线路	km	80	2-1	7-31	6								
2	沥青混凝土基地	处	1	2-1	5-5	35								
3	清除路基	m^2	700 000	3-1	7-31		4							
4	路用房屋	m^2	1300	2-1	5-31	60								
5	大桥	座	1	5-15	9-15				94					
6	中桥	座	5	3-15	8-31		53				38			
7	集中性土方	m^3	430 000	4-5	8-31			20						
8	小型构造物	座	23	5-1	9-15				30					
9	沿线土方	m^3	89 000	5-1	9-25				36					
10	基层	m^2	560 000	5-10	10-10				48					
11	面层	m^2	560 000	5-15	10-15				18					
12	整修工程	km	80	5-20	10-20				10					

注：1.图中2-1表示2月1日，余同。
2.横线上的数字为劳动力需要量。

图 12-3 用横道图表示的进度计划

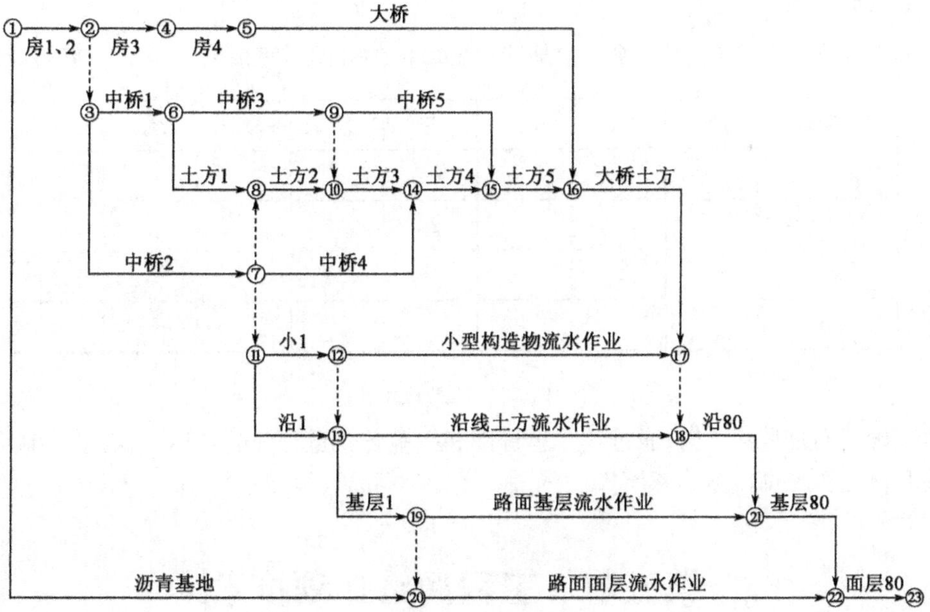

图 12-4 用双代号网络图表示的进度计划

3. 双代号时标网络计划

双代号时标网络计划将项目的网络图与横道图结合了起来，既表示项目工作之间的逻辑

关系,又表示工作的持续时间,如图 12-5 所示。时标网络计划具有以下特点:

(1)它既是一个网络计划,又是一个横道计划,能够清楚地表明计划的时间进程,便于使用。

(2)能在图上直接显示出各项工作的开始和完成时间,工作的自由时差及关键线路。在使用过程中,可以随时确定哪些工作应该已经完成,哪些工作正在进行及哪些工作就要开始。

(3)由于能清楚地表示出哪些工作需要同时进行,因此可以确定同一时间对材料、机械、设备以及人力的需要量。

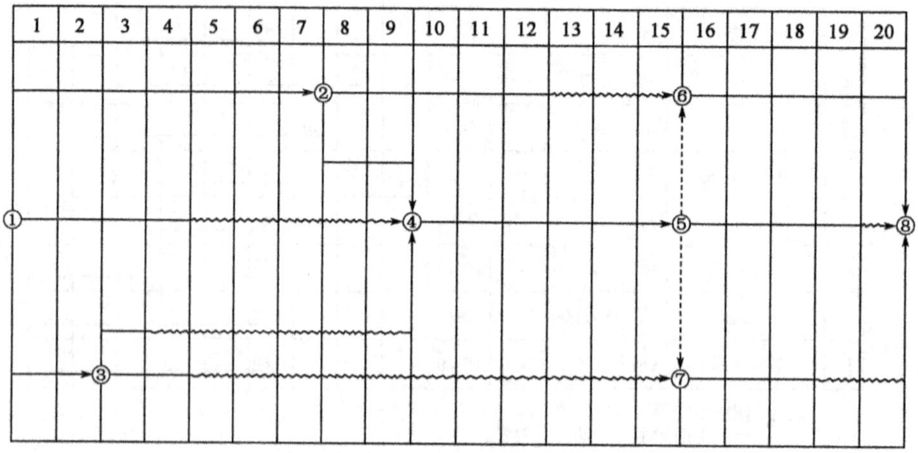

图 12-5　用时标网络图表示的进度计划

4. 里程碑计划

里程碑计划(图 12-6)是以项目中某些重要事件的开始或完成时间点为基准的计划。

里程碑事件	1月	2月	3月	4月	5月	6月	7月	8月
A		▲						
B				▲				
C							▲	
D								▲

图 12-6　里程碑计划

里程碑计划是目标导向,通过建立里程碑和检验各个里程碑的到达情况,来控制项目工作的进展和保证实现总目标。

第五节　工程网络计划技术

一、工程网络计划的类型

工程网络计划的类型有如下几种不同的划分方法。

(1)按工作持续时间的特点划分为：

①肯定型问题的网络计划。

②非肯定型问题的网络计划。

③随机网络计划。

(2)按工作在网络图中的表示方法划分为：

①以箭线表示工作的网络计划[我国《工程网络计划技术规程》(JGJ/T 121—2015)称为双代号网络计划]。

②以节点表示工作的网络计划[我国《工程网络计划技术规程》(JGJ/T 121—2015)称为单代号网络计划]。

美国较多使用双代号网络计划,欧洲则较多使用单代号搭接网络计划。

我国《工程网络计划技术规程》(JGJ/T 121—2015)推荐的常用的工程网络计划类型包括：

①双代号网络计划。

②单代号网络计划。

③双代号时标网络计划。

④单代号搭接网络计划。

二、双代号网络计划

网络图是网络计划技术的主要工具,双代号网络图是以若干表示工作的箭线及其两端节点的编号表示工作的网络图,如图 12-7 所示。

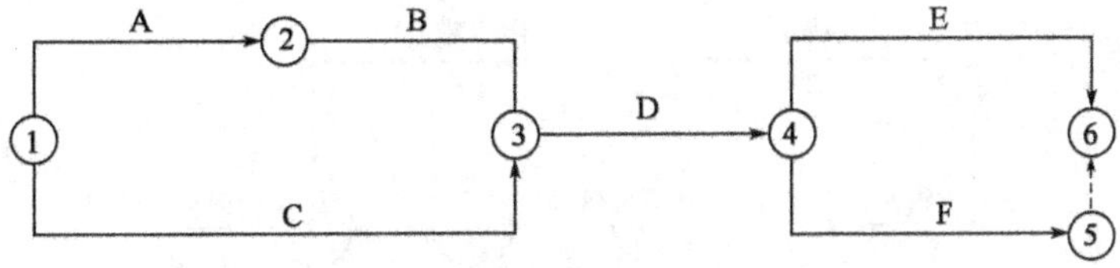

图 12-7 双代号网络图

1. 基本符号

(1)箭线(工作)

在双代号网络图中,一条箭线表示一项工作。工作是泛指一项需要消耗人力、物力和时间的具体施工过程,也称工序、作业、活动。在公路工程中,一条箭线可以表示一道工序、一个分项工程、一个分部工程或一个单位工程,其包括的工作范围可大可小,工作内容可多可少,视计划任务的需要来定。

①每一条箭线表示一项工作,箭线的箭尾节点 i 表示该工作的开始,箭线的箭头节点 j 表示该工作的结束。工作的名称写在箭线上方,完成该工作所需的时间标注在箭线下方,每个节点都编以号码,箭线前后两个节点的号码即代表该箭线所表示的工作,如图 12-8 所示。由于一项工作需用一条箭线和其箭尾与箭头处两个圆圈中的号码来表示,故称为双代号网络图。

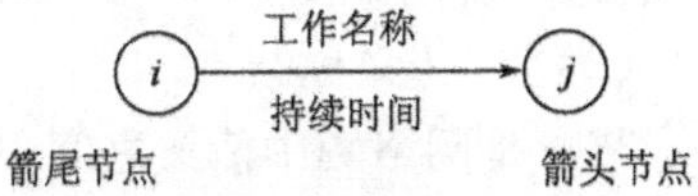

图 12-8 双代号网络图工作的表示方法

②每项工作都要占用一定的时间或空间，也要消耗一定的资源（如劳动力、材料等）。因此，凡是占用一定时间的过程，都应作为一项工作来看待。例如，混凝土浇筑后的养生，这种由于技术上的需要而引起的时间等待，在网络图中也应用一条箭线来表示。

③在没有时间坐标的网络图中，箭线的长度并不反映该工作所占用的时间长短。箭线的形状宜画成水平直线，也可画成折线或斜线。水平直线的方向应自左向右，表示工作的进行方向。

④两项工作前后连续施工时，代表两项工作的箭线也前后连续画下去。各工作根据其相互关系，可分为紧前工作、紧后工作和平行工作。如图 12-9 所示，通常将被研究的工作用 *i-j* 表示，称为本工作；紧排在其前的工作称为紧前工作；紧排在其后的工作称为紧后工作；与之平行进行的工作称为平行工作。

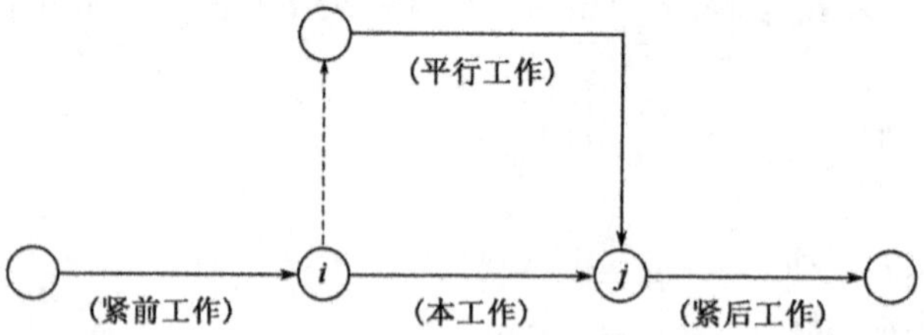

图 12-9　工作间的关系

⑤双代号网络图中，为了正确地表达工作之间的逻辑关系，往往需要应用虚箭线。虚箭线是工程实际中并不存在的一项虚设工作，故它们没有工作名称，既不占用时间，也不消耗资源，一般起着工作之间的联系、区分和断路三个作用，如图 12-10 所示。

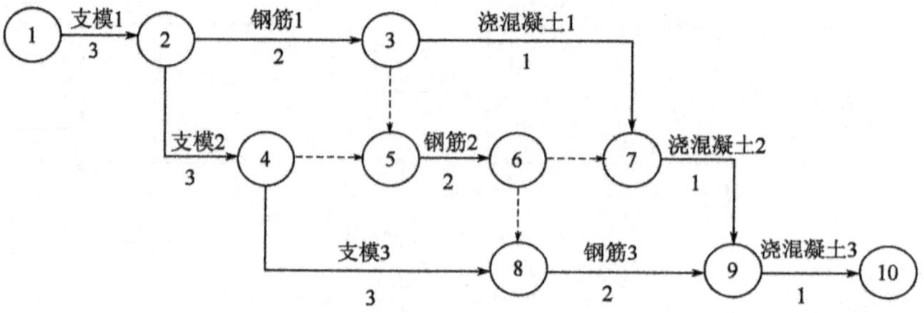

图 12-10　虚箭线的应用

a. 联系作用是指应用虚箭线正确表达工作之间相互依存的关系，如图 12-10 中的虚箭线 3-5、6-8。

b. 区分作用是指双代号网络图中每一项工作都必须用一条箭线和两个代号表示，若两项工作的代号相同时，应使用虚箭线加以区分，如图 12-7 中的虚箭线 5-6。

c. 短路作用是用虚箭线断掉多余联系，即在网络图中把无联系的工作连接上时，应加上虚箭线将其断开，如图 12-10 中的虚箭线 4-5、6-7。

（2）节点（又称结点、事件）

节点是网络图中箭线之间（即前后两项工作之间）的连接点。在时间上节点表示指向某节点的工作全部完成后该节点后面的工作才能开始的瞬间，即节点既表示前一项工作的结束，同时也表示后一项工作的开始。

①在双代号网络图中,节点只标志着工作的结束和开始的瞬间,具有承上启下的衔接作用,而不需要消耗时间和资源。

②在网络图中,对一个节点来讲,可能有许多箭线通向该节点,这些箭线就称为该节点的内向箭线或内向工作;同样也可能有许多箭线由该节点出发,这些箭线就称为该节点的外向箭线或外向工作。

③网络图中的第一个节点称为起点节点,它只有外向箭线,表示一项工程(任务)的开始,所有箭线均从这里出发;最后一个节点叫终点节点,它只有内向箭线,表示一项工程(任务)的结束,所有的工作箭线均汇入这里;介于网络图起点节点和终点节点之间的节点叫中间节点,它既有内向箭线,表示前面工作的结束,又有外向箭线,表示后面工作的开始。

④所有节点均应用正整数编号,称为节点编号。每项工作都可用箭尾和箭头的节点编号(i-j)作为该工作的代号;在同一个网络图中不能有相同的节点编号。节点编号时,必须使一项工作的箭尾节点的号码小于箭头节点的号码,即 $i<j$。节点编号顺序应从小到大,可不连续,但不允许重复。

(3)线路

网络图中从起点节点开始,沿箭线方向连续通过一系列的节点和箭线,最后到达终点节点所经过的通路,称为线路。在一个网络图中可能有多条线路,某条线路中的全部工作持续时间之和就是该线路的长度,即线路所需要的时间。一般网络图有多条线路,可依次用该线路上的节点编号来记述,如图 12-7 中有四条线路:①-②-③-④-⑥、①-②-③-④-⑤-⑥、①-③-④-⑥、①-③-④-⑤-⑥。

根据线路长度的不同,可将线路分为关键线路和非关键线路两种。在各条线路中,有一条或几条线路的总时间最长,称为关键线路,一般用双线或粗线标注;其他线路长度均小于关键线路,称为非关键线路。

(4)逻辑关系

工作之间相互制约或相互依赖的关系叫逻辑关系。逻辑关系可分为施工工艺关系和施工组织关系两种,在网络图中均应表现为工作之间的先后顺序。

2. 绘图规则

(1)双代号网络图应正确表达已定的逻辑关系。

(2)双代号网络图中,不得出现循环线路。所谓循环线路是指从网络图中的某一个节点出发,顺着箭线方向又能回到原出发点的线路。

(3)在双代号网络图中,不得出现带双向箭头或没有箭头的连线。

(4)双代号网络图中,不得出现没有箭头节点或没有箭尾节点的箭线。

(5)当双代号网络图的某些节点有多条外向箭线或多条内向箭线时,为使图形简洁,可使用母线法绘图,使多条箭线经一条公用的竖向母线段从某节点引出,如图 12-11a)所示,或使多条箭线经一条公用的竖向母线段引入某节点,如图 12-11b)所示。但要注意应满足一项工作应只有唯一的一条箭线和相应的一对节点编号的规定。

(6)绘制网络图时,宜尽量避免箭线交叉。当交叉不可避免时,采用过桥法或指向法,如图 12-12 所示。

(7)双代号网络图中应只有一个起始节点;在不分期完成任务的网络图中,应只有一个终点节点,而其他所有节点均应是中间节点。

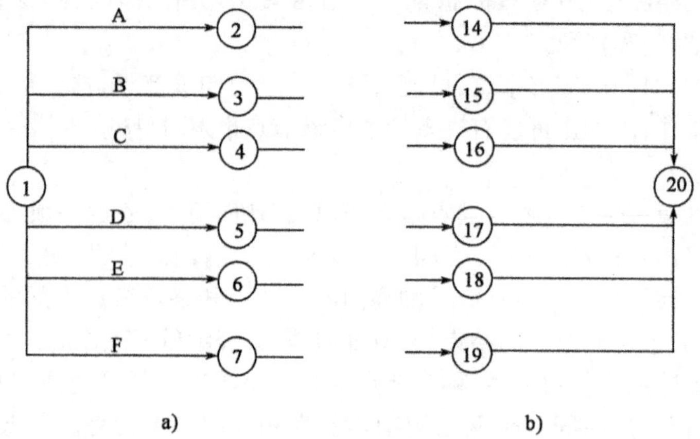

图 12-11　母线法绘图

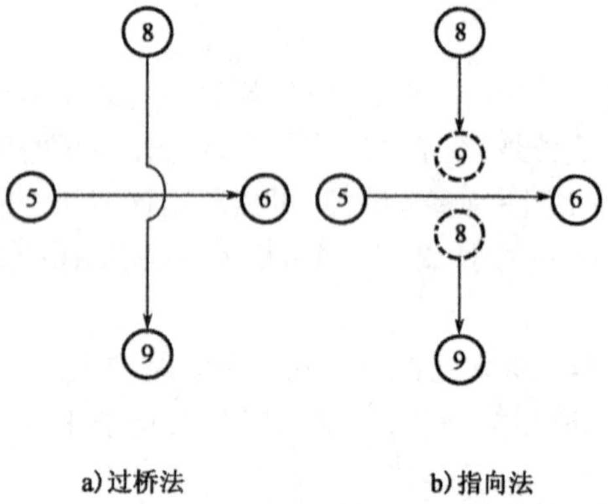

a）过桥法　　b）指向法

图 12-12　箭线交叉的表示方法

(8)双代号网络图应条理清楚，布局合理。例如，网络图中的工作箭线不宜画成任意方向或曲线形状，尽可能用水平线或斜线；关键线路、关键工作尽可能安排在图面中心位置；避免倒回箭头等。

3. 双代号网络计划时间参数的计算

双代号网络计划时间参数计算的目的在于通过计算各项工作的时间参数，确定网络计划的关键工作、关键线路和计算工期，为网络计划的优化、调整和执行提供明确的时间参数。

双代号网络计划时间参数的计算应在确定各项工作的持续时间之后进行。虚工作可视同工作进行计算，其持续时间应为零。双代号网络计划时间参数的计算方法很多，一般常用的有按工作计算法和按节点计算法两种，按照计算结果的表示方法每种均又包括图上计算法、表上计算法等。以下只讨论按工作计算法在图上进行计算的方法。

(1)时间参数的概念及其符号

①最早开始时间($ES_{i\text{-}j}$)：是指在其所有紧前工作全部完成后，工作 $i\text{-}j$ 有可能开始的最早时刻。

②最早完成时间($EF_{i\text{-}j}$)：是指在其所有紧前工作全部完成后，工作 $i\text{-}j$ 有可能完成的最早时刻。

③最迟开始时间($LS_{i\text{-}j}$)：是指在不影响整个任务按期完成的前提下，工作 $i\text{-}j$ 必须开始的最迟时刻。

④最迟完成时间($LF_{i\text{-}j}$)：是指在不影响整个任务按期完成的前提下，工作 $i\text{-}j$ 必须完成的最迟时刻。

⑤总时差($TF_{i\text{-}j}$)：是指在不影响总工期的前提下，工作 $i\text{-}j$ 可以利用的机动时间。

⑥自由时差($FF_{i\text{-}j}$)：是指在不影响其紧后工作按最早时间开始的前提下，工作 $i\text{-}j$ 可以利用的机动时间。

按工作计算法计算网络计划中各工作时间参数，其结果可直接标注在网络图上，一目了然,同时也便于检查和修改,故此法比较常用。如图 12-13 所示,工作时间参数通常标注在工作箭线的上方或左侧。

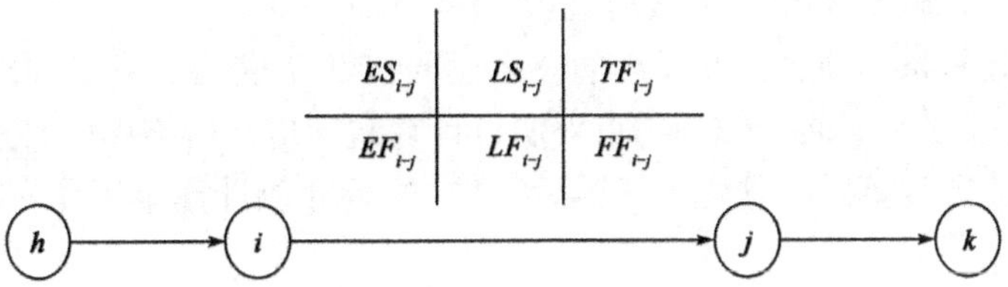

图 12-13 按工作计算法的时间参数图上标注形式

(2)双代号网络计划时间参数计算

①最早开始时间(ES)和最早完成时间(EF)的计算

工作最早时间是指一项工作在具备了一定的工作条件后可以开始工作并完成所有工作内容的最早时间。因此,在工作程序上,它要等所有紧前工作均完成后方能开工。

因受紧前工作的约束,工作最早时间计算顺序应从网络图的起点节点开始,顺箭线方向逐项进行,直到终点节点为止。即必须先计算紧前工作,然后再计算本工作。整个计算是一个加法过程。

a. 以网络图起点节点(假定起点节点编号为 1,即 $i=1$)为箭尾节点的工作,当未规定其最早开始时间时,最早开始时间确定为零,即第 0 天下班时刻开工,也即第 1 天上班时刻开工。即:

$$ES_{i-j}=0 \quad (i=1) \tag{12-2}$$

b. 工作的最早完成时间等于本工作的最早开始时间与其持续时间之和,即:

$$EF_{i-j}=ES_{i-j}+D_{i-j} \tag{12-3}$$

c. 对于其他工作(除以网络图起点节点为箭尾节点的工作外),其最早开始时间应为各紧前工作(h-i)的最早完成时间(EF_{h-i})的最大值。即它要等所有的紧前工作全部完成后才能开始,即:

$$ES_{i-j}=\max\{EF_{h-i}\} \tag{12-4}$$

或

$$ES_{i-j}=\max\{ES_{h-i}+D_{h-i}\} \tag{12-5}$$

②确定计算工期 T_c 及计划工期 T_p

计算工期等于以网络图终点节点为箭头节点的各项工作最早完成时间的最大值。如网络图终点节点的编号为 n,则计算工期 T_c 为:

$$T_c=\max\{EF_{i-n}\} \tag{12-6}$$

网络计划的计划工期 T_p 应按下列情况分别确定:

a. 当已规定了要求工期 T_r 时,计划工期不应超过要求工期,即:

$$T_p \leqslant T_r \tag{12-7}$$

b. 当未规定要求工期时,可令计划工期等于计算工期,即:

$$T_p = T_c \tag{12-8}$$

在网络图时间参数计算中,一般如果不特别说明,可取计划工期等于计算工期。

③最迟开始时间(LS)和最迟完成时间(*LF*)的计算

工作最迟时间是指一项工作在不影响整个任务按期完成的前提下,最迟必需的开始或完成时间。因此,它要受其紧后工作的约束。所以计算顺序应从网络图的终点节点开始,逆箭线方向向起点节点逐项计算。必须先计算紧后工作,然后才能计算本工作。整个计算是一个减法过程。

a. 以网络图终点节点($j=n$)为箭头节点的各项工作,其最迟完成时间等于计划工期,即:

$$LF_{i\text{-}n} = T_p \tag{12-9}$$

b. 工作的最迟开始时间等于本工作的最迟完成时间与其持续时间之差,即:

$$LS_{i\text{-}j} = LF_{i\text{-}j} - D_{i\text{-}j} \tag{12-10}$$

c. 其他工作(i-j)(除以网络图终点节点为箭头节点的各项工作外)的最迟完成时间等于其各紧后工作(j-k)的最迟开始时间($LS_{j\text{-}k}$)的最小值,即:

$$LF_{i\text{-}j} = \min\{LS_{j\text{-}k}\} \tag{12-11}$$

或

$$LF_{i\text{-}j} = \min\{LF_{j\text{-}k} - D_{j\text{-}k}\} \tag{12-12}$$

④工作总时差(TF)的计算

一项工作的活动范围要受到其紧前紧后工作的约束,它的极限活动范围是从其最早开始时间到最迟完成时间这段时间中,从中扣除本身作业必须占用的时间之后,其所余时间便可机动使用,它可以推迟开工或提前完成,如可能,它也可以间断施工或延长其持续时间以节约人力或设备。这个工作可以灵活机动使用的时间就叫工作的总时差。用公式表达即如式(12-13)所示。

$$TF_{i\text{-}j} = LF_{i\text{-}j} - ES_{i\text{-}j} - D_{i\text{-}j} \tag{12-13}$$

或

$$TF_{i\text{-}j} = (LF_{i\text{-}j} - D_{i\text{-}j}) - ES_{i\text{-}j} = LS_{i\text{-}j} - ES_{i\text{-}j} \tag{12-14}$$

或

$$TF_{i\text{-}j} = LF_{i\text{-}j} - (ES_{i\text{-}j} + D_{i\text{-}j}) = LF_{i\text{-}j} - EF_{i\text{-}j} \tag{12-15}$$

⑤工作自由时差(FF)的计算

自由时差是总时差的一部分,指一项工作在不影响其紧后工作按最早开始时间开始工作的条件下可以机动灵活使用的时间。这时工作活动的时间范围被限制在本身最早开始时间与其紧后工作的最早开始时间之间,从中扣除本身的作业持续时间之后,剩余的时间就是自由时差。

a. 当工作(i-j)有紧后工作(j-k)时,其自由时差为:

$$FF_{i\text{-}j} = ES_{j\text{-}k} - ES_{i\text{-}j} - D_{i\text{-}j} \tag{12-16}$$

或

$$FF_{i\text{-}j} = ES_{j\text{-}k} - EF_{i\text{-}j} \tag{12-17}$$

b. 以网络图终点节点($j=n$)为箭头节点的工作,其自由时差应按网络计划的计划工期 T_p 确定,即:

$$FF_{i\text{-}n} = T_p - ES_{i\text{-}n} - D_{i\text{-}n} \tag{12-18}$$

或

$$FF_{i\text{-}n} = T_{\mathrm{p}} - EF_{i\text{-}n} \tag{12-19}$$

4. 关键工作和关键线路的确定

(1)关键工作

网络计划中总时差最小的工作应为关键工作。当计划工期等于计算工期时,工作的总时差为零是最小的总时差。当有要求工期,且要求工期小于计算工期时,总时差最小的为负值;当要求工期大于计算工期时,总时差最小的为正值。

(2)关键线路

自始至终全部由关键工作组成的线路为关键线路。在肯定型网络计划中指线路上工作总持续时间最长的线路为关键线路。该线路在网络图上应用粗线、双线或彩色线标注。

5. 计算示例

以图 12-14 为例,若计划工期等于计算工期,计算各项工作的 6 个时间参数并标注在网络图上,确定关键线路。

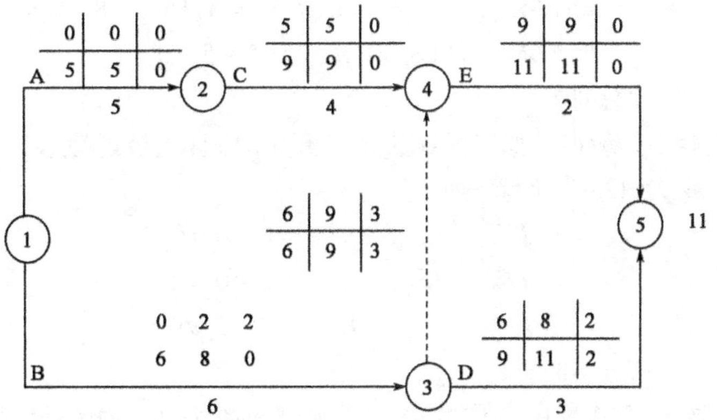

图 12-14 双代号网络计划图上计算法

(1)计算各项工作的最早开始时间和最早完成时间

最早时间的计算顺序是从网络图的起点节点(节点①)开始顺着箭线方向依次逐项计算至终点节点(节点⑤)。

①如果没有特殊说明,以网络图起点节点为开始节点的各工作的最早开始时间为零。即由式(12-1)及式(12-2)计算:

$$ES_{1\text{-}2} = 0, EF_{1\text{-}2} = ES_{1\text{-}2} + D_{1\text{-}2} = 0 + 5 = 5$$

$$ES_{1\text{-}3} = 0, EF_{1\text{-}3} = 0 + 6 = 6$$

②其他各项工作的最早开始和最早完成时间,由式(12-3)、式(12-4)或式(12-5)计算:

$$ES_{2\text{-}4} = EF_{1\text{-}2} = 5, EF_{2\text{-}4} = 5 + 4 = 9$$

$$ES_{3\text{-}4} = EF_{1\text{-}3} = 6, EF_{3\text{-}4} = 6 + 0 = 6$$

$$ES_{3\text{-}5} = EF_{1\text{-}3} = 6, EF_{3\text{-}5} = 6 + 3 = 9$$

$$ES_{4\text{-}5} = \max\{EF_{2\text{-}4}, EF_{3\text{-}4}\} = \max\{9, 6\} = 9, EF_{4\text{-}5} = 9 + 2 = 11$$

(2)确定计算工期和计划工期

已知计划工期 T_{p} 等于计算工期 T_{c}。计算工期 T_{c} 取以网络图终点节点为结束节点的工作

3-5 和工作 4-5 的最早完成时间的最大值，即由式（12-6）得：

$$T_p = T_c = \max\{EF_{3\text{-}5}, EF_{4\text{-}5}\} = \max\{9, 11\} = 11$$

（3）计算工作的最迟开始时间和最迟完成时间

最迟时间的计算顺序是从网络图的终点节点（节点⑤）开始逆着箭线方向依次逐项计算至起点节点（节点①）。

①以网络图终点节点为结束节点的各项工作，其最迟完成时间等于计划工期，即由式（12-9）及式（12-10）计算：

$$LF_{4\text{-}5} = 11, LS_{4\text{-}51} = LF_{4\text{-}5} - D_{4\text{-}5} = 11 - 2 = 9$$

$$LF_{3\text{-}5} = 11, LS_{3\text{-}5} = LF_{3\text{-}5} - D_{3\text{-}5} = 11 - 3 = 8$$

②其他各项工作的最迟完成和最迟开始时间，由式（12-10）、式（12-11）及式（12-12）计算：

$$LF_{3\text{-}4} = LS_{4\text{-}5} = 9, LS_{3\text{-}4} = LF_{3\text{-}4} - D_{3\text{-}4} = 9 - 0 = 9$$

$$LF_{2\text{-}4} = LS_{4\text{-}5} = 9, LS_{4\text{-}5} = 9 - 4 = 5$$

$$LF_{1\text{-}3} = \min\{LS_{3\text{-}4}, LS_{3\text{-}5}\} = \min\{9, 8\} = 8, LS_{1\text{-}3} = 8 - 6 = 2$$

$$LF_{1\text{-}2} = LS_{2\text{-}4} = 5, LS_{1\text{-}2} = 5 - 5 = 0$$

（4）计算各项工作的总时差

工作的总时差等于其最迟开始时间减去最早开始时间，或最迟完成时间减去最早完成时间，即用式（12-14）或式（12-15）计算，如：

$$TF_{1\text{-}2} = LS_{1\text{-}2} - ES_{1\text{-}2} = 0 - 0 = 0$$

$$TF_{1\text{-}3} = LS_{1\text{-}3} - ES_{1\text{-}3} = 2 - 0 = 2$$

$$TF_{2\text{-}4} = LS_{2\text{-}4} - ES_{2\text{-}4} = 5 - 5 = 0$$

（5）计算各项工作的自由时差

工作的自由时差等于其紧后工作的最早开始时间减去本工作的最早完成时间，即由式（12-17）计算：

$$FF_{1\text{-}2} = ES_{2\text{-}4} - EF_{1\text{-}2} = 5 - 5 = 0$$

$$FF_{1\text{-}3} = ES_{3\text{-}5} - EF_{1\text{-}3} = 6 - 6 = 0$$

$$FF_{2\text{-}4} = ES_{4\text{-}5} - EF_{2\text{-}4} = 9 - 9 = 0$$

由于双代号网络图中各工作的紧后工作的最早开始时间是相等的，例如工作 1-3 的紧后工作有 3-4 和 3-5，而 $ES_{3\text{-}4} = ES_{3\text{-}5} = 6$，因此在计算自由时差时取任一紧后工作的最早开始时间进行计算均可。

以网络图终点节点为箭头节点的工作 3-5 及 4-5，其自由时差应按式（12-19）计算，即：

$$FF_{3\text{-}5} = T_p - EF_{3\text{-}5} = 11 - 9 = 2$$

$$FF_{4\text{-}5} = T_p - EF_{4\text{-}5} = 11 - 11 = 0$$

将以上计算结果标注在图 12-16 中的相应位置。

（6）确定关键工作及关键线路

在图 12-14 中，最小的总时差是 0，所以该例中的关键工作是：A、C、E。

关键线路为 1-2-4-5，在图中用粗箭线进行标注。

三、双代号时标网络计划

1. 双代号时标网络计划的含义

双代号时标网络计划是以时间坐标为尺度编制的网络计划,如图 12-15 所示。

2. 双代号时标网络计划的基本符号

时标网络计划中的工作以实箭线表示,虚工作以虚箭线表示,以波形线表示工作的时差。当实箭线后有波形线且其末端有垂直部分时,其垂直部分用实线绘制;当虚箭线有时差且其末端有垂直部分时,其垂直部分用虚线绘制。

双代号时标网络计划的绘制步骤如下:

(1)间接法绘制

①按最早开始和最早完成时间绘制

a. 计算网络计划各工作的最早时间参数。

b. 在时标计划表(有横向时间刻度的表格)上确定每项工作最早开始时间的节点位置。

c. 按各工作的持续时间长短沿水平方向绘制相应工作的实线部分。箭线一般沿水平方向画,其水平投影长度即该工作的持续时间。

d. 用水平波形线将实线部分与其紧后工作的最早开始节点连接起来。波形线的水平投影就是工作的自由时差。

e. 对于两节点之间的虚箭线,不占用时间的用垂直虚线表示,占用时间的部分用波形线表示。

f. 将时差为 0 的工作,由起点节点连至终点节点而形成的线路即为关键线路。

图 12-15 是图 12-14 按各工作最早时间绘制的双代号时标网络计划。

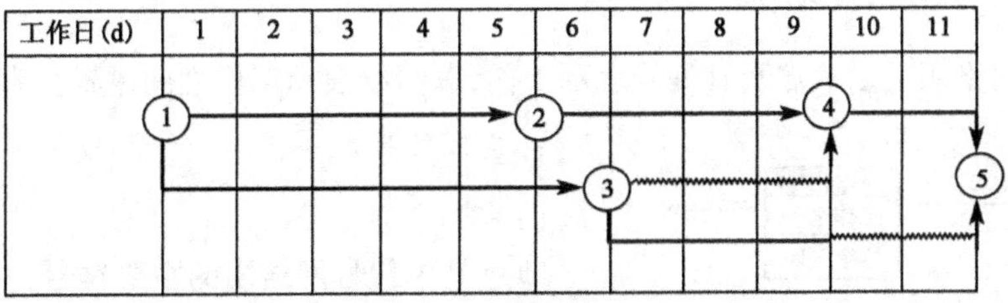

图 12-15 按最早时间绘制的时标网络计划

②按最迟开始和最迟完成时间绘制

a. 计算网络计划各工作的最迟时间参数。

b. 在时标计划表上确定每项工作最迟开始时间的节点位置。如果节点处只有一条外向箭线,此工作的最迟开始时间就是该节点的位置;若某节点处有若干条外向箭线,则各工作最迟开始时间的最小值就是该节点的位置。

c. 按各工作的持续时间长短沿水平方向绘制相应工作的实线部分,其箭头必须与该工作的结束节点相连。

d. 用水平波形线将实线部分与该工作的开始节点连接起来。

e. 虚箭线的连接与关键线路的确定,同按最早时间绘制的时标网络。

图 12-16 是图 12-14 按各工作最迟时间绘制的双代号时标网络计划。

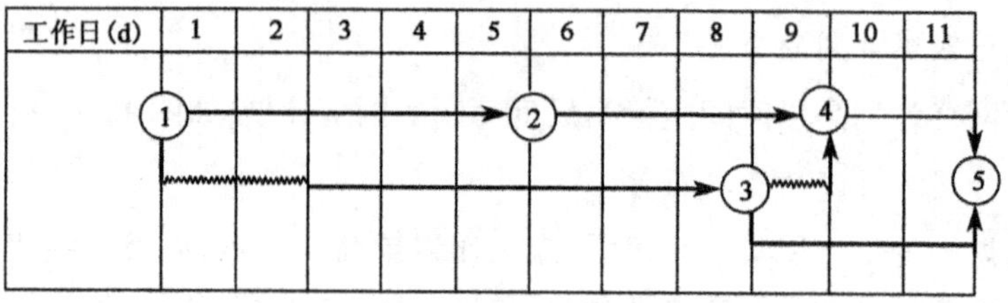

图 12-16 按最迟时间绘制的时标网络计划

注意,图 12-16 中的波形线所示的长度不是工作的自由时差。将按最早开始时间绘制的时标网络图与按最迟开始时间绘制的时标网络图的相同工作进行对比,其波形线长度的较大值就是该工作的总时差。

(2)直接法绘制

根据网络计划中工作之间的逻辑关系及各工作的持续时间,不经计算相关时间参数,直接在时标计划表上绘制时标网路计划。绘制最早时间时标网络计划的步骤如下:

①将起点节点定位在时标计划表的起始刻度线上。

②按工作持续时间在时标计划表上绘制起点节点的外向箭线。

③其他工作的开始节点必须在其所有紧前工作都绘出之后,定位在这些紧前工作最早完成时间最大值的时间刻度上,某些工作的箭线长度不足以达到该节点时,用波形线补足,箭头画在波形线与节点连接处。

④用上述方法从左至右依次确定其他节点位置,直至网络计划终点节点定位,绘制完成。

四、单代号网络计划

单代号网络图是以节点及其编号表示工作,以箭线表示工作之间逻辑关系的网络图。

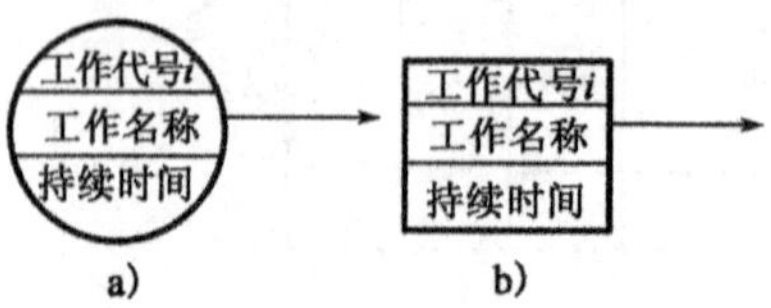

图 12-17 单代号网络图工作的表示方法

1. 基本符号

(1)节点

节点是单代号网络图的主要符号,一个节点表示一项工作(工序、作业、活动等),节点宜用圆圈或方框表示。节点所表示的工作名称、持续时间和工作代号等都应标注在圆圈或方框内,如图 12-17 所示。

(2)箭线

箭线在单代号网络图中仅表示工作之间的逻辑关系,既不占用时间,也不消耗资源。单代号网络图中不用虚箭线。箭线应画成水平直线、折线或斜线,箭线水平投影的方向应自左向右,表示工作的前进方向。对于一条箭线的箭尾和箭头来说,箭尾节点称为紧前工作,箭头节点称为紧后工作。

(3)代号

在单代号网络图中,一项工作只能有一个代号,不能重复。代号用正整数表示,箭头节点的号码要大于箭尾节点的号码,一个节点只能有一个数字,因此叫“单代号”。

(4)线路

单代号网络图中的线路含义同双代号网络图的线路是一样的,从网络图起点节点出发,顺着箭线方向到达终点节点,中间经由一系列节点和箭线所组成的通路,即为单代号网络图的线路。各线路用该线路上的节点编号自小到大依次表达,或用线路上各工作名称来表达。

(5)逻辑关系

由于单代号网络图和双代号网络图所表示的计划内容是一致的,所以其各工作间的逻辑关系确定与双代号相同,只是绘图符号的意义不同而已。

2. 单代号网络图的绘图规则

(1)单代号网络图应正确表达已定的逻辑关系。

(2)单代号网络图中,不得出现循环回路。

(3)单代号网络图中,不得出现双向箭头或无箭头的连线。

(4)单代号网络图中,不得出现没有箭尾节点的箭线和没有箭头节点的箭线。

(5)绘制网络图时,箭线不宜交叉。当交叉不可避免时,可采用过桥法或指向法绘制。

(6)单代号网络图只应有一个起始节点和一个终点节点。当网络图中有多项起点节点或多项终点节点时,应在网络图的两端分别设置一项虚工作,作为该网络图的起点节点(S_t)和终点节点(F_{in})。

3. 单代号网络计划时间参数的计算

单代号网络计划时间参数的计算应在确定各项工作的持续时间之后进行。单代号网络图时间参数的意义、计算顺序和计算方法基本上与双代号网络图时间参数的计算相同。单代号网络图时间参数的标注形式如图 12-18 所示。

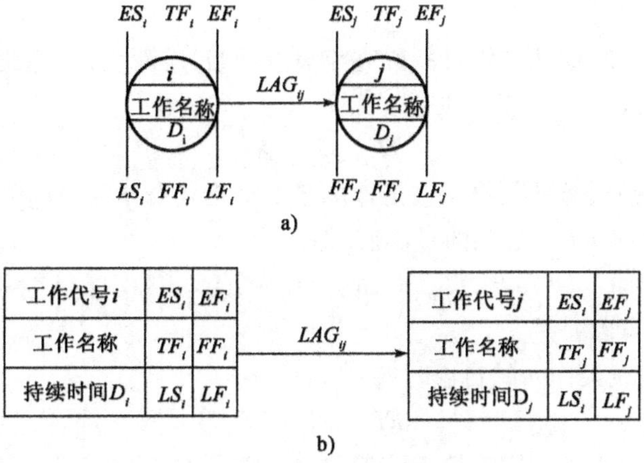

图 12-18 单代号网络计划时间参数的标注形式

(1)计算工作的最早开始时间(ES_i)和最早完成时间(EF_i)

各项工作的最早开始时间和最早完成时间的计算从网络图的起点节点开始,顺着箭线方向依次逐项计算。首先计算最早开始时间,然后由最早开始时间与作业持续时间计算出最早完成时间。

①凡是起点节点工作,即无紧前工作的工作,当最早开始时间 ES_i 无规定时,其值取零。如起点节点的编号为 1,则:

$$ES_i = 0 \qquad (i = 1) \tag{12-20}$$

②其他工作 j 的最早开始时间等于该工作的各紧前工作 i 的最早完成时间的最大值,即:

$$ES_j = \max\{EF_i\} \tag{12-21}$$

或

$$ES_j = \max\{ES_i + D_i\} \tag{12-22}$$

③工作最早完成时间等于该工作最早开始时间加上其持续时间,即:

$$EF_i = ES_i + D_i \tag{12-23}$$

(2)网络计划的计算工期 T_c 和计划工期 T_p

计算工期 T_c 等于网络图终点节点 n 的最早完成时间 EF_n,即:

$$T_c = EF_n \tag{12-24}$$

计划工期 T_p 应符合对双代号网络计划 T_p 的规定。

(3)计算相邻两项工作之间的时间间隔($LAG_{i,j}$)

在单代号网络图中,由于一项工作的各紧后工作的最早开始时间不一定相同,所以应先求出各紧后工作与本工作之间的时间间隔。

工作 i 的最早完成时间与其紧后工作 j 的最早开始时间的差,称为工作 i 和 j 之间的时间间隔,用 $LAG_{i,j}$ 表示,即:

$$LAG_{i,j} = ES_j - EF_i \tag{12-25}$$

当终点节点为虚拟节点时,其时间间隔为:

$$LAG_{i,j} = T_p - EF_i \tag{12-26}$$

(4)计算工作的总时差

工作 i 的总时差 TF_i 应从网络计划的终点节点开始,逆箭线方向依次逐项计算。

①终点节点所代表工作 n 的总时差

$$TF_n = T_p - EF_n \tag{12-27}$$

②其他节点 i 的总时差 TF_i 等于该工作的各个紧后工作 j 的总时差 TF_j 加该工作与其紧后工作之间的时间间隔 $LAG_{i,j}$ 之和的最小值,即:

$$TF_i = \min\{TF_j + LAG_{i,j}\} \tag{12-28}$$

(5)计算工作的自由时差

①终点节点所代表工作 n 的自由时差

$$FF_n = T_p - EF_n \tag{12-29}$$

②其他节点 i 的自由时差 FF_i 等于该工作与其紧后工作 j 之间的时间间隔 $LAG_{i,j}$ 之和的最小值,即:

$$FF_i = \min\{LAG_{i,j}\} \tag{12-30}$$

(6)计算工作的最迟开始时间(LS_i)和最迟完成时间(LF_i)

工作 i 的最迟开始时间 LS_i 等于该工作的最早开始时间 ES_i 与其总时差 TF_i 之和,即:

$$LS_i = ES_i + TF_i \tag{12-31}$$

工作 i 的最迟完成时间 LF_i 等于该工作的最早完成时间 EF_i 与其总时差 TF_i 之和,即:

$$LF_i = EF_i + TF_i \tag{12-32}$$

4. 关键工作和关键线路的确定

(1)关键工作:总时差最小的工作为关键工作。

(2)关键线路:从起点节点开始到终点节点均为关键工作,且所有工作的时间间隔均为零的线路为关键线路。该线路在网络图上应用粗线、双线或彩色线标注。

5. 计算示例

图 12-19 为图 12-14 双代号网络图的单代号网络形式,若计划工期等于计算工期,计算各项工作的 6 个时间参数并标注在网络图上,确定关键线路。

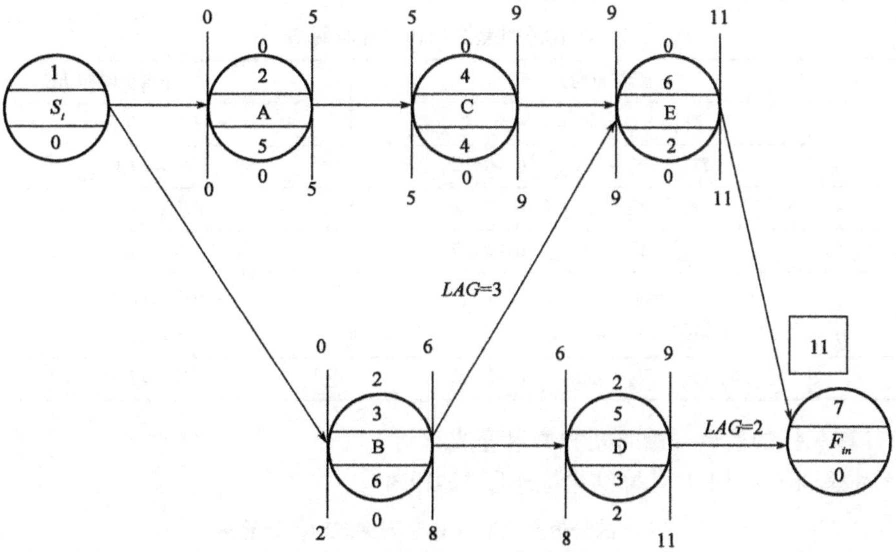

图 12-19 单代号网络计划时间参数计算

(1)计算工作的最早开始时间和最早完成时间

图 12-19 中各工作的 ES_i 和 EF_i 的计算过程列于表 12-1,计算结果标于图 12-19 中。

工作的最早开始时间和最早完成时间计算表 表 12-1

工作代号 i	工作持续时间 D_i	工作最早开始时间 ES_i	工作最早完成时间 EF_i
1	0	$ES_1=0$	$EF_1=ES_1+D_1=0+0=0$
2	5	$ES_2=EF_1=0$	$EF_2=ES_2+D_2=0+5=5$
3	6	$ES_3=EF_1=0$	$EF_3=ES_3+D_3=0+6=6$
4	4	$ES_4=EF_2=5$	$EF_4=ES_4+D_4=5+4=9$
5	3	$ES_5=EF_3=6$	$EF_5=ES_5+D_5=6+3=9$
6	2	$ES_6=\max\{EF_3,EF_4\}=9$	$EF_6=ES_6+D_6=9+2=11$
7	0	$ES_7=\max\{EF_5,EF_6\}=11$	$EF_7=ES_7+D_7=11+0=11$

(2)计算工期的确定

$$T_p=T_c=EF_7=11$$

(3)计算相邻两工作间的时间间隔($LAG_{i,j}$)

计算过程如下,计算结果标注于图 12-19 中。

$$LAG_{6,7}=T_p-EF_6=11-11=0$$
$$LAG_{5,7}=T_p-EF_5=11-9=2$$
$$LAG_{4,6}=ES_6-EF_4=9-9=0$$
$$LAG_{3,6}=ES_6-EF_3=9-6=3$$
$$LAG_{3,5}=ES_5-EF_3=6-6=0$$
$$LAG_{2,4}=ES_4-EF_2=5-5=0$$

(4)计算工作的总时差

计算过程列于表12-2,计算结果标于图12-19中。

工作总时差及自由时差计算表 表12-2

工作代号 i	工作总时差 TF_i	工作自由时差 FF_i
7	$TF_7=T_p-EF_7=11-11=0$	$FF_7=T_p-EF_7=11-11=0$
6	$TF_6=TF_7+LAG_{6,7}=0+0=0$	$FF_6=LAG_{6,7}=0$
5	$TF_5=TF_7+LAG_{5,7}=0+2=2$	$FF_5=LAG_{5,7}=2$
4	$TF_4=TF_6+LAG_{4,6}=0+0=0$	$FF_4=LAG_{4,6}=0$
3	$TF_3=\min\{(TF_5+LAG_{3,5}),(TF_6+LAG_{3,6})\}=\min\{(2+0),(0+3)\}=2$	$FF_3=\min\{LAG_{3,5},LAG_{3,6}\}=\min\{0,3\}=0$
2	$TF_2=TF_4+LAG_{2,4}=0+0=0$	$FF_2=LAG_{2,4}=0$

(5)计算工作的最迟开始时间和最迟完成时间

计算过程列于表12-3,计算结果标于图12-19中。

工作的最迟开始时间和最迟完成时间计算表 表12-3

工作代号 i	工作最迟开始时间 LS_i	工作最迟完成时间 LF_i
2	$LS_2=ES_2+TF_2=0+0=0$	$LF_2=EF_2+TF_2=5+0=5$
3	$LS_3=ES_3+TF_3=0+2=2$	$LF_3=EF_3+TF_3=6+2=8$
4	$LS_4=ES_4+TF_4=5+0=5$	$LF_4=EF_4+TF_4=9+0=9$
5	$LS_5=ES_5+TF_5=6+2=8$	$LF_5=EF_5+TF_5=9+2=11$
6	$LS_6=ES_6+TF_6=9+0=9$	$LF_6=EF_6+TF_6=11+0=11$

(6)关键工作和关键线路的确定

根据计算结果,总时差为零的工作A、C、E为关键工作。

从起点节点①开始到终点节点⑦均为关键节点,且所有工作之间的时间间隔为零的线路,即①-②-④-⑥-⑦为关键线路,用粗箭线标示在图12-19中。

第六节 工程项目进度的实施与控制

工程项目进度的实施与控制就是在项目进行中,确保每项工作按进度计划进行;同时不断掌握计划实施情况,并将实施情况与计划进行对比,纠正计划执行中的偏差,以确保工程项目进度计划目标的实现。

一、工程项目进度控制原理

公路工程项目进度控制是以现代科学管理原理为其理论基础的，主要有动态控制原理、系统控制原理、封闭循环原理、弹性原理等。

1. 动态控制原理

在工程项目进度计划管理过程中，只有开始实施进度计划，才能发现实际进度情况与原定进度计划的偏差，才能进行控制工作。否则，进度计划尚未实施，控制工作也就无从谈起。因此，控制工作是随项目的进展而不断进行的，是一个动态变化的过程。

2. 系统控制原理

进行工程项目进度控制，首先要编制项目的进度计划，然后要组织实施，在实施过程中要进行检查、统计、分析，采取纠偏措施等，这一系列的工作就构成了一个完整的系统。为了实现工程项目工期总目标，需要有专人对实现工期目标进行总控制；实现局部进度目标，同样需要由各级管理人员进行控制。因此，从组织机构看，为完成进度控制职能也形成了一个系统。

3. 封闭循环原理

控制总是围绕着目标、标准、衡量、比较、纠正等程序来进行，并根据进度计划安排各种资源或改变资源安排的一种纠偏工作。这个过程不断反复地进行，形成了一个封闭的循环系统。在此过程中如果出现脱离或背离进度目标的情况，能及时得到反馈，并通过控制回归到既定目标上来。

4. 弹性原理

一般工程项目工期长且影响因素多，这就要求在编制进度计划时留有余地，即使计划具有一定的弹性，以排除或减轻由于各种因素变化对实施进度控制造成的不利影响。

计划留有余地，一方面是指进度计划指标不能定得太高，要给进度计划的执行者留有完成计划的可能性；另一方面，在资源的安排和使用上，留有一定的余量。这样在进度计划的实施中，才能取得主动权。

二、工程项目进度计划的实施

项目进度计划的实施就是按进度计划开展施工活动，落实和完成计划。项目进度计划逐步实施的过程就是项目逐步完成的过程。但在工程项目进度计划的实施过程中，由于资源供应和自然条件等因素的影响而打破原有进度计划的事时有发生。因此，在进度计划的实施过程中采取相应措施进行管理，是十分必要的。

为保证项目各项工作按施工进度计划所确定的顺序和时间进行，以及保证各阶段进度目标和总进度目标的实现，应做好以下几项工作。

1. 组织落实工作

为保证进度计划得以实现，必须建立相应的组织机构。其主要作用包括编制实施计划、落实保证措施、监测执行情况、分析与控制计划执行情况。要将工期总目标层层分解，落实到各部门或个人，形成进度控制目标体系，作为实施进度控制的依据。

2. 编制进度实施计划

进度实施计划的主要内容包括：

(1)进度控制目标分解图。
(2)进度控制的主要工作内容。
(3)进度控制人员的具体分工。
(4)与进度控制相关工作的时间安排。
(5)进度控制的具体方法。
(6)进度控制的组织措施、技术措施、经济措施。
(7)影响进度目标实现的风险识别与分析。

3. 抓重点和关键

在进度计划实施中,要分清主次、轻重,抓住重点和关键工作,着力解决好对总进度目标有举足轻重作用的问题,可以起到事半功倍的作用。

4. 重视调度工作

调度工作是组织进度计划实现的重要环节,它要为进度计划的顺利执行创造各种必要的条件。调度工作的主要任务是:
(1)落实材料供应计划,组织资源进场。
(2)落实人力资源,组织人力资源平衡工作。
(3)检查计划执行情况,掌握项目进展动态。
(4)预测进度计划执行中可能出现的问题。
(5)及时采取措施,保证进度目标的实现。
(6)召开调度会议,做出调度决议。

三、工程项目进度计划的调整方法

在计划执行过程中,由于组织、管理、经济、技术、资源、环境和自然条件等因素的影响,往往会造成实际进度与计划进度产生偏差,如果偏差不能及时纠正,必将影响进度目标的实现。因此,在计划执行过程中采取相应措施进行管理,对保证计划目标的顺利实现具有重要意义。

进度计划执行中的管理工作主要有以下几个方面:
(1)检查并掌握实际进展情况。
(2)分析产生进度偏差的主要原因。
(3)确定相应的纠偏措施或调整方法。

1. 工程项目进度计划的检查

为了对工程项目进度计划执行进行控制,必须建立健全相应的检查制度和执行数据采集报告制度。可定期或不定期地对进度计划的执行情况进行检查和收集相关数据。

1)公路工程项目进度检查的主要内容
①工作量的完成情况。
②工作时间的执行情况。
③资源使用及进度的互配情况。
④上次检查提出问题的处理情况。

2）进度检查记录方法

（1）横道图检查法

横道图检查法是指将项目实施过程中检查实际进度收集的数据，经加工整理后直接用横道线平行绘于原计划的横道线下，进行实际进度与计划进度比较的方法。如图 12-20 所示，双线表示计划进度，粗实线表示实际进度。

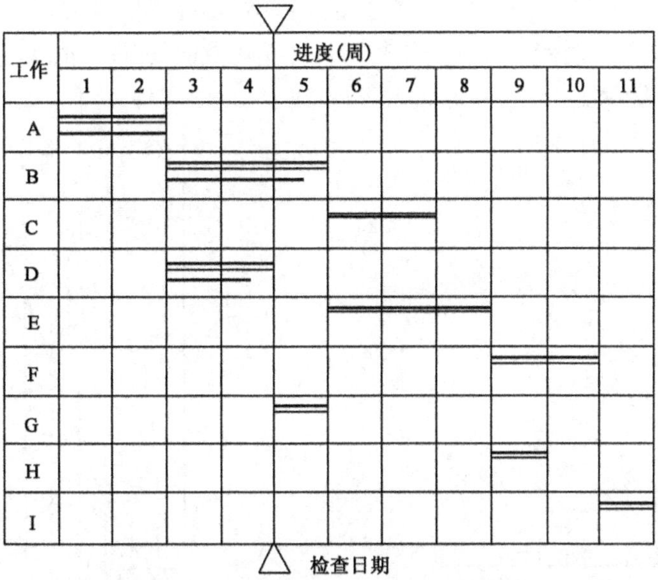

图 12-20　利用横道计划记录施工进度

对比分析实际进度与计划进度：如果粗实线右端落在检查日期的左侧，表明实际进度拖后；如果粗实线右端落在检查日期的右侧，表明实际进度超前；如果粗实线右端与检查日期重合，表明实际进度与计划进度一致。

图 12-20 是在第 4 周末检查进度时的情况，从图中可以看出，工作 A 已按计划全部完成，工作 B 则超前了半周，而工作 D 则拖延半周。

横道图检查法形象、直观。但由于其以横道计划为基础，因而受到横道计划本身的局限。因为横道计划中，各项工作之间的逻辑关系表达不明确，关键工作与关键线路无法确定，一旦某些工作实际进度出现偏差时，难以预测其对后续工作和工程总工期的影响程度，也就难以确定相应的进度计划调整方法。正因为如此，横道图检查法主要应用于工程项目中某些工作实际进度与计划进度的局部比较。

（2）"S"形曲线检查法

为了能够进行工程项目计划进度与实际进度的对比，有效地实行工程项目全局性的进度控制，通常采用以时间 t 为横坐标，以累计完成的工作量为纵坐标的图表化曲线，如图 12-21b）所示。其工作量的表达方式可以是实物工程量、工时消耗、费用支出额或相应的百分比。一般情况下，由于工程开展初期主要是临时工程或各种准备工作，而工程后期则主要是修整、加工等工作，这两个时期的工程进度均比工程中期低。因此，每单位时间完成的工作量从工程初期到中期趋向于增加，曲线呈凹形；增加到一定程度后，每单位时间完成的工作量就基本稳定而无太大的变化，这时，曲线呈直线形；从中期到末期，直到工程将近结束，完成的工作量又将随着施工力量逐步撤离转移而减少直至全部工程完工，曲线呈凸形。所以，一般的进度曲线均大体显现为"S"形，此方法由此而得名。

①"S"形曲线的作图方法

a. 确定工程进展曲线

此曲线表达了不同时间工作量完成情况，任一时刻 t 所完成的工作量 Y 可用下式表示：

$$Y = f(t) \tag{12-33}$$

实际工程中，在单位时间内完成的工作量往往是离散的，即任一时刻完成的工作量对应的 y_i 值，如图 12-21a）所示。

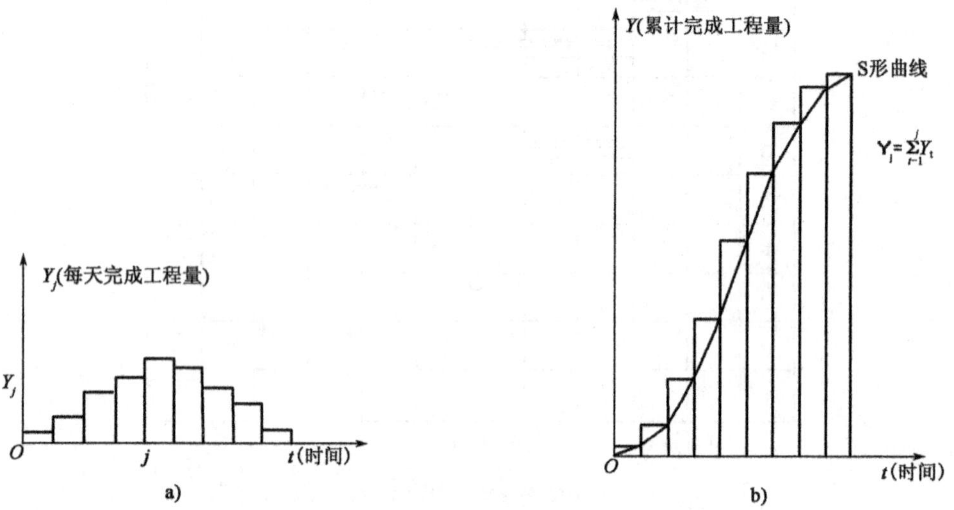

图 12-21　实际工程中时间与完成工作量关系曲线

b. 计算不同时间累计完成的工作量

计算从 0 到 j 时刻所完成工作量的累计值。可表示为：

$$Y_j = \sum_{t=1}^{j} y_t \tag{12-34}$$

式中：Y_j——某时间 j 计划累计完成的工作量；

y_t——单位时间 t 计划完成的工作量；

j——某规定计划时刻。

c. 绘制"S"形曲线

根据不同时间的 Y_j 值，绘制"S"形曲线，如图 12-21b）所示。

例如，某路基土方工程的总量为 10 000m^3，要求在 10d 内完成，不同时间完成的工程量如图 12-22 所示，试绘制该路基土方工程的"S"形曲线。

a）确定各 y_j 值（$j=1,2,\cdots,10$），结果如表 12-4 所示。

b）计算不同时间累计应完成的土方量，结果如表 12-4 所示。

完成工程量汇总表　　表 12-4

时间	j	1	2	3	4	5	6	7	8	9	10
每日完成量（m^3）	y_j	200	500	1 000	1 500	1 700	1 900	1 400	900	600	300
累计完成量（m^3）	Y_j	200	700	1 700	3 200	4 900	6 800	8 200	9 100	9 700	10 000

c)根据 Y_j 值,绘制"S"形曲线,如图 12-23 所示。

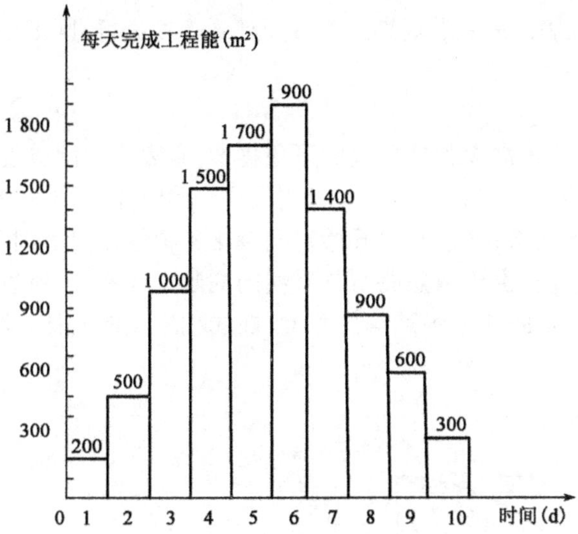

图 12-22 每日完成工程量

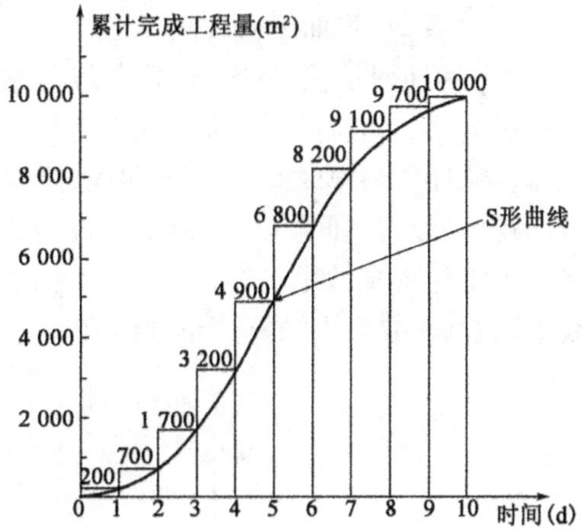

图 12-23 "S"形曲线

②"S"形曲线检查方法

利用"S"形曲线,可直观地进行实际进度与计划进度的比较。方法是:在施工前绘制出计划"S"形曲线;在施工过程中,按规定时间将检查的实际完成工作量,在计划"S"形曲线的同一张图上,绘制出实际进度"S"形曲线;比较两条"S"形曲线,可得如下信息:

a. 实际工程进展情况。若实际工程进展点落在计划"S"形曲线左侧,则表示实际进度比计划进度超前,如图 12-24 中的 a 点;若落在右侧,则表示拖后,如图 12-24 中的 b 点;若刚好落在计划"S"形曲线上,则表示二者一致。

b. 实际进度比计划进度超前或拖后的时间。如图 12-24 所示,Δt_a 表示在 t_a 时刻实际进度超前的时间;Δt_b 表示在 t_b 时刻实际进度拖后的时间。

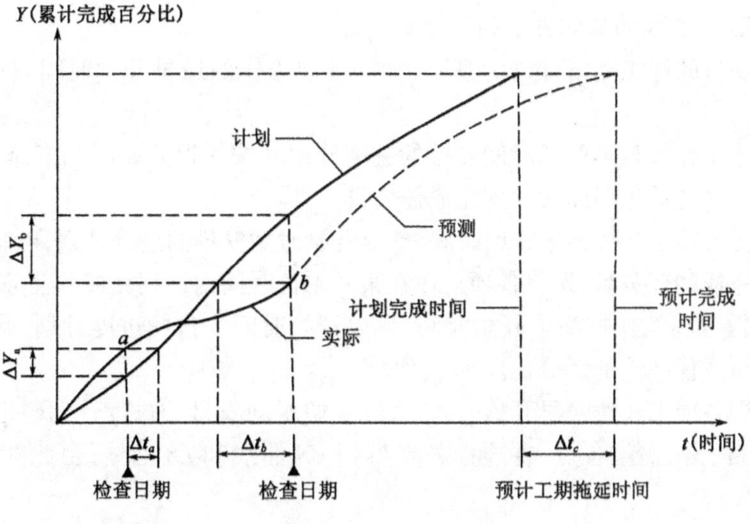

图 12-24 "S"形曲线检查图

c. 实际进度比计划进度超额或拖欠的工作量。如图 12-24 所示，ΔY_a 表示在 t_a 时刻超额完成的工作量；ΔY_b 表示在 t_b 时刻拖欠的工作量。

d. 后期工程进度预测。如图 12-24 所示，虚线表示若后期工程按原计划速度进行，则工期拖延的预测值为 Δt_c。

(3)"香蕉"形曲线检查法

"香蕉"形曲线是两条"S"形曲线组成的工程进度管理曲线的形象称谓，它表示实际进度在不影响总工期前提下的允许波动范围。在双代号网络计划中，若按最早开始时间安排各项工作，可得出"最早时间""S"形曲线，简称 *ES* 曲线；若按最迟开始时间倒排各项工作，也可相应的得出"最迟时间""S"形曲线，简称 *LS* 曲线。由于两条曲线具有相同的起点和终点，所以形成了闭合曲线，如图 12-25 所示，其余时刻 ES 曲线上各点均位于 LS 曲线相应点的左侧，曲线形同香蕉，故称为"香蕉"形曲线。

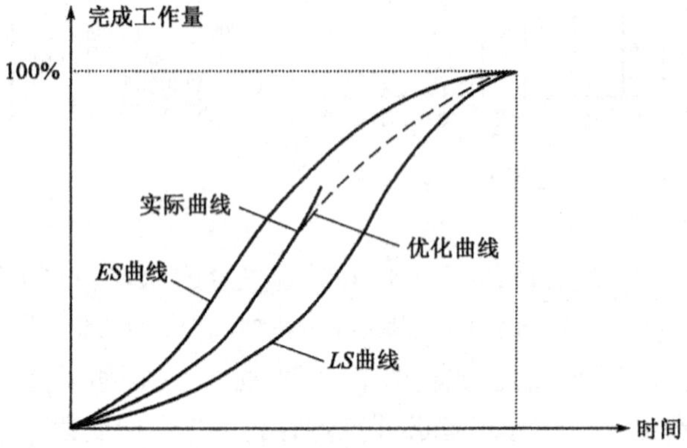

图 12-25 "香蕉"形曲线比较图

由此可见"香蕉"形曲线不仅具有"S"曲线的特点，还限定了施工进度的安全区域(允许偏差范围)，是进行工程进度管理的有效手段。"香蕉"形曲线比较法的应用步骤如下：

①绘制"香蕉"形曲线

绘制"香蕉"形曲线的具体方法如下：

a. 以工程项目的施工网络计划为基础，计算各项工作的最早开始时间 *ES* 和最迟开始时间 *LS*。

b. 根据各项工作按最早开始时间安排的进度计划和按最迟开始时间安排的进度计划，分别确定各项工作在各单位时间的计划完成任务量。

c. 分别根据各项工作按最早开始时间、最迟开始时间安排的进度计划，确定工程项目在各单位时间计划完成的任务量，即将各项工作在某一单位时间内计划完成的任务量求和。

d. 分别根据各项工作按最早开始时间、最迟开始时间安排的进度计划，确定不同时间累计完成的任务量或任务量的百分比。

e. 分别根据各项工作按最早开始时间、最迟开始时间安排的进度计划确定的累计完成任务量或任务量百分比描绘各点，并连接各点得到 *ES* 曲线和 *LS* 曲线，由此即组成"香蕉"形曲线。

②绘制实际进度"S"形曲线

在项目实施过程中，按照规定时间将检查收集到的实际累计完成任务量绘制在“香蕉”形曲线图上，即得到实际进度“S”形曲线。

③实际进度与计划进度比较

工程项目实际进度的理想状况是，任一时刻实际进度“S”形曲线上的点均落在香蕉形曲线所围区域内。

如果实际进度“S”形曲线上的点落在 *ES* 曲线的左侧，表明此刻实际进度比 *ES* 计划进度超前；如果实际进度“S”形曲线上的点落在 *LS* 曲线的右侧，表明此刻实际进度比 *LS* 计划进度拖后。

④预测后期工程进展趋势

如果后期工程按原计划速度进行，则可以做出后期工程进展情况的预测，如图 12-25 中的虚线所示。

“香蕉”形曲线除了可以用于进度检查外，它还可以用于合理安排工程项目进度计划。因为，如果工程项目中的各项工作均按其最早开始时间进行时，将会导致项目的投资加大。如果各项工作均按其最迟开始时间进行时，则一旦受到进度影响因素的干扰，又将导致工程拖延，使工程进度风险加大。因此，一个科学合理的进度优化曲线应处于“香蕉”形曲线所围区域内。所以说，可利用“香蕉”形曲线优化进度计划。

同时，“香蕉”形曲线的形状还可以反映出进度控制的难易程度。当“香蕉”形曲线较窄时，说明进度控制的难度较大；当“香蕉”形曲线较宽时，说明进度控制较容易。由此，也可以利用其判断进度计划编制的合理程度。

(4)进度前锋线检查法

当工程项目的进度计划采用时标网络图表达时，可采用实际进度前锋线记录计划执行情况，并进行实际进度与计划进度的比较。

①实际进度前锋线的概念和画法

实际进度前锋线是指项目实施进程中某一时刻各项工作实际进度点的连线。它是在时标网络图上，从计划检查时的时间刻度线出发，自上而下用直线段依次连接各项工作的实际进度位置点，最后到达计划检查时刻的时间刻度线为止，形成一条折线，形象地表示出该时刻整个计划实际到达的前锋。

以工作实际进度前锋点与检查时间刻度线的相对位置判定施工实际进度与计划进度的偏差就称为实际进度前锋线比较法。

画前锋线的关键是标定该时刻正在进行的各工作实际进度点位置，有以下两种标定方法：

a. 按该工作已完成的实物工程量比例进行标定。时标网络图上箭线的长度与相应工作的持续时间对应，也与其实物工程量的多少成正比。假设工程项目中各项工作均为匀速进展，根据进度检查时刻该工作已完成实物工程量占其计划总任务量的比例，在工作箭线上从表示该工作的箭线起点自左向右按相同的比例标定其实际进度位置点。

b. 按尚需作业时间进行标定。当某些工作的持续时间难以按实物工程量来计算，而只能根据经验或用其他办法估算时，要标定检查计划时的实际进度前锋点，可用编制计划时的估算办法，估算出从检查时刻起到全部完成该工作尚需作业的时间，然后从表示工作的箭线末端反过来自右向左逆箭线方向标定其实际进度位置点。

标定了每条线路的实际进度前锋位置后，从时间坐标轴上表示该时刻的那一点开始，自上而下依次连接各个前锋点，最下端画回到与上端同一时刻的日期线位置，前锋线就绘制好了，如图 12-26 所示。

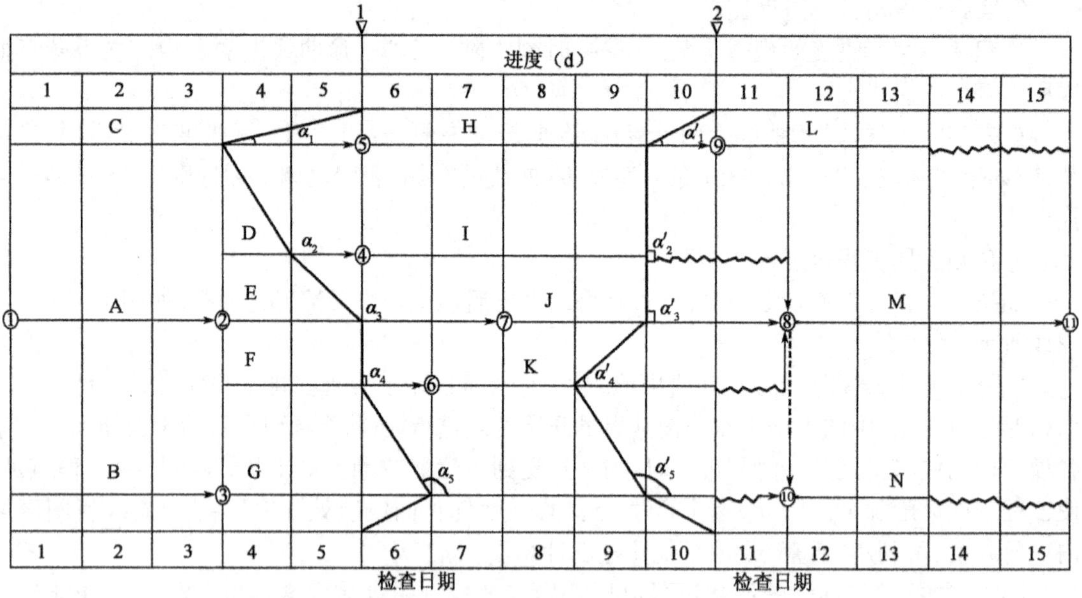

图 12-26　某工程项目时标网络计划及实际进度前锋线

②实际进度前锋线的功能

以表示检查计划时刻的日期线为基准线，前锋线可以看成描述实际进度的波形图，按前锋线与工作箭线交点的位置描述施工进度与实际进度的偏差。若前锋线与工作箭线的交点在检查日期的右方，表示比原计划超前；若交点在检查日期的左方，表示比原计划落后。前锋处于波峰上的线路相对于相邻线路超前，处于波谷上的线路相对于相邻线路落后。

例如，某工程网络计划如图 12-26 所示，在第 5 天检查时，工作 A、B 已完成，工作 C 和 G 已进行 3d，工作 D 已进行 1d，工作 E、F 已进行 2d。现用前锋线对目前进度进行分析，如图 12-26 所示。

从图 12-26 可知，在第 5 天进行检查时，关键工作 E 进度正常；非关键工作中，C 拖后 2d，D 拖后 1d，F 正常，G 提前 1d。

(5)网络计划图上记录法

在网络计划图上，将已完工作的节点内涂上不同颜色或用斜线表示，如图 12-27 所示双代号网络图，表示 7-8 这项工作已完成。

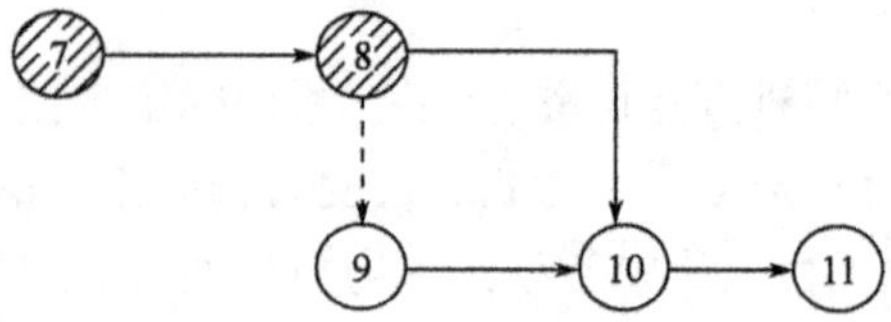

图 12-27　已完工作的记录

这样就便于与未完成工作区别开来，随时可以掌握哪些工作已完成，哪些工作将要开始，做到心中有数。

(6)列表比较法

当工程网络计划用无时标网络图表示时，可以采用列表比较法进行实际进度与计划进度的比较。这种方法是记录检查日期应该进行的工作名称及其已经作业的时间，然后列表计算有关时间参数，根据工作的原有总时差和尚有总时差来判别工作实际进度与计划进度的偏差及对工期的影响。

采用列表比较法时，按表12-5记录的情况对计划中的未完成工作进行分析判断。

网络计划检查结果分析表 表12-5

工作编号	工作名称	检查时尚需作业时间	按计划最迟完成尚有时间	总时差		自由时差		情况分析
				原有	目前尚有	原有	目前尚有	

2. 工程项目进度计划的调整

1)分析进度偏差对后续工作及总工期的影响

在工程项目实施过程中，当通过实际进度与计划进度的比较，发现有进度偏差时，首先需要分析此偏差对后续工作和总工期的影响程度；然后决定是否调整以及调整的方法与措施。由于偏差的大小及偏差所处的位置，对后续工作及总工期的影响程度是不相同的，因此，可利用网络计划中工作的总时差和自由时差进行判断。

(1)分析出现进度偏差的工作是否为关键工作

当发生进度偏差的工作是关键工作时，则无论其偏差大小，都对后续工作和总工期产生影响。因为，此时该工作进度偏差的数值就是对总工期造成延误的时间。因此，只要是关键工作出现进度偏差，就一定要采取纠偏措施。但如果发生进度偏差的工作是非关键工作，则还需要比较进度偏差的数值与总时差和自由时差的数值，才能决定该项偏差对后续工作和总工期的影响。

(2)分析进度偏差是否超过总时差

如果工作的进度偏差超过了该工作的总时差，说明此偏差必将影响到其紧后工作和总工期，必须采取相应的调整措施；如果工作的进度偏差小于或等于该工作的总时差，说明此偏差对总工期没有影响，但它对紧后工作的影响程度，需要根据此偏差与其自由时差的比较情况来决定。

(3)分析进度偏差是否超过自由时差

如果工作的进度偏差超过该工作的自由时差，说明此偏差对紧后工作产生影响，应根据紧后工作允许影响的程度来确定如何调整。如果工作的进度偏差小于或等于该工作的自由时差，则说明此偏差对紧后工作没有影响，原进度计划可以不作调整。

经过以上分析，进度控制人员就可以确认应该调整产生进度偏差的工作和调整偏差值的大小，以便确定采取何种调整措施，获得新的符合实际进度情况和计划目标的进度计划。

2)进度计划实施中的调整方法

通过检查分析，如果发现原有进度计划已不能适应实际情况时，为了确保进度控制目标的实现或需要确定新的计划目标，就必须对原有进度计划进行调整，以形成新的进度计划，作为进度控制的新依据。进度调整的方法通常采用以下几种。

(1)调整关键线路的方法

①当关键线路的实际进度比计划进度拖后时，应在尚未完成的关键工作中，选择资源需要量小或费用低的工作缩短其持续时间，并重新计算未完成部分的时间参数，将其作为一个新计划实施。

②当关键线路的实际进度比计划进度提前时,若不拟提前工期,应选择资源占用量大或直接费用高的后续关键工作,适当延长其持续时间,以降低其资源强度或费用;当确定要提前完成计划时,应将计划尚未完成的部分作为一个新计划,重新确定关键工作的时间参数,按新计划实施。

(2)非关键工作时差的调整方法

非关键工作时差的调整应在其时差的范围内进行,以便更充分地利用资源、降低成本或满足施工的需要。每一次调整后都必须重新计算时间参数,观察该调整对计划全局的影响。可采用以下几种调整方法:

①将工作在其最早开始时间与最迟完成时间范围内移动。

②延长工作的持续时间。

③缩短工作的持续时间。

(3)增、减工作项目时的调整方法

增、减工作项目时应符合下列规定:

①不打乱原网络计划总的逻辑关系,只对局部逻辑关系进行调整。

②在增、减工作后应重新计算时间参数,分析对原网络计划的影响;当对工期有影响时,应采取调整措施,以保证计划工期不变。

(4)调整逻辑关系

逻辑关系的调整只有当实际情况要求改变施工方法或组织方法时才可进行。调整时应避免影响原定计划工期和其他工作的顺利进行。

(5)调整工作的持续时间

当发现某些工作的原持续时间估计有误或实现条件不充分时,应重新估计其持续时间,并重新计算时间参数,尽量使原计划工期不受影响。

(6)调整资源的投入

当资源供应发生异常时,应采用资源优化方法对计划进行调整,或采取应急措施,使其对工期的影响最小。

网络计划的调整,可以定期进行,也可根据计划检查的结果在必要时进行。

四、工程项目进度控制的措施

1. 项目进度控制的组织措施

组织是目标能否实现的决定性因素,为实现项目的进度目标,应充分重视健全项目管理的组织体系。在项目组织结构中应有专门的工作部门和符合进度控制岗位资格的专人负责进度控制工作。

进度控制的主要工作环节包括进度目标的分析和论证、编制进度计划、定期跟踪进度计划的执行情况、采取纠偏措施以及调整进度计划。这些工作任务和相应的管理职能应在项目管理组织设计的任务分工表和管理职能分工表中标示并落实。

2. 项目进度控制的管理措施

工程项目进度控制的管理措施涉及管理的思想、管理的方法、管理的手段、承发包模式、合同管理和风险管理等。在理顺组织的前提下,科学和严谨的管理显得十分重要。

3. 项目进度控制的经济措施

工程项目进度控制的经济措施涉及资金需求计划、资金供应的条件和经济激励措施等。

为确保进度目标的实现，应编制与进度计划相适应的资源需求计划（资源进度计划），包括资金需求计划和其他资源（人力和物力资源）需求计划，以反映工程实施的各时段所需要的资源。通过资源需求的分析，可发现所编制的进度计划实现的可能性，若资源条件不具备，则应调整进度计划。

资金供应条件包括可能的资金总供应量、资金来源（自有资金和外来资金）以及资金供应的时间。

在工程预算中应考虑加快工程进度所需要的资金，其中包括为实现进度目标将要采取的经济激励措施所需要的费用。

4. 项目进度控制的技术措施

工程项目进度控制的技术措施涉及对实现进度目标有利的设计技术和施工技术的选用。

不同的设计理念、设计技术路线、设计方案会对工程进度产生不同的影响，在设计工作的前期，特别是在设计方案评审和选用时，应对设计技术与工程进度的关系作分析比较。在工程进度受阻时，应分析是否存在设计技术的影响因素，为实现进度目标有无设计变更的可能性。

施工方案对工程进度有直接的影响，在决策其是否选用时，不仅应分析技术的先进性和经济的合理性，还应考虑其对进度的影响。在工程进度受阻时，应分析是否存在施工技术的影响因素，为实现进度目标有无改变施工技术、施工方法和施工机械的可能性。

第七节　公路工程合同中的进度管理

一、合同进度计划

承包人应在签订合同协议书后28d内，编制详细的施工进度计划和施工方案说明报送监理工程师。监理工程师应在14d内对承包人施工进度计划和施工方案说明予以批复或提出修改意见，否则该进度计划视为已得到批准。

经监理工程师批准的施工进度计划称合同进度计划，是控制合同工程进度的依据。承包人还应根据合同进度计划，编制更为详细的分阶段或分项进度计划，报监理工程师审批。

合同进度计划应按照关键线路网络图和主要工作横道图两种形式分别绘制，并应包括每月预计完成的工作量和形象进度。

二、合同进度计划的修订

不论何种原因造成工程的实际进度与合同进度计划不符时，承包人可以在实际进度发生滞后的当月25日前，向监理工程师提交修订合同进度计划的申请报告，并附有关措施和相关资料，报监理工程师审批；监理工程师也可以直接向承包人做出修订合同进度计划的指示，承包人应按该指示修订合同进度计划，报监理工程师审批。

监理工程师应在收到修订合同进度计划后14d内，批复修订合同进度计划。监理工程师在批复前应获得发包人同意。

三、年度施工计划

承包人应在每年11月底前,根据已同意的合同进度计划或其修订的计划,向监理工程师提交两份格式和内容符合监理工程师合理规定的下一年度的施工计划,以供审查。该计划应包括本年度估计完成的和下一年度预计完成的分项工程数量和工作量,以及为实施此计划将采取的措施。

四、开工

工期的长短直接影响施工单位的经济效益,并关系到国民经济新增生产能力动用计划的完成和经济效益的发挥。

1. 工期

工期指承包人在投标函中承诺的完成合同工程所需的期限。包括依据发包人的工期延误、异常恶劣的气候条件和工期提前等约定所做的变更。

2. 开工

监理工程师应在开工日期7d前向承包人发出开工通知。监理工程师在开工通知前应获得发包人同意。工期自监理工程师发出的开工通知中载明的开工日期起计算。承包人应在开工日期后尽快施工。

3. 开工报审表

承包人应按约定的合同进度计划,向监理工程师提交工程开工报审表,经监理工程师审批后执行。开工报审表应详细说明按合同进度计划正常施工所需的施工道路、临时设施、材料设备、施工人员等施工组织措施的落实情况以及工程的进度安排。

4. 分部工程开工报审表

承包人应在分部工程开工前14d向监理工程师提交分部工程开工报审表。若承包人的开工准备、工作计划和质量控制方法是可接受的且已获得批准,则经监理工程师书面同意,分部工程才能开工。

五、工期延误

1. 发包人的工期延误

在履行合同过程中,由于发包人的下列原因造成工期延误的,承包人有权要求发包人延长工期和(或)增加费用,并支付合理利润。需要修订合同进度计划的,按照前述"合同进度计划的修订"内容办理。

(1)增加合同工作内容。

(2)改变合同中任何一项工作的质量要求或其他特性。

(3)发包人延迟提供材料、工程设备或变更交货地点的。

(4)因发包人原因导致的暂停施工。

(5)提供图纸延误。

(6)未按合同约定及时支付预付款、进度款。

(7)发包人造成工期延误的其他原因。

即使由于上述原因造成工期延误，如果受影响的工程并非处在工程施工进度网络计划的关键线路上，则承包人无权要求延长总工期。

2. 异常恶劣的气候条件

异常气候是指项目所在地30年以上一遇的罕见气候现象（包括温度、降水、降雪、风等）。异常恶劣的气候条件在具体项目的专用合同中有具体规定。

由于出现专用合同条款规定的异常恶劣气候的条件导致工期延误的，承包人有权要求发包人延长工期。

3. 承包人的工期延误

(1) 承包人应严格执行监理工程师批准的合同进度计划，对工作量计划和形象进度计划分别控制。除由于发包人的原因造成的工期延误外，承包人的实际工程进度曲线应在合同进度管理曲线规定的安全区域之内。若承包人的实际工程进度曲线处在合同进度管理曲线规定的安全区域的下限之外时，则监理工程师有权认为本合同工程的进度过慢，并通知承包人应采取必要措施，以便加快工程进度，确保工程能在预定的工期内交工。承包人应采取措施加快进度，并承担加快进度所增加的费用。

(2) 如果承包人在接到监理工程师通知后的14d内，未能采取加快工程进度的措施，致使实际工程进度进一步滞后，或承包人虽采取了一些措施，仍无法按预计工期交工时，监理工程师应立即通知发包人。发包人在向承包人发出书面警告通知14d后，发包人可按"承包人违约"终止对承包人的雇用，也可将本合同工程中的一部分工作交由其他承包人或其他分包人完成。在不解除本合同规定的承包人责任和义务的同时，承包人应承担因此所增加的一切费用。

(3) 由于承包人原因造成工期延误，承包人应支付逾期交工违约金。逾期交工违约金的计算方法按项目专用合同条款数据表中的约定执行，时间自预定的交工日期起到交工验收证书中写明的实际交工日期止（扣除已批准的延长工期），按天计算。逾期交工违约金累计金额最高不超过项目专用合同条款数据表中写明的限额。发包人可以从应付或到期应付给承包人的任何款项中或采用其他方法扣除此违约金。

(4) 承包人支付逾期交工违约金，不免除承包人完成工程及修补缺陷的义务。

(5) 如果在合同工程完工之前，已对合同工程内按时完工的单位工程签发了交工验收证书，则合同工程的逾期交工违约金，应按已签发交工验收证书的单位工程的价值占合同工程价值的比例予以减少，但本规定不应影响逾期交工违约金的规定限额。

六、竣工

承包人应在工期约定的期限内完成合同工程。实际竣工日期在接收证书中写明。

七、工期提前

(1) 发包人不得随意要求承包人提前交工，承包人也不得随意提出提前交工的建议。如遇特殊情况，确需将工期提前的，发包人和承包人必须采取有效措施，确保工程质量。

(2) 发包人要求承包人提前竣工，或承包人提出提前竣工的建议能够给发包人带来效益的，应由监理工程师与承包人共同协商采取加快工程进度的措施和修订合同进度计划。发包人应承担承包人由此增加的费用，并向承包人支付项目专用合同条款约定的相应奖金。

(3)发包人向承包人支付提前交工奖金的计算方法，在项目专用合同条款数据表中有约定，时间自交工验收证书中写明的实际交工日期起至预定的交工日期止，按天计算。但奖金最高限额不应超过项目专用合同条款数据表中写明的限额。

八、工作时间的限制

承包人在夜间或国家规定的节假日进行永久工程的施工，应向监理工程师报告，以便监理工程师履行监理职责和义务。

但是，为了抢救生命或保护财产，或为了工程的安全、质量而不可避免地短暂作业，则不必事先向监理工程师报告。但承包人应在事后立即向监理工程师报告。

以上规定不适用于习惯上或施工本身要求实行连续生产的作业。

九、暂停施工

1.承包人暂停施工的责任

因下列暂停施工增加的费用和(或)工期延误由承包人承担：

(1)承包人违约引起的暂停施工。

(2)由于承包人原因为工程合理施工和安全保障所必需的暂停施工。

(3)承包人擅自暂停施工。

(4)承包人其他原因引起的暂停施工。

(5)现场气候条件导致的必要停工(异常恶劣的气候条件除外)。

(6)项目专用合同条款可能约定的由承包人承担的其他暂停施工。

2.发包人暂停施工的责任

由于发包人原因引起的暂停施工造成工期延误的，承包人有权要求发包人延长工期和(或)增加费用，并支付合理利润。

3.监理工程师暂停施工指示

(1)监理工程师认为有必要时，可向承包人做出暂停的施工指示，承包人应按监理工程师指示暂停施工。不论由于何种原因引起的暂停施工，暂停施工期间承包人应负责妥善保护工程并提供安全保障。

(2)由于发包人的原因发生暂停施工的紧急情况，且监理工程师未及时下达暂停施工指示的，承包人可先暂停施工，并及时向监理工程师提出暂停施工的书面请求。监理工程师应在接到书面请求后的24h内予以答复，逾期未答复的，视为同意承包人的暂停施工请求。

4.暂停施工后的复工

(1)暂停施工后，监理工程师应与发包人和承包人协商，采取有效措施积极消除暂停施工的影响。当工程具备复工条件时，监理工程师应立即向承包人发出复工通知。承包人收到复工通知后，应在监理工程师指定的期限内复工。

(2)承包人无故拖延和拒绝复工的，由此增加的费用和工期延误由承包人承担；因发包人原因无法按时复工的，承包人有权要求发包人延长工期和(或)增加费用，并支付合理利润。

5.暂停施工持续56d以上

(1)监理工程师发出暂停施工指示后56d内未向承包人发出复工通知，除了该项停工属于“承包人暂停施工的责任”的情况外，承包人可向监理工程师提交书面通知，要求监理工程师在收到书面通知后28d内准许已暂停施工的工程或其中一部分工程继续施工。如监理工程师逾期不予批准，则承包人可以通知监理工程师，将工程受影响的部分视为合同中“变更项的可取消工作”条款。如暂停施工影响到整个工程，可视为发包人违约，应按合同中“发包人违约”条款的约定办理。

(2)由于承包人责任引起的暂停施工，如承包人在收到监理工程师暂停施工指示后56d内不认真采取有效的复工措施，造成工期延误，可视为承包人违约，应按合同中“承包人违约”条款的约定办理。

十、承包人索赔的提出

根据合同约定，承包人认为有权得到追加付款和(或)延长工期的，应按以下程序向发包人提出索赔：

(1)承包人应在知道或应当知道索赔事件发生后28d内，向监理工程师提交索赔意向通知书，并说明发生索赔事件的事由。承包人未在28d内发出索赔意向通知书的，丧失要求追加付款和(或)延长工期的权利。

(2)承包人应在发出索赔意向通知书后28d内，向监理工程师正式递交索赔通知书。索赔通知书应详细说明索赔理由以及要求追加的付款和(或)延长的工期，并附必要的记录和证明材料。

(3)索赔事件具有连续影响的，承包人应按合理时间间隔继续递交延续索赔通知，说明连续影响的实际情况和记录，列出累计的追加付款金额和(或)延长工期天数。

(4)在索赔事件影响结束后的28d内，承包人应向监理工程师递交最终索赔通知书，说明最终要求索赔的追加付款金额和(或)延长的工期，并附必要的记录和证明材料。

第八节　计算机辅助工程项目进度管理

一、计算机辅助工程项目进度管理的意义

国外有很多用于进度计划编制的商业软件，自20世纪70年代末期和80年代初期开始，我国也开始研制进度计划的软件，这些软件都是在工程网络计划原理的基础上编制的。应用这些软件可以实现计算机辅助工程项目进度计划的编制和调整，计算机辅助工程网络计划编制的意义如下：

(1)解决当工程网络计划计算量大，而手工计算难以承担的困难。

(2)确保工程网络计划计算的准确性。

(3)有利于工程网络计划的及时调整。

(4)有利于编制资源需求计划等。

二、项目信息门户中的进度信息

进度管理是一个动态编制和调整计划的过程，初始的进度计划和在项目实施过程中不断

调整的计划，以及与进度管理有关的信息应尽可能对项目各参与方透明，以便各方为实现项目的进度目标协同工作。为方便快捷地获取进度信息，可利用项目信息门户作为基于互联网的信息处理平台辅助进度管理。图12-28表示了从项目信息门户中可获取的各种进度信息。

项目信息门户
- 有关进度控制的组织结构
- 进度控制工作流程
- 进度计划指令系统
- 进度计划报告系统
- 进度计划系统
  - 总进度纲要
  - 二级进度计划
  - 三级进度计划
  - 四级进度计划
- 项目结构表(编码)
- 工程实际进度信息
- 进度控制文档
- 进度控制总控方文档
- 工程资料
- 工程照片
- 进度控制培训资料
- 通讯录
- 其他

图12-28　项目信息门户提供的进度信息

三、计算机辅助施工进度管理应提供的基本功能

对于公路工程施工来说，时间是最重要的要素之一。基于网络计划技术的进度计划管理功能是工程项目管理中开发最早、应用最普遍、技术上最成熟的功能，也是目前绝大多数工程项目管理信息系统的核心部分。

具备该类功能的软件应具备下列功能：

(1)原始数据的输入和校验。可以输入各项工作的作业持续时间及其相互关系，包括实际进度情况的各种相应数据，并对其进行校验。

(2)检查工作的逻辑关系，确定工作节点位置号。

(3)进度计划的编制，包括多阶网络，协调总网络与子网络之间的关系。

①横道进度计划的形成。

②网络进度计划的形成。包括生成网络图、网络图的编辑、网络时间参数的计算及日历时间的转换等。

(4)网络计划的优化。主要有：工期—成本优化，工期固定、资源均衡优化和资源有限、工期最短优化。

(5)工程成本与资源配置计划。根据优化后的网络计划，确定工程实施方案，并计算出工程计划成本与各资源需求量。

(6)工程实际进度的统计与分析。对工程实际的进度、成本、资源等数据进行一定的处理和分析，形成与原始数据具有可比性的数据和表格。

(7)实际进度与计划进度的动态比较。实时将收集的实际进度数据输入系统,通过系统分析,可与计划进度进行实时比较,以了解工程进展情况。

(8)工程进度变化趋势预测。以工程实际数据进行计算,预测对后续工作及整个工程完成情况的影响。

(9)进度计划的调整。根据进度比较结果和进度预测分析报告,分析产生偏差的原因,及时采取有效措施,对原计划进行修正、调整,重新计算网络参数,形成新的工程进度计划。需要时,还应进行网络优化,选取优化方案。

(10)提供时标网络图和相应的横道图及资源需要量动态曲线。

(11)各种图形和表格的编辑、检查、统计、修改、输出等功能。

四、常用的进度管理软件

自1982年第一个基于PC的项目管理软件出现至今,项目管理软件已经历了30多年的发展历程。据统计,目前国内外正在使用的项目管理软件已有2 000多种,下面主要介绍几种国内外较为流行的综合进度管理的项目管理软件。

1. Primavera Project Planner(P3)系列项目管理软件

在国内外为数众多的大型项目管理软件当中,美国Primavera公司开发的Primavera Project Planner(简称P3)普及程度和占有率是最高的。国内的大型和特大型工程建设项目几乎都采用了P3。

Primavera公司在项目级的P3后推出了项目管理套件Primavera Enterprise,该套件的核心Primavera Project Planner for Enterprise,又称P3e(企业级),与原P3相比有了很大的变化。集成有该软件的套装软件Primavera Enterprise,除了核心部分外,还包括Primavision(辅助决策信息定制与采集,可以根据管理人员和专业人员的视角为其提供项目的综合信息)、Primavera Progress Reporter(基于网络,采集进度/工时数据的工具软件)、Primavera Portfolio Analyst(多项目调度/分析工具软件)和Primavera Mobile Manager(为手持式移动设备提供相关服务的终端工具软件,可以将手持设备与项目数据直接连接,实现双向数据传输),该套装软件所涵盖的管理内容较之以前推出的项目管理软件更广、功能更强大,充分体现了当今项目管理软件的发展趋势。

下面简要介绍这两个软件的情况。

(1)Primavera Project Planner(P3)

P3主要是用于项目进度计划、动态控制以及资源管理和费用控制的项目管理软件,也是目前国内大型项目中应用最多的进度计划管理软件。

P3的特点是拥有较为完善的管理复杂、大型建设工程项目的手段,拥有完善的编码体系,包括WBS(工作分解结构)编码、作业分类码编码、资源编码和费用科目编码等,这些编码以及这些编码所带来的分析、管理手段给项目管理人员的管理以充分的回旋余地,项目管理人员可以从多个角度对工程进行有效的管理。

P3的具体功能包括同时管理多个工程,通过各种视图、表格和其他分析、展示工具,帮助项目管理人员有效控制大型、复杂的项目。

可以通过开放数据库互联(Open Data Base Connectivity,简写ODBC)与其他系统结合进行相关数据的采集、数据存储和风险分析。

P3 提供了上百种标准的报告，同时还内置报告生成器，可以生成各种自定义的图形和表格报告。

(2) Primavera Project Planner for Enterprise (P3e)

P3e 有如下特点：

①首次在项目管理软件中增加了企业项目结构（以下简称 EPS）。利用 EPS 使得企业或项目组织可以按多重属性对项目进行层次化的组织，使得企业可基于 EPS 层次化结构的任何一层次和任何一点进行项目执行情况的财务分析。

②提供了完善的编码结构体系。除了提供企业项目结构、工作分解结构、组织分解结构、资源分解结构、费用分解结构、作业分类码和报表结构外，所有的结构体系均提供了直观的树形视图。

③提供了丰富的图表。P3e 提供了 100 多种标准的报表格式和便利的报表管理方式，同时还提供了报表生成向导功能，以帮助项目管理人员随时定制自己需要的报表。

④支持基于 EPS 和 WBS 的"自上而下"预算分摊。P3e 支持按项目权重、里程碑权重、作业步骤及其权重进行绩效衡量，这些设置连同多样化的"赢得值"技术，使得"进度价值"的计算方法拟人化而又符合客观实际。

⑤提供了专业的、结合进度的资源分析和管理工具，可以通过资源分解结构对企业的全部资源进行管理，资源还可以按角色、技能、种类划分。使用资源的角色、技能、种类可为资源的协调与替代提供方便，使资源得到充分的利用。

⑥内置了风险管理功能。对项目的不确定因素的管理分析，是企业风险控制的基础。P3e 的风险管理功能，提供了风险识别、分类、指定影响分析的优先级等功能。用户也可以自行创建风险管理计划，估计或指定发生概率，并指定组织中特定的人对特定的风险管理工作负责。

⑦内置了临界值管理与问题追踪功能。通过预先设置的费用、进度和赢得值的临界值以及相应处理措施，在实施中出现超临界状态时自动通知相关责任人，并可利用问题追踪功能对"问题"进行追踪。

⑧支持大型关系数据库 Oracle、MSSQL、Sereve，以及 SDK 扩充功能，为企业和工程建设项目管理信息系统的构建提供了极大的便利。

⑨与原 P3 相比，拥有更为直观易用的操作界面和更为全面的在线帮助。

2. Microsoft Project 项目管理系统

由 Microsoft 公司推出的 Microsoft Project 是到目前为止在全世界范围内应用最为广泛的、以进度计划为核心的单项目管理软件，Microsoft Project 可以帮助项目管理人员编制进度计划、资源管理、生成费用预算，也可以绘制商务图表，形成图文并茂的报告。

Microsoft Project 2013 最新版本中，提供了以下新特性：

(1) Project 2013 在报表中支持艺术字。可以在 Project 报表中包含的图片、表格、图表、形状和文本框中使用艺术字，以创建数据的动态视觉效果，甚至可以在动画和超链接中包含这样的效果。Project 中艺术字的工作方式与它在 Microsoft Word、Excel、PowerPoint 和 Outlook 中的工作方式相同，甚至可以在这些程序之间共享艺术字内容。

(2) 更好的即用型报表。这些报表模板替换之前 Project 版本中的预安装报表。使用这些新模板，可以创建动态报表，无须将数据导出到其他程序。

(3) 丰富的项目报表。项目报表将计划工时、完成工时和剩余工时显示为图表上的线，使项目经理可以一眼看出项目是否能准时完成。

(4)任务路径。Project 2013 能突出显示任何任务的链接链,即任务路径。

(5)扩展日期支持。Project 2013 支持的任务和项目日期可达 2149 年 12 月 31 日。比以前长了整整一个世纪!

(6)后台检查。它是用于管理 Project 文件的一站式目的,使其更易于查找所需内容。

(7)使 Project 与其他 Office 程序一致。为打开文件以及将文件保存到计算机保持同步提供统一位置。

3. 国内常用进度计划管理软件

国内一些软件公司(如同望、同洲、建文、梦龙、清华斯维尔等)编制了项目管理集成系统,这些系统由智能项目管理动态控制系统、建设项目投资控制系统、机具设备管理、合同管理与动态控制系统、材料管理系统、图纸管理系统和安全管理系统组成,可对工程建设项目进行全方位的管理。在进度计划管理方面,这些软件的主要功能有:

(1)灵活方便的作图功能,可以在计算机屏幕上直接制作网络图,还可以采用文本输入方式制作网络图,包括双代号输入法、紧前关系输入法和紧后关系输入法。

(2)瞬间即可生成流水网络。

(3)方便实用的网络图分级管理功能(子网络功能),可以根据工程的实际情况分为多级网络,使不同的管理层对应不同级别的网络计划,实现分级网络计划管理。

(4)利用进度前锋线功能实现对工程的动态控制。

(5)资源及费用优化控制。可以将资源按人工、材料、施工机械等不同种类进行管理,可自定义资源名称;根据定额分别计算人工、材料、施工机械使用费和总费用;通过网络图可做出各种资源的分布曲线及报表;对资源及需要量可进行优化计算;根据不同分布曲线可分别做出用工计划、施工机械安排计划、材料供应计划及费用投资计划等。

(6)综合计划控制功能。

五、项目管理软件编制施工进度计划的过程

1. 编制前的准备工作

(1)收集有关数据(参数、定额、技术方案等)。

(2)选择施工方案,确定施工工艺。

(3)根据施工方案,划分施工段落,组织专业施工队。

(4)确定进度计划的三要素。将实际工程量按照工程总体施工组织设计的设想,依据工程合同工期的要求,转换成进度计划所需要的数据形式,即计划的三个要素:工作的名称或代号、工作之间的逻辑关系、工作的持续时间。

2. 编制工程项目施工进度计划

(1)进度计划的形成

要形成进度计划,只需将进度计划的三个要素整理后汇总成为一张表格,对应地输入到计算机中(如同望软件、P3、Microsoft Project、同洲软件等),计算机就自动形成与三要素表对应的进度计划。

对网络计划和项目管理软件应用比较熟悉的人,采用三要素表的形式输入,输入速度很

快;而初学者可以利用上下窗口的方式输入,速度慢一些。

在计算机项目管理软件中提供的进度计划有多种不同的表示形式,如单代号网络图、双代号网络图、横道图等。

输入进度计划三要素表来建立工程进度计划这种方式最为简单。除此之外,还有其他方式,如在电脑屏幕上直接绘制横道图或网络图。但当计划较大时,这些方式则不方便。

(2)进度计划初稿的调整和修改

初步进度计划编制完成后往往需要调整,主要变现为工作持续时间长短的调整和工作所在时间段的调整。工作持续时间长短的调整,是为了满足工程合同工期的要求或者满足施工的合理性。工作所在时间段的调整,是考虑某些工作所安排的时间段可能存在着不合理,例如:台风季节、雨季、冬季或洪水季节等,可以通过对这些工作加上强制时限来进行调整。

工程项目的计划工期一定要符合合同工期,修改、调整计划,可以对进度计划“筛选”出(即数据库的选择操作)所需要的部分,然后进行调整。

【复习思考题】

1. 进度与进度指标是什么?
2. 工程项目进度管理的主要内容是什么?
3. 工作逻辑关系是如何分类的?
4. 哪些因素影响工作持续时间估算?
5. 工作持续时间估算有哪几种方法?
6. 编制进度计划的依据是什么?
7. 编制进度计划的方法有哪些?
8. 简述双代号网络计划的绘制方法和时间参数的计算方法。
9. 简述双代号时标网络计划图的绘制方法。
10. 简述单代号网络计划的绘制方法和时间参数的计算方法。
11. 工程项目进度控制原理是什么?
12. 实施工程项目进度计划应抓好那些工作?
13. 影响工程项目进度控制的因素有哪些?
14. 工程项目进度计划检查的方法有哪些?
15. 工程项目进度计划调整的方法有哪些?
16. 工程项目进度控制的措施有哪些?
17. 合同进度计划是什么?
18. 工期延误的原因有哪些?

第十三章

公路工程建设项目风险管理

【学习目的与要求】

本章介绍了公路工程建设风险管理相关理论及实践，学习中应熟悉工程建设风险管理理论、工程风险的类型、风险管理的对策及PPP模式风险管理方法，重点掌握公路工程风险管理的流程，风险管控的措施，以及PPP模式风险的特点、管理方法。学习中应特别注意结合我国公路工程的实践经验。

公路工程建设项目风险管理是指在公路工程建设项目实施过程中，对潜在的意外损失进行识别、分析、评价并制定对策的管理过程。公路工程建设项目自身具有建设周期长、投资数额巨大、规模大且复杂的特点，项目实施过程中时常会遇到多种不确定因素，相比一般类型工程项目，风险更高。因此，加强公路工程建设项目风险管理，建立风险有效预警机制及管理制度，防范和控制项目风险发生对实现公路工程建设目标极为重要。

本章内容包括公路工程建设项目风险管理的四个阶段，即风险识别、风险分析、风险评价和风险对策；公路建设项目风险类型的划分；公路建设项目融资风险、建设风险和运营风险的管理。

第一节　风险管理理论

风险是指人们在生产经营活动中，因不能确切把握客观事物的变化或对客观事物主观认识的不足或对已经发生事件处治不当而造成的损失或威胁。

风险是由风险因素、风险事故和风险损失三个要素构成的统一体。三者之间存在着相关关系。随着风险因素的增加，产生风险事故的概率就会增大，风险事故引起风险损失也会增大。这个过程中风险因素是风险事故发生的潜在原因，是造成风险损失的根源。消除了所有风险因素，风险损失就不会发生；消除部分风险因素，风险事故发生的概率也会降低。因此风险管理的本质是对风险要素的掌握及控制，以降低风险事故发生的可能性，对已发生的风险事故进行妥善处理以降低风险损失，达到以最小的成本获得最大安全保障的目的。

风险管理是指人们对潜在的风险各种损失进行辨识、评估，并根据具体情况采取相应的措施进行处理，即在主观上尽可能有备无患或在无法避免时亦能寻求切实可行的补偿措施，从而减少意外损失或使风险为我所用。

公路建设项目风险管理的全过程可以划分为风险识别、风险评估、风险响应和风险控制四个阶段，如图 13-1 所示。

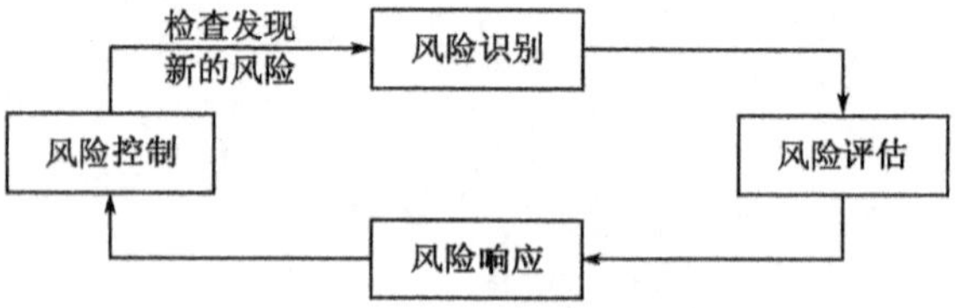

图 13-1　公路建设项目风险管理过程

一、风险识别

1. 风险识别的定义

风险识别是风险管理的第一步，它是指通过对大量来源可靠的信息资料进行分析处理，识别出项目存在的各种风险因素，进而确定项目所面临的风险性质，并把握其发展趋势的行为。风险识别包括确定风险来源、风险产生条件，描述其风险特征和确定影响项目的风险事件。

风险识别是从公路建设项目的全过程对项目建设环境、条件、建设方案及参建单位等方面进行考察，识别出对项目建设目标有重要影响的因素并加以分类。

风险识别首先要弄清项目的组成、各因数的性质和相互之间的关系、项目与环境之间的关系等。在此基础上运用系统的、有章可循的步骤和方法查明对项目可能形成风险的诸端事项。在这个过程中还要调查、了解并研究对项目以及项目所需支援形式潜在威胁的各种因素的作用范围。

风险识别的基础在于对项目风险的分解。通过分解，意识到项目存在风险是远远不够的，还需要进一步判断是哪些风险因素，在何种条件下，以何种方式导致风险的发生。项目风险分解可以根据工程项目的特点以及风险管理人员的知识按以下途径进行：

(1)目标维：即按项目目标进行分解，也就是考虑影响项目费用、进度、质量和安全目标实现的风险的可能性。

(2)时间维：即按项目建设的阶段分解，也就是考虑工程项目进展不同阶段的不同风险。

(3)结构维：即按项目结构组成分解。

(4)环境维：即按项目与其所在环境的关系分解。在此，环境指的是自然环境和社会、政治、军事、社会心理等非自然环境中一切同项目建设有关的联系。

(5)因素维:即按项目风险因素的分类分解。

2. 风险识别的流程

公路工程建设项目风险识别的流程一般为:

(1)收集与项目风险有关的信息。风险管理需要大量地占有信息,了解情况,要对项目的系统环境有十分深入的了解,并要进行预测。不熟悉情况,不掌握数据是不可能进行有效的风险管理的。风险识别是要确定具体项目的风险,必须掌握该项目和项目环境的特征数据,例如本项目有关的数据资料、设计与施工文件,以了解该项目系统的复杂性、规模、工艺的成熟程度。

(2)确定风险因素。对工程、工程环境、其他各类微观和宏观环境、已建类似工程等,通过调查、研究、座谈、查阅资料等手段进行分析,列出风险因素一览表。确定风险因素是在风险因素一览表的基础上,通过甄别、选择、确认,把重要的风险因素筛选出来加以确认,列出正式风险清单。

(3)编制项目风险识别报告。编制项目风险识别报告是在风险清单的基础上,补充文字说明,作为风险管理的基础。风险识别报告通常包括已识别风险、潜在的项目风险、项目风险的征兆。

具体的风险识别过程如图 13-2 所示。

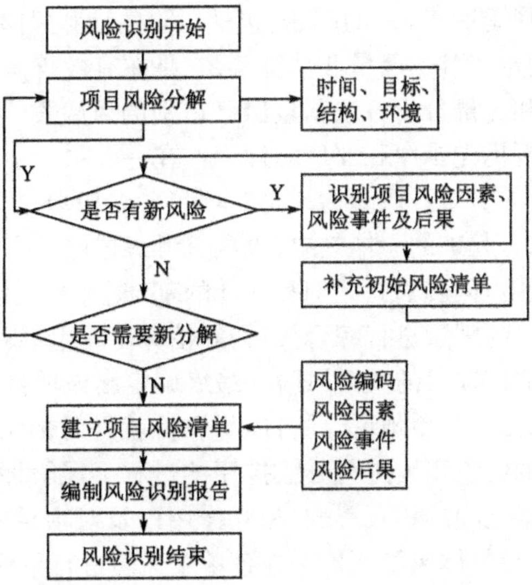

图 13-2 公路建设项目风险识别流程

3. 风险识别的成果

风险识别的成果主要包括以下内容:

(1)风险因素来源表。风险因素来源表中应列出公路建设项目所有的风险。对于每一种风险来源,都要有文字说明,说明中应包括:①风险事件的可能后果;②对预期发生时间的估计;③对该来源产生的风险事件预期发生次数的估计。

(2)风险分类。风险识别之后将风险进行分类,分类结果应便于进行风险分析的其余步骤。公路工程建设项目风险识别的成果如表 13-1 所示。

公路工程建设项目风险识别成果一览表　　表 13-1

<table>
<tr><td rowspan="2">阶段</td><td rowspan="2" colspan="2">建设前期阶段</td><td colspan="6">建设阶段</td><td rowspan="2">运营阶段</td></tr>
<tr><td colspan="3">设计阶段</td><td>招投标阶段</td><td rowspan="2">施工准备阶段</td><td>施工阶段</td></tr>
<tr><td>流程</td><td>项目初步规划</td><td>可行性研究</td><td>初步设计</td><td>技术设计</td><td>施工图设计</td><td>工程施工招标</td><td>工程施工控制与监督</td><td>运营养护</td></tr>
<tr><td>风险</td><td colspan="2">政策风险、经济风险、融资风险</td><td colspan="6">项目实施风险、招投标风险、负债规模风险、运行机制风险、完工风险</td><td>收费管理体制风险、市场竞争风险、维修维护风险、自然环境风险</td></tr>
</table>

二、风险评估

1. 风险评估的定义

风险评估是在风险识别的基础上,分析和评价风险损失对项目预期目标的影响程度,通过对风险识别收集资料和数据的处理,得到关于损失发生的概率及其程度的有关信息,对风险的规律性进行研究和量化分析,为风险决策提供依据。

风险评估需要回答“风险有多大”的问题,包括风险估计和风险评价两个方面。

风险估计又称风险测定、测试、衡量和估算等,它是在有效辨识项目风险的基础上,根据项目风险的特点,采用定性和定量分析方法测量出已识别的风险发生的可能性和破坏程度的大小,对风险按潜在程度进行优先排序和评价的过程。在一个项目中存在着各种各样的风险,通过风险估计可以说明风险的实质。风险估计是对项目各阶段单个风险分别进行估计或量化,并没有考虑各单个风险综合起来的总体效果,也没有考虑这些风险能否被项目主体所接受。

风险评价是在项目风险管理规划、识别和估计的基础上,建立起一个项目风险的系统评价模型,以便对影响项目的风险因素进行综合分析,并估算出发生某种风险的概率及其可能导致的影响程度,从而找出影响该项目的关键风险并最终确定出该项目的整体风险水平,为保障项目的顺利进行提供科学依据。简单地说,项目风险评价就是对影响项目的风险因素进行综合分析,并依据其对总目标的影响程度进行分级排序的过程。风险评价关注的是项目所有阶段的整体风险、各项风险因素之间的相互影响、相互作用以及对项目的总体影响,判断项目主体对风险的承受能力等。项目整体风险评价是在各单个风险进行量化估计的基础上,运用科学、合理的方法进行综合分析、运算,以求得项目的综合风险。

2. 风险评估的依据

公路建设项目实施过程中的各类风险都有自身的规律、特点、影响范围和影响程度,在进行风险评估时,主要依据有:

(1)已识别的风险:是项目风险评估的基础。

(2)项目的进展情况:项目所处的生命期阶段不同,风险的不确定性也会不同,也就是说在项目的不同阶段,所面临的风险程度是不同的。一般来说,随着项目的进展,项目风险发生的可能性就会逐步降低。

(3)项目的性质:由于项目的性质不同,风险对其影响程度也是不一样的。简单的项目风险程度较低;复杂的项目或者高新技术项目的风险程度则较高。

(4)数据的准确性和可靠性:都会影响项目风险评估的结果,所以也要对数据的准确性和可靠性进行评估。

(5)风险的重要性水平:是划分项目风险大小的重要依据,在风险重要性水平以内的风险就可能不会引起项目风险管理人员的注意。

3. 风险评估的方法

风险评估的方法较多,主要应用在项目决策和投标阶段。在公路建设项目风险评估中,常用的方法有:调查和专家打分法、蒙特卡罗模拟方法、决策树法和模糊分析法。

(1)调查和专家打分法。它是首先将工程项目所有的风险列出,设计风险调查表,然后利用专家经验,对各类风险因素的重要性进行评估,再综合成整个项目风险。此种方法简单实用,主要依靠专家的经验,具有较强的主观性,而且由于专家意见不同,有可能产生多种风险的风险值相等的情况,从而加大预知风险大小的难度,只能为项目风险分析决策者提供风险和风险处置措施的优先顺序建议。

(2)蒙特卡罗模拟方法。蒙特卡罗模拟方法又称统计实验法或随机模拟法。该法是一种通过对随机变量的统计试验、随机模拟求解数学、物理、工程技术问题近似解的数学方法,其特点是用数学方法在计算机上模拟实际概率过程,然后加以统计处理。蒙特卡罗模拟是风险定量分析方法中最常见的方法。蒙特卡罗模拟利用计算机的模拟功能,能够比较方便快捷地计算出最有可能出现的项目风险。事前须知道项目风险适合的概率密度分布,而且模拟的次数也可能影响计算结果的精确度。蒙特卡罗模拟经常与其他定量分析方法结合应用于工程项目风险评估。

(3)决策树法。决策树法是风险决策时常采用的一种方法,结合计算项目未来现金流量并进行不确定性分析和敏感性分析,此种方法目前已广泛应用在实践中。这种方法通常求出所有变量所有可能变化组合下的 *NPV* 或 *IRR* 值,再画出其概率分布图。它的计算规模随变量个数及变化情况多少成指数变化,并且要求有足够有效的数据作基础。该方法不仅可以处理有状态转移而且可以处理在某种状态转移前逗留一段时间的风险决策问题;模糊决策树可用于获取在不确定环境下的不精确知识;全局优化决策树可用于不可微分的目标函数,用于构造具有固定结构的多变量决策树,将多变量决策树表示成析取线形不等式集合。全局树优化就是使析取线形不等式中的分类误差最小化。

(4)模糊分析法

所谓模糊就是边界不清晰,外延不明确,以模糊集合代替原来分明的集合。大型工程项目中存在着大量的模糊因素,通过模糊分析法,对这些因素进行模糊评价,可以增加评价结构的可靠性和科学性。

4. 风险评估的流程

公路建设项目风险评估的流程如下:

(1)收集有关信息。风险评估分析时必须收集的信息主要有:与承包建设项目类似的经验和积累的数据;与建设项目有关的资料、文件等;对上述两种信息来源的主观分析结果。

(2)对信息进行整理。根据收集的信息和主观的分析结果,列出建设项目所面临的风险,并将发生的概率和损失的后果列成表格,使风险因素、发生概率、损失后果、风险程度等一一对应，如表 13-2 所示。

风险程度分析表 表 13-2

风 险 因 素	发生概率(%)	损失后果(万元)	风险程度(万元)
物价上涨	10	50	5
地质特殊处理	30	100	30
恶劣天气	10	30	3
工期拖延罚款	20	50	10
设计错误	30	50	15
业主拖欠工程款	10	100	10
项目管理人员不胜任	20	300	60
合计	—	—	133

(3)评价风险程度。风险程度是风险发生的概率和风险发生后的损失严重性的综合结果，可以用每一风险发生的概率和每一风险发生的损失后果总和来进行评价。其表达式为：

$$R = \sum_{i=1}^{n} R_i = \sum_{i=1}^{n} P_i C_i \tag{13-1}$$

式中：R——风险程度；

R_i——每一风险因素引起的风险程度；

P_i——每一风险发生的概率；

C_i——每一风险发生的损失后果。

(4)提出风险评估报告。风险评估分析结果必须用文字、图表表达说明，作为风险管理的文档，即以文字、表格的形式作风险评估报告。评估分析结果不仅作为风险评估的成果，而且应作为人们风险管理的基本依据。

风险评估表的内容可以按照分析的对象进行编制，例如以项目单元(工作包)作为对象列表，如表 13-3 所示。

风险程度分析表 表 13-3

工作包编号	风险名称	风险会产生的影响	原因	损失		可能性	损失期望	预防措施	评价等级 A、B、C
				工期	费用				

此外，风险评估表的内容也可以按照风险的结构进行分析研究，如表 13-4 所示，尤其是以下两类风险：

(1)在项目目标设计和可行性研究中分析的风险。

(2)对项目总体产生影响的风险，例如通货膨胀影响、产品销路不畅、法律变化、合同风险等。

风 险 分 析 研 究 表 13-4

风险编号	风险名称	风险影响范围	原因导致发生的边界条件	损失		可能性	损失期望	预防措施	评价等级 A、B、C
				工期	费用				

三、风险响应

风险响应是通过采用将风险转移给另一方或将风险自留等方式,对项目风险进行管理。风险响应主要包括风险规避、风险减轻、风险转移、风险自留及其组合等。

1.风险规避

风险规避是指承包人设法远离、躲避可能发生的风险的行为和环境,从而达到避免风险发生的可能性,其具体做法有以下三种:

(1)拒绝承担风险。承包人拒绝承担风险大致有以下几种情况:

①对某些存在致命风险的工程拒绝投标。

②利用合同保护自己,不承担应该由业主承担的风险。

③不接受实力差、信誉不佳的分包人和材料、设备供应商,即使是业主或者其他任何人的推荐。

④不委托道德水平低下或其他综合素质不高的中介组织或个人。

(2)承担小风险回避大风险。这在公路工程项目决策时要注意,放弃明显导致亏损的项目。对于风险超过自己的承受能力,成功把握不大的项目,不参与投标,不参与合资。甚至有时在工程进行到一半时,预测后期风险很大,必然有更大的亏损,不得不采取中断项目的措施。

(3)为了避免风险而损失一定的较小利益。利益可以计算,但风险损失是较难估计的,在特定情况下,采用此种做法。如在建材市场有些材料价格波动较大,承包人与供应商提前订立购销合同并付一定数量的定金,从而避免因涨价带来的风险;采购生产要素时应选择信誉好、实力强的分包人,虽然价格略高于市场平均价,但分包人违约的风险减小了。

规避风险虽然是一种风险响应策略,但这也是一种消极的防范手段。规避风险固然避免损失,同时也失去了获利的机会。

2.风险减轻

承包人的实力越强,市场占有率越高,抵御风险的能力也就越强,一旦出现风险,其造成的影响就相对显得小些。如承包人承担一个项目,出现风险会使他难以承受;若承包若干个工程,其中一旦在某个项目上出现了风险损失,还可以有其他项目的成功加以弥补。这样,承包人的风险压力就会减轻。

在分包合同中,通常要求分包人接受建设单位合同文件中的各项合同条款,使分包人分担一部分风险。有的承包人直接把风险比较大的部分分包出去,将建设单位规定的误期损失赔偿费如数订入分包合同,将这项风险分散。

3.风险转移

风险转移是指承包人不能回避风险的情况下,将自身面临的风险转移给其他主体来承担。风险的转移并非转嫁损失,有些承包人无法控制的风险因素,其他主体都可以控制。风险转移一般指对分包人和保险机构。

(1)转移给分包人。工程风险中的很大一部分可以分散给若干分包人和生产要素供应商。例如:对待业主拖欠工程款的风险,可以在分包合同中规定在业主支付给总包后若干日内向分包方支付工程款。

承包人在项目中投入的资源越少越好,以便一旦遇到风险,可以进退自如。可以租赁或指令分包人自带设备等措施来减少自身资金、设备沉淀。

(2)工程保险。购买保险是一种非常有效的转移风险的手段,将自身面临的风险很大一部分转移给保险公司来承担。

工程保险是指业主和承包人为了工程项目的顺利实施,向保险人(公司)支付保险费,保险人根据合同约定对在工程建设中可能产生的财产和人身伤害承担赔偿保险金责任。

(3)工程担保。工程担保是指担保人(一般为银行、担保公司、保险公司以及其他金融机构、商业团体或个人)应工程合同一方(申请人)的要求向另一方(债权人)做出的书面承诺。工程担保是工程风险转移的一项重要措施,它能有效地保障工程建设的顺利进行。许多国家政府都在法规中规定要求进行工程担保,在标准合同中也含有关于工程担保的条款。

4. 风险自留

风险自留是指承包人将风险留给自己承担,不予转移。这种方式有时是无意识的,即当初并不曾预测,没有采取有效对策,最后只好承担;但有时候也可以是主动的,即经营者有意识、有计划地将若干风险主动留给自己。

采用风险自留必须符合以下条件之一:

(1)自留费用低于保险公司所收取的费用。

(2)项目的期望损失低于保险人的估计。

(3)项目有较多的风险单位,且有能力准确地预测其损失。

(4)短期内项目有承受最大潜在损失或最大期望损失的经济能力。

(5)风险管理目标可以承受年度损失的重大差异。

(6)费用和损失支付分布于很长的时间里,因而导致很大的机会成本。

(7)投资机会很好。

(8)内部服务或非保险人服务优良。

如果实际情况与以上条件相反,则应放弃风险自留的决策。

5. 公路工程项目风险管理计划

项目风险响应的结果应形成以项目风险管理计划为代表的书面文件,其中应详细说明风险管理目标、范围、职责、对策的措施、方法、定性和定量计算、可行性以及需要的条件和环境等。

公路工程风险管理计划的编制应该确保在相关的运动活动开展以前实施,并且与各种项目策划工作同步进行。

风险管理计划可分为专项计划、综合计划和专项措施等。专项计划指专门针对某一项风险如资金或成本风险制订的风险管理计划;综合计划是指项目中所有不可接受风险的整体管理计划;专项措施是指将某种风险管理措施纳入其他项目管理文件中,如新技术的应用中分析管理措施可编入项目设计或施工方案,与施工措施有机地融为一体。

四、风险控制

在公路建设项目风险控制过程中,应收集和分析与项目风险相关的各种信息,获取风险信号,预测未来的风险并提出预警,纳入项目进展报告。同时还应对可能出现的风险因素进行监控,根据需要制订应急计划。

1. 风险预警

公路建设项目实施过程中会遇到各种风险，要做好风险管理，就要建立完善的项目风险预警系统，通过跟踪项目风险因素的变动趋势，测评风险所处状态，尽早地发出预警信号，及时向业主、项目监理方和施工方发出警报，为决策者掌握和控制风险争取更多的时间，尽早采取有效措施防范和化解项目风险。

因此，需要不断地收集和分析各种信息，捕捉风险前奏的信号，可通过以下几条途径进行：天气预报预警、各种市场行情、价格动态；各投资者企业状况报告；政治形势和外交动态；施工中进度、工期、成本、质量报表；工程实施中国的各种状况报告等。

2. 风险监控

在公路建设项目实施过程中，各种风险在性质、程度和数量上都是不断地变化的，可能会增大或减小。因此，在公路建设项目的整个周期内，需要时刻监控风险的发展与变化情况，并确定随着某种风险的消失而带来新的风险。风险监控常用的方法主要有以下几种：

(1)风险审计。风险审计是指企业内部设计机构采用一种系统化、规范化的方法来进行以测试风险管理信息系统、各业务循环以及相关部门的风险识别、分析、评价、管理及处理等为基础的一系列审核活动。

(2)偏差分析。偏差分析是指在项目管理中实际完成工作与计划完成工作之间的差异。在公路工程中主要包括：进度偏差、成本偏差和质量偏差等。如未能按计划工期完工、实际投资超过预算等都是潜在的问题。

(3)技术指标分析。技术指标分析是依据一定的数理统计方法，运用一些复杂的计算公式来判断汇率走势的量化分析方法。公路建设项目的风险监控就是比较原定技术指标和实际技术指标的差异，如测试的性能指标未能达到设计指标要求等。

3. 风险应急计划

公路工程建设项目应急计划是指为控制和防止公路建设项目施工中出现意想不到的风险事件，减轻这些风险事件产生的损害，在特定的条件下，根据可能产生的不同风险事件的状况而制订的紧急对付风险事件的措施方案。公路工程建设项目风险应急计划，应当清楚地说明当发生风险事件时要采取的措施，以便快速、有效地对这些风险事件做出响应。

在编制项目风险应急计划时，应根据工程特点、实际要求进行规划。在一般情况下，风险应急计划的编写内容主要包括：应急预案的目标；主要参考文献；应急计划适应范围；组织情况说明；风险定义及其控制目标；组织的职能；应急工作流程及其控制；应急知识培训；应急演练计划；演练总结报告等。

为了编制一个有效的风险应急计划，在编制过程中应遵循以下程序：成立预案编制小组→制订编制计划→现场调查，收集资料→环境因素或危险源的辨别和风险评价→控制目标、能力与资源的评估→编制应急预案文件→对应急预案进行评估→应急预案的发布。

第二节　公路工程建设风险类型

由于公路建设项目周期较长，各建设阶段遇到的风险也不尽相同，本节主要从建设前期、建设阶段和运营阶段对公路建设项目风险类型进行分析。

一、建设前期风险

公路建设前期风险主要是融资风险、技术风险和业主方风险。

1. 融资风险

融资风险可以分为系统风险和非系统风险。系统风险是指与客观环境有关、超出项目自身控制范围的风险，如国家风险、经济风险等；非系统风险是指由项目实体自行控制和管理的风险，如完工风险、经营维护风险、环境风险等。融资类型如图 13-3 所示。

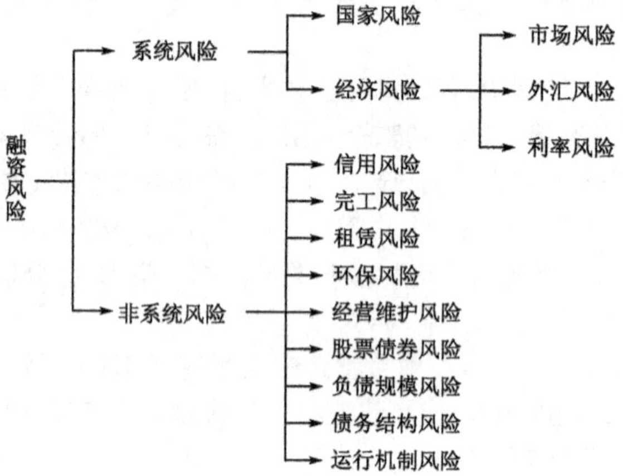

图 13-3　融资风险类型

(1)系统风险

系统风险主要包括国家风险和经济风险。

①国家风险

国家风险是指那些由于战争、国际关系变化、政权更迭、政策变化而导致项目资产和收益受到损失的风险。

国家风险对项目融资影响程度受多种因素的影响。一是项目性质。不同性质项目对国家经济安全和政治安全的敏感程度不同，国家风险对项目影响程度不同。公路建设项目属于国家的基础性、公益性项目，对国家经济发展及居民生活有重要的影响，对国家风险较为敏感。二是世界银行或地区开发银行的参与程度。一般来说，世界银行或地区开发银行参与的项目，受项目所在地国家风险影响程度小。三是当地参与人的参与程度，项目所在地银行或企业加入，将大大减少项目的国家风险。

国家风险具体表现形式有：主权风险、国有化风险或没收风险、税收风险、法律变更风险和获准风险。主权风险是指政权更迭、领导人变动等政治体制变更给项目带来的风险。国有化或没收风险是指项目资产包括项目公司的股份被没收或国有化，使投资者无法取得预期收益的风险。税收风险是指政府可能对项目建设征收较高的税收或取消项目应有的减免税待遇而带来的风险。法律变更风险是指政府变更与项目有关的法律、法规及管理条例等对项目开发与经营造成的风险。获准风险是指项目由于种种原因未能及时得到政府的授权或许可，而造成项目误工致使整个项目无法按期实施所带来的风险。公路 BOT 项目融资中，特许经营权是融资的基础，对获准风险敏感。

②经济风险

经济风险主要包括市场风险、外汇风险和利率风险三大类。

市场风险是指在预定的成本水平下能否按计划组织生产，实现预期产品销售或服务，以及产品或服务满足市场需求存在的风险。市场风险主要有价格风险、竞争风险和需求风险，这三种风险之间相互联系，相互影响。

外汇风险通常包括三个方面：项目所在国货币的自由兑换、经营收益的自由汇出以及汇率波动所造成的货币贬值等。项目融资各参与方都十分关心外汇风险，国外投资者希望将项目产生的利润能以自己本国的货币或硬通货汇回国内，避免因为项目所在国货币贬值的损失。汇率波动也会给项目投资者造成损失。

利率风险是指由于利率水平的不确定波动，导致项目投资增大、收益减少的风险。利率受所在国金融政策、货币政策、经济活动、投资者预期以及其他国家或地区的利率水平等多种因素影响，经常处于动态变化之中。利率风险一个显著特征是现金流量（净利息收入或支出）的不确定引起收益和融资成本不确定；另一个显著特征是利率波动导致资产（或负债）的市场价值不确定，引起收益的不确定；此外，利率风险也会影响到经营机构的经营环境。

（2）非系统风险

非系统风险是指投资人可以通过多样化、分散化投资战略加以避免或降低的风险，它主要包括信用风险、完工风险、经营维护风险、环保风险及租赁风险等。

①信用风险

信用风险是指项目有关参与方不能履行协议责任和义务而出现的风险。项目发起人在项目融资过程中非常关心各参与方的信用等级、专业能力和可靠程度。项目建设过程中，任何一个参与方的违约，都将影响项目的顺利实施及预期收益，信用风险对于投资者和贷款机构来说都是一个非常重要的影响决策的因素。

②完工风险

完工风险指项目无法按期完工、延期完工或完工后无法达到预期运行标准的风险。例如，由于项目筹备阶段没能如期完成相关土地征用，项目工期推迟。完工风险对项目公司而言意味着利息支出的增加、贷款偿还期的延长和市场机会的错失。完工风险的大小取决于以下四个因素：项目技术方案；承包人的建设开发能力和资金筹措能力；承包人所作承诺的法律效力及其履行承诺能力；政府干预。

③经营维护风险

经营维护风险是指在项目经营和维护过程中，由于项目经营组织管理不善、效益不佳、经营收益不足以偿还债务的风险。经营维护风险使得股东收益难以保证，项目还债能力削弱，甚至出现资不抵债的情况。如原材料供给中断、设备安装、使用不合理、产品质量低劣、管理混乱等，使项目无法按设计运营及维护，最终影响项目的盈利能力。

④环保风险

环保风险是指项目投资者可能因为环境保护法实施或技术标准提高使得项目生产效率降低，生产成本增加，或者通过增加新的资金投入来提高项目的生产技术标准而产生的风险。在“污染者负担费用”的原则下，不遵守环境法将给项目造成巨大的损失。对项目公司来说，要满足环保法的各项要求，就意味着成本支出的增加，尤其是对那些利用自然资源或生产过程中污染较为严重的项目来说更是如此。

⑤租赁风险

公路是大额资金投入和技术密集基础建设项目，需要大量的专业、大型设备，在项目建设过程中经常采用融资租赁方式解决特定时期的专用和通用设备短缺问题。这种融资的风险是由于租期过长、租金过高、租期内货币价格变化等原因给项目带来一定的损失，具体包括技术落后风险、利率变化风险和租金过高风险等。

⑥股票债券风险

目前，我国高速公路境内上市公司有20家左右，虽然只占有国内上市公司总数的1%左右，但影响还是比较大的，发展空间和获利空间都较大。其风险在于股份制企业在利用股票融资的过程中，由于股票发行比例不当，发行成本过高，发行时机选择欠佳，甚至违规对股民承诺等对项目经营造成损失。

⑦负债规模风险

负债规模指项目负债规模总额或负债占项目资金总额的比重。项目负债规模越大，需要支付利息的总额越多，项目收益水平越低，丧失偿债能力或破产的可能性就越大，融资风险也越大；负债比重提高，资信等级降低，债权人收益难度增大，项目再融资能力减弱，再融资成本提高。我国高速公路建设投资量大、建设周期长、项目债务资金比例较高，如国务院发布固定投资资本金比例调整文件规定，公路基本建设项目的资本金不得少于总投资的25%，文件规定75%的负债比例属于高风险的负债比例，这使得负债规模较高的高速公路建设项目融资风险增大，也增大了吸引社会资本进入公路建设领域的难度。

⑧债务结构风险

债务结构主要指项目债务资金的来源渠道和债务长短期限的相对比重。债务借入资金的渠道单一，负债期限结构设置安排不合理，也会增加项目融资风险。融资渠道相对单一，融资风险集中，不利于项目长期筹资活动，扩大项目融资总量；负债期限安排不合理，还款时间过于集中，可能出现挤兑现象，也会加大还款难度；债务资金还款期限设置不合理，也会加大债务成本，增大债务偿还风险。

此外，长期借款的融资成本一般较高，而且债权人为降低风险还会规定一些限制性条款，这会对项目借债形成潜在风险。我国许多高速公路融资采用世界银行、亚洲开发银行贷款，国内银行贷款，日本、德国、沙特等政府长期贷款，债务结构风险在高速公路公司已较为普遍，使得项目财务成本和融资成本居高不下。

⑨运行机制风险

运行机制风险主要指高速公路经营企业由于内部运行机制的缺陷导致的融资风险。运行机制缺陷首先是代理人制度缺陷。高速公路公司80%以上属国家所有，实行所有权与经营权分离管理模式，拥有权和管理权各自独立。企业管理者面对自身利益与股东利益冲突问题时，往往站在自身利益角度，忽视股东利益。

另外，计划体制的影响也增加了项目运营风险。现行的高速公路通行费定价权和价格水平实际上是一种政府计划行为，但定价权和价格水平关系到高速公路公司的收益水平，也是影响融资设计及贷款审批的重要因素。计划体制对定价权的约束增大了项目融资主体对项目未来收入水平的准确估算难度，加大了偿还能力的不确定性，同时也加大了融资风险。

2. 技术风险

公路项目建设前期的技术风险主要包括工程可行性研究的基础数据不完整、分析模型不合理、预测结果不准确等。

3. 业主方风险

业主方的风险主要有投资风险和工程决策风险。其中,投资风险包括政策性调整;财务分析失误;人工、材料涨价。工程决策风险包括工程方案的选择;工程设计、监理和施工承包单位的选择;工程材料设备供应商的选择。

二、建设阶段风险

在公路项目建设阶段,主要是设计阶段(包括初步设计、技术设计和施工图设计)、招投标阶段和施工阶段,一般都存在着合同风险、组织风险、管理风险、技术风险、进度风险、质量风险、费用风险和环境达标风险等。

1. 合同风险

合同风险是指合同条款遗漏、表达有误、合同类型选择不当、承发包模式选择不当、索赔管理不力、合同纠纷等。

2. 组织风险

组织风险是指由于项目有关各方关系不协调以及其他不确定性而引起的风险。由于项目各相关方参与项目的动机和目标不一致,在项目执行过程中常常出现矛盾,影响到项目进展和项目目标的实现。

3. 管理风险

管理风险是指在计划、组织、管理、协调等非技术条件的不确定而引起工程项目的损失或目标不能实现的可能性。这些管理风险也包括项目管理和运作模式所带来的参建方(业主/项目法人、工程承包方和工程咨询方/设计方/监理方)必须承担的合同风险、组织实施风险、项目决策风险、缔约和履约的风险等。

4. 技术风险

技术风险是指因技术条件的不成熟而引起可能的损失或项目目标不能实现的可能性。主要表现在工程方案选择、工程设计、工程施工等过程中,在技术标准的选择、分析计算模型的采用、安全系数的确定等问题上出现偏差而形成的风险。

影响公路建设项目技术风险的因素主要有:

(1)项目技术组织结构方面的因素:如行政和外界对施工方案和技术的干扰、组织结构不符合承包人所属公司的目标与计划、组织结构无法保证决策指挥的统一。受到上述因素影响,公路工程项目多少会出现些技术问题。

(2)项目预算方面的因素:如果项目的预算造价比实际施工要少,导致施工技术、质量存在问题;固定的外购材料采购时采购了不先进的机械设备导致设备不能满足施工技术需要。

(3)项目控制方面的因素:项目管理过程缺乏技术指导、技术监控不到位、项目技术人员在对项目控制方面力度不够或缺少技术管理。

(4)设计方面的因素:设计内容不全;设计存在缺陷、错误和遗漏;规范、标准选择不当;安全系数选择不合理;地质勘察等资料不准确;未考虑施工的可能性。

(5)承包人方面的因素:如果项目经理技术能力不足、项目技术人员不够多,也会带来公路工程项目施工中的技术风险;专业岗位没有专业技术人员,项目部技术成员变动频繁;另外项目部技术人员擅自离岗,项目部技术人员无主观能动性都可能造成技术风险;缺乏统一的项目领导、指挥、协调,各个施工队伍之间不能很好地协调工作,造成技术上的失误等等。

(6)分包人与劳务队伍方面的因素:如分包人的技术能力有限、劳务施工工人不服从技术人员管理、资质不健全的承包人没有很好的质量观念和责任心,这在一定程度上会影响公路工程项目的工期和费用。

5. 进度风险

进度风险是指建设项目进度不能按计划顺利实现的可能性。根据建设进度计划的类型,可将其分为分部工程进度风险、单位工程进度风险和总进度风险。

影响公路建设项目进度风险的因素主要有:

(1)项目业主方面的因素:业主非程序地干预工程会使公路工程项目不能按计划施工;不精确的成本预测,有可能导致资金不到位,会拖延施工的如期完成。

(2)项目计划与控制方面的因素:不全面的项目计划、不精确的时间预测、不全面的工作分类结构、没有正规的预测工具、资源没能很好配置、不现实的进度安排都会影响着工期;很少或没有对项目工期进行监督和考核、没有对变化的影响进行分析、项目计划不灵活、缺少变化的管理、不能及时完成工期。

(3)项目经理方面的因素:更换项目经理,新上任的项目经理要花一些时间来熟悉公路项目;项目经理处事犹豫不决,决策过于拖延;缺少高层管理者支持;项目经理权力有限;施工过程中跨部门间合作的阻力大等都是导致施工工期延长的原因。

(4)承包人方面的因素:公路建设项目专业岗位没有专业技术人员,施工工人在施工的过程中缺乏技术指导,施工速度变慢;项目部重要成员变动大、任务安排得不好,也会对公路施工进度有影响;项目部成员间缺乏沟通、交流不充分、对项目计划没达成一致意见,项目施工起来阻力、分歧重重都会影响工期。

(5)分包人与劳务队伍方面的因素:分包人履约不力、管理能力不足、没有得力的措施、施工方案错误,这些对进度影响都非常大。

(6)计量与支付方面的因素:支付承包人工人工资速度慢,导致施工工人怠工、停工,进而影响工期。

(7)不可抗拒力的影响因素:因自然灾害(山洪、泥石流、雨季过长)、战争等因素造成。

6. 质量风险

质量风险是指工程项目技术性能或质量目标不能实现的可能性。一些轻微的质量缺陷出现,一般还不能认为是发生了质量风险。质量风险通常是指较严重的质量缺陷,特别是重大质量事故。

影响公路建设项目质量风险的因素主要有:

(1)项目业主方面的因素:业主非程序地干预工程,工序如果被打乱,施工的难度就加大,质量风险随之而来,另外监理人员素质低,对施工工程质量监督不严格,势必造成工程存在质量方面的问题。

(2)项目主体方面的因素:公路建设项目主体资质不合格、工程主体组织结构不符合项目内容的要求,没有形成文件,使项目在施工过程中没有一个参照的标准来执行,施工时会出现质量问题。

(3)承包人与分包人组成方面的因素:专业岗位没有专业技术人员、项目部重要成员变动大、项目部成员无团队合作精神、项目部成员擅自离岗、项目部成员无主观能动性,没有技术人员给施工工人做指导,公路工程的质量肯定会受到影响。分包人技术能力不足、没有先进的施工机械设备、施工工人不服从管理、很大程度上产生了质量风险。

(4)项目部成员间的沟通方面的因素:项目成员交流不充分,有些时候权责分工不明确,问题出现的时候不能够及时解决,进而影响公路工程质量。

(5)项目计划与控制方面的因素:不精确的工期预测,会导致人为赶工现象:不全面的工作分类结构、资源没能很好配置,会造成施工过程中某些工种的工作已经就绪,而其他配合工种由于设备、原材料不到位,使得工程项目没有在最适合的时间施工,因此会产生一定程度上的质量问题;如果在项目管理过程中不能很好地行使控制职能,很有可能导致公路工程建设项目的质量出现问题。

7. 费用风险

费用风险是指工程项目费用目标不能实现的可能性。主要包括财务风险、成本超支、投资追加、报价风险、收入减少、投资回收期延长或无法回收、回报率降低等。

影响公路建设项目费用风险的因素主要有:

(1)项目业主方面的因素:组织结构不满足工作需要、组织结构不利于全过程及全局的控制、过程没有形成文件、获取资源太复杂、缺少资源、项目管理软件选择错误,以上诸多情况都会造成费用的增加;监理人员素质低、当地政府办事效率低、当地政府官员不廉洁、周边居民干扰、公司领导对项目干预过多、公司内部职能部门对项目支持力度不够、与相邻的项目承包人关系处理不妥,可以说项目环境方面的因素对公路工程风险的影响比较大。

(2)项目预算方面的因素:不精确的成本预测、无固定的劳务支付单价、无固定的外购材料单价、无固定的分包单价、不实施单一项目限额领料用工制度、成本透支、市场价格不正常上涨、通货膨胀幅度过大,这些都是费用的主要影响因素。

(3)项目计划方面的因素:公路建设项目主体对项目工期预测不精确,对成本预测不精确,工作分类结构不全面,资源不能进行很好地配置,都会影响费用。

(4)项目经理方面的因素:如果公路建设项目频繁更换项目经理,会造成时间、资金的费用的增加;项目经理处事犹豫不决、项目经理没有远见,那么在分配资源和原材料的时候会造成一定程度的浪费。

(5)项目部成员方面的因素:专业岗位没有专业人员,没有专业人员对施工用料的指导,施工工人会对原材料有浪费的现象;项目部重要成员变动大、任务安排(分配)得不好、项目部成员无合作精神、项目部成员擅自离岗,这些也都会造成费用的增加。

(6)分包人与劳务队伍方面的因素:合同某一方履约不力,合同不能按时履约,不仅对工期有影响,还影响合同双方的经济效益和工程项目整体费用。

(7)计量与支付方面的因素:业主无资金支付、业主延迟支付日期、业主不予索赔、监理工程师不及时签认计量支付单、承包人收集计量支付资料不完善、无索赔程序、投资回收期长。

(8)不可抗拒力的影响因素:因战争、通货膨胀或紧缩、汇率变化带来的金融风险;工期延长带来的利益风险等。

8. 环境达标风险

环境达标风险是指由于工程项目的建设而导致的扬尘、噪声、植被破坏、水土流失等危害，无法通过环保验收的风险。

公路建设项目管理的“三大管理目标”是指进度、质量和费用。因此，在建设阶段，应重点做好进度、质量和费用的风险管理工作。

三、运营阶段风险

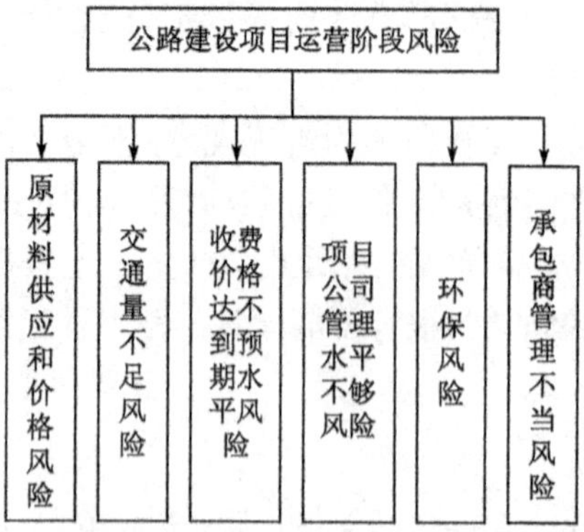

图 13-4 公路建设项目运营阶段风险

公路建设项目运营阶段风险事件的发生，直接影响到项目的现金流。该阶段可能发生的风险主要有：原材料供应和价格风险、交通量不足、收费价格达不到预期水平、环境污染风险、经营管理水平不够等，如图 13-4 所示。

从公路建设项目运营公司的角度出发，根据风险产生的原因和风险的可控性，可将公路建设项目运营阶段风险划分为自然风险、经济风险和行为风险。

1. 自然风险

自然风险是由不可抗拒的自然力引起的对高速公路项目运营造成非常性破坏的事件，如地震、台风、冰灾、洪水、泥石流、沙尘暴等，以及恶劣天气，如雾、雨、雪等。重大的自然风险事件常常是突发性的，往往会产生极其严重的后果，很难做提前量很大的准确预测，人们往往措手不及，因而也是要重点防范的运营风险。

自然风险造成的损失大致可分为直接损失和间接损失两种，直接损失是指对高速公路设施本身造成的损失，间接损失是指高速公路设施丧失功能而导致的收益损失。

2. 经济风险

经济风险是指高速公路项目运营公司在运营活动中，由于交通流量预测失误、汇率变动等所导致的经济损失。高速公路参与市场竞争，必然面临竞争风险，而高速公路行业的竞争又主要体现为交通量的分流。经济风险可能造成项目运营资不抵债，没有经济收益可言，最终不符合国家和人们的利益，因而也是要时刻监控与防范的风险。

高速公路的收益主要是对过往车辆收取的通行费，交通量是高速公路收入的基础。在对项目进行评估时，对交通量的预测是根据现有交通量情况、路网分布和周边地区的经济发展情况等因素估算的。实际运行的车流是否达到预测量，是投资者十分关心的内容。有的交通部门为使该地区的公路项目早日批准和实施，“乐观地”估计交通量，而公路建成后，其交通量达不到预测量，或者客观因素发生变化交通量达不到预测量。交通量的波动，带来的投资风险是十分大的。

当路段交通量逐渐达到设计通行能力时，路段交通服务水平降低，车辆行程时间延长，道路对交通流的吸引力降低，造成交通量趋向饱和。因此，在公路收费标准不变的情况下，通行费收入将维持在一定水平，而无法保持持续增长。

在项目评估时，假定在未来的经营期间内，收费价格是按照一定的递增幅度进行若干次调整的，从而使投资回报率达到或超过预期最低的报酬率。而收费价格的调整，按目前运行机制须经政府批准后才可实施。政府到时能否批准,批准的增长幅度是否达到预计幅度,对投资者而言,都是风险因素。

对收费公路而言,平行或相近的收费或不收费公路都会与之构成竞争。竞争会减少车流量或增加费用,这种风险有时很大。

公路质量在运营风险中体现为修理、养护费用的增加。公路质量达不到设计要求,会增加运营期间的养护、修理费用支出,相应地减少收益。

3. 行为风险

行为风险是指由于高速公路运营相关主体在运营活动中的行为所造成的风险。相关主体包括政府、高速公路项目运营公司、顾客、相关竞争者、运营公司员工等。

政府行为风险主要表现在公共管制上。首先,体现在政策制订方面。国家及地方相关法律法规的完善度及政策倾向,可能给高速公路项目运营公司提供可靠保障;相关法律法规的不完善和政策的变化也可能给高速公路项目运营公司带来利益上的损失。其次,体现在收费标准的制定上。由于高速公路运营收入的主要来源是车辆通行费的收取,而我国高速公路的收费标准基本上都由政府制定,项目运营公司无权自行确定,也不能及时根据市场情况进行调价,由此导致竞争力下降,带来收益风险。此外,不利定价措施的出台可能对运营环境和业绩产生不利影响。另外,可能由于有关部门执法力度不够,导致高速公路运营中交通事故或设备设施等故障得不到及时和有效的排除,不能确保路面畅通,从而影响高速公路的正常通车,导致高速公路运营风险。

高速公路项目运营公司内部人员的管理行为是内部行为风险产生的重要方面。由于高速公路地理跨度区域大、沿线收费站分散、运营管理区域内人员复杂,使管理难度加大,如管理制度不完善或管理不严,会在一定程度上增加公司的运营风险。另外,高速公路运营管理工作复杂,包括收费、养护、路政、服务区经营等众多方面,每项运营业务都存在不确定性,如果管理不善都会给高速公路项目运营公司带来的一定的损失。

此外,顾客、相关竞争者的不规范或过失行为可能造成的高速公路项目运营损失。不规范的行为主要包括不健康的思想行为,如不遵守交通规则、车辆超限超载等。过失行为主要指行为主体应当预见其行为可能会造成高速公路项目运营损失,但由于疏忽大意而没有预见,导致交通事故等对高速公路项目运营造成损失的行为。

除了上述三种风险外,需要注意的是,公路运营阶段会不同程度地产生废气、粉尘及噪声等环境问题。随着交通量的增长,公路沿线噪声水平将有所提高,汽车有害气体排放量和大气粉尘含量也将相应增加,环境治理和国家环保政策的调整将加大营运成本或制约公路交通流量的增加。

第三节 公路工程建设项目风险管理

一、融资风险管理

公路工程建设项目融资风险是指采用项目融资模式筹集公路建设资金,在筹资、建设及运营养护过程中可能产生的各种风险。融资风险分析和管理的目的在于对公路建设项目融资相关活动中可能遇到的风险进行预测、识别、评估、分析,并在此基础上,优化组合各种风险管理技术,有效控制公路工程建设项目融资风险,妥善处理公路工程建设项目融资风险产生的结果,实现以最小成本达到公路工程建设项目融资最优目标。我国公路建设投资及融资体制始终处于改革、发展、创新的过程之中,项目融资模式也随之不断发展变化,因此,公路项目融资风险分析与管理更为复杂。

1. 融资风险管理特点

在公路工程建设项目的实施过程中,风险对项目产生的影响具有两面性:一方面,风险对项目预期目标的达成产生消极的影响;另一方面,高风险往往伴随着高收益,风险有时会给项目带来积极的影响和收益。

公路工程建设项目融资风险管理就是项目管理人员对可能影响项目融资的不确定性进行识别、评估和分析,通过有目的的计划、组织、协调和控制等管理活动防止风险损失的发生,减少风险损失及风险发生的可能性。项目风险管理的目标通常分为两部分:一是损失发生前的目标;二是损失发生后的目标。两者构成了风险管理的系统目标。

公路工程建设项目融资风险管理作为一般的管理活动有着一般风险管理的共性,但是项目融资又决定了这一管理活动有其自己的特点。这主要表现在:

(1)以项目可行性研究报告作为风险分析的首要前提。项目的风险分析是在可行性研究基础上进行的。项目可行性研究需要分析和评价许多与项目有关的风险因素,并通过对项目原材料供应、技术设备及人力资源的获取、项目产品或服务的需求状况、项目的环境效应等一系列因素的分析,对项目做出综合性的技术评价和经济效益评价。详实、权威的可行性研究报告,将有助于项目融资的组织以及对项目风险的识别和判断,是风险分析的首要前提。

(2)以风险识别作为设计融资结构的依据。项目融资是根据投资者的融资战略和项目的实际情况"量身定做"的一种结构性融资,其核心部分是融资结构。一个成功的融资结构应当使项目风险在参与各方之间实现有效合理的分配,其前提是对风险进行识别,从而使风险管理的目标明确化,进而找出控制项目风险的方法和途径,设计出风险分担的融资结构,以实现投资者在融资中的目标。

(3)以项目当事人作为风险分担的主体。项目融资风险处理的核心环节是建立项目风险与项目当事人之间的合同关系,形成风险约束体系,从而保证融资结构的稳健。为实现项目融资的有限追索,对项目各种风险要素,需要以某种形式在项目投资者与项目有利益关系的其他参与者和贷款人之间进行分担。一个成功的项目融资结构应该是在项目中没有任何一方单独承担起全部项目债务的风险责任,一旦融资结构建立之后,任何一方都要准备承担各自风险,如图 13-5 所示。

(4)以合同作为风险处理的首要手段和主要形式。项目融资的主要特征之一就体现在项目风险的分担上,而合同正是实现这种风险分担的一个关键所在。在项目融资中将各类风险具体化,需要以合同的方式明确规定当事人承担多大程度的风险,用何种方式来承担,并以项目合同、融资合同、担保、支持文件作为风险处理的实现形式。

2. 融资风险管理意义

公路建设项目融资风险管理的意义主要表现在以下几个方面:

首先,公路项目融资风险管理能促进公路工程建设项目实施决策的科学化、合理化,降低融资决策的风险水平。风险管理贯穿整个项目生命周期,是一个持续改善的过程,其作用是对项目中的不确定性进行分析和管理,如果项目执行过程中,出现了很多的变更和不确定性,但并没有预测和预先设计好应对措施,那么这些变动就会影响到项目的基准计划。因此,项目的风险管理有助于项目管理人员编制项目的基准计划,使得计划更加贴近实际。

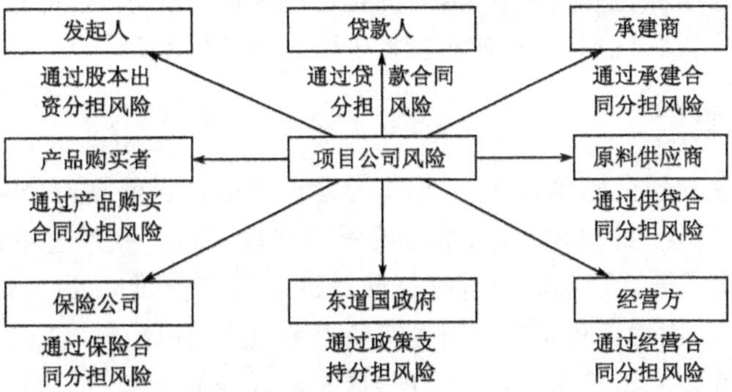

图 13-5　有限追索项目融资中的贷款风险分担示意图

其次,公路建设项目融资风险管理能够保障项目投资目标的顺利实现。风险管理满足了项目全过程的需要,将项目划分成多阶段和多步骤,有利于发现项目中风险管理的潜在机会,而且可以有针对性地采取相应的措施。无论在项目过程中的哪个阶段实施风险分析,都需要把它们看成是整体的项目风险管理的有机组成部分。

最后,公路建设项目融资风险管理能为公路建设项目组织提供安全的建设和运营环境,促进公路建设项目经济效益和社会效益的提高。

3. 融资风险管理措施

公路建设项目融资风险管理措施包括以下几个方面:

(1)加强对公路建设项目可行性分析。加强对公路建设项目所在地投资环境、运输市场需求、投资收益等分析,对可能产生的风险进行评价,通过增加收入,降低成本,增加息税前利润,增加现金流量,提高债务偿付能力,规避风险。

(2)控制投资规模及工程造价。控制投资规模是控制债务增加的有效途径,从项目决策阶段开始就严格依据运输发展需求确定项目投资规模,通过限额设计、价值工程等加强对公路工程建设项目设计方案的审批和控制。

(3)转移债务,拓宽融资渠道,分散风险。从贷款期限、利率、内债与外债等方面降低债务风险。BOT、ABS 项目融资方式等既能为偿还收费公路债务筹措大量资金,也能转移债务风险,但需要公路主管部门以合理的价格转让具有较好收益前景的项目给投资者。对于有较好收益前景的收费公路,应吸引民间资本和外资的投入,提倡债务风险承担的多元化。

另外,在公路建设项目融资中,政府主要是以特许权或特许合约的形式介入,因此公路建设项目风险控制应包括明确政府的担保责任。政府应明确其在担保中的责任和限度,责任规定得越明确、越正式,就越能够减少和防止风险的出现。政府可以建立专项基金,通过各级政府财政出资一部分,公路税费出资一部分来设立专项基金用于偿还各级政府原有的债务及取消部分收费公路而转移给政府的债务。收费公路的债务可以向收益好的收费公路转移。对于经营性公路的补偿,可以结合经营权转让时的预测回报率和实际运营情况进行补偿或者以近三年净收益为基数进行补偿。

在取得公路的特许经营权时，须促成有关交通部门承诺在特许经营期限内，对公路不进行国有化，不在经营性公路旁修建收费更低或者不收费的公路，以确保公路的车流量，或对变化进行风险分担承诺；得到物价部门的承诺，在特许经营期限内不调低公路的收费标准，收费标准能够随着通货膨胀率变化有所调整，或对变化进行风险分担承诺；得到税务部门承诺，在特许经营期限内不改变税收优惠政策，或对变化进行风险分担承诺等。

二、建设风险管理

公路建设期要使高速公路项目保质、保量的建设完成。目前高速公路建设通常由项目公司通过利用不同形式的项目建设合同，承包给不同建设单位。并通过承包合同以及"完工担保"或"商业完工标准"进行管理。通过签订项目建设承包合同，项目公司将项目的部分风险转移给工程承包公司，因为工程承包公司最有能力承担该项风险。

对于承包人的建设施工技术风险的管理，贷款银行一般要求项目中所使用的技术是经过市场证实的成熟生产技术，生产工艺是先进合理并有成功先例的。对于任何采用新技术的项目，如果不能获得投资者强有力的技术保证和资金支持，就不可能实施项目融资。

同时，为了规避项目在试运营阶段的风险，贷款银行一般不把项目的建设结束作为项目完工的标志，而是以"商业完工标准"来检验项目是否达到完工条件。"商业完工标准"包含一系列经专家确定的技术经济指标。如完工和运行标准、技术完工标准、现金流量完工标准以及其他形式的完工标准。贷款银行要求项目投资者或工程承包公司等其他参与方提供的"完工担保"的主要形式有：无条件完工保证、技术完工保证、债务承购保证、完工保证基金和最佳努力承诺。

公路工程建设项目建设期风险管理的目的在于确保公路建设项目的顺利实施，确保融资产品在规定时间、规定质量要求下按照规定程序完成，项目建设最大的风险在于项目不能通过竣工验收。其时间为自项目准备开始至项目竣工验收结束。

(1)选择良好的项目参建单位。在项目建设阶段，选择良好的参加单位非常重要，应通过招投标等程序选定最优项目实施单位组合，参加单位包括设计、施工、监理、咨询以及项目管理等单位。通过先进的组织管理，从公路建设整体利益角度出发，最大限度地发挥各方积极性。

(2)强化合同管理，确保公路建设项目责、权、利均衡。强化合同管理，明晰责任，确定分工。一是公路建设工程的风险责任和权力应是平衡的。承担责任也应该享有权力，同样，拥有某种权力，也要承担相应的责任。二是风险与收益要对等。对于风险的承担者，应享受风险控制获得的收益和机会收益。三是风险承担可行性。风险的承担应当拥有预测、计划、控制的条件和能力，有迅速采取控制风险措施的时间、信息等，只有这样，公路建设工程的参与者才能理性地承担风险。

(3)拟定先进的项目组织方案。为减少风险产生的可能性，应选择有弹性的、抗风险能力强的技术方案，进行预先的技术模拟试验，采用可靠的保护和安全措施。公路建设工程项目管理应选择优秀的技术和管理人员，采取有效的管理组织形式，并在实施的过程中进行严密控制。

(4)做好招投标工作。招标文件应由业主自身编制或委托有资质的中介机构、设计院编制。招标文件是合同文件的重要组成部分，是业主对投标者就该合同工程发出的要约，也是对投标者对其响应和承诺的依据，是选择中标者的条件要求。因此，业主要给招标文件编制一个合理的工作周期，合同条款尽量引用合同范本的条款，合同文件应请专家会审，标段划分应科学，各标段基本是独立的，避免施工干扰。

（5）提供担保并购买保险。对于合作伙伴在公路建设工程中可能产生的资信风险，可要求对方出具担保，提出合理的风险保证金。在项目估价中增加一笔不可预见的风险保证金，以抵消或降低风险发生时的损失。对于一些无法排除的风险，可以通过购买保险的方法解决。因为公路建设工程合同中虽然规定了业主和承包人的权利、义务，也明确了各自承担的风险，但在公路建设工程合同实施过程中不可避免地会出现不可抗力等造成的损失。因此，可以根据公路建设工程合同的规定购买工程保险、财产保险等保险，以转移风险、减少损失。

（6）加强风险预警和处置。公路建设项目实施过程中，要不断地收集和分析各种信息和动态，捕捉风险的前期信号，以便更好地准备和采取有效的风险对策，对抗可能发生的风险。公路建设项目工程风险发生时，及时采取措施以控制风险的影响，是降低损失、防范风险最为有效的方法。

三、运营风险管理

公路建设项目运营期的经济效益关系到项目公司的盈利、投资者资金的回收、银行的还贷等，因此对于影响经济效率的风险应该重点防范。应该提高项目公司经营管理的水平，使人力、物力充分调动起来，发挥最大的效用。并重视对环境污染的防范，首先项目管理者应熟悉项目所在国与环境保护有关的法律，拟定环境保护计划作为融资前提，并在计划中考虑未来可能加强的环保管制。

公路建设项目运营期风险管理的目的在于确保公路项目融资产品能获得期望收益，按期偿还融资债务。项目运营最大的风险在于项目无法获得期望收益。公路建设项目运营期风险管理时间为自项目运营开始至项目期结束。

（1）准确预测和实现交通流量。聘请有经验的交通顾问预测交通量。交通量是收费公路的“命脉”，它与收费价格决定了车辆通行费的收入。因此在对公路投资效益进行分析时，要聘请有经验的专业交通顾问对该公路的未来的交通量进行预测。专业交通顾问运用其丰富的经验，对现有流量、经济发展及产业分布和竞争等因素全面进行分析后，建立交通量模型进行反复测算，最终决定的交通量作为投资分析的基础是比较可靠的。通车后，收费部门应当加强管理，提高服务质量，千方百计地吸引车流量，确保投资收益。

（2）建立透明的调价机制。众多公路收费调价分析都是采用每年按一定的百分比递增的方式计算每年的收费价格，这种价格与实际往往相差甚远。一方面是政府不可能同意每年都调价，另一方面为操作方便，收费价格往往四舍五入按某一整数收取。为确保投资收益，争取政府给一个非常透明的收费调价机制，将明确何时可以按什么幅度调整收费价格，在不超过可以调整的幅度内，投资者进行全面分析以后，有权申报是否调整，政府应及时批准。目前，在1997年上市的沪杭甬、沪宁和四川高速公路都建立了一个非常透明的调价机制。

（3）竞争。公路竞争最终体现在车流量上。收费公路的投资者，为确保投资收益，须获得地方政府的不竞争许诺，并获取在同等条件下优先经营平行或周边公路的权力。这样，一方面符合政府不参与竞争项目投资的政策，另一方面保证了投资者的利益。

（4）减少货币风险。有外债，货币风险始终是存在的。人民币不是自由货币，其汇率风险的防范受到一定的限制，因此，只能在国家政策许可的前提下，充分运用各种金融衍生工具，达到减少风险的目的。

(5)完善法律框架。减少法律监管风险最好的办法是依法办事。在公路经营期间取得完备的法律本文。如经营期限必须经交通运输部或省政府批准确认；收费价格须经省政府批准；土地使用年限须确定；税收的优惠必须依法取得等。

还应注意加强与政府及相关部门的沟通，与公路交通主管部门建立长期稳定的合作关系，构建畅通便捷的信息渠道，积极争取在收费价格调整、运营管理权限等方面的利益。加强公路运营管理，继续完善公路设施和其他配套措施，不断改进服务态度，提高服务水平，提高高速公路的车流量诱增能力，降低普通公路的分流能力，增强运营公司抵御市场风险的能力。坚持预防为主的原则，加强对公路的养护及维修工作，定期对公路进行检查和清洁保养，保证路况良好和通行无阻。实施科学标准化管理、维护，尽量降低养护成本和管理成本。同时，加强对路况的监控，尽可能在道路出现问题的初期及时进行维修，并将定期大修工作安排在车流量淡季进行，减少长时间、大范围维修对公路正常通车造成的影响。高速公路具有封闭、节油、省时、重载、安全、高效等特有的通行特征，高速公路与普通公路存在明显目标用户差别。运营公司应强化优势，在道路沿线配备完善的道路抢修、清理积雪、路面防滑的设备，制定有效的恶劣天气、交通事故应急措施，并注重加强与气象部门的联系，以尽量减少和杜绝因自然条件而引发的交通事故。

四、PPP 模式风险管理

PPP 是 Public-Private Partnership(公私合作)的缩写，是指政府与私人部门组成特殊目的机构(SPV)，引入社会资本，共同设计开发，共同承担风险，全过程合作，期满后再移交政府的公共服务开发运营方式。主要包括 BOT(Build-Operate-Transfer)、BOO(Build-Own-Operate)、PFI(Private Finance Initiative)等模式。1992 年，英国财政大臣拉蒙特提出的私人融资计划(Private Financing Initiative，PFI)成为公共服务领域引入市场化竞争后进一步推动政府与私营部门合作的重要模式，并于 1997 年在全社会公共基础设施领域较全面地推广。

目前各国对 PPP 模式没有统一的界定，主要的观点有以下几种。

联合国发展计划署(1998)认为，PPP 是指政府、营利性企业和非营利性组织基于某个项目而形成的相互合作关系的形式。通过这种合作形式，合作各方可达到比预期单独行动更有利的结果。合作各方参与某个项目时，政府并不是把项目的责任全部转移给私营部门，而是参与合作的各方共同承担责任和融资风险。

欧盟委员会(2003)则认为，PPP 是指公共部门和私人部门之间的一种合作关系，其目的是为提供传统上由公共部门提供的公共项目或服务。

美国 PPP 国家委员会(2002)指出，PPP 是介于外包和私有化之间并结合了两者特点的一种公共产品提供方式，它充分利用私人资源进行设计、建设、投资、经营和维护公共基础设施，并提供相关服务以满足公共需求。

世界银行认为，PPP 是私营部门和政府机构间就提供公共资产和公共服务签订的长期合同，而私人部门须承担重大风险和管理责任。

亚洲开发银行将 PPP 定义为为开展基础设施建设和提供其他服务，公共部门和私营部门实体之间可能建立的一系列合作伙伴关系。

我国普遍认可的观点认为“广义 PPP 是指政府与私人部门为提供公共产品或服务而建立的合作关系，以授予特许经营权为特征，主要包括 BOT、BOO、PFI 等模式。”狭义 PPP 与 BOT 的原理相似，都由“使用者付费”，但它比 BOT 更加强调公共部门的全过程合作。

PPP 模式的典型做法是政府和私人部门共同组成 SPV（Special Purpose Vehicle——特殊目的机构/公司），针对特定项目或资产与政府签订特许经营合同，并由 SPV 负责项目策划、融资、建设、设计、运营，待特许经营期满后，SPV 终结并将项目移交给政府。PPP 模式运作组织模式如图 13-6 所示。

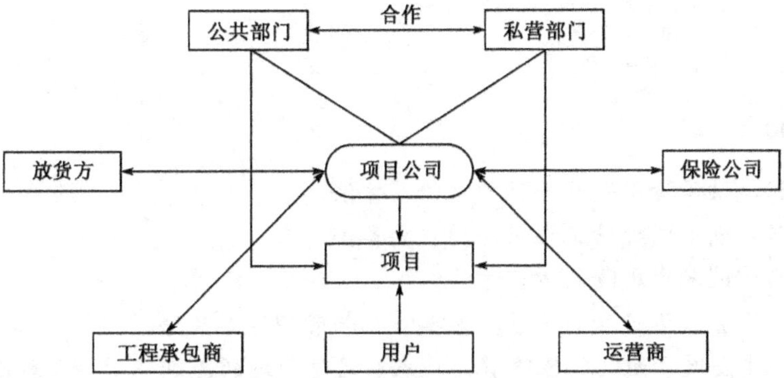

图 13-6 PPP 模式运作组织模式

PPP 模式建设的公路项目合同周期长、项目参与人多，工程建设涉及领域广泛，工程交付使用大多采用使用者付费的方式获取投资回报，相对于其他投资模式风险巨大，合理确定项目风险，有效管控风险是 PPP 项目成功的关键因素。PPP 模式风险因子如表 13-5 所示

PPP 模式风险因子 表 13-5

风险指标	风险因子
信用风险	政府信用、社会资本信用
政治风险	政府更替、领导人变更、国有化、国际制裁、政府债务危机、政府干预、政治/公众反对、政治不可抗力事件
政策法律风险	法律及监管体系不完善、法律变更、第三方违约风险、税收调整、合同文件风险、担保政策变化
金融风险	利率风险、外汇风险、通货膨胀
建设风险	政府决策与审批延误、土地获得风险、工程变更、地质与文物保护、融资风险、环保风险、供应风险、技术风险、完工风险、建设不可抗力
合作风险	组织和合作风险、治理结构风险、PPP 经验缺乏
市场与运营风险	类似项目竞争风险、市场需求、供给能力不足、运营期的长时间停工、收费价格调整、费用支付风险、产品损失、运营成本增加、残值风险

风险管控原则，旨在实现整个项目风险的最小化，要求合理分配项目风险，项目设计、建设、融资、运营维护等商业风险原则上由社会资本承担；政策、法律和最低需求风险等由政府承担。风险分担应该遵循三条原则：

（1）风险由对该类风险最有控制力的一方承担。

（2）风险承担程度与所得收益相匹配。

(3)风险承担要有上限。

许多国外学者对 PPP 模式的风险问题进行了研究,并且目前已经对 PPP 项目的风险识别、风险评价体系等研究有了比较系统而前沿的观点和方法。有些学者将风险管理与信息网络技术联系起来进行研究,更加准确而迅速地实现了项目风险的识别,项目中各个环节与利益相关者的风险的判别及各类风险对项目影响程度的量化分析,并提出了一定的风险应对措施,为项目参与方提供了有实际意义的研究经验和理论依据。

【复习思考题】

1. 简述工程建设风险识别及评估的理论及方法。
2. 简述公路建设不同阶段工程风险的主要类型。
3. 简述公路建设融资风险的管理方法。
4. 收费公路运营风险产生的原因有哪些?如何管理这类风险。
5. PPP 模式建设项目面临的风险有何特点?风险管理的原则及方法是什么?

第十四章

公路工程安全与环境管理

【学习目的与要求】

本章要求学生了解安全管理的基本概念和安全管理的工作内容;掌握常规安全技术措施及公路施工中的具体安全技术措施;掌握安全管理的各项措施;熟悉公路施工中的常见安全事故及安全事故预防措施;了解公路建设对环境的影响;熟悉公路建设环境保护的内容;熟悉公路建设环境管理的若干政策规定。安全管理是一项政策性强、实践性强的内容,要求学生关注国家有关安全生产方面的政策、法规,熟悉施工生产特点和规律,运用本章理论解决施工各环节的安全问题。

第一节　安全管理概述

一、安全管理的范围

宏观的健康、安全管理包括劳动保护、安全技术和工业卫生三个方面。

(1)劳动保护。侧重于政策、规程、条例、制度等形式,规范操作或管理行为,从而使劳动者的劳动安全与身体健康得到应有的法律保障。

(2)安全技术。侧重于对劳动手段和劳动对象的管理。包括预防伤亡事故的工程技术和安全技术规范、技术规定、标准、条例等,以规范物的状态,减轻或消除对人的威胁。

(3)工业卫生。侧重工业生产中高温、严寒、粉尘、振动、噪声、毒物的管理。通过防护、医疗、保健等措施,防止劳动者的安全与健康受到危害因素的危害。

上述三方面的关系是:安全法规偏重于对劳动者的管理、约束安全者的不安全行为,因此,其控制的主要内容是安全生产责任制、安全教育、安全事故的调查处理。安全技术侧重于劳动对象和劳动手段的管理,消除、减弱物的不安全状态,其控制的主要内容是安全检查和安全技术管理。工业卫生侧重于环境的管理,形成良好的劳动条件,其控制的主要内容也是安全检查和安全技术管理。

二、安全管理的五种关系

公路施工现场是施工诸多生产因素的集中地,其特点是多工种立体施工,施工设施的临时性,作业环境的多变性,人机的流动性以及自然因素的不确定性,它是一种动态过程。因此,施工现场是安全管理的重点,为了有效地将施工生产因素的状态控制好,必须正确处理好以下五种关系。

(1)安全与危险并存。安全与危险在同一事物的运动中是相互对立、相互依赖而存在的。因为有危险,才要进行安全管理,以防止危险。安全与危险并非是等量并存、平静相处。随着事物的运动变化,安全与危险每时每刻都在变化着,进行着此消彼长的斗争。这也说明,在事物的运动中,不存在绝对的安全或绝对的危险。

(2)安全是生产的客观要求。安全与生产是辩证统一的。生产有了安全保障,才能持续、稳定发展。如果在生产活动中经常出现事故,生产势必陷于混乱甚至瘫痪状态。因此,安全是生产的客观要求。当生产与安全发生矛盾,危及职工生命或国家财产时,需要把生产活动停下来整治,消除危险因素后才能继续生产。

(3)安全与质量的联系。从广义上来讲,质量包涵安全工作质量。安全与质量交互作用,互为因果。安全为质量服务,质量需要安全的保证,施工生产中忽视任何一方面,都要陷于失控状态。所以必须一手抓"质量第一",一手抓"安全第一",前者是从对产品成果的要求提出的,后者则是从保护生产要素的角度提出的,所以二者并不矛盾。

(4)安全与速度互保。速度应以安全作保障。应当在保证质量的前提下追求安全加速度,竭力避免安全减速度。速度与安全成正比关系。一味强调速度,置安全于不顾的做法,是极其有害的。当速度与安全发生矛盾时,暂时减缓速度,保证安全才是正确的做法。

(5)安全与效益的兼顾。安全技术措施的实施,定会改善劳动条件,调动职工的积极性,焕发劳动热情,带来经济效益,足以使原来的投入得以补偿。相反,如果出了安全事故,经济上也必然要造成损失,从这个意义上说,安全与效益完全是一致的。

在安全管理中,既要保证安全生产,又要经济合理,还要考虑力所能及。单纯为了省钱而忽视安全生产,或单纯追求安全不惜资金的盲目高标准都不可取。

三、安全管理的基本原则

1. 管生产的同时管安全

安全寓于生产之中,并对生产发挥促进与保证作用,两者存在有机的联系,存在着进行共同管理的基础。因此,安全与生产虽然有时会出现矛盾,但在安全和生产管理的目标上却表现出高度的统一。

管生产的同时管安全，不仅要求各级领导人员明确安全管理责任，同时，也向一切与生产有关的机构、人员明确了业务范围内的安全管理责任。由此可见，一切与生产有关的机构、人员都必须参与安全管理并在管理中承担责任。认为安全管理只是安全部门的事，是一种片面的、错误的认识。

2. 坚持安全管理的目的性

安全管理的内容是对生产中的人、物、环境因素状态的管理，有效地控制人的不安全行为和物的不安全状态，消除或避免事故，达到保护劳动者的安全与健康的目的。没有明确目的的安全管理是一种盲目行为，它势必会纵容威胁人的安全和健康向更为严重的方向发展变化。这种盲目管理还会麻痹人的安全意识，使人丧失警惕，危害甚大。

3. 贯彻预防为主的方针

安全生产的方针是“安全第一、预防为主”。安全第一是从保护生产力的角度和高度，表明在生产范围内，安全与生产的关系，肯定安全在生产活动中的位置和重要性。

进行安全管理不只是处理事故，而是在生产活动中，针对生产的特点，对生产因素采取管理措施，有效地控制不安全因素的发展与扩大，把可能发生的事故消灭在萌芽状态，以保证生产活动中人的安全与健康。

贯彻预防为主，首先要端正对生产中不安全因素的认识，端正消除不安全因素的态度，选准消除不安全因素的时机。在安排与布置生产内容时，应针对施工生产中可能出现的危险因素，采取有效措施予以消除。在生产活动过程中，应明确责任，经常检查，发现不安全因素及时采取措施，快速坚决地予以消除，是安全管理应有的鲜明态度。

4. 坚持“四全”动态管理

即在生产活动中，坚持全员、全过程、全方位、全天候的动态安全管理。

安全管理不是少数人和安全机构的事，而是一切与生产有关的人共同的事。缺乏全员的参与，安全管理不会有生气、不会出现好的管理效果。全员的参与，将会使我们更好、更多地发现各种不安全因素，集思广益，及时消除不安全因素。当然，这并非否定安全管理第一责任人和安全机构的作用，而是更加强化了这种作用。

5. 安全管理重在控制

可以将施工过程中潜在的不安全因素概括为四个方面：

(1)人的不安全因素。

(2)物的不安全状态。

(3)工艺及技术上的不安全因素。

(4)环境上的不安全因素。

进行安全管理的目的是预防、消灭事故，防止或消除事故伤害，保护劳动者的安全与健康。在安全管理的四项主要内容中，都是为了达到安全管理的目的，但是对生产因素状态的控制，与安全管理目的关系更直接，显得更为突出。因此，对生产中人的不安全行为和物的不安全状态的控制，必须看作是动态安全管理的重点。事故的发生，是由于人的不安全行为运动轨迹与物的不安全状态运动轨迹的交叉而产生的。从事故发生的原理看，也说明了对生产状态的控制，应该当作安全管理的重点。

6. 在管理中发展、提高

安全管理是在变化着的生产活动中的管理，其管理活动是在不断发展、不断变化、螺旋式上升的过程中，适应变化的生产活动，消除新的危险因素。同时，更需要不断摸索新的规律，总结管理、控制的经验，指导变化后的管理，从而使安全管理不断地上升到新的层次。

四、安全管理体制

国家经贸委、国家技术监督局推行的《职业安全健康管理体系指导意见》中关于职业安全健康管理体系框架是：国家安全生产监督管理局负责拟定、实施和定期评审国家关于在用人单位内建立和推进职业安全健康教育管理体系的政策；职业安全健康管理体系认证指导委员会负责指导全国职业安全健康管理体系认证工作；国家经贸委安全技术研究中心为全国的职业安全健康管理体系工作提供技术支持，拟定职业安全健康管理体系审核规范及实施指南；国务院有关部门和地方政府的安全生产监督管理机构在各自职责范围内在本地区推动职业安全健康管理体系工作；国家认可的职业安全健康服务机构协助用人单位建立并保持职业安全健康管理体系。

(1)企业负责。生产经营单位的主要负责人要对本单位的安全生产工作全面负责，企业必须认真贯彻执行劳动保护和安全生产的政策、法令和规章制度，要对企业的劳动保护和安全生产工作负责。

(2)行业管理。企业行政主管部门根据“管生产必须管安全”的原则，管理本行业的安全生产工作，建立安全管理机构，配备安全技术干部，组织贯彻执行国家安全生产方针、政策、法规；制定行业的规章制度和规范标准；对本行业安全生产工作进行计划、组织和监督检查、考核，总结、推广职业安全健康工作先进经验和管理办法。

(3)国家监察。国家各级安全生产监督部门按照国务院的要求实施的国家劳动安全监察。国家监察是一种执法监察，主要是监察国家法规、政策的执行情况，预防和纠正违反法规、政策的偏差。它不干预企业内部的执行法规、政策的方法、措施和步骤等具体事物，不能替代行业管理部门日常管理和安全检查。

(4)群众监督。按照规定，工会依法对用人单位的职业健康安全工作实施监督，劳动者对违反职业健康安全法律、法规和危害生命及身体健康的行为有权提出批评、检举和控告。有权依法参加事故调查，向有关部门提出处理意见，并要求追究有关人员的责任。

(5)劳动者遵章守纪。安全目标的实现，根本取决于劳动者是否自觉履行好安全法律责任。因此，劳动者在施工生产过程中应该自觉遵守安全生产规章制度和劳动纪律，严格执行安全技术操作规程，不违章操作。这是实现安全生产的重要保证。

(6)工程监理。监理工程师应该认真执行监理职责，把安全监理工作做好。我国的公路工程施工，实施了监理制度，监理工程师应该把安全监理作为监理任务的重要组成部分，实现“抓生产管安全”的好局面。

第二节　常规安全技术措施

一、人的不安全行为与物的不安全状态

不安全因素是由人的不安全行为和物的不安全状态共同作用而产生的。安全技术措施的制订也必须从人和物两个方面考虑。

1.人的不安全行为与人的失误

不安全行为是人表现出来的,与人的心理特征相违背的非正常行为。人在生产活动中,曾引起或可能引起事故的行为,必然是不安全行为。

人出现一次不安全行为不一定就会发生事故,造成伤害。然而不安全行为迟早会导致事故的发生。即使某项事故的主要原因是物的因素作用,但也不能排除潜在的不安全状态背后人的行为失误和转化作用。

(1)不安全行为的心理因素

个体人经常、稳定表现的能力、性格、气质等心理特点的总和,称为个性心理特征。人的性格是个性心理的核心。鲁莽、草率、懒惰等性格和非理智行为往往成为产生不安全行为的原因。非理智行为的产生,多由于侥幸、逞能、逆反、凑兴等心理所支配。非理智行为在引发为事故的不安全行为中,所占比例相当大,在生产中出现的违章、违纪现象,都是非理智行为的表现,冒险蛮干则表现得尤为突出。因而,在安全管理中,控制非理智行为是相当重要的,也是非常严肃、非常细致的一项工作。

(2)人的失误原因

人的失误指人的行为结果,偏离了规定的目标或超出可接受的界限,并产生了不良影响的行为。

人的失误大体分为两类:一是随机失误,它是由于人的行为、动作的随机性所引起的人的失误,它与人的心理、生理原因有极大的关系,随机失误往往是不可预测的,不重复出现的。二是系统失误,它是由于系统设计不足或人的不正常状态引发的失误。系统失误与工作条件有关,类似的条件可能引发失误重复发生,在人形成习惯之后,不能适应操作程序变化或出现偶然情况时,系统失误会明显增加。

人机系统中的一切因素,都可能从不同的方面对事物产生影响,使人出现失误,例如人的自身因素对过负荷的不适应原因,如超体能、精神状态、熟练程度、疲劳、疾病时的超负荷操作,以及环境过负荷、心理过负荷、人际关系过负荷等都能使人发生失误。当与外界刺激要求不一致时,也会出现要求与行为的偏差,在这种情况下,可能出现信息处理故障和决策失误。此外,由于不清楚正确的方法,而采取不恰当的行为等,也会导致错误的行为。

2.物的不安全状态

人机系统把生产过程中发挥一定作用的机械、物料、生产对象以及其他生产要素统称为物。物都具有不同形式、性质的能量,如果出现能量意外释放,就会引发安全事故。由于物的能量可能释放引起事故的状态,称为物的不安全状态。

在生产过程中,所有的物的不安全状态,都与人的不安全行为或人的操作、管理失误有关。往往在物的不安全状态背后,隐藏着人的不安全行为或人的失误。物的不安全状态既反映了物的自身特性,又反映了人的素质和人的决策水平。

针对生产中物的不安全状态,在进行施工组织、工艺安排与具体操作时,采取有效的控制措施,把物的不安全状态消除在生产活动进行之前,是安全管理的重要任务。

二、常规安全技术措施

安全技术是改善生产工艺,改进生产设备,控制生产因素不安全状态,预防与消除危险因素对人产生伤害的科学武器和有力手段。安全技术包括为实现安全生产的一切技术方法与措施,以及避免损失扩大的技术手段。

安全从技术角度可以分为四个方面:

(1)工程结构本身的安全性,它与工程设计和施工技术有关。

(2)施工设备的安全性,它与设备供应商的设计、制造以及使用者的操作技术有关。

(3)施工过程中的设施、工具的安全性,如脚手架、基坑支护的安全设计与施工。

(4)施工现场与个人保护措施,他们主要与现场的技术管理有关。

安全技术措施重点解决具体的生产活动中的危险因素,预防与消除事故危害。发生事故后,安全技术措施的重点是防止事故扩大,尽量减少事故损失,避免引发其他事故。安全技术与工程技术是不可割裂的。因此,要求"管生产同时管安全"。

安全技术措施必须针对具体的危险因素或不安全状况,具体标准有以下几个方面:

(1)防止人失误的能力。是否能有效地防止工艺过程、操作过程中,导致产生严重后果的人的失误。

(2)控制人失误后果的能力。即使出现人的失误或险情,也不致发生危险。

(3)防止故障或失误的传递能力。即使发生了故障或失误,也能够防止引起其他故障和失误,避免故障或失误的扩大与恶化。

(4)故障、失误后导致事故的难易程度。至少有两次相互独立的失误、故障同时发生才能引发事故的保证能力。

(5)承受能量释放的能力。对偶然、超常的能量释放,有足够的承受能力,或具有能量的再释放能力。

(6)防止能量蓄积的能力。采用限量蓄积和溢放,随时卸掉多余能量,防止能量释放造成伤害。

三、安全技术措施的优选顺序

在采取安全技术措施时,应遵循预防性措施优先选择,根治性措施优先选择,紧急性措施优先选择的原则,依次排列。以保证采取措施与落实的速度,也就是要分出轻、重、缓、急。安全技术措施的优选顺序为:根除危险因素→限制或减少危险因素→隔离、屏蔽、联锁→故障—安全设计→减少故障或失误→校正行动。

(1)根除、限制危险因素。选择合理的设计方案、工艺,选用理想的原材料和本质安全的设备,并控制与强化长期使用中的状态,从根本上解决对人的伤害作用。

(2)隔离、屏蔽。以空间分离或物理屏蔽,把人与危险因素进行隔离,防止能量与人体接触,防止伤害事故或导致其他事故。

(3)故障—安全设计。发生故障、失误时,在一定时间内,系统仍能保证安全运行。系统中优先保证人的安全,依次是保护环境、保护设备和防止机械能力降低。

(4)减少故障和失误。设立安全监控系统、提高安全系数和提高可靠性是经常采用的减少故障和失误的措施。

(5)警告。生产区域内的一切人员,需要经常的意识或注意:生产因素的变化、警惕危险因素的存在。应采用视、听、味、触的方式警告,以校正预防危险的行动。

四、生产环境的人机学要求

生产是一套人—机—环境系统。系统因素的合理匹配并实现“机宜人、人适机、人机匹配”,可使机械、环境因素更适应人的生理、心理特征,人的操作行为就可能在轻松中准确进行,减少失误,提高效率,消除事故。

生产作业环境中,温度、湿度、照明、振动、噪声、粉尘、有毒有害物质等,不但会影响人的工作情绪,而且不适度的或超过人所能接受的环境条件,还会导致人的职业性伤害。

对生产作业环境条件的要求如下:

(1)照明必须满足作业的需要。强光线(眩光)会使人眼出现疲劳或目眩。光线过暗,不但使人眼出现疲劳,还可能导致操作失误,甚至发生事故。

(2)噪声、振动的强度必须低于人生理、心理的承受能力。噪声、振动损伤人的听觉、影响人的神经系统和心脏功能,损害人的健康,降低工作效率,易发生各类事故。

(3)有毒、有害物质的浓度必须降到允许标准以下。

第三节　公路施工安全技术措施

一、桥涵施工安全技术措施

(1)桩基施工。首先要做好河道内的防洪抢险工作。河道的主要用途是排涝防洪。对于季节性河流,从计划安排上要避开汛期施工,如果因特殊情况部分桩基需要在汛期施工时,要与当地水利部门保持经常性联系,遇有险情,施工设备和人员可及时撤离到安全地带。

(2)围堰打桩。围堰设计必须满足河道最高水位和有利于洪汛期施工,要设专人值班,现场必须备足抢险物资。

(3)墩台施工。高度超过2m时,四周应设作业平台和护身栏杆;作业人员上下墩台时,应走专用马道,禁止沿脚手架爬行。

(4)大梁安装。单片梁安装就位后,禁止人员在上面行走;整跨梁安装完毕,应立即采取临边防扩措施,正式桥梁栏杆安装之前,临边防护设施不得拆除。

(5)桥梁上部结构施工时,两端应设警告标志和围挡,防止非施工车辆和人员进入。

二、大型构筑物基槽开挖和砌筑

(1)基槽开挖。深度在1.5~6.0m范围内,应视土质情况放坡,最小放坡比见表14-1;深度超过6.0m或虽不超过6.0m,条件又不允许放坡时,应编制单项施工方案。

基槽开挖最小放坡比　　表14-1

土质分类	砂土	亚砂土	亚黏土	黏土	黄土	风化石
槽深1.5~3m	1:0.8	1:0.5	1:0.4	1:0.3	1:0.25	1:0.1
槽深3~6m	1:1	1:0.7	1:0.5	1:0.4	1:0.3	1:0.12

(2)基槽边1.0m范围内不准堆放土石和其他材料,基槽周围松动的土石块应随时清除干

净，防止坠落伤人。

(3)构筑物砌筑时，每天砌筑高度不宜大于1.8m，相邻两段砌筑高差不宜大于1.2m，砌筑作业面应水平增长，保证砌体的整体强度。

(4)砌体高度超过1.5m时，应搭设作业平台，高度超过2.0m时，应搭设垂直运输设施和脚手架，其技术要求应符合有关规范标准。

(5)石料装卸运输过程中，防止超载和遗洒，搬运时要量力而行，防止砸伤；正在砌筑的挡墙上，石料堆放不能超过两层，距挡墙边1.0m范围内不准堆放石料。

三、沥青作业中的安全措施

(1)沥青作业人员应事先进行体格检查；患眼病、喉病、皮肤病及对沥青有过敏反应的人不宜参加沥青作业。

(2)直接接触到沥青的作业人员，应按要求佩戴个人防护用品(如工作服、过滤式呼吸器、防护眼镜、围裙、隔垫鞋等)；工作结束后，应对全身进行沐浴冲洗。

(3)人工熬制、喷洒沥青时，应站在上风口作业，防止喷溅到皮肤上；用烙铁修补路面的人员，防止烙铁烫伤以及火源与沥青接触引起火灾。

四、爆破作业的安全措施

(1)爆破工程的施工方案必须报请当地公安机关批准后，方能组织实施。

(2)爆破工程的作业人员必须经公安机关或公安机关指定的部门培训，考试合格后，持有县级以上公安机关核发的有效操作证件，才能参加施工。

(3)爆破点距村庄太近时，必须采取防震措施：一是分散爆破点，每隔50m左右设一个爆破点，依此循环进行；二是减少装药量；三是采用表层震动爆破法等，减轻震动波。

(4)爆破点上空有高压走廊横穿路基时，必须采取防护措施；在采取防护措施的同时，在爆破点上部用草袋子、胶管帘和安全网三层覆盖，并用钢钎将网绳固定在石缝中，保证爆破碎石飞掷高度不超过1.0m，以保证高压走廊的安全运行。

(5)每一次爆破作业结束后，必须对现场进行认真的清理，防止瞎炮和爆炸物的丢失。

五、隧道施工安全措施

1. 一般规定

进洞前应先稳定好洞口的边坡和仰坡，做好天沟、边沟等排水设施，确保地表水不致危及隧道的施工安全。所有进入隧道工地的人员，必须佩戴安全防护用品遵章守纪，听从指挥。遇有不良地质地段施工时，应按照先治水、短开挖、弱爆破、先护顶、强支护、早衬砌的原则稳步前进。

2. 开挖、凿孔及爆破

开挖前应先检查支护、顶板和两帮是否牢固稳定，如有危险应先行排除。钻眼时，应先检查风钻(电钻)是否正常，严禁在残眼中继续钻眼。钻孔台车行走时应将钻架和机具都收拢到放置位置，就位时要刹住车轮，放下支柱，防止移动。

爆破作业除执行上述规定外，隧道接近贯通时，一端装药放炮时，另一端人员应撤离到安全地点。

3. 支护与衬砌

洞内支护,宜随挖随支护,支护至开挖面的距离一般不得超过 4m;如遇石质破碎、风化严重和土质隧道时,应尽量缩小支护工作面。

衬砌使用的脚手架、工作平台、跳板、梯子等应安装牢固,不得有露头的钉子和突出的尖角。采用模板台车进行全断面衬砌时,台车距开挖面的距离不得小于 260m,台车下的净空应能保证运输车辆的顺利通行。混凝土灌筑时,必须两侧对称进行。

第四节 安全管理措施

一、落实安全责任,实施责任管理

安全生产责任制是企业各项安全生产规章制度的核心,是企业行政岗位责任制度和经济制度的重要组成部分,也是最基本的安全管理制度。它是按照安全方针和“管生产必须管安全”的原则,将各级管理负责人、各职能部门和各岗位员工在安全方面所应做的工作及应负责加以明确规定的一种制度,其核心是安全生产的“五同时”,即在计划、实施、检查、总结、评价施工生产时,同时计划、实施、检查、总结、评价安全工作。

(1)建立和完善以项目经理为首的安全生产领导组织,有组织、有领导、有层次地开展安全管理活动。承担组织、领导安全生产的责任。

(2)建立各级人员安全生产责任制度,明确各级人员的安全责任。认真抓好制度落实,定期检查安全责任落实情况,及时补偿并进行总结,不断提高安全工作质量。

①项目经理是施工项目安全管理的第一责任人。

②各级职能部门、人员,在各自业务范围内,对实现安全生产的要求负责。

③全员承担安全生产责任,建立安全生产责任制,从经理到工人的生产系统做到纵向到底,一环不漏。各职能部门、人员的安全生产责任做到横向到边,人人负责。

(3)坚持“持证上岗”制度。

一切从事生产管理和操作人员,依照其从事的生产内容,分别通过企业、施工项目的安全审查,取得安全操作资格认可证,持证上岗。

特种作业人员,除经过企业的安全审查外,还需按规定参加安全操作考核,取得监察部门核发的《安全操作合格证》后,方可上岗作业。施工现场如果出现特种作业无证上岗现象时,施工项目经理必须承担管理责任。

(4)施工项目经理负责施工生产中物的状态审验与认可,承担物的状态漏验、失控的管理责任,接受由此而出现的经济损失。

(5)一切管理、操作人员均需与施工项目经理签订安全协议,向施工项目经理做出安全保证。

(6)安全生产责任落实情况的检查,应认真、详细地记录,作为分配、补偿的原始资料之一。

(7)给予职工以下拒绝权。

①在安排施工生产任务时,如不安排安全生产措施,职工有权拒绝上岗。

②现场条件有变化,安全措施跟不上,职工有权拒绝施工。

③干部违章指挥,职工有权拒绝服从。

④设备安全保护装置不安全，职工有权拒绝操作。

⑤在作业地点条件发生恶化，容易造成事故的条件下，不采取相应的措施，职工有权拒绝进入作业地点。

二、安全教育与训练

安全教育、训练是进行人的行为控制的重要方法和手段。进行安全教育、训练要适时、宜人，内容合理，方式多样，形成制度。组织安全教育、训练做到严肃、严格、严密、严谨，讲求实效。

(1)一切管理、操作人员应具有以下基本条件和素质。

①具有合法的劳动手续。临时性人员须正式签订劳动合同，接受入场教育后，方可进入施工现场和劳动岗位。

②没有痴呆、健忘、精神失常、癫痫、脑外伤后遗症、心血管疾病、晕眩以及不适于从事操作的疾病。

③没有感官缺陷，感性良好。有良好的接受、处理、反馈信息的能力。

④具有适于不同层次操作所必需的文化。

⑤输入的劳务，必须具有基本的安全操作素质。经过正规训练、考核、输入手续完善。

(2)安全教育、训练的目的与方式。

安全教育、训练包括知识、技能、意识三个阶段的教育。安全教育的目的不仅是使操作者掌握安全知识，而且使其能够正确、认真地在作业过程中表现出安全的行为。

①安全知识教育。使操作者了解、掌握生产操作过程中潜在的危险因素及防范措施。

②安全技能训练。使操作者逐渐掌握安全生产技能，获得完善化、自动化的行为方式，减少操作中的失误现象。

③安全意识教育。激励操作者自觉坚持实行安全技能。

(3)安全教育与培训的内容。

安全教育的内容是根据实际情况确定的，有一定的目的性，具体分为以下内容：

①施工管理人员的安全专业技能培训。

②岗位的安全技术操作规程培训。

③施工现场的安全规章、文明施工制度培训。

④特种作业人员的安全技术操作规程及措施培训。

⑤新工艺、新材料、新技术、新设备在实施过程中特定的安全技术规定培训。

⑥安全保证计划中有针对性的安全措施要求培训。

⑦特定环境中安全注意事项培训。

⑧对潜在的事故隐患或发生紧急情况时，采取防范及自我解救措施培训。

⑨安全教育的内容随实际情况的需要，采用相应的培训内容。

a. 新工人入场前必须完成三级安全教育。对见习生的入场三级安全教育，侧重于一般安全知识、生产组织原则、生产环境、生产纪律等，强调操作的非独立性。对民工三级安全教育，侧重于生产组织原则、生产环境、生产纪律和操作标准。

b. 结合施工生产的变化，诸如节假日前后、上岗前、事故后或工作对象发生改变等，应适时地进行针对性的安全教育。

c. 教育培训应按等级、层次和工作性质不同分别进行，对从事特种作业的人员应按规定进行资格考核和专业培训。

(4)加强教育管理,增强安全教育效果。

①教育内容全面,重点突出,系统性强,实践性强,抓住关键反复教育。

②反复实践。养成自觉采用安全的操作方法的习惯。

③使每个受教育的人,了解自己的学习成果。鼓励受教育者树立坚持安全操作方法的信心,养成安全操作的良好习惯。

④告诉受教育者怎样做才能保证安全,而不是不应该做什么。

⑤奖励促进,巩固学习成果。

三、安全检查

安全检查是发现不安全行为和不安全状态的重要途径,是消除事故隐患,落实整改措施,防止事故伤害,改善劳动条件的重要方法。

1. 安全检查的形式和内容

安全检查的形式有普遍检查,专业检查和季节性检查。

安全检查的内容、方法和要求见表14-2和表14-3。

公司、工程队安全检查表 表14-2

检查项目	检查内容	检查方法或要求	检查结果	改进措施
安全方针,安全生产制度	安全方针员工是否明确,安全管理制度是否健全并认真执行了	制度健全,切实可行,进行了层层贯彻;各级主要领导和安全技术人员知道主要条款,对安全方针人人清楚明白		
	安全组织及安全生产责任制是否落实,是否量化	各级安全生产责任制落实到单位和部门,岗位安全生产责任制落实到人,并有测量目标		
	安全生产的"五同时"执行得如何	在执行、布置、检查、总结、评比生产的同时,执行、布置、检查、总结、评比安全生产工作		
	安全生产计划编制执行得如何	计划编制切实可行、完整及时,贯彻得认真,执行有力		
	安全生产管理机构是否健全,人员配置是否得当	有领导、执行、监督机构、有群众性的安全网点活动,安全生产管理人员不缺员,没被抽出做其他工作		
安全教育	新工人入场三级教育是否坚持了	有教育计划、有内容、有记录、有考试或考核		
	特殊工种的安全教育坚持得如何	有安排、有记录、有考试、合格者发了操作证,不合格者进行了补课教育或停止了操作		
	改变工种和采用新技术等人员的安全教育情况怎样	教育的及时、有记录、有考核		

续上表

检查项目	检查内容	检查方法或要求	检查结果	改进措施
安全教育	对工人日常教育进行的怎样	有安排、有记录		
	各级领导干部和业务员是如何进行安全教育的	有安排、有记录		
安全技术	有无完善的安全技术操作规程	操作规程完善、具体、实用、不漏项、不漏岗、不漏人		
	安全技术措施计划是否完善、及时	单项、单位、分部分项工程都有安全技术措施计划,进行了安全技术交底		
	主要安全设施是否可靠	道路、管道、电气线路、材料堆放、临时设施等平面布置符合安全、卫生、防火要求;坑、井、洞、孔、沟等都有安全设施;脚手架、井字架、龙门架、塔台、梯凳等都符合安全生产要求和文明施工要求		
	各种机具、机电设备是否安全可靠	安全防护装置齐全、灵敏、闸阀、开关、插头、插座、手柄等均安全,不漏点;有避雷装置、有接地接零;起重设备有限位装置;保险设施齐全完好等		
	防尘、防毒、防爆、防暑、防冻等措施是否得当	均达到安全技术要求		
	防火措施是否得当	有消防组织、有完备的消防工具和设施,水源方便、道路畅通		
	安全帽、安全带、安全网及其他防护用品及设施是否得当	性能可靠,佩戴或搭设均符合要求		
安全检查	安全检查制度是否坚持执行了	按规定进行安全检查,有活动记录		
	是否有违纪、违章现象	发现违纪、违章、及时纠正或进行处理,奖罚分明		
	隐患处理得如何	发现隐患、及时采取措施,并有信息反馈		
	交通安全管理得如何	无交通事故,无违章、违纪、受罚现象		

续上表

检查项目	检查内容	检查方法或要求	检查结果	改进措施
安全业务工作	记录、台账、资料、报表等管理得如何	齐全、完整、可靠		
	安全事故报告是否及时	按“三不放过”原则处理事故，报告及时，无瞒报、谎报、托报现象		
	事故预测和分析工作是否开展	进行了事故预测，事故一般分析和深入分析，运用了先进方法和工具		
	竞赛、评比、总结等工作进行否	按工作规划进行		
文件化	安全体系各项内容是否文件化	方针、规章制度等是否文件化		

班组安全检查表 表 14-3

检查项目	检查内容	检查方法或要求	检查结果	改进措施
作业前检查	班前安全生产会开了没有	查安排、看记录、了解未参加人员的主要原因		
	每周一次的安全活动坚持没有	同上，并有安全技术交底卡		
	安全网点活动开展得怎样	有安排、有分工、有内容、有检查、有记录、有小结		
	岗位安全生产责任制是否落实	知道责任制的主要内容，明确相互之间的配合关系，没有失职		
	工种安全技术操作规程掌握否	人人熟悉本工种安全技术操作规程，理解内容实质		
	作业环境和作业位置是否清楚、并符合安全要求	人人知道作业环境和作业地点，知道安全注意事项，环境和地点整洁，符合文明施工要求		
	机具、设备准备得如何	机具设备齐全可靠，摆放合理，使用方便，安全装置符合要求		
	个人防护用品穿戴好了吗	齐全、可靠、符合要求		
	主要安全设施是否可靠	进行自检，未发现任何隐患，或有个别隐患已经处理		
	有无其他特殊问题	参加作业的人员身体、情绪正常、没有发现穿高跟鞋、拖鞋的		

续上表

检查项目	检查内容	检查方法或要求	检查结果	改进措施
作业中检查	有无违反安全纪律现象	密切配合，不互相出难题；不只顾自己，不顾他人；不相互打闹；不隐瞒隐患，强行作业；有问题及时报告等		
	有无违章作业现象	不乱动机具设备；不乱触电器开关；不乱挪消防器材；不在易燃易爆物附近吸烟；不乱丢料具物件；不随意脱去个人防护用品；不私自拆毁防护设施；不图省事而忽略动作等		
	有无违章指挥现象	违章指挥出自何人何处，是执行还是抵制，抵制后如何解决的等		
	有无不懂、不会操作现象	查清作业人和作业内容		
	有无故意违反技术操作现象	查清作业人和作业内容		
	作业人员的特异反应如何	对作业内容有无不适应的现象，作业人员身体、精神状态是否失常，是怎样处理的		
作业后检查	材料、物资准备没有	清理有用品，清除无用品，堆放整齐		
	料具和设备整顿没有	归为还原，保持整洁，如放置现场，要加强保护		
	清扫工作如何	作业场地清扫干净，秩序井然，无零散物件，道路、路口畅通，照明良好，库上锁，门关严		
	其他问题解决得如何	下班后人数清点没有，事故处理情况如何，本班作业的主要问题是否报告和反映了		

2. 危险因素的消除

消除危险因素的关键环节，在于认真地整改，真正的、确确实实的把危险因素消除。对于一些由于种种原因而一时不能消除的危险因素，应逐项分析，寻求解决办法，安排整改计划，尽快予以消除。

安全检查后的整改，要坚持“三定”和“不推不拖”，不使危险因素长期存在而危及人的安全。

“三定”指的是对检查后发现的危险因素的消除态度。三定即定具体整改责任人，定解决与改正的具体措施，定消除危险因素的整改时间。在解决具体的危险因素时，凡借用自己的力量能够解决的，不推脱、不等、不靠，坚决组织整改。自己解决有困难时，应积极主动寻找解决的办法，争取外界支援以尽快整改。不把整改的责任推给上级，也不拖延整改时间，以尽量快的速度,把危险因素消除。

四、作业标准化

在操作者产生的不安全行为中,由于不知道正确的操作方法,为了干的快些而省略了必要的操作步骤,支持自己的操作习惯等原因所占比例很大。按科学的作业标准规范人的行为,有利于控制人的不安全行为,减少人的失误。

(1)制定作业标准,是实施作业标准化的首要条件。

①采取技术人员、管理人员、操作者三结合的方式,根据操作的具体条件制定作业标准。坚持反复实践、反复修订后加以确定的原则。

②作业标准要明确规定操作程序、步骤。怎样操作、操作质量标准、操作的阶段目的、完成操作后物的状态等,都要做出具体规定。

③尽量使操作简单化、专业化,尽量减少使用工具、夹具次数,以降低操作者熟练技能或注意力的要求。使作业标准尽量减轻操作者的精神负担。

④作业标准必须符合生产和作业环境的实际情况,不能把作业标准通用化。不同作业条件的作业标准应有所区别。

(2)作业标准要考虑到人的身体运动特点和规律,作业场地布置、使用工具设备、操作幅度等,应符合人机学的要求。

①人的身体运动时,尽量避开不自然的姿势和重心的经常移动,动作要有连贯性、自然节奏强。如,不出现运动方向的急剧变化;动作不受限制;尽量减少用手和眼的操作次数;肢体动作尽量小。

②作业场地布置要考虑道路、照明、通风的合理分配,机、料具位置固定,作业方便。

(3)反复训练。

讲求训练方法和程序,宜以讲解示范为先,符合重点突出、交代透彻的要求。

边训练边作业,巡检纠正偏向。

先达标、先评标、先报偿,不强求一致。多次纠正偏向,仍不能克服习惯操作、操作不标准的,应得到负报偿。

第五节　公路施工安全事故预防

一、公路施工常见安全事故

调查统计资料表明,公路施工中常见的安全事故有以下几种:

(1)物体打击。如坠落物体、滚石、锤击、碰伤等。

(2)高空坠落。如从高架上坠落,或落入深坑、深井等。

(3)机械设备事故引起的伤害。如绞伤、碰伤、割伤等。

(4)车祸。如压伤、撞伤、挤伤等。

(5)坍塌。如临时设施、脚手架垮塌,岩土边坡塌方等。

(6)爆破及爆炸事故引起的伤害。如炸药、雷管、锅炉和其他高压容器爆炸引起的伤害等。

(7)起重吊装事故引起的伤害等。

(8)触电(包括雷击)事故。

(9)中毒、窒息。如煤气、油烟、沥青及其分化学气体引起的中毒和窒息。

(10)烫伤、灼伤。

(11)火灾、冻伤、中暑。

(12)落水等。

二、公路施工中安全事故原因分析

发生安全事故不是偶然的,究其原因主要有:

(1)纪律松弛,管理混乱,有章不循或无章可循。

(2)现场缺乏必要的安全检查。

(3)从领导到群众思想麻痹。

(4)机械设备年久失修,开关失灵,仪表不准,超负荷运转或带病作业。

(5)缺乏安全技术措施。

(6)忽视劳动保护。

(7)工人操作技术不熟练,安全意识差,违章作业。

(8)领导违章指挥。

三、公路施工伤亡事故的预防

安全工作要预防为主,消除事故隐患。小事故要当大事故抓;别人的事故要当自己的事故抓;险肇事故要当真事故抓。另外,不应把做好安全生产工作单纯看作技术性的工作,而必须从思想上、组织上、制度上、技术上采取相应的措施,综合治理才能奏效。

(1)思想上重视。首先是领导的思想要重视。要批判"安全事故难免论"和对安全生产漠不关心的官僚主义态度,纠正只管生产,不管安全;只抓进度,不抓安全;不出事故不抓安全的错误倾向。其次,要加强对职工进行安全生产的思想教育,使每个职工牢固树立"安全第一"的思想。

(2)建立健全安全生产规章制度。首先,要建立安全生产责任制,包括各级领导部门的安全管理责任制和职工的安全操作责任制,真正做到"安全生产,人人有责"。其次,要坚持安全生产检查制度。通过检查及时发现问题,堵塞事故漏洞,防患于未然。第三,要坚持安全生产教育制度。第四,要建立安全事故处理制度。事故发生后,应认真吸取教训,防止同类事故重复发生。对事故要按照"三不放过"的原则进行处理。即事故原因分析不清不放过;事后责任者和群众没有受到教育不放过;没有新的防范措施不放过。

(3)制订切实可行的安全技术措施。编制施工组织设计时,尽量优先考虑采用新工艺,机械化,自动化的生产手段,提高安全技术水平,这样会大大减轻工人的劳动强度,保证工人的安全与健康,为安全生产,预防事故创造条件;针对土石方工程、高空作业、超重吊装以及采用新工艺、新结构工程的特点制订安全技术规程。

机械设备使用中的安全技术措施:使用前通过对各种设备设施和各种材料、构件、部件进行机械强度试验,检验并排除隐患,超负荷运转时应经过验算、加固和测试,必须满足设计和使用功能后方可投入正常使用;给机械设备加设安全保险装置、安全信号装置、危险警示标志和防护装置;对电器设备进行施工前、中、后的绝缘检查,不断更新老化及被损坏的设备和线路;定期对机械设备做维修保养,保持其良好的状态。

改善劳动条件和作业环境的技术措施:强化管理,普及安全技术知识教育,开展文明施工活动,做到施工现场井然有序,平面布置合理,原材料、构配件堆放整齐,各种防护齐全有效,各种标志醒目;合理使用劳动保护用品,改善照明、通风、防尘、防噪声、防振动等方面的技术措施。

第六节　施工伤亡事故处理

在施工现场发生伤亡事故后,负伤人员或最先发现事故的人应立即报告项目领导。项目安技人员根据事故的严重程度及现场情况立即上报上级业务系统,并及时填写伤亡事故表上报企业。发生重大伤亡事故,各有关部门接到报告后应立即转告各自的上级管理部门。其处理程序如下:

一、抢救伤员,保护现场

事故发生后,现场人员切不可惊慌失措,要有组织,统一指挥。首先抢救伤员和排除险情,尽量制止事故蔓延扩大。同时注意,为了事故调查分析的需要,应保护好事故现场。如因抢救伤员和排除险情而必须移动现场构件时,还应准确做出标记,最好拍出不同角度的照片,为事故调查提供可靠的原始事故现场。

二、成立调查组

企业在接到事故报告后,主管经理、业务部门领导和有关人员应立即赶赴现场组织抢救,并迅速成立调查组开展调查。发生人员轻伤、重伤事故,由企业负责人或指定的人员组织施工生产、技术、安全、劳资、工会等有关人员组成事故调查组,进行调查。死亡事故由企业主管部门会同现场所在地区的劳动部门、公安部门、人民检察院、工会组成事故调查组进行调查。重大死亡事故应按企业的隶属关系,由省级企业主管部门或国务院有关主管部门,公安、监察、检察部门、工会组成事故调查组进行调查,也可邀请有关专家和技术人员参加。调查组成员中与发生事故有直接利害关系的人员不得参加调查工作。

三、现场勘察

调查组成立后,应立即对事故现场进行勘察。现场勘察是项技术性很强的工作,它涉及广泛的科学技术知识和实践经验。因此勘察时必须及时、全面、细致、准确、客观地反映原始面貌,其勘察的主要内容有:

(1)做出笔录

①发生事故的时间、地点、气象等。

②现场勘察人员的姓名、单位、职务。

③现场勘察起止时间、勘察过程。

④能量逸散处造成的破坏情况、状态、程度。

⑤设施设备损坏或异常情况及事故发生前后的位置。

⑥事故发生前的劳动组合,现场人员的具体位置和行动。

⑦重要物证的特征、位置及检验情况等。

(2)实物拍照

①方位拍照:反映事故现场周围环境中的位置。

②全面拍照:反映事故现场各部位之间的联系。

③中心拍照:反映事故现场的中心情况。

④细目拍照:提示事故直接原因的痕迹物、致害物等。

⑤人体拍照:反映伤亡者主要受伤和造成伤害的部位。

(3)现场绘图

根据事故的类别和规模以及调查工作的需要应绘制出下列示意图:

①建筑物平面图、剖面图。

②事故发生时人员位置及疏散(活动)图。

③破坏物立体图或展开图。

④涉及范围图。

⑤设备或工、器具构造图等。

四、分析事故原因、确定事故性质

通过认真调查研究,搞清事故原因,以便从中吸取教训,采取相应措施,防止类似事故重复发生,分析的步骤和要求如下:

(1)通过详细的调查、查明事故发生的经过。要弄清事故的各种产生因素,如人、物、生产和技术管理、生产和社会环境、机械设备和状态等方面的问题,经过认真、客观、全面、细致、准确地分析,确定事故的性质和责任。

(2)事故分析时,首先整理和仔细阅读调查材料,对受伤部位、受伤性质、起因物、致害物、伤害方法、不安全行为和不安全状态等内容进行分析。

(3)在分析事故原因时,应根据调查所确认的事实,从直接原因入手,逐步深入到间接原因。通过对原因的分析、确定出事故的直接责任者和领导责任者,根据在事故发生中的作用,找出主要责任者。

(4)确定事故的性质。工地发生伤亡事故的性质通常可分为责任事故、非责任事故和破坏性事故。事故的性质确定后,也就可以采取不同的处理方法和手段了。

(5)根据事故发生的原因,找出防止发生类似事故的具体措施,并应定人、定时间、定标准,完成措施的全部内容。

第七节　公路建设对环境的影响

一、对生态环境的影响

(1)公路建设占用大量土地,对生物多样性有明显影响。

(2)路基施工中大量弃土、弃渣倾入河道,使河床变窄,易引发山洪、泥石流等灾害。

(3)路基开挖或堆填,改变了原地貌的平衡状态。在地质构造脆弱地带,易引起崩塌、滑坡等地质灾害;在石灰岩地区易引起岩溶塌陷;在高寒山区易引起雪崩等灾害。

(4)公路占地范围内将对植被产生长期破坏,路基两侧一定范围内对植被也造成一定影响,在生态环境脆弱地区,植被破坏会加剧土地荒漠化或水土流失。对森林、草地的破坏,会影响野生动物的正常活动。

(5)对沿线环境带来污染。如引起空气、水体、土壤、植物的污染以及噪声影响等。

(6)对沿线农田及各种基础设施产生一定影响,有时还会对历史文物产生不利影响。

通常,山区公路建设对自然环境的影响远比平原地区大,而平原地区公路建设对人工生态系统影响明显。不合理的施工工艺会引起局部自然生态失调,对生态环境产生不良影响。

二、对自然环境的影响

(1)对公路沿线地区空气质量的影响。包括建设期间扬尘对公路沿线地区环境空气产生的污染;沥青混凝土搅拌过程中沥青烟尘对沿线地区环境空气产生的污染。

(2)对公路沿线地区声环境质量的影响。包括施工机械噪声对沿线学校、医院、村镇居民的工作、学习、生活的影响。

(3)对公路沿线地区水环境质量的影响。包括施工现场生活污水、垃圾及生产废水对周围水体水质的污染;大型桥梁等结构物施工对水体水质的影响;沥青、油料、化学品等建材堆放泄漏对周围水体水质的污染。

三、对社会环境的影响

(1)公路建设对土地资源的影响。我国实行基本农田保护制度,一般不能在保护区内占地进行项目建设。当非占不可时,必须补偿同等数量同等质量的农田。

(2)公路建设与水利设施的关系。水利是农业的命脉,水利设施是国家、地区的重要社会基础设施,也是人民生产、生活和经济建设的保障设施。公路建设必须保护农田排灌系统、蓄水防洪工程及其他水利设施。

(3)公路建设中的拆迁安置。房屋是民众生活的基本条件,也是民众最主要的财产。拆迁民房会对民众生活造成干扰,经济上造成损失。公路建设应尽可能少拆迁民房,拆迁时应做到拆迁安置合理,尽可能地保护民众利益。拆迁企、事业单位将涉及单位人员的就业、生活资金来源及迁址后的交通、生活条件等,影响的人员及因素较多。一般情况不宜拆迁较大的企、事业单位,避免由此产生不安定因素。

(4)文物保护问题。文物是不可再生的文化景观资源,具有很高的历史、政治、文化和经济价值,原则上不论其属于何种保护级别,都应合理保护。公路建设项目往往途经几个地区,干扰文物常有发生,因此,在项目建设的各个阶段都应重视文物的保护和利用。

第八节　公路建设环境保护内容

一、公路环境保护的要求

公路环境保护具有双重含义:一是保护自然环境,二是保护和改善包括公路本身的附属设施在内的社会文化环境。因此,在公路建设过程中必须达到以下几项基本要求:

(1)公路开发对自然地理、地质的损坏和对风景资源的损害要严格限制在国家和有关部门规定的范围内。

(2)在公路施工中,排放的废气、噪声、振动所造成的环境,不得超过国家规定的标准。

(3)公路施工应严格遵守国家关于历史文物、文化古迹、古建筑物等旅游和疗养胜地等的保护规定。

(4)公路路线及其所有设施都要顺应自然地理、地貌,有利于沿途优美的自然风景的开拓,创造出一个优美、宁静、清洁、卫生的环境。

(5)利用绿化装饰,将公路建设环境与周围自然风景和人文风景有机地结成一体,使之成为当地风景的一个组成部分,把公路建设成一个美丽宏伟、绚丽多姿的带状公园。

二、公路空气环境污染防治

公路施工中沥青烟尘会对空气产生污染。在公路施工中散发沥青烟的主要有两道工序,一是沥青路面施工现场,沥青混合料由车辆倾倒时散发大量沥青烟,随后摊铺、碾压过程中也会散发沥青烟,施工现场散发沥青烟的治理难度较大,至今尚未见到治理实例。二是沥青混合料的生产场(站)在熬油、搅拌、装车等工序中散发沥青烟,可采用吸附法、洗涤法、静电捕集器、焚烧法等方法予以防治。目前,沥青路面施工中所采用的沥青拌和设备都装有上述两种以上沥青烟消除装置,能较好地防治沥青烟对周围环境空气的污染。

三、公路生态环境保护

(1)滑坡的防治。山区公路在选线时,应尽可能避开大型滑坡易发地带。在公路建设中,应对滑坡易发地段进行监测。对开始蠕动变形地段要及时采取防治措施,同时要尽量减少人为因素的影响。滑坡的防治主要有排(排除地表水和疏干地下水,增加抗滑力)、挡(修建挡土墙,挡住主体下滑)、减(在滑坡上方取土减荷,减小下滑力)、固(在滑坡体内打抗滑桩或烘烧滑动面上体使之胶结,加大抗剪强度)等措施。考虑滑坡防治措施时,必须针对引起滑坡的原因及类型,抓住主要矛盾加以综合治理。

(2)泥石流的防治。泥石流防治是一项综合性生态工程,对泥石流的三个区段,要采取针对性的措施。

①上游形成区:植树造林,保护草地,修建排水系统,减少或断绝泥石流的固体物质源。

②中游流通区:在主沟内修建各种拦石坝,拦蓄泥沙石块,削减泥石流的流速和规模,防止泥石流的侧蚀和下切。

③下游堆积区:修建排洪道和导流堤,保护道路、桥渠、涵洞和其他建筑物。

(3)崩塌的防治。在公路施工中,应尽可能避免因人工开挖或爆破引起的崩塌。在山区修建公路,对崩塌易发地段,应定期监测,判断崩塌发生的可能性、强度、规模,并采取适当的防治措施,如清除危石,改造坡面等。

四、公路交通噪声污染控制

1. 规划降噪

公路网区域规划时应注意考虑:公路应避免穿越城市市区和乡镇的中心区,尽可能避让学校、医院、城镇居民住宅区和规模较大的农村村庄等环境敏感点;公路两侧规划时应布置商业、工贸、办公等非敏感性建筑,以起声障作用,保护公路与学校、住宅、医院等敏感点的声环境。

2. 控制路线距环境敏感点的距离

噪声随传播距离的衰减和在传播途中的吸收衰减是声波的基本性质,利用该基本性质控制路线距敏感点的距离,是交通噪声防治的基本途径。公路选线除应遵循保证行车安全、舒适、快捷、建设工程量小等原则外,还应根据环境噪声允许标准控制路线距环境敏感点的距离,最大限度地避免公路交通噪声扰民。由于学校、医院等的声环境质量要求较高,在路线布设时应尽量远离这些敏感点。

3. 合理利用障碍物对噪声传播的附加衰减

噪声传播途中遇到声障,会对声波反射、吸收和绕射而产生附加衰减。公路路线布设时,尽可能利用土丘、山冈等地貌作声障,使环境敏感点处于声影区。对于挖方路段,采用路堑形式,利用路堑边坡的屏障作用降低噪声。在居民区还可以利用土墙、围墙等构筑物、沿街的商务建筑和其他非敏感性建筑的屏障作用降噪,保护环境敏感点。另外,公路路线布设还应尽量利用原有林带的环保作用,同时应加强公路周围绿化,利用林带降低噪声,改善环境质量。

4. 低噪声路面

轮胎噪声是交通噪声中不可忽视的噪声源,其频率较高,是干扰人们夜间睡眠的主要"凶手"。据研究,通过改进汽车轮胎降低轮胎噪声是十分有限的,因此,从噪声防治角度,铺筑低噪声路面降低交通噪声源便成为较为有效的措施。轮胎噪声主要由冲击(振动)噪声(因路面不平引起轮胎振动而辐射噪声)、气泵噪声(轮胎滚动时,表面花纹槽中的空气被压缩后迅速膨胀释放而发出噪声)、附着噪声(由轮胎橡胶在路面上附着作用力而产生的类似于真空吸力噪声)组成,轮胎与路面接触噪声的大小不仅与轮胎表面花纹有关,更主要的取决于路面的表面特性。根据轮胎噪声产生的机理,铺筑的开级配多孔隙沥青路面,面层内产生互通的孔隙网,类似于多孔吸声材料可以吸收轮胎噪声。轮胎与路面接触时表面花纹槽中的空气可通过孔隙向四周逸出,减小了空气压缩爆破产生的噪声。与密实路面相比,轮胎与路面的接触面减小,有助于附着噪声和冲击噪声的降低。由于低噪声路面与其他降噪措施(如声屏障)相比,具有经济合理、保持环境原有风貌、降噪效果好和行车安全等优点,目前发达国家已广泛展开应用研究。

5. 公路声屏障降噪

在公路交通噪声传播途中设置声屏障是控制噪声传播途径,降低交通噪声的最有效措施之一。声屏障越接近声源(或接受点),其噪声衰减量越大,因此通常将屏障建于公路路侧或环境敏感点附近。声屏障的高度由设计噪声衰减量计算而得,当近路侧声屏障的高度较大时,可将屏障的上部做成折形或弧形,将端部伸向公路,以使更接近声源。声屏障的长度应大于其保护对象沿公路方向的长度,通常需经过计算,同时根据保护对象的性质、规模和屏障的造价等综合确定。建造声屏障的材料及构造形式较多,设计时应满足技术经济合理、高强度、施工简便、美观、耐久、防火等性能。声屏障的构造因材料不同而各异，归纳起来可分为砌块类型、板体类型和生物类型三类。

五、公路水环境污染防治

1. 公路服务设施污水处理

公路建成投入营运后，其服务设施将排放一定数量的污水，如高速公路服务区、路段管理处及收费站的生活污水、洗车台（场）的污水、加油站的地面冲洗水等。若这些设施的所在地远离城镇不能直接排入污水系统时，排放的污水须经处理达标后才能排放。

（1）生活污水处理措施

①化粪池处理。化粪池是污水沉淀与污泥消化同在一个池子内完成的处理构筑物，污水在池中缓慢流动，停留时间为12～24h，污泥沉淀于池底进行厌氧分解。

②双层沉淀池处理。污水从双层沉淀池上部的沉淀槽中流过，沉淀物从槽底缝隙滑入下部污泥室进行消化。

③生物塘处理。利用修建公路时的取土坑（或洼地）整修作为生物塘。污水在塘内经较长时间的停留和储存，通过微生物的代谢活动与分解作用，对污水中的有机污染物进行生物降解。

（2）含油污水的处理

大型洗车场和加油站的污水常含有泥沙和油类物质，通常采用隔油池进行处理。当污水进入隔油池后，泥沙沉淀于池的底部，浮油漂浮于水面，可利用设置在水面的集油管收集去除。

2. 公路路面径流水环境污染防治

公路路面径流水环境污染，是指公路在营运期间，货物运输过程中在路面上的抛撒，汽车尾气中微粒在路面上的降落，汽车燃油在路面上的滴漏及轮胎与路面的磨损物等，当降水形成路面径流就挟带这些有害物质排入水体或农田，一般不会对水体和土壤造成大面积的污染。但当公路距水源保护地、生活饮用水源和水产养殖水体较近时，路面排水不能直接排入这些水体，必要时可设置生物塘，将路面径流引入塘内得到隔油沉淀和净化处理。

3. 施工期的水环境污染防治

公路施工期间无论是施工废水，还是施工营地的生活污水，都是暂时性的，随着工程的建成其污染源也将消失。可采用简单的、经济的处理方法。如施工营地的生活污水采用化粪池处理，施工废水设小型蒸发池收集，施工结束将这些池清理掩埋。大桥、特大桥施工期间对水环境的污染主要是向水体弃渣，向水体抛、冒、滴、漏有毒化学物品等。防止此类污染的有效措施是加强监督管理与采用先进的施工工艺。

六、公路建设社会环境影响控制

公路建设各阶段中可能造成的主要社会环境影响及其控制对策如表14-4所示。

公路建设阶段对社会环境影响及控制对策　　表 14-4

工程阶段	社会环境影响	控制对策
路线设计	(1)占用基本农田保护区。 (2)占用耕地和良田。 (3)分割城镇小区及村落。 (4)阻隔通行。 (5)影响风景名胜区、文物。 (6)保护区和其他人文景观	(1)对项目建设地区的自然环境、社会环境等做全面详细地调查、统计和分析。 (2)路线方案比选分析时,对社会环境有重大影响的重点部位应用可持续发展的战略进行多方案论证分析。 (3)路线占地应少占耕地、保护良田。 (4)尽可能地绕避城镇居民区和较大的村落,对少数民族居住区尤为关注。 (5)避免将学校与主要生源的居民区和村落分隔。 (6)绕避省级以上文物保护单位、风景名胜区、名胜古迹,并尽量绕让其他有价值的人文景观。 (7)路线应与沿线地区自然景观、人文景观相协调,并合理保护和利用
路基和桥涵设计	(1)占用耕地、良田。 (2)影响水利设施。 (3)拆迁安置。 (4)阻隔出行和交往	(1)尽可能地降低路基高度,在良田路段的路基采用陡边坡,减少路基占地。 (2)路基、桥涵设计应确保当地排洪、防洪的要求,确保水利设施的安全,按照公路路基、公路桥涵等相关设计规范的规定,保护农田水利设施。 (3)尽可能地减少拆迁数量。对拆迁对象,特别是老、弱、病、残等脆弱群众应做好安置工作,切实保护公众利益。 (4)认真调查确定通道和天桥的数量和位置。应做好通道内的排水设计,或在通道内的一侧设人行台阶,以方便通行。 (5)在牧区设放牧通道,野生动物区设置兽道
公路施工及营运	(1)影响土地资源。 (2)影响农田水利设施。 (3)影响地方道路。 (4)影响出行。 (5)影响文物和人文景观。 (6)影响安全	(1)认真调查,做好取、弃土设计,取土坑、弃土场尽可能复耕、还耕或种草植树,保护土地资源。 (2)料场等临时用地尽量不占用耕地,不能使用良田,施工结束应及时恢复原土地以便利用。 (3)合理安排桥涵施工,做到不影响农田排灌。 (4)及时修复因施工而破坏的地方道路,确保安全通行。 (5)在可能有文物遗址的地区,施工前会同文物管理部门进行文物勘探,防止破坏文物。 (6)设置安全防范设施和安全监督措施。 (7)加强营运期的管理

七、公路景观环境保护

1. 公路与景观环境的协调

公路与景观环境的协调是将公路设施融合到沿线环境中去,充分利用地形、树林、草地等,尽可能保持景观环境的原有风貌,为动植物生存提供空间,使公路成为当地自然景观环境的一个有机组成部分。

2. 减少对景观视觉环境的侵害

减少公路对景观视觉环境的侵害，关键是做好路线设计和路基设计。在路线设计时对沿线景观环境做全面调查，按地貌、生态等特征对公路给环境视觉造成的影响进行分析，其影响程度分三档：非常侵害——在视觉中拟建公路处于统治地位；一般侵害——在视觉中拟建高速公路处于重要地位；微弱侵害——在视觉中拟建高速公路处于不明显地位。因此，路线设计时不应过分强调线形，更不应突出公路在自然环境中的地位，其路线、路基、桥梁、色彩等应与周围景色取得和谐。

3. 保护景观资源

景观资源是国家的重要资源，其中相当部分属于不能再生资源（如奇特地貌、名木古树、珍稀生物、历史文物、峡谷、溪流等）。公路建设对于有重要价值的景观资源要采取避让或采用工程技术措施加以保护。

4. 设计技术措施

公路景观环境保护工程技术措施涉及的内容较广，如：通过边坡曲线的变化将边坡融汇于原地形之中，增加自然感；在山区、丘陵地、台塬地、黄土高原等地形起伏变化较大的地区，高速公路上、下行车道采用分离式路基，减少对原地貌的开挖，减小对视觉环境的侵害；利用中央分隔带改善公路景观环境，在山坡荒地、戈壁沙漠及草地等非农用土地的路段，增加中央分隔带的宽度，并将原地面植被、小土丘、坚固的石头等原有地物保留，使中央分隔带自然化；对于不能复耕、还耕及农副业开发的取、弃土坑和采石场应做景色处理，使受损的视觉环境尽快修复，常用的措施有植树、种草，使其尽快恢复地面植被，整修后可用作停车场，修成池塘养鱼，有条件时可修成公路景点。

5. 施工管理措施

加强施工管理，防止乱挖乱弃土石方，并保证防护工程与土石方工程尽可能同步进行。对施工中留下的痕迹以及弃土堆等应加以必要修饰或修整，以恢复其自然外观。对砂石料场、水泥混凝土拌和场及沥青拌和场产生的粉尘、沥青等污染物做防护处理，对施工运输产生的扬尘也需要进行处理；对施工爆破产生的振动及施工机械产生的噪声进行必要的处理，以减少对沿途居民的干扰。

6. 公路绿化和美化

科学的绿化可以使公路自身形成一种带状的优美环境。通过科学的公路绿化更好地突出公路的优美线形，并有好的视线诱导，以增进交通安全。因此，对绿化植物的树种、树高及种植方式的选择，应与交通功能一致。对有中央分隔带的高等级公路，还应考虑防眩种植。

从驾乘人员观赏要求确定合理的绿化间距，并要离路边有一定的距离，以免影响驾乘人员观赏路边景色。绿化还要注重地方特色与公路特征。线形、地形、沿线建筑等可以赋予公路特征，而绿化的地方特色也是重要特征，具有地方特色的公路才能显示出有别于其他公路的个性，因此，在实践中强调一条路线或一个地方通过某种绿化形式或树种表现它的特征是很有必要的。

公路绿化具有稳定路基、改善生态环境、生活环境和景观视觉环境等综合作用。公路绿化宜采用当地“土生土长”的树木及灌草，种植效果更好，管护简便，而且较为经济。

第九节 公路建设环境管理

环境管理就是运用经济、法律、技术、行政和教育等手段，限制人类损害环境质量的行为，通过全面规划使经济发展与环境相协调，达到既能发展社会经济，以满足人类日益增长的物质、文化生活的需求，又不超出环境的允许极限。环境保护关键在于管理，只有加强环境管理，才能更有效地利用人力、物力、时间，解决好环境问题。

一、环境管理的内容

1. 环境管理的范围

(1)资源管理，主要是研究确定资源的承载能力，资源开发的条件优化，建立资源管理的指标体系、规划目标、标准、政策法规和机构体制等。

(2)区域环境管理，主要是协调区域的经济发展目标和环境目标，进行环境影响预测，制订区域环境规划，进行环境质量和技术管理，按规划实现环境目标。

(3)部门环境管理，按行业部门进行环境管理。

环境管理的性质属政府的行政管理，各级政府的环保部门是其主管机关，但环境管理又是综合行政管理，其他行业的主管部门也负有协管职责，例如，各级政府交通主管部门就负有对公路沿线的环境进行保护管理的职责。

2. 环境管理的内容

(1)环境计划管理。通过计划协调发展与环境的关系，对环境保护实行计划指导。

(2)环境质量管理。对环境质量的现状进行监测和评价，对未来环境质量的变化进行预测和评价。

(3)环境技术管理。制订环境保护技术发展方向、技术路线和政策，制订防治环境污染技术、技术标准和技术规范等，协调科学技术、经济发展与环境保护的关系。

3. 公路项目环境保护

公路项目环境保护是环境管理学科中的重要组成部分。要运用技术、行政、经济、法律、教育等手段去监督公路建设者按照国家的环境政策和有关法规，从事建设活动。通过公路建设项目的环境影响评价和“三同时”(防止污染的设施，必须与主体工程同时设计、同时施工、同时投产)等制度去协调社会经济、资源、环境三者之间的关系，找出三者之间在一定时空范围的最佳平衡点，使公路建设和环境建设同步发展，实现经济效益、社会效益和环境效益三者之间的统一。

二、环境管理制度

为了达到控制环境污染和防止生态环境破坏，有目标地改善环境质量，实现环境保护的总原则和总目标，我国在近20年的实践中，总结出适合我国国情的环境管理八项制度，即“三同时”制度，环境影响评价制度，排污收费制度，环境保护目标责任制，城市环境综合整治定量考核，污染集中控制，排污申报登记与排污许可证制度及限期治理污染制度。推行这些制度是环境保护部门依法行使环境管理职能的主要方法和手段。与公路环境管理有关的制度有以下四条。

1.环境保护“三同时”制度

《建设项目环境保护设计规定》对“三同时”制度的内容和要求作了规定。

(1)在建设项目的可行性研究报告中，应对项目建成后可能造成的环境影响进行简要说明，在初步设计中必须有环境保护篇章，在施工图设计中，必须按已批准的初步设计文件及环境保护篇章规定的措施进行环保工程施工图设计。

(2)在施工阶段，环境保护设施必须与主体工程同时施工。

(3)建设项目在正式投产或使用前，建设单位必须向负责审批的环境保护部门提交“环境保护设施竣工验收报告”，说明环境保护设施运行的情况，治理的效果，达到的目标等。

2.环境保护目标责任制

环境保护目标责任制，是一种具体落实地方各级人民政府和有污染的单位对环境质量负责的行政管理制度。该制度以具体国情为基础，以现行法律为依据，以责任制为核心，以行政制约为机制，把责任、权力、利益和义务有机地结合在一起，明确了地方行政首长在改善环境质量上的权力、责任和义务。环境保护责任制的实施大体可分为四个阶段，即责任书的制定阶段、下达阶段、实施阶段和考核阶段。

3.限期治理污染制度

限期治理污染制度是以污染源调查、评价为基础，以环境保护规划为依据，突出重点，分期、分批地对污染危害严重，群众反映强烈的污染源、污染物、污染区域采取的限定治理时间、治理内容及治理效果的强制性措施。

4.环境影响评价制度

环境影响评价是对可能影响环境的重大工程建设项目，在事前进行调查研究的基础上，对可能引起的环境影响进行预测和评定，从而为防止和减少这种影响制定最佳行动方案。《中华人民共和国环境保护法》中明确规定：“建设污染环境的项目，必须遵守国家有关建设项目环境保护管理的规定。建设项目的环境影响报告书，必须对建设项目产生的污染和对环境的影响做出评价，规定防治措施，经项目主管部门预审并依照规定的程序报环境保护行政主管部门批准。”

三、公路建设环境管理

1.环境管理任务

公路建设环境管理的主要任务是执行国家有关的环境管理、环境保护的法规和制度，制定公路交通行业相应的规范、规定和细则，对因公路建设、营运给周围环境造成的污染、损害和影响实施环保对策，使公路建设与环境建设实现可持续发展。

2.环境管理工作内容

依据《交通建设项目环境保护管理办法》规定的精神，公路建设环境保护管理工作的主要要求如下。

(1)对新建公路建设项目,执行环境影响报告书审批制度和“三同时”制度;对改(扩)建和进行技术改造的公路建设项目,在改(扩)建和技术改造的同时,对原有的污染进行综合治理;项目投入营运后,其污染物的排放不得超过国家和地方规定的排放标准。

(2)建设单位在安排工程可行性研究工作的同时,委托持有相应环境影响评价资格证书的单位承担环境影响评价任务。

(3)公路项目的环境影响报告书由建设单位报国家环保总局或项目所在省级政府环境保护部门审批。

(4)承担项目环境保护的设计单位,应持有相应的项目设计资格证书。按照《建设项目环境保护设计规定》和《公路环境保护设计规范》(JTG B04—2010)的要求,完成经过批准的环境影响报告书所确定的环境保护设施的设计任务。

(5)施工期间必须保护施工现场周围环境。尽可能采取有效的环境保护措施,防止和减轻施工过程中产生的粉尘、噪声、废水、废料等对周围环境的污染和危害。加强水土保持措施和公路绿化工作,保护生态环境。工程竣工后,应尽快、尽可能的恢复因施工受到破坏的环境原貌。

(6)项目竣工验收前,建设单位应向政府环保主管部门和交通系统环境保护部门提交“建设项目环境保护设施施工验收报告”,说明环境保护设施及其效果、试运转情况等。建设项目竣工验收时,应有政府环保主管部门和交通系统环境保护部门参加。

3. 公路环境管理机构及职能

公路环境保护工作除受政府相应环保部门的管理外,还受交通系统各级环保部门的管理。一般来说,政府系统的环保部门为监督检查机构,交通系统的环保部门为执行机构。

(1)公路环境管理机构的职能

省(市、自治区)交通运输厅环境保护办公室:负责全省(市、自治区)公路环境保护管理,制定有关公路环境保护条例、规章,编制环境保护规划,制订年度环境监测计划、环境设施实施计划等。

省(市、自治区)公路管理部门环境保护办公室:直接负责全省(市、自治区)公路环境保护工作的管理与环保计划的实施,协助交通厅环保办公室进行定期环境监测,并行使建设项目环境管理职责。

地区(市)、县(市)交通管理部门:负责辖区内的公路环境保护工作,执行并完成省(市)交通环保规划及计划,协助完成环境监测等。

(2)公路施工期间环境管理机构及其职能

施工期间环境保护管理机构与施工组织机构合为一体,各级机构中设有专职或兼职人员负责环境保护工作。总监理工程师办公室(或省项目建设指挥部)一般由一名副总监(或副总指挥)负责施工期间的环境保护工作决策,并领导环保工作。一名工程师负责对施工单位环保工作的监督,环保措施的实施,组织环境监测及数据、资料的汇总上报等。总监办的环保工作直接向省公路管理部门环境保护办公室负责。建设项目驻地办公室(或地区或市建设指挥部)一般由一名领导及一名工程师负责施工期间的环境监理、环境监测工作,直接处理施工中的环境保护工作。各施工标段由一名监理工程师负责施工全过程的环境监理,保证施工标书或施工期间的环境行动计划中的环保措施得到实施，同时对噪声、降尘进行监测。

四、公路环境监测

1. 环境监测目的

公路环境监测的目的是为进行行业环境管理和建设项目环境管理提供环境信息和资料，为制订环境保护规划、计划及对策提供依据，通过监测可以及时发现公路周围环境质量的变化和环保措施的不足，以便适时实施环保措施或对已有环保措施进行改进。

2. 环境监测任务

根据环境影响报告书编制施工期间和营运期间的环境监测计划，结合实际情况进行环境监测，及时发现施工对周围环境质量的影响或损害，以便采取必要的环保对策。通过监测了解公路周围环境质量的变化，以便实施或修改环保措施，保护地区环境质量。对于环保措施实施前后的环境监测、重大环境污染事故后的环境监测、收费站的环境空气监测等，可根据需要进行。

3. 监测范围与监测点布置

施工期间和营运期间的环境监测范围一般与环境影响评价报告中规定的范围一致。监测范围附近有居民密集区、风景名胜区、文物古迹、自然保护区、饮水源地等环境敏感点（区）时，应将他们包括在监测范围内。对于环境空气，在主导风向的下风向监测范围可适当扩大，而上风向可适当缩小。监测点布置应有明确的监测目的，能反映一定地区范围的污染水平和规律。原则上监测点应布设在有一定规模、功能明确的环境敏感点（区）。噪声监测点设在居民区、规模较大的村庄、学校、医院等地区。环境空气监测点设在居民区、规模较大的村庄、文物古迹保护区和自然保护区等地区；地表水监测以生活饮用水源、水产（或海产）养殖水体为主，对服务区经处理后排放的污水应定期监测。一般监测点周围不应有其他环境污染源，噪声和环境空气监测点周围应开阔。

4. 监测项目与环境因子

监测项目（环境要素）及环境因子与公路建设地区的环境、监测时段和监测任务等有关。公路施工期间和营运期间的环境监测项目与环境因子如下：

（1）施工期间的监测项目及环境因子。地表水：pH 酸碱度、油类、总悬浮微粒（SS）及 COD；环境空气：降尘、TSP；噪声：施工场界噪声；振动：必要时监测环境振动。

（2）营运期间的监测项目及环境因子。地表水：pH 酸碱度、油类、COD、SS 等；环境空气：NO_x、CO、TSP；噪声：环境噪声（LAeq）；车辆尾气：必要时监测 CO、CH、TSP。

5. 监测频次、监测方法

监测时段及频次，一般根据环境影响评价中环境要素的评价等级、监测点位地区的环境状况等确定。以能揭示环境质量、环境污染的变化趋势，及时发现环境问题为宜。环境监测的方法、监测仪器设备及数据处理方法等，应按国家现行的环境监测规范中的有关规定操作。

【复习思考题】

1. 广义的安全管理包括哪些方面?
2. 安全管理的基本原则是什么?
3. 为什么说安全技术措施的制订必须从人和物两个方面考虑?
4. 常规安全技术措施包括哪些方面,其优选顺序是什么?
5. 桥梁桩基、墩台施工、大梁安装中,主要注意哪些安全问题?
6. 公路建设对环境有哪些影响? 公路建设环境保护内容包括哪些方面?

参考文献

[1] 公路工程竣(交)工验收办法(交通部2004年第3号令).

[2] 公路工程竣(交)工验收办法实施细则(交公路发〔2010〕65号).

[3] 公路工程勘察设计招投标管理办法(交通部令2001年第6号).

[4] 公路工程施工招投标管理办法(交通部令2006年第7号).

[5] 国家发展改革委,住建部发布.建设项目经济评价方法与参数[M].北京:中国计划出版社,2010.

[6] 石勇民.工程经济学[M].北京:人民交通出版社,2008.

[7] 李南.工程经济学[M].3版.北京:科学出版社,2009.

[8] 肖跃军.工程经济学[M].徐州:中国矿业大学出版社,2012.

[9] 宋健民.工程经济学[M].北京:中国电力出版社,2013.

[10] 陈昌,胡文凯.价值工程在公路工程项目投资决策阶段的应用[J].科技传播,2010(9):171-172.

[11] 陈胤甫.价值工程在公路建设项目设计阶段多方案优选中的应用[J].社会,2012(7):108-109.

[12] 邵慧,郭长起,傅海舰.价值工程在公路施工方案优选中应用研究[J].现代商贸工业,2010(17):63-64.

[13] 梁卫东.基于价值工程的公路工程施工招标评标系统浅析[J].黑龙江交通科技,2010(6):127.

[14] 中国建筑业协会工程项目管理委员会.中国工程项目管理知识体系[M].2版.北京:中国建筑工业出版社,2011.

[15] 全国注册咨询工程师(投资)资格考试参考教材编写委员会.工程项目组织与管理[M].北京:中国计划出版社,2012.

[16] 中华人民共和国交通运输部.公路工程标准施工招标文件(2009年版)[S].北京:人民交通出版社,2009.

[17] 成虎.工程项目管理[M].北京:中国建筑工业出版社,2009.

[18] 姚玉玲.公路工程施工组织学[M].北京:人民交通出版社,2008.

[19] 李慧民.工程经济与项目管理[M].北京:中国建筑工业出版社,2014.

[20] 魏道升,刘蓉,彭赟.公路施工组织设计与信息化管理[M].北京:人民交通出版社,2011.

[21] 胡志根.工程项目管理[M].武汉:武汉大学出版社,2011.

[22] 石振武,张斌.工程经济学[M].北京:科学出版社,2009.

[23] 冯为民,付晓灵.工程经济学[M].北京:北京大学出版社,2012.

[24] 王恩茂.工程经济学[M].北京:科学出版社,2010.

[25] 李湘然.工程经济学[M].北京:中国建筑工业出版社,2005.

[26] 申金山.工程经济学[M].郑州:黄河水利出版社,2004.

[27] 倪蓉.工程经济学[M].南京:南京大学出版社,2010.

[28] 张擎.公路建设项目投资与融资[M].北京:人民交通出版社股份有限公司,2015.

[29] 蔡兰生. 公路施工安全管理存在问题及应对措施[J]. 中小企业管理与科技旬刊, 2011,14(8):18-20.

[30] 王开凤,张谢东,王小璜. 高速公路施工安全状况的模糊综合评判方法的研究[J]. 武汉理工大学学报(交通科学与工程版),2008,32(6):153-156.

[31] 王景春,徐日庆,侯卫红. 公路施工安全事故诱因与预警管理的探讨[J]. 中国安全科学学报,2007,17(1):62-64.

[32] 夏环环,汪华刚. 高速公路施工安全管理问题探析[J],中国高新技术企业,2010,19(5):12-15.

[33] 夏立明,宗恒恒,陈树平. 公路施工安全事故的影响因素重要度评价实证研究[J]. 中国安全科学学报,2011,21(4):58-61.

[34] 中国公路建设行业协会,重庆交通学院,长沙理工大学. 公路工程施工项目管理实务[M]. 北京:中国建筑工业出版社,2006.

[35] 全国一级建造师职业资格考试用书编写委员会. 建设工程项目管理[M]. 北京:中国建筑工业出版社,2016.

[36] 中华人民共和国行业规范. JGJ/T 121—2015 工程网络计划技术规程[S]. 北京:中国建筑工业出版社,2015.

[37] 陆惠民,苏振民,王延树. 工程项目管理[M]. 南京:东南大学出版社,2010.

[38] 丁士昭. 工程项目管理[M]. 北京:中国建筑工业出版社,2014.

[39] 梁世连. 工程项目管理学[M]. 大连:东北财经大学出版社,2011.

[40] 骆珣. 项目管理教程[M]. 北京:机械工业出版社,2010.

[41] 李继业,范世香. 公路工程项目管理[M]. 北京:化学工业出版社,2010.

[42] 廖正环,郑南翔. 工程质量控制与管理[M]. 北京:人民交通出版社,2011.

[43] 王选仓,石勇民. 高速公路管理[M]. 北京:人民交通出版社,2007.

[44] 朱峰. 公路工程施工[M]. 北京:机械工业出版社,2010.

[45] 姚祖康. 路面管理系统[M]. 北京:人民交通出版社,1993.

[46] 潘玉利. 路面管理系统原理[M]. 北京:人民交通出版社,1998.

[47] 陈传德. 公路项目建设管理手册[M]. 北京:人民交通出版社,2002.

[48] 中华人民共和国行业规范. JTG F80/1—2004 公路工程质量检验评定标准[S]. 北京:人民交通出版社,2004.

[49] 韩栋华,俞国弘,余文伟. 浅析公路工程质量事故频发原因及其防止措施[J]. 山西建筑,2008.

[50] 贾元华,董平如. 高速公路建设与管理[M]. 北京:北京交通大学出版社,2002.